Joachim Held

AFRIKA

Mit dem Fahrrad in eine andere Welt

Joachim Held

AFRIKA

Mit dem Fahrrad in eine andere Welt

Joachim Held

AFRIKA

Mit dem Fahrrad in eine andere Welt

erschienen im
REISE KNOW-HOW Verlag

ISBN 978-3-89662-522-9

1. Auflage 2012

– Printed in Germany –

Untere Mühle, D-71706 Markgröningen
verlag@rkh-reisefuehrer.de
Website von REISE KNOW-HOW:
www.reise-know-how.de

Umschlag- und Inhaltskonzept: Carsten C. Blind, Asperg
Realisierung: Bettina Romanjuk, Coesfeld
Lektorat: Malena Alderete
Fotos: Der Autor
Karten: Helmut Hermann
Druck u. Bindung: Pustet, Regensburg

Dieses Buch ist erhältlich in jeder Buchhandlung in Deutschland, Österreich, Schweiz, Niederlande und Belgien
Bitte informieren Sie Ihren Buchhändler über folgende Bezugsadressen:
D: PROLIT GmbH, Postfach 9, 35461 Fernwald
www.prolit.de (sowie alle Barsortimente)
CH: AVA Verlagsauslieferung AG, Postfach 27, 8910 Affoltern
A: Mohr Morawa Buchvertrieb GmbH, Sulzengasse 2, 1230 Wien
NL, B: Willems Adventure, www.willemsadventure.nl
Wer im Buchhandel trotzdem kein Glück hat, bekommt unsere Bücher auch über unsere Büchershops im Internet (s.o.)

Für meinen Vater

PROLOG

Als ich sieben Jahre alt war, bekam ich mein erstes Fahrrad. Es war ein rotes Klapprad und es war gebraucht, aber es war meins. Wir lebten damals noch in Argentinien und vor unserem Haus ratterten alle paar Minuten überfüllte Vorstadtzüge ins Zentrum von Buenos Aires. Eines Tages setzte ich mich in den Sattel und fuhr zu einem nahegelegenen Bahnübergang. Die Schranken funktionierten seinerzeit noch nicht automatisch, sondern wurden von Hand hoch- und runtergekurbelt. Der Schrankenwärter beobachtete mich eine Weile, dann lud er mich in sein kleines Bahnwärterhäuschen ein. Wir tranken Tee und wurden Freunde. Ich radelte in jenem Sommer immer wieder zu meinem Freund, dem Schrankenwärter. Manchmal durfte ich die Bahnschranken ganz alleine herunterlassen, beim Hochkurbeln musste er mir helfen.

Meine Reise nach Afrika war nicht als „das große Abenteuer" gedacht und sie sollte mir auch nicht „die große Freiheit" bescheren. Sie setzte nur das fort, was mit meinem roten Klapprad begonnen hatte. Ich wollte hinaus in eine mir fremde Welt: Menschen treffen, mit ihnen Tee trinken und mit ihrer Hilfe Schranken öffnen. Dass ich zwei Jahre in Afrika blieb und dabei über 33.000 Kilometer zurücklegte, das war so nie geplant. Afrika wollte es so.

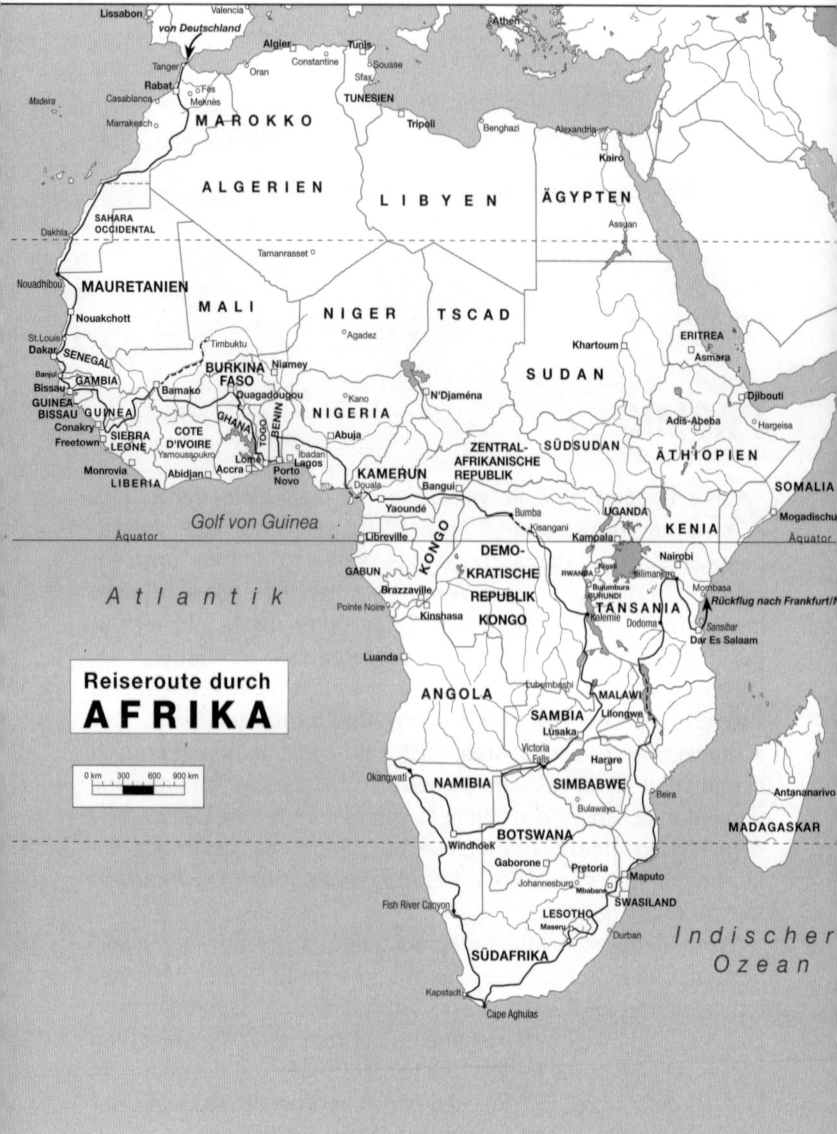
Reiseroute durch
AFRIKA
0 km 300 600 900 km
von Deutschland
Lissabon
Valencia
Athen
Algier
Tunis
Constantine
Oran
Sousse
Sfax
TUNESIEN
Tanger
Rabat
Fès
Meknès
Casablanca
Madeira
Marrakesch
MAROKKO
Tripoli
Benghazi
Alexandria
Kairo
ALGERIEN
LIBYEN
ÄGYPTEN
SAHARA OCCIDENTAL
Dakhla
Assuan
Tamanrasset
Nouadhibou
MAURETANIEN
Nouakchott
MALI
NIGER
TSCAD
Agadez
St.Louis
Dakar
SENEGAL
Timbuktu
Khartoum
ERITREA
Asmara
Banjul
GAMBIA
Bissau
GUINEA-BISSAU
GUINEA
Conakry
Freetown
SIERRA LEONE
Monrovia
LIBERIA
BURKINA FASO
Niamey
Bamako
Ouagadougou
SUDAN
Djibouti
Kano
NIGERIA
N'Djaména
Adis-Abeba
Hargeisa
COTE D'IVOIRE
Yamoussoukro
Abidjan
GHANA
Accra
TOGO
Lomé
BENIN
Porto Novo
Abuja
Ibadan
Lagos
ZENTRAL-AFRIKANISCHE REPUBLIK
SÜDSUDAN
ÄTHIOPIEN
SOMALIA
Mogadischu
KAMERUN
Douala
Bangui
Yaoundé
Bumba
Kisangani
UGANDA
Kampala
KENIA
Golf von Guinea
Äquator
Libreville
KONGO
DEMO-KRATISCHE REPUBLIK KONGO
GABUN
Nairobi
RWANDA
Kigali
Kilimanjaro
Bujumbura
BURUNDI
Mombasa
Rückflug nach Frankfurt
Atlantik
Brazzaville
Pointe Noire
Kinshasa
TANSANIA
Kalemie
Dodoma
Sansibar
Dar Es Salaam
Luanda
ANGOLA
Lubumbashi
MALAWI
Lilongwe
SAMBIA
Lusaka
Victoria Falls
Harare
SIMBABWE
Okangwati
NAMIBIA
Beira
Antananarivo
Bulawayo
MADAGASKAR
BOTSWANA
Windhoek
Gaborone
Pretoria
Maputo
Johannesburg
Mbabane
SWASILAND
Fish River Canyon
LESOTHO
Maseru
Durban
Indischer Ozean
SÜDAFRIKA
Kapstadt
Cape Aghulas

INHALT

EUROPA (km 0 – km 3188)

Der erste Reisetag

Der 6. August 2008 war ein Mittwoch, ein schöner Tag: sonnig, heiß und schwachwindig. Ich fuhr auf dem Neckartal-Radweg in Richtung Süden: Plochingen, Tübingen, Rottenburg. Da in Deutschland Urlaubszeit herrschte, waren noch andere Radreisende mit bepackten Fahrrädern unterwegs. Trotzdem fiel ich schon auf den ersten Kilometern auf. Hinter Plochingen hörte ich im Vorbeifahren einen Jungen zu seiner Mutter sagen: „Boah, hat der viel Gepäck!" Wenig später wollte eine junge Frau von mir wissen, wohin die Reise geht. Ich sagte: „Nach Afrika!" Wir mussten beide loslachen. Sie lachte, weil sie dachte, dass ich sie auf den Arm nehme. Ich lachte, weil ich es selbst noch nicht glauben konnte, Afrika war noch weit.

Kurz vor Tübingen kam ich an einem frei zugänglichen Badesee vorbei. Ich sprang ins Wasser, schwamm eine Runde und ließ mich anschließend in der Sonne trocknen. Als ich mein Handy einschaltete, fand ich eine Nachricht von Petra vor. Sie informierte mich im Telegrammstil darüber, dass in Mauretanien gerade ein Putsch stattgefunden hatte. Ich dachte: „Na prima, am ersten Reisetag der erste Putsch!" Dann antwortete ich: „Bis ich in Mauretanien bin, hat sich die Lage wieder beruhigt."

Petra ist meine beste Freundin, und sie war von Anfang an als Vertrauensperson in alle Belange meiner Reise eingebunden. Sie wusste, dass ich nicht leichtsinnig sein würde. Außerdem wusste sie, dass ich noch ganz andere Bedenken gegenüber Mauretanien hatte. Al-Qaida-Terroristen hatten dort kurz vor Beginn meiner Reise mehrere Anschläge verübt. Darüber hinaus wurden sie für den Mord an vier französischen Urlaubern verantwortlich gemacht. Die weltbekannte Rallye Paris-Dakar war aus Angst vor Anschlägen abgesagt worden und einige mutmaßliche Terrorismus-Experten redeten bereits davon, dass sich Mauretanien zum „Afghanistan

Nordafrikas" entwickeln werde. Das Auswärtige Amt in Berlin zeichnete zwar kein ganz so düsteres Bild, es riet deutschen Staatsbürgern allerdings von Reisen in das Land ab. Im Sommer 2008 hieß es auf der Website des Außenministeriums, in ganz Mauretanien müsse mit weiteren Attentaten gerechnet werden, auch gegen Ausländer. Der Putsch bereitete mir vor diesem Hintergrund tatsächlich weniger Sorgen als Al Qaida, und insgeheim dachte ich: „Wer weiß, vielleicht räumen die Putschisten jetzt auch mit dem Terrorismus auf." So fuhr ich weiter in Richtung Afrika, es war ja noch weit.

Eigentlich wollte ich gar nicht nach Afrika. Als ich anfing, eine größere Radreise ins Auge zu fassen, dachte ich an Asien. Ich wollte nach Osten, der Sonne entgegen: Himalaya, Tibet, Baikalsee, Sibirien. Afrika reizte und faszinierte mich, aber eine Radreise quer durch den „Schwarzen Kontinent" hielt ich dann doch für eine zu große Herausforderung. Afrika schien mir unberechenbar: Ein Putsch hier, Al Qaida da – das war (nach allem, was ich gelesen hatte) völlig normal. Ich hatte deshalb zu Beginn meiner Reise auch nicht vor, bis Kapstadt zu radeln und schon gar nicht hätte ich mir vorstellen können, auf dem Rückweg den Kilimanjaro zu besteigen. Ich ging die Reise ganz anders an: Afrika war nur ein Versuch! Ich hatte keine konkreten Pläne geschmiedet, keine detaillierte Reiseroute ausgearbeitet und mir kein spezielles Ziel gesetzt. Sämtliche Entscheidungen über meinen Reiseverlauf wollte ich unterwegs treffen, angepasst an die aktuellen Entwicklungen vor Ort und abhängig davon, ob ich mich wohlfühlte. So hielt ich mir auch vom ersten Tag an das Hintertürchen offen, Afrika wieder zu verlassen. Falls es mir nicht gefallen oder zu gefährlich werden sollte, würde ich kurzerhand in ein Flugzeug steigen und meine Reise in Asien fortsetzen. Am 6. August 2008 war es für so eine Entscheidung freilich noch viel zu früh, denn ich saß gerade erst ein paar Stunden im Sattel, und bis Afrika war es noch immer sehr weit.

Im hübschen Rottenburg legte ich die nächste Pause ein. Ich aß eine Currywurst mit Pommes und weil sie einfach köstlich schmeckte, bestellte ich noch eine zweite. Anschließend setzte ich mich in ein Straßencafé und trank ein Hefeweizen. Es war ein herrlich lauer Sommerabend, und weil auch das Bier einfach köstlich schmeckte, orderte ich auch dort gleich noch ein zweites. Später fuhr ich noch eine Weile am Neckar entlang und als die Dämmerung einsetzte, beschloss ich, meinen ersten Reisetag zu beenden. Ich breitete mein Nachtlager auf einer kleinen Wiese am Flussufer aus, verkroch mich, nachdem es dunkel geworden war, in meinen Schlafsack, blickte in den sternenklaren Himmel und konnte es noch immer nicht fassen: Hatte ich wirklich meinen Job aufgegeben, die Wohnung aufgelöst, das Auto verkauft, Abschied genommen?

Als ich am nächsten Morgen aufwachte, liefen die ersten Spaziergänger mit ihren Hunden an mir vorüber. Einige sahen mich verunsichert an: „Was ist denn das für einer? Ein Vagabund? Ein Obdachloser?" Einem älteren Mann rief ich ein verschlafenes „Guten Morgen" zu. Doch er antwortete nicht, sondern ging schnell weiter. Hatte er etwa Angst vor mir?

Geweckt von der Sonne

Baguette, Camembert und Rotwein

Es gab drei Gründe, meine Reise in Deutschland zu beginnen. Erstens wollte ich körperlich fit werden, bis ich Afrika erreichte. Zweitens hielt ich es für vernünftig, in Frankreich meine Sprachkenntnisse aufzufrischen. Und drittens galt es, mich wieder an das Leben auf der Straße zu gewöhnen. Meine letzte große Radreise lag acht Jahre zurück. Jetzt musste ich nicht nur wieder neu lernen, in den Augen der Menschen zu lesen und ihre Vorbehalte zu entkräften. Nein, ich musste mir auch wieder beibringen, völlig fremde Menschen um Hilfe zu bitten und ihnen zu vertrauen. Manche behaupten, dies sei das Normalste auf der Welt. Aber man möge in Deutschland nur einmal folgende, vermeintlich völlig normale Fragen stellen und beobachten, wie die Menschen darauf reagieren: „Entschuldigung, dürfte ich am Wasserhahn in Ihrem Garten meine Trinkflaschen auffüllen?" Oder im Straßencafé: „Verzeihen Sie, könnten Sie fünf Minuten auf mein Fahrrad aufpassen während ich auf Toilette bin?" Oder im Supermarkt: „Sorry, ich hoffe, Sie haben nichts dagegen, wenn ich mein vollbepacktes Fahrrad hier kurz reintrage. Ich kaufe nur kurz ein, dann bin ich wieder weg."

Als ich nach drei Wochen und knapp 1600 gefahrenen Kilometern die Pyrenäen in Südfrankreich erreichte, fühlte ich mich zwar körperlich noch nicht vollkommen fit, aber ich hatte mich wieder an den Reisealltag gewöhnt. Ich hatte die Erfahrung gemacht, dass 99 Prozent aller Menschen hilfsbereit sind – sogar dann, wenn sie es zunächst vielleicht gar nicht wollen. Außerdem hatte ich herausgefunden, dass ich mit 99-prozentiger Sicherheit lächeln kann – selbst, wenn mir gar nicht danach ist. Ich hatte jeden Abend einen geeigneten Schlafplatz gefunden und mir etwa zweimal pro Woche einen Campingplatz gegönnt, um mich zu rasieren, zu duschen und meine Wäsche zu waschen. Innerhalb von nur drei Wochen hatte ich auch mein unersättliches Bedürfnis nach Nahrungsmitteln wiederentdeckt. Die zwei Currywürste in Rottenburg waren ein äußerst verhaltener Auftakt. Früh morgens bekam ich zwar meist nichts runter, aber spätestens um 11 Uhr überkam mich der Heißhunger. Ich verschlang eine große Portion

Müsli, pflückte Äpfel von herrenlosen Bäumen und bediente mich an wilden Brombeeren bis die Hände schwarz wurden. Nachmittags war kaum eine Bäckerei oder Metzgerei vor mir sicher und abends kochte ich mir Spaghetti, um immer wieder festzustellen, dass der Topf zu klein war. In der Schweiz hätte ich meine Speisekarte gerne mit einem Fondue oder Raclette angereichert, aber ich war kaum drin in der kleinen Schweiz, da war ich auch schon wieder draußen. In Frankreich nahmen meine „Fress-Orgien" dann endgültig bedenkliche Ausmaße an. Baguette, Camembert und französischer Landwein, diese Kombination war einfach zu köstlich. Meine Sprachkenntnisse vollzogen angesichts reizender weiblicher Bekanntschaften Quantensprünge und so blieb irgendwann nur noch die Frage zu klären, wie es denn nun eigentlich um meine Fitness bestellt war.

Die Pyrenäen kamen da wie gerufen. Statt einen Nord-Süd-Pass zu nehmen und durch Spanien in Richtung Afrika zu strampeln, begann ich die Pyrenäen von Ost nach West zu queren. Ich suchte mir acht Pässe aus und fuhr meine persönliche Tour de France. Wenn ich einen dieser Pässe mit meinen gut 45 Kilogramm Gepäck hochkeuchte, fragte ich mich zwar jedes Mal, ob ich sie eigentlich „noch alle hatte". Oben angekommen jagten jedoch so viele Glückshormone durch meinen ausgeschwitzten Körper, dass ich froh war, „sie nicht alle zu haben". Als ich eines Mittags schwer japsend auf dem Col de Peyresourde ankam, sprachen mich ein paar Rennradfahrer an, die mich beim Anstieg überholt hatten. Sie fragten, warum ich um Himmels willen so viel Gepäck auf dem Fahrrad mitschleppte, und ich antwortete: „Ich bin auf dem Weg nach Afrika!" Es fühlte sich gut an – und schon sehr viel überzeugter als drei Wochen zuvor. Einer der Rennradfahrer wollte dann mein Fahrrad anheben, um das Gewicht zu prüfen. „Bitte, nur zu!" Das Blut schoss ihm ins Gesicht, er war fassungslos.

Der landschaftlich schönste aller acht Pyrenäen-Pässe war für mich der 1709 Meter hohe Col d'Aubisque. Die Straße führte erst durch üppigen Wald, danach an grasbewachsenen, saftigen Bergwiesen vorüber und schließlich einspurig an steil abfallenden Felswänden entlang. Trainingshöhepunkt war allerdings ein anderer

Am Col d'Aubisque

Pass: der Col du Tourmalet, 2115 Meter hoch, das „Dach der Pyrenäen". Die Strecke war brutal steil, dazu blies mir ein fürchterlicher Wind entgegen. Trotzdem strampelte ich mich zu meiner eigenen Überraschung bei etwa 5,5 km/h in einen Rausch. Angetrieben wurde ich dabei von den anfeuernden Zurufen mich überholender Rennradfahrer: „Bravo! Chapeau! Courageux!" Selbst die von oben herabrasenden Fahrer geizten nicht mit aufmunternden Kommentaren. Manche riefen „Allez" oder „En avant", andere hielten mir den hochgestreckten Daumen entgegen. Die Krönung war indes ein Kleinbus, der die Piste herabgekurvt kam. Auf dem Dachgepäckträger waren sieben oder acht Rennräder fixiert. Der Fahrer streckte die geballte Faust durchs Fenster und kurz darauf brüllten die Jungs, die in Rennradmontur auf den Bänken hinter ihm saßen, so laut los und veranstalteten dabei einen solchen Radau, dass der Minibus zu schaukeln begann und aus der Spur zu schlingern drohte. Selbst wenn ich gewollt hätte, war bei so vielen Anfeuerungen an Pause nicht zu denken. Meine

Beine stampften unentwegt auf und ab und als ich den Col du Tourmalet erreichte, hatte ich das nachhaltige Gefühl, das Gelbe Trikot erobert zu haben und es nie wieder hergeben zu müssen.

Am 5. September 2008 fuhr ich den Col du Pourtalet hinauf. Oben auf 1794 Meter Höhe erreichte ich den Grenzübergang von Frankreich nach Spanien. Genau 2000 Kilometer lagen seit meinem Start in Deutschland hinter mir. Ich fühlte mich körperlich fit, hatte meine Französisch-Kenntnisse auf Vordermann gebracht und mich wieder an den Alltag auf der Straße gewöhnt; ich war reif für Afrika. Ich donnerte den Berg hinab und genoss anschließend meine Tour durch Spanien als könne es nicht Schöneres geben als im Sattel zu sitzen und morgens nicht zu wissen, wo man abends schlafen wird. Ich fuhr auf abgelegenen Landstraßen durch kleine Dörfer, trank in urigen Cafés meine Cortados und ließ mich immer wieder von der spanischen Küche mit Tapas, Paella, oder Carne Guisada verwöhnen. In Madrid legte ich eine dreitägige Pause ein, ansonsten flog ich mit Rückenwind Afrika entgegen.

Mitte September hatte ich das schöne Andalusien mit seinen weißgetünchten Dörfern inmitten grünwuchernder Landschaften erreicht. Als ich über eine bergige Anhöhe fuhr, sah ich plötzlich in der Ferne das Meer glitzern, die Straße von Gibraltar. Am Horizont konnte ich die Nordküste Afrikas erkennen. Ich hatte es tatsächlich fast geschafft. Am Hafen von Algeciras zeigte mein Fahrrad-Computer Kilometer 3188 an. Ich ging zum Schalter einer Schifffahrtsgesellschaft und orderte das Ticket für eine Fähre nach Marokko. Der Mann hinter der Glasscheibe fragte: „Ida y vuelta? – Hin- und Rückfahrt?" Ich dachte eine Sekunde lang nach. Eine Sekunde, nicht länger. Dann sagte ich: „Ida no más – einfache Fahrt."

MAROKKO (km 3188 – km 6175)

„Salaam alaikum!"

Mohammed war ein lustiger Kerl, aber das wusste ich bei unserer ersten Begegnung noch nicht. Als ich ihn traf, schrillten bei mir unwillkürlich die Alarmsirenen. Erstens war ich gerade mit der Fähre in Tanger angekommen und noch auf der Überfahrt hatte mich ein deutscher Geschäftsmann gewarnt, dass Tanger die Hauptstadt des Verbrechens in Marokko sei. Zweitens hatte die Fähre zweieinhalb Stunden Verspätung, so dass es dunkle Nacht

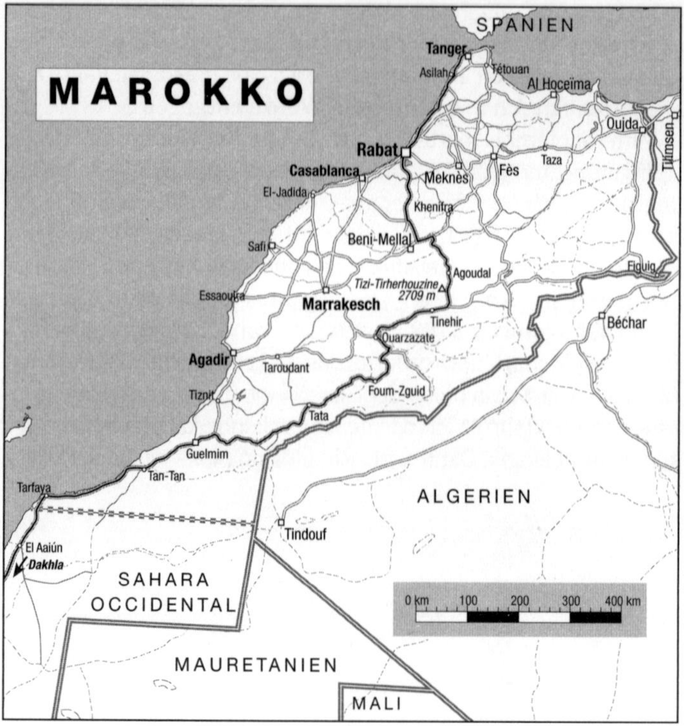

geworden war, als das Boot am Hafen anlegte. Und drittens sah Mohammed dann auch noch ziemlich finster aus. Sein Gesicht war mit zahllosen Narben übersät, seine Nase hing schief im Gesicht und von seinen ehemals vier Schneidezähnen war nur noch einer übrig.

Ich hatte mich nach meiner Ankunft in den pechschwarzen Gassen der Altstadt von Tanger verfahren und war schließlich eher zufällig auf ein billiges Hotel gestoßen. Das dreistöckige Gebäude sah von außen leicht einsturzgefährdet aus, aber das war mir egal. Als ich mein Fahrrad samt Taschen über drei hohe Eingangsstufen in einen winzigen Empfangsraum wuchtete, unterhielt sich Mohammed gerade im Halbdunkel mit dem Portier. Von der Decke hing eine nackte Glühbirne, und als Mohammed seinen Kopf zu mir umdrehte und sein einsamer Schneidezahn plötzlich weiß aufleuchtete, war mir danach, dieses Etablissement sofort wieder zu verlassen. Dennoch blieb ich und sagte: „Salaam alaikum! – Friede sei mit Euch!" Sehr viel mehr Arabisch konnte ich nicht. Und weil der Portier seinerseits kaum ein Wort Französisch sprach, betätigte sich Mohammed kurz darauf als Dolmetscher, was ihm den ersten kleinen Pluspunkt bei mir einbrachte. Da sich die Preisverhandlungen für das Zimmer als recht zäh erwiesen und sich Mohammed als geschickter Diplomat herausstellte, der mal mich und mal den Portier besänftigte, bescherte ihm das schon den zweiten, etwas größeren Pluspunkt. Den alles entscheidenden dritten Pluspunkt sammelte er jedoch dadurch, dass er mir nach den Preisverhandlungen anbot, mich noch zu einem Restaurant zu bringen. Dazu konnte ich gar nicht „Nein" sagen, denn es war inzwischen fast 23 Uhr und ich hatte seit acht Stunden nichts mehr gegessen. Ich zahlte also umgerechnet fünf Euro für ein Zimmer, das ich mit Kakerlaken teilte, die sich bei meiner Ankunft nicht weiter davon abhalten ließen, eine große Party zu feiern, und ging anschließend wieder hinunter zu Mohammed, um ihm blindlings durch ein verwirrendes Labyrinth aus dunklen Gassen zu folgen, bis wir ein Restaurant erreichten, von dem er meinte, dass es meinen Ansprüchen genüge. Er wechselte ein paar Worte mit dem Besitzer, erklärte mir, er käme später zurück und ließ mich zu meiner eigenen Überraschung alleine im Restaurant zurück. Meine Einladung, mit mir zu essen, hatte er ausgeschlagen, und kaum hatte ich meine Bestellung aufgegeben, wurde ich auch schon wieder misstrauisch. Würde Mohammed wirklich zurückkommen, oder hatte er nur deshalb auf ein Essen verzichtet, um im Hotel meine Sachen zu durchwühlen und nie wieder aufzutauchen? Als das Essen wenig später auf dem Tisch stand, vergaß ich meine Sorgen. Ich löffelte eine große Schale mit einer vorzüglichen Kichererbsen-Suppe leer und verschlang anschließend einen riesigen Teller feinsten Couscous mit Gemüse. Als zum Abschluss Tee und süßes Gebäck auf den Tisch gestellt wurden, erschien plötzlich auch Mohammed wieder. Er setzte sich, trank einen Tee mit mir und begann zu plaudern: „Weißt du, warum ich Mohammed heiße? Weil mein Bruder Hassan heißt!" Es muss sich um einen Königs-Witz gehandelt haben, denn er schlug sich auf die Schenkel und lachte so markerschütternd, dass sein letzter Schneidezahn bedrohlich zu wackeln schien. Als sich Mohammed wieder gefangen hatte, klärte er mich darüber auf, dass gerade die islamische Fastenzeit Ramadan sei. Die Menschen würden von Sonnenaufgang bis Sonnenuntergang nichts essen und nichts trinken, nach Sonnenuntergang aber doppelt und dreifach zuschlagen, weshalb die meisten nach dem Ramadan auch mehr Kilo drauf hätten als vorher. Ich wusste zwar nicht warum, aber Mohammed lachte sich erneut schief und sprang kurz darauf schon wieder zum nächsten Thema. Er riet mir eindringlich davon ab, mich mit den Haschisch-Dealern in der Stadt einzulassen. Die würden mir erst Marihuana verkaufen und mich anschließend an die Polizei verpfeifen: „Wenn du etwas rauchen willst, sag's lieber mir. Ich besorg' dir das beste Gras in ganz Marokko!" Immerhin wusste ich jetzt, warum Mohammed die ganze Zeit lachte: er hatte sich eine ordentliche Tüte genehmigt. Als ich erzählte, dass ich nicht auf der Suche nach Haschisch sei, sondern auf dem Weg nach Schwarzafrika, hielt er für einen Moment inne. Kein Lachen mehr, nur große Augen. Dann platzte es aus ihm raus: „Mon ami! Was willst du denn da? Schwarzafrika ist viel zu gefährlich. Bleib besser hier und heirate eine marokkanische Frau!" Danach gab es kein Halten mehr. Er schüttelte sich vor

Lachen und konnte kaum noch aufhören. Ich warf einen zunehmend besorgteren Blick auf seinen letzten noch verbliebenen Schneidezahn, überzeugt davon, dieser müsse nun endgültig ausfallen, doch er hielt.

Viele Steine und ein Schlagstock

Schneidezahn-Mohammed blieb für eine ganze Weile die einzige amüsante Begegnung, die ich in Marokko hatte. Die meisten Menschen wirkten auf mich äußerst gereizt. Vielleicht lag es am Ramadan. Wenn man den ganzen Tag nichts isst, liegen die Nerven eben schnell mal blank. Schon auf der Fähre von Algeciras nach Tanger hatte ich zwei Gruppen Marokkaner beobachtet, die in Streit miteinander geraten waren. Auf beiden Seiten standen sich Männer unterschiedlichen Alters gegenüber. Sie brüllten sich wütend an und es schien nur eine Frage Zeit, bis die Massenschlägerei losging. Doch mit einem Mal beruhigte sich die Situation wieder und ich dachte bei mir: „Siehst du, Muslime sind eben doch von gewaltfreier Gesinnung!" Keine 24 Stunden später wurde ich allerdings eines Besseren belehrt. Ich war rund 50 Kilometer südlich von Tanger in einem kleinen Ort am Atlantik namens Asilah und erlebte mitten am Tag eine Prügelei zwischen zwei etwa 25-jährigen Männern, wobei eigentlich nur einer prügelte. Der andere hielt sich verzweifelt seine Hände schützend vor das Gesicht, bekam aber ein Schlag nach dem anderen. Immer abwechselnd auf die Ohren und auf die Nase. Ein paar Schaulustige standen umher und die Schlägerei endete glücklicherweise, bevor ich mich zu einer womöglich unvernünftigen Einmischung in innere Angelegenheiten arabischer Brüder entschließen konnte. Obwohl ich nach diesen zwei Erlebnissen ein wenig vorgewarnt war, wunderte ich mich doch, dass trotz der vielbeschworenen arabischen Gastfreundschaft kaum ein Marokkaner gut auf mich zu sprechen war. Meine Grüße wurden selten erwidert, Kinder und Jugendliche warfen mit Steinen nach mir und dreimal erlebte ich, dass Erwachsene vor mir ausspuckten. In meinem Rücken hörte ich hin und wieder arabische Schimpfwörter. Ich verstand die Wörter zwar nicht, aber nach ihrem Klang zu urteilen waren es eindeutig Beleidigungen. Manchmal glaubte ich, in den Augen der Jugendlichen, an denen ich vorbeifuhr, auch Hassgefühle zu entdecken und am Anfang sagte ich mir: „Du irrst dich, das bildest du dir alles nur ein!" Doch zu oft flog unmittelbar nach einem solch versöhnlichen Gedanken ein Stein durch die Luft. Die meisten Steine trafen mich glücklicherweise nicht, sondern donnerten auf die Straße oder knallten gegen eine meiner Gepäcktaschen. Nur einmal wurde ich schmerzhaft im Rücken getroffen. Natürlich fragte ich mich nach dem Grund für dieses Verhalten, aber ich fand keine Antwort. Ich fuhr in den ersten Tagen trotz einer Hitze von 35 Grad Celsius mit langen Hosen, um der muslimischen Kleiderordnung zu entsprechen. Darüber hinaus vermied ich es, tagsüber in der Öffentlichkeit zu essen, obwohl ich wusste, dass dies nach den Regeln des Ramadan einem Reisenden durchaus erlaubt war. Zu guter Letzt bemühte ich mich sogar, möglichst heimlich aus meinen Wasserflaschen zu trinken. Doch all das half nichts. Die Attacken gingen weiter. Lag es an meiner europäischen Herkunft? Wurde ich für die Verbrechen der Kolonialzeit verantwortlich gemacht? Wurde mir grenzenloser Reichtum unterstellt, Ignoranz gegenüber der Armut?

Schimpfwörter waren mir vielleicht noch egal. Aber dass Erwachsene vor mir ausspuckten, verunsicherte mich, und der Hass in den Augen mancher Jugendlicher, war nur schwer verdaulich. Am schlimmsten und anstrengendsten in meiner Situation als Radreisender war jedoch das Verhalten der Kinder. Wenn ich durch die Dörfer fuhr, wurde ich von ihnen entweder mit Steinen beworfen oder mit „Donnez-moi"-Schreien bombardiert: „Donnez-moi d'argent! Donnez-moi un cadeau! Donnez-moi un stylo! Donnez-moi un bonbon! – Gib mir, gib mir! Gib mir!" Hatten denn etwa tatsächlich alle weißen Touristen vor mir Geld, Geschenke, Stifte oder Bonbons verteilt? Wenn ich in einem Ort anhielt, kamen die Kinder herbeigerannt und kreischten mir ihre Forderungen ins Ohr, dass es wehtat. Ich versuchte, ein paar Späße zu machen, fand aber überhaupt keinen Zugang zu ihnen. Sie waren völlig außer

Kontrolle, schrien, was ihre kleinen Lungen hergaben, griffen nach mir oder nach meinen Taschen und rüttelten so an meinem Fahrrad, als ginge es darum, aus dem Schlitz eines Sparschweins eine Münze herauszuschütteln. Fuhr ich weiter, rannten einige Kinder neben mir her, zogen weiter an meinen Taschen und versuchten, Holzstöcke zwischen die Speichen der Räder zu schieben. So ging es von Dorf zu Dorf: entweder Steine oder „Donnez-moi", manchmal auch beides.

Eines Tages kam ich durch einen kleinen Ort, als dort gerade Schulschluss war. Hunderte Schüler stürmten wieder einmal schreiend auf mich zu. Ich musste vor der heranstürmenden Meute bremsen und versuchte zu lächeln. Doch ich hatte noch nicht einmal richtig gestoppt, als mich die Kinder auch schon regelrecht überfielen. Sie zerrten so wild an mir und an meinen Taschen, dass ich samt Fahrrad in den Staub fiel. Als ich aufstand und mein Fahrrad aufheben wollte, sah ich zwei etwa achtjährige Jungs, die in ihren Armen Holzstöcke so in Anschlag brachten, als handele es sich um Maschinengewehre. Anschließend simulierten sie, mich abzuschießen. Erwachsene Marokkaner standen umher und beobachteten alles. Sie sahen zu, aber sie griffen nicht ein, sondern lachten. Sie lachten über meine vergeblichen Versuche, die Situation zu entspannen. Sie lachten über die Kinder und wohl auch darüber, dass ich erschossen werden sollte. Für mich war das irgendwann nicht mehr lustig. Falls ich jemals darüber nachgedacht hatte, „Friedens-Bonbons" zu verteilen, so kam mir das nie mehr in den Sinn. Falls ich jemals ein schlechtes Gewissen gehabt hatte, weil ich kein Geld ins Volk warf, so war es verflogen. Und als im nächsten Ort plötzlich ein Stein nur wenige Zentimeter an meinem Kopf vorbeizischte, hatte ich endgültig genug. Ich erklärte Marokko zum Kriegsgebiet und bewaffnete mich mit einem robusten, etwa 40 Zentimeter langen Stock, den ich am Straßenrand fand. Ich schob den Stock so unter einen Spannriemen am hinteren Gepäckträger, dass er immer griffbereit war. Bei der nächsten Horde Kinder, die sich mir aggressiv in den Weg stellte, würde ich noch im Fahren nach hinten greifen, den Stock in die Hand nehmen und gehässig lachend auf meine hinteren Gepäcktaschen eindreschen als handele es sich um die Flanke eines traurig-geprügelten, marokkanischen Esels. Mein Verhalten würde jedes Kind verstehen und es würde einen Teufel tun, seine Hand in die Nähe meiner Taschen zu strecken. Vielleicht würde es einen Stein in die Hand nehmen, aber bevor es zu werfen wagte, würde es noch einmal darüber nachdenken, ob dieser wahnsinnig gewordene Typ auf dem Fahrrad ihm nicht doch ein wenig gefährlich werden könnte.

Obwohl ich aus Protest sogar wieder kurze Hosen anzog, fuhr ich den Stock anschließend mehrere hundert Kilometer spazieren, ohne je nach ihm greifen zu müssen. Die Kinder rannten mir gelegentlich weiter nach und schrien „Donnez-moi", aber sie vergriffen sich plötzlich nicht mehr an mir oder an meinen Sachen, und niemand warf je wieder einen Stein. Es war, als hätte der Schlagstock auf meinem Gepäckträger eine magische Ausstrahlung. Vielleicht hatte er das. Ich vermute allerdings, dass noch etwas anderes eine Rolle spielte. Ich hatte den dichtbesiedelten Nordwesten des Landes verlassen und das Atlas-Gebirge erreicht. Dort in den einsamen Bergen lebten überwiegend Berber, und diese waren nicht nur friedlich und freundlich, sondern auch zugänglich und zuvorkommend. Den Schlagstock warf ich eines Abends ins Lagerfeuer. Er knisterte und ging mitsamt meiner Kriegserklärung in Flammen auf.

Hammou Tahaoui: „Vor Gott sind wir Brüder!"

Barrière de neige – so stand es am Eingang zum Atlas-Gebirge auf einem Schild am Straßenrand. Der Schlagbaum dahinter war noch offen, aber es war Herbst geworden und der Schnee würde in den Bergen nicht mehr lange auf sich warten lassen. An manchen Tagen sah die Wolkendecke schon verdächtig grau aus und das Wetter war zuletzt immer wechselhafter geworden. Wenn die Sonne schien, war es noch angenehm warm, kamen jedoch Wolken, Wind und Regen wurde es sehr schnell recht ungemütlich und kalt. An einem solchen nass-kalten Abend stand ich Schutz suchend im strömenden Regen unter einem Baum. Aus dem dichten Regenschleier vor mir tauchte plötzlich ein alter Mann auf. Er sprach mich an und lud mich über Nacht in sein kleines Steinhaus am Fuße der Berge ein.

Hammou Tahaoui war 67 Jahre alt und erzählte mir, dass er in den 1970ern mehrere Jahre auf Obst- und Gemüsemärkten in Frankreich gearbeitet hatte. Nach seiner Rückkehr habe er geheiratet, mit seinen Ersparnissen ein kleines Grundstück gekauft und das Haus erbaut. Jetzt lebe er von einer winzigen Rente aus Frankreich und vom Gemüseanbau im eigenen Garten. Als wir sein Haus erreichten, zeigte er mir, wo ich mich waschen konnte. Danach saßen wir gemeinsam auf schmalen Matratzen in einem kleinen, unmöblierten Zimmer, das neben den Matratzen einzig und allein mit rot-schwarzen Berberteppichen ausgelegt war. Draußen regnete es noch immer und als die Sonne untergegangen war, lief Hammou aus dem Zimmer und kam kurz darauf mit einem

Frühstückstee bei Hammou Tahaoui

großen Tablett voller Köstlichkeiten zurück. Seine Frau, die ich nie zu Gesicht bekam, hatte ein Festessen zubereitet und dabei bestätigte sich, was Mohammed gesagt hatte: Nach Sonnenuntergang wird doppelt und dreifach zugeschlagen. Zum Auftakt gab es Tee und knusprig-frisches Brot aus dem Ofen, danach zwei tiefe Schalen mit der nahrhaften Fastensuppe Harira und abschließend Couscous. Wir aßen den Couscous zusammen von einem großen, runden Teller, wobei Hammou das am Rande des Couscous drapierte Hühnerfleisch von seiner Seite immer auf meine Seite herüberschob. Als ich Einspruch erhob, lächelte er und meinte, er könne das Fleisch mit seinen alten Zähnen ohnehin nicht zerkauen. Nach dem Essen brachte mir Hammou ein paar Wörter auf Arabisch bei, wobei er sich vor Lachen kringelte, wenn ich versuchte, ihm einzelne Sätze nachzusprechen. Als ich ihn fragte, ob er sich die latente Aggressivität erklären könne, die ich mir gegenüber empfunden hätte, versicherte er mir, dass es sich nicht um eine religiöse Anfeindung gehandelt habe. Es sei eher so, dass viele Menschen in Marokko kaum Perspektiven für sich sähen. Sie fühlten sich gerade in ländlichen Gegenden gesellschaftlich an den Rand gedrängt und von nahezu jeder Entwicklung ausgeschlossen, selbst vom Tourismus. Eigentlich seien die Menschen verzweifelt. Sie seien nicht wütend auf mich, sondern auf den Staat, denn dieser tue zu wenig für sie. Es gebe kaum Arbeitsplätze und die Bildungspolitik sei ein Desaster. So habe beispielweise sein Sohn in der Schule kaum Französisch gelernt und schlage sich seit Jahren nur mit Gelegenheitsjobs durchs Leben.

Am nächsten Morgen schien wieder die Sonne. Hammou saß vor seinem Haus auf einer kleinen Stufe und ließ sich von den ersten Sonnenstrahlen wärmen. Er reichte mir einen Tee, den er wegen des Ramadan zweifellos nur für mich zubereitet hatte, und ich setzte mich zu ihm. Wir saßen eine Weile schweigend beisammen, bis Hammou unvermittelt sagte: „Vor Gott sind wir Brüder. Es gibt nur einen Gott."

Inschallah

Wenige Stunden nachdem ich mich von Hammou verabschiedet hatte, zog sich der Himmel wieder zu. Das Atlas-Gebirge ist die Wetterscheide Marokkos und besteht aus mehreren parallel verlaufenden Gebirgsketten. Nördlich dieser Gebirgszüge herrscht mediterranes Klima, südlich von ihnen beginnt die Wüste. In den Bergen jedoch vermengen sich die Wetterlagen. Während es im Sommer meist trocken ist und im Winter Schnee liegt, drohen im Frühling und Herbst unberechenbare Regenfälle und Überschwemmungen. Ich wusste zwar, dass das Wetter von einem Tag auf den anderen umschlagen konnte, war aber doch erstaunt, wie rasant sich auch die Vegetation änderte. Als ich Hammou verlassen hatte, fuhr ich noch durch dichte Waldgebiete bergauf und ahnte nicht, dass sie für lange Zeit die letzten großen Wälder sein würden, die ich zu Gesicht bekommen sollte. Nach nur zwei Passhöhen war es mit den grünen Wäldern vorbei und die Berglandschaft wurde zunehmend kahl und wüst. In den Tälern war die Erde hie und da noch fruchtbar, doch in den höheren Lagen überwogen Fels und Sand. Es gab kaum noch Verkehr auf den Straßen und die Dörfer wurden immer seltener. Eines Abends kroch ein alter Lastwagen mit lautem Geknatter auf einer ansteigenden Schotterpiste von hinten heran. Als mich der Fahrer eingeholt hatte, bot er an, mich mitzunehmen. Er sagte, dass bald der Regen käme und dass die Straße für mich danach unpassierbar werde. Ich sagte „Schukran – danke", behauptete aber, ich würde es schon irgendwie schaffen. Der Lastwagenfahrer sah mich ein wenig nachdenklich an und meinte dann: „Inschallah – so Gott will."

Am 30. September 2008 endete in Marokko der Ramadan. Schon am Nachmittag war in den wenigen Dörfern, durch die ich kam, kaum noch etwas los. Die Menschen bereiteten sich auf das große Fest des Fastenbrechens vor. Ich suchte mir bei Anbruch der Dunkelheit einen abgelegenen Platz in den Bergen und noch während ich das Zelt aufbaute, begann der angekündigte Regen. In der Nacht wurden die Regenfälle stärker und am nächsten Morgen regnete es noch immer. Ich packte mein klitschnasses Zelt ein und machte mich frierend wieder auf den Weg. Solange die Schotterstraße bergauf- oder bergabführte, ging es noch. In den schmalen Tälern war die Piste jedoch oft überflutet oder von Geröll- und Schlammlawinen bedeckt, die sich nachts an den kahlen Berghängen gelöst hatten. Fahrradfahren war auf diesen Abschnitten kaum noch möglich. So stapfte ich dann zu Fuß kilometerweit durch tiefen Morast und klebrigen Schlick, bis die Straße endlich erneut anstieg und wieder befahrbar wurde. Zwischenzeitlich hörte der Regen auch einmal auf, allerdings nur, um danach umso heftiger wieder einzusetzen. In einer dieser kurzen Regenpausen kämpfte ich mich einen Steilhang bergauf. Links der einspurigen Schotterpiste ragte eine fast senkrechte, dunkle Felswand in die Höhe, rechts fiel die Straße in eine etwa 500 Meter tiefe Schlucht. Während ich nun den Steilhang hinaufkeuchte, wurde ich von der Felswand zu meiner Linken fortwährend mit kleinen Kieselsteinen berieselt und versuchte nicht darüber nachzudenken, was wohl geschehen würde, wenn sich über mir ein größerer Felsbrocken löste. Als ich aber am Himmel die ersten Blitze niedergehen sah und die ersten Donnerschläge hörte, setzte ich die letzten Kräfte frei, um diese Felswand vor Beginn des bevorstehenden Unwetters hinter mir zu lassen. Ich sah die gut 2600 Meter hohe Passhöhe bereits vor mir, als ein fürchterlicher Hagelsturm einsetzte und die Temperaturen innerhalb von Sekunden in die Tiefe stürzten. Ich stoppte nur kurz, um meine Jacke aus der Tasche zu holen und trat anschließend aus Angst vor Steinschlag wieder kräftig in die Pedalen.

Als ich die Passhöhe erreichte, war ich einerseits völlig verschwitzt, andererseits waren meine Füße, die nackt in Sandalen steckten, halb erfroren. Mein Fahrradcomputer zeigte drei Grad Celsius an und auf der anschließenden Abfahrt ließ mich der eisige Wind nahezu komplett erstarren. Trotz meiner Handschuhe konnte ich die Finger kaum noch bewegen, um die Bremsen zu ziehen. Nach etwa zehn Kilometern Abfahrt kam ich durch einen kleinen Ort namens Agoudal, entdeckte die „Auberge Ibrahim" und beendete den Tag im Sattel. Ich säuberte erst mein Fahrrad vom Schlamm, wusch mich danach selbst und krabbelte anschließend mit meinem dicken Schlafsack ins Bett. Dort blieb ich liegen bis mir warm wurde und ich auch meine Füße wieder spüren konnte. Abends bestellte ich im kleinen Restaurant von Ibrahim eine Tajine; es war die erste, die ich in Marokko aß und sie schmeckte einfach umwerfend. Eine Tajine ist eine Art Römertopf mit spitzhaubigem Deckel, und als ich den Deckel nun abhob, brutzelten in einer köstlich gewürzten Soße Hähnchenfleisch, Karotten, Zucchini, Kartoffeln, Zwiebeln und Oliven. Nach dem Essen saß ich noch eine ganze Weile mit Ibrahim beim Tee zusammen. Er erzählte mir, dass seine kleine Herberge seit einigen Jahren nicht mehr besonders gut lief. Es gebe zwar noch immer viele Europäer, die nach Marokko reisten, aber das seien häufig Pauschal-Urlauber, die nur selten bei ihm auftauchten. Individualreisenden seien in Marokko dagegen schon lange nicht mehr so häufig wie früher.

Tizi-Tirherhouzine (2709 m)

Am nächsten Morgen schien zum ersten Mal seit drei Tagen wieder die Sonne. Vor mir lag der 2709 Meter hohe Tizi-Tirherhouzine. Ibrahim riet mir, noch einen Tag Pause einzulegen. Die Straße zum Pass sei ganz sicher noch überflutet, denn das Wasser brauche Zeit, um zu versickern. Als ich trotzdem aufbrach, grinste er und meinte, ich würde in spätestens drei Stunden zurück sein, aber er würde mir gerne ein Zimmer freihalten, andere Gäste seien ohnehin nicht zu erwarten. Kaum hatte ich Agoudal verlassen, wusste ich, was Ibrahim meinte. Die Straße führte durch eine Hochebene und war entweder tief verschlammt oder sie verlor sich in riesigen Pfützen, knöcheltiefen Seen. Erst als die Straße zum Tizi-Tirherhouzine anstieg, konnte ich wieder einigermaßen normal Fahrrad fahren. Gegen Mittag erreichte ich die Passhöhe und legte eine längere Pause ein. Ich setzte mich in den Windschatten einiger Felsen und blickte nach Süden. In der Ferne erkannte ich bereits die nächste vor mir liegende Bergkette, den sogenannten Anti-Atlas. Dahinter wartete die Wüste auf mich, nur noch 500 Kilometer entfernt.

Von Oase zu Oase

Es heißt, der Sternenhimmel in der Sahara sei wunderschön und unvergesslich. Bedauerlicherweise sah ich lange Zeit keinen einzigen Stern, denn der Himmel war fast immer bedeckt. Herbststürme fegten nahezu pausenlos über die Wüste und wirbelten den feinen Sahara-Staub unentwegt in die Atmosphäre. Nachts waren weder Mond noch Sterne zu entdecken und tagsüber versank die Welt durch den aufgewirbelten Sand in ein surreales Zwielicht. Die Sonne verdüsterte sich zu einer graumelierten Scheibe und über der Wüste hing ein gespenstisch gelber Nebel. Die Landschaft verlor in diesem schwefelähnlichen Dunst ihre Konturen, der Horizont löste sich auf, es gab kein Oben und kein Unten mehr, manchmal fehlten selbst die Schatten. Es war, als würde die Welt untergehen oder als sei sie nie erschaffen worden.

Im Anti-Atlas hatte ich noch Bilderbuch-Wetter erlebt. Zwischen Tinehir, Ouarzazate und Foum-Zguid war der Himmel tiefblau gewesen, die Sonne strahlte und die Straße erklomm pastellfarbene Berghöhen oder schlängelte sich durch tief eingeschnittene, ockerrote Canyons. Die Dattelpalmen in den Oasen entlang der Strecke leuchteten grün, der Sand glitzerte goldgelb und manche Dünen waren gar schneeweiß. Hie und da entdeckte ich die ersten Dromedare, sah Tuareg-Zelte und Nomaden in herrlichen, indigo-blau gefärbten Kleidern. Doch hinter Foum-Zguid war dann abrupt Schluss damit. Die Farben verblassten und die Weltuntergangsstimmung kam so plötzlich, dass selbst die Kamele niedergeschlagen schienen. Sie liefen auf der Suche nach Fressbarem so schwermütig durch die Wüste, als hätten sie die Hoffnung aufgegeben, jemals wieder eine einsame Akazie zu finden.

Ich hatte mich auf die Sahara gefreut, doch schon bald kämpfte auch ich gegen die Trostlosigkeit an. Die Entfernungen von Oase zu Oase wurden immer größer, und die Begegnungen mit Menschen immer seltener. Ich traf kaum noch ein Fahrzeug – und wenn doch, handelte es sich zumeist um einen Militär-Lastwagen auf dem Weg zu einem der Stützpunkte an der nahegelegenen Grenze zu Algerien. Die Soldaten in den Lastwagen grüßten, indem sie eine Fanfare ertönen ließen oder die Faust aus dem Fenster streckten und den Daumen nach oben hielten. Das tat mir gut, zumindest für zehn bis elf Minuten. Danach hüllte mich dieses grässliche Licht wieder ein und aus dem Himmel rieselte die nächste Depression auf mich nieder. Ich versuchte, mich abzulenken, indem ich mich bemühte, den flimmernden Asphalt vor mir einzuholen, was komischerweise nie gelang und mich in hysterisches Lachen ausbrechen ließ. Und irgendwann fragte ich mich, wie lange es wohl noch dauern würde, bis ich die erste Fata Morgana meines Lebens sähe. Ich stellte mir vor, wie sich die Wüste in einen coolen Tanzschuppen mit heißen Mädchen im kalten Neonlicht verwandelt, und das brühwarme Wasser in meiner Trinkflasche wie ein frischgezapftes, kühles Hefeweizen schmeckt, aber nichts geschah: keine Fata Morgana, keine Mädchen, kein Bier. Stattdessen holte mich die Realität immer wieder ein, insbesondere in Form der unbarmherzigen Herbststürme. In regelmäßigen Abständen jagten kleine, versandete Windhosen über die Ebene. Erwischte mich eine von vorne, bremste sie mich auf wenigen Metern von 20 km/h auf 10 km/h ab. Traf sie mich von der Seite, hob sie mich samt Fahrrad um einen halben Meter nach rechts oder links. Kam sie von hinten angeschnauft, musste ich den Lenker festhalten, um nicht zu stürzen. In jedem Fall knirschte nach einer solchen Begegnung der Sand zwischen meinen Zähnen und ich musste mir die Nase putzen, um mich vom gelben Staub zu befreien.

Bei meinen Stopps in den wenigen Oasen entlang der Strecke hörte ich, dass es noch nie so viele Stürme wie dieses Jahr gegeben habe. Als ein Dattelverkäufer meinte, das läge bestimmt am Klimawandel, setzte ich mich trotzig aufs Fahrrad und strampelte dem unausweichlichen Weltuntergang weiter entgegen. Der Wind peitschte mir den Sand wie Schmirgelpapier über die Haut. Meine Hände wurden rissig, meine Lippen platzten auf und an meinen Füßen, die nackt in den Sandalen steckten, entdeckte ich befremdliche Blutkrusten. Wenn ich irgendwo eine Pause einlegte, stürzten sich hunderte Schmeißfliegen auf mich. Einige setzten sich auf meine Füße, um die Blutkrusten kahl zu knabbern. Die meisten labten sich allerdings an meinem Schweiß, der in dicken Rinnsalen über mein Gesicht strömte. Sie spazierten kitzelnd an meinen Schläfen und Augenlidern entlang, krochen neugierig unter meine Mütze, tanzten gierig um meine Mundwinkeln, krabbelten mir schamlos in die Nase und setzten sich flügelschlagend in meine Ohren. Wieder im Sattel tauchte am Straßenrand plötzlich ein Verkehrsschild auf. „Dakhla: 1247 km", stand da zu lesen. Ich legte eine Vollbremsung ein, stieg vom Fahrrad und betrachtete die völlig überflüssige Information wie eine verunglückte Fata Morgana. Wie deprimierend! Welcher Idiot hatte sich das ausgedacht? Und warum hatte er nicht gleich noch dazu geschrieben: „Kleiner Hinweis für Herrn Held: Bis Sie aus der Wüste wieder raus sind, stehen Ihnen übrigens nicht nur 1247 km bevor, sondern einschließlich Mauretanien an die 3000 km – das bedeutet bei Ihrem gegenwärtigen Tempo und unter dem Vorbehalt, dass Sie nicht in die Hände von Al-Qaida-Terroristen fallen, etwa 30 Tage

jämmerliche Trübseligkeit. Falls Sie keine Antidepressiva zur Hand haben, empfehlen wir Ihnen eine Fliegenklatsche. Mit freundlichen Grüßen und besten Reisewünschen, Ihr marokkanisches Verkehrsministerium."

Die Nacht darauf war ebenfalls wenig erbauend. Ich träumte unruhig und hörte im Halbschlaf, wie eine Steinlawine grollend einen Berghang hinabdonnerte. Al-Qaida-Terroristen hatten ihr Nachtlager nur eine Düne neben mir in der Wüste aufgeschlagen. Eine Marktfrau reichte mir mehrere Tomaten, die ich vorsichtig in Zeitungspapier legte. Die Frau sprach arabisch oder irgendeinen Dialekt der Berber, aber ich verstand sie trotzdem. Sie meinte, ich solle mich vor Al Qaida hüten. Ich wollte unbedingt eine Mail nach Hause schreiben, damit sich niemand Sorgen machte. Mohammed sagte, er kenne das beste Internet-Café in ganz Marokko und so rannte ich ihm stundenlang durch die pechschwarzen Gassen von Tanger hinterher, wollte ihn ständig fragen, wie weit es denn noch sei, konnte ihn aber nie einholen. Die Tomaten in meinem Zeitungspapier waren inzwischen völlig zermatscht und ich spürte wie die Suppe durch das Papier tropfte. Plötzlich war Mohammed verschwunden und an seiner Stelle stand ein Al-Qaida-Terrorist vor mir. Der Mann trug keine Waffe bei sich, aber ich wusste sofort, dass er einer war. Ich hatte schreckliche Angst, mein Magen krampfte sich zusammen und dann explodierte irgendetwas in meinem Gedärm. Ich wachte auf. Durchfall. Meine Boxershort war vollgestänkert. Es war der erste schwere Durchfall auf meiner Reise und der Grund war mir sofort klar. Ich hatte abends Tomaten gekauft und sie nicht ausreichend abgewaschen. So was Dummes – das nahm ich mir fest vor – sollte mir nie mehr passieren! Auch wenn ich es damals noch nicht wusste, ich bekam auf dem Rest meiner Reise tatsächlich nie wieder ernstzunehmende Magenprobleme – und das, obwohl ich später Wasser aus Flüssen trank und alles aß, was irgendwie essbar erschien. Trotz meines Durchfalls fuhr ich zunächst noch zwei Tage weiter, wobei ich wahrscheinlich öfter in die Wüste rannte, als dass ich im Sattel saß. Als ich die Stadt Guelmim erreichte, beschloss ich dann aber doch eine längere Pause einzulegen. Ich bezog ein kleines Zimmer im Stadtzentrum, direkt neben dem Kasba-Viertel mit seinen verwinkelten Gassen und schlief mich gesund. Als mein Appetit zurückkehrte, aß ich schon bald wieder so viel, dass es mir fast peinlich war.

Guelmim gilt als das „Tor zur Westsahara". Der Ort war über Jahrhunderte hinweg ein bedeutendes Handelszentrum Nordwestafrikas. Lange Zeit wurde vor allem mit Sklaven, Gold und Salz gehandelt. Die Karawanen kamen von weit her: aus dem heutigen Senegal, aus Mali, Mauretanien und aus der algerischen Wüste. Der Kamelmarkt der Stadt war bis ins 20. Jahrhundert einer der größten in ganz Afrika. Etwa 30.000 Dromedare wechselten dort jährlich ihre Besitzer. Inzwischen hat Guelmim zwar an wirtschaftlicher Bedeutung verloren, wer allerdings ein Kamel sucht, wird es noch immer hier finden. Jedes Wochenende findet vor den Stadttoren ein großer Markt statt, auf dem auch Dromedare verkauft werden. Am Samstag, dem 18. Oktober, hatte ich mich von meinen Magenproblemen so weit erholt, dass ich mit dem Fahrrad einen Ausflug dorthin unternahm. Der Markt fand unter freiem Himmel statt und das Angebot war riesig. Es reichte von Teppichen über Haushaltswaren bis zu Obst und Gemüse. Außerdem Ziegen,

Schafe, Kühe – und tatsächlich auch Dromedare! Ich vermied es, allzu großes Interesse an den schönen Tieren zu zeigen, denn ich hatte die Erfahrung machen müssen, dass ich nahezu unfähig war, dem Verkaufscharme arabischer Händler zu widerstehen. Was hatte man mir in den zurückliegenden Oasen nicht schon alles anzudrehen versucht! Und wie unbeholfen waren meine Ausreden gewesen! Wenn ich etwa behauptete, ich sei mit dem Fahrrad unterwegs und könne keinen schweren Holzschrank transportieren, hielt man mir entgegen, ich könne den Schrank auseinanderbauen und per Schiff nach Hause schicken. Wenn ich darauf hinwies, in meiner Reisesituation keinen Esel gebrauchen zu können, hieß es, dass ein Esel weit zuverlässiger sei als ein Fahrrad. Ich geriet bei solchen Verhandlungen also prinzipiell in die Bredouille. Zwar kaufte ich am Ende weder Esel noch Holzschrank, aber doch irgendeine andere Kleinigkeit. Man brachte mich einfach zu Bruder oder Onkel, die mit Schmuck oder Textilien handelten und schon stopfte ich wenig später irgendetwas in meine Gepäcktaschen,

Zé mit seinem Gefährt

was ich genauso wenig brauchte wie einen Esel oder Holzschrank, was aber eben gerade noch in die Taschen passte.

Am 19. Oktober 2008 verließ ich früh morgens Guelmim. Ich war etwa 20 Kilometer gefahren, als ich weit vor mir ein merkwürdiges, kleines Gefährt auf der Straße entdeckte. Ich holte schnell auf und das erste, was ich unzweifelhaft erkennen konnte, war die brasilianische Nationalflagge, die über diesem rätselhaften Fahrzeug im Wind tanzte. Als ich mich bis auf 50 Meter genähert hatte, konnte ich noch immer nicht glauben, was es war: ein Tretauto mit einem etwa ein Meter langen, 80 cm hohen und 40 cm breiten Anhänger. Im Kettcar saß mit viel zu langen Beinen für dieses winzige Gefährt Zé aus Brasilien. Er erzählte mir, dass er in Paris gestartet sei, pro Stunde etwa fünf Kilometer zurücklege und bis zur Fußball-Weltmeisterschaft im Jahr 2010 Südafrika zu erreichen hoffte. Mit der Fahrt im Tretauto wolle er auf das Schicksal der Kinder in Afrika aufmerksam machen und für eine Organisation werben, die sich für mehr Bildung und Gesundheitsvorsorge in Afrika einsetze. Wir redeten eine ganze Weile miteinander und tauschten unsere Erfahrungen aus, doch wir wussten beide, dass es keinen Sinn hatte, unsere Reise gemeinsam fortzusetzen. Im Juni 2010 las ich im Internet, dass Zé in Johannesburg eingetroffen war. Chapeau.

Durch die Westsahara

Zwei Tage nach meiner Begegnung mit Zé hatte ich den Atlantik erreicht. Die Straße machte einen Knick nach links und führte ab sofort und für sehr lange Zeit nur noch stur gen Süden. Der Himmel war endlich wieder klar, wolkenlos und blau. Das nahegelegene Meer schien darüber hinaus die Luft abzukühlen, so dass selbst die Hitze erträglich war. Und auch der Wind hatte sich auf meine Seite geschlagen. Er hatte sich zu einem konstanten Nordost-Gebläse entwickelt und dieser sogenannte Harmattan schob mich nun mit Wucht durch die Westsahara in Richtung Mauretanien. Die breiten Taschen an meinem Fahrrad wirkten wie die Segel einer Jolle und so gab es auch kaum einen Reisetag, an dem ich nicht um die 150 Kilometer zurücklegte.

Die rund 1000 Kilometer lange Etappe durch die Westsahara war nicht sehr spektakulär. Die Straße führte überwiegend durch öde Geröllwüste, es gab kaum Verkehr, keine Nomaden, keine Tuareg-Zelte und nicht einmal Dromedare. Die wenigen Höhepunkte entlang der Strecke ließ ich mir dennoch nicht entgehen. Im kleinen Küstenort Tarfaya besichtigte ich ein leicht verrostetes Monument, das an Antoine de Saint-Exupéry erinnert, den Autor des „Kleinen Prinzen". Er war dort von 1927 bis 1928 als fliegender Postbote stationiert, und ihm zu Ehren hatte man mitten auf dem Hauptplatz ein Denkmal mit einem kleinen winzigen Flugzeug aufgestellt.

Wieder im Sattel fuhr ich weiter durch graues Geröll gen Süden. Wenn die Straße einen direkten Zugang zum nahegelegenen Meer bot, spazierte ich gelegentlich über menschenleere Strandbuchten. Ich kam an blauen Lagunen mit stolzierenden Fischreihern vorüber und sah mächtige Sanddünen, die sich leise rieselnd ins Meer ergossen. Ansonsten gab es jedoch wenig Abwechslung, mal abgesehen von den immer häufigeren Militärkontrollen. An den Check-Points forderten mich die Soldaten nahezu jedes Mal auf, ihnen meine Sonnenbrille zu schenken. Ich gab sie ihnen und sagte, sie sollten mal einen Blick durchwerfen. Da meine Brille wegen meiner Kurzsichtigkeit recht starke Gläser hatte, sahen sie die Welt reichlich verschwommen, lachten oder schüttelten den Kopf und gaben sie mir dann freiwillig zurück. Anschließend musste ich ein Formular mit meinen persönlichen Daten ausfüllen (Name, Geburtsdatum, Nationalität, Reisepass-Nummer) und durfte weiterfahren.

Der Grund für die nach Süden hin zunehmende Zahl an Militärkontrollen war der noch immer schwelende Westsahara-Konflikt. Er ist mehr oder weniger in Vergessenheit geraten und eigentlich auch nie richtig zur Kenntnis genommen worden. Bis Mitte der 1970er Jahre war die Westsahara spanisches Kolonialgebiet, weshalb noch heute einige einheimische Sahrawis Spanisch sprechen. Als die Spanier abzogen, wurde das Wüstenland an der Atlantikküste jedoch nicht unabhängig, sondern von Marokko annektiert. Dabei ging die marokkanische Armee mit äußerster Brutalität gegen die bewaffnete Unabhängigkeitsbewegung „Frente Polisario" vor, die bereits gegen die Spanier gekämpft hatte. Städte, die unter Kontrolle der Polisario standen, wurden mit Napalm bombardiert. Tausende Sahrawis wurden getötet, Zehntausende ergriffen aus Verzweiflung die Flucht ins Nachbarland Algerien. In den 1980er Jahren hatte die marokkanische Armee auch die Unabhängigkeitskämpfer in Richtung algerische Grenze abgedrängt und um eine Rückkehr der Polisario zu verhindern, errichtete man einen fast 2000 Kilometer langen Schutzwall und verminte die gesamte Region. 1991 wurde schließlich unter UN-Vermittlung eine Waffenstillstandsvereinbarung zwischen Marokko und der Polisario geschlossen, doch zu dem von den Vereinten Nationen geforderten Selbstbestimmungs-Referendum für die Sahrawis kam es nie. Der marokkanische Schutzwall wurde nie abgebaut und viele Minen liegen noch heute unentschärft in der Westsahara.

MAURETANIEN (km 6175 – km 6867)

Frühnebel über der Wüste

Die Westsahara verabschiedete mich mit einer Überraschung. Ich saß schon vor Sonnenaufgang im Sattel, und als die Morgendämmerung einsetzte, schwappte plötzlich von der Küste des Atlantiks kommend ein dichter, nasskalter Frühnebel über die Wüste. Der eisige Dunst legte sich tropfend auf meine Haut, sickerte in meine Kleidung und ließ mich so sehr frieren, dass ich meine dicken Handschuhe aus den Taschen wühlte. Ich fuhr auf die mauretanische Grenze zu. Zwar fehlten mir noch etwa 80 Kilometer, aber ich befand mich bereits im Niemandsland. Dakhla, die letzte größere Stadt im Süden der Westsahara, lag 300 Kilometer hinter mir, und seit ich sie verlassen hatte, war mir kaum noch ein Fahrzeug begegnet. Im dichten Nebel neben der Straße lag ein ausgebrannter Pkw, der dort augenscheinlich schon einige Jahre vor sich hin rostete und vermutlich auch in zehn Jahren noch nicht weggeräumt sein würde. Ich wollte es mir zwar nicht eingestehen, aber mir war angesichts des frostigen Nebels und des vor mir liegenden mutmaßlichen Al-Qaida-Gebietes doch etwas mulmig zumute.

Als die Sonne aufging, hob sie sich erst rötlich, dann gelb schimmernd in die Höhe, doch sie brauchte lange, um den Nebel aufzulösen und mich wieder aufzuwärmen. Gegen zehn Uhr erreichte ich den marokkanischen Zoll. Die Ausreiseformalitäten zogen sich fast zwei Stunden lang hin. Als ich meinen Ausreisestempel endlich im Pass hatte, fuhr ich über eine knapp fünf Kilometer lange, unbefestigte Piste zum mauretanischen Grenzposten. Die Piste war tückisch und galt als gefährlich. Auf der Website des Auswärtigen Amtes hatte ich gelesen, dass man den Weg nicht verlassen sollte, weil überall Minen herumlägen, erst kürzlich seien unvorsichtige Touristen ums Leben gekommen. Nun war alles Mögliche zu erkennen nur nicht so etwas wie der richtige Weg. Es gab im sandigen Geläuf derart viele Reifenspuren und sie breiteten sich in so viele verschiedene Richtungen aus, dass ich nicht wusste, welchen Spuren ich folgen sollte. Mal holperte ich über ansteigendes Felsgestein, dann wieder schob ich mein Rad durch eine tief versandete Senke. In einer dieser Senken hatte sich ein französischer Caravan festgefahren. Mehrere Marokkaner standen umher und diskutierten mit dem Fahrer. Ich fragte, ob ich helfen könne, doch der Franzose winkte ab. Zumindest wusste ich jetzt, dass ich noch auf dem richtigen Weg war. Einer der umherstehenden Marokkaner bot mir an, mich zum mauretanischen Grenzposten zu führen und verlangte rund zehn Euro dafür. Ich lehnte dankend ab und erreichte den Grenzposten mit großer Erleichterung schließlich auch alleine. Es war fast 13 Uhr, ein Schlagbaum hing quer über der Straße, die Grenze war geschlossen, Mittagspause, Mahlzeit, zwei Stunden warten.

Im Laufe der zwei Stunden kamen einige alte Lastwagen angetuckert, außerdem tauchte auch jener Franzose auf, der sich mit seinem Caravan im Sand eingegraben hatte. Sein Name war Simon. Er erzählte mir, dass er die Marokkaner angeheuert hatte, um ihn durch das Niemandsland zu lotsen. Sie hätten sich auf 20 Euro geeinigt. Doch dann hätten ihn die hilfsbereiten Freunde direkt in den tiefen Sand manövriert und weitere 30 Euro abkassiert, um ihn wieder zu befreien. Simon erzählte mir die Geschichte ohne großen Ärger, er schien sich eher über die Sache zu amüsieren und war mir aufgrund seiner Gelassenheit äußerst sympathisch. Seine Frau Lucie wollte derweil unbedingt ein Foto von mir machen. Sie war völlig hingerissen davon, dass ich mit dem Fahrrad von Deutschland bis hierher gefahren war. Die beiden boten mir an, mein Fahrrad in ihren Caravan zu verladen und mich bis in die knapp 500 Kilometer entfernte Hauptstadt Nouakchott zu kutschieren. Ich dachte ernsthaft darüber nach, schlug das Angebot am Ende aber doch aus. In Dakhla hatte ich mich im Internet noch einmal nach der aktuellen Sicherheitslage in Mauretanien erkundigt. Nichts wies darauf hin, dass sich die Situation seit dem Putsch vom August verschlechtert hatte, auch hatte es offenbar keine neuen Terroranschläge gegeben. Außerdem sagte ich mir, dass das Risiko, zur falschen Zeit am falschen Ort zu sein, auf dem Fahrrad nicht größer ist als in einem Caravan. Allerdings sah ich auch schon die Schlagzeilen der deutschen Presse vor mir: „Naiver Abenteurer! Bekloppter Fahrradfahrer! Selbst schuld!"

Zwei Stunden Wartezeit sind lang. Die Sonne brannte vom Himmel und ich setzte mich etwas abseits auf einen kleinen Mauervorsprung. Irgendwann kam ein junger Grenzer zu mir und fragte mich, ob ich Geld wechseln wolle. Ich erkundigte mich nach dem Kurs und lehnte ab, weil ich etwa zehn Prozent Verlust gegenüber dem offiziellen Wechselkurs gemacht hätte. Der Grenzer sagte, dass ich nirgendwo einen besseren Kurs bekommen würde. Hätte ich geahnt, dass er Recht behalten sollte, wäre ich wohl nicht so stur geblieben. Als der Schlagbaum hochging, war ich unter den ersten, die abgefertigt wurden. In der darauffolgenden Stunde überholten mich alle Fahrzeuge, die mit mir die Mittagspause abgewartet hatten. Die Fahrer hupten und die Beifahrer winkten aus dem Fenster: „Viel Glück, Junge. Viel Glück in Mauretanien."

Land aus Sand

Das erste, was mir in Mauretanien auffiel, war die Hitze. Die Straße führte vom Atlantik weg und verkroch sich ins Landesinnere, wodurch die kühlende Meeresluft fehlte. Es war, als hätte jemand den Backofen angeschaltet, die Temperaturen stiegen unbarmherzig an und erreichten zwischenzeitlich 53 Grad Celsius. Das zweite, was mir auffiel, war der Sand. Die Westsahara hatte ich überwiegend als graue Geröllwüste erlebt. Mauretanien schien mir dagegen schon bald nur noch aus gelbem Sand zu bestehen. Gelb war der alles dominierende Farbton: Sonnen-Gelb, Weiß-Gelb, Braun-Gelb, Kondensmilch-Gelb, Rot-Gelb. Die Sanddünen am Wegesrand waren so groß wie Berge, die wenigen Sträucher entlang der Strecke wurden vom allgegenwärtigen Sand begraben und selbst auf dem schwarzen Asphaltband lag gelber Staub.

Knapp 40 Kilometer hinter der Grenze kam ich durch ein unscheinbares Dorf. Es wirkte so menschenleer, dass ich ein völlig verwittertes Holzschild mit der kaum leserlichen Aufschrift „Camping" für ein Relikt aus der Vergangenheit hielt. Ich fuhr noch einige Kilometer weiter und drehte dann doch um. Es war bereits 17 Uhr und selbst wenn der Campingplatz nicht mehr existierte, würde man mir vielleicht erlauben, irgendwo mein Zelt aufzuschlagen. Mein Bedürfnis nach einer einsamen Nacht zwischen Sanddünen war wegen Al Qaida nicht sehr ausgeprägt. Das Dorf war fast ausgestorben, doch nach einiger Suche fand ich einen Mann, dem ich trotz Verständigungsschwierigkeiten klar machen konnte, dass ich einen Platz für die Nacht suchte. Er zeigte mir ein leeres Berberzelt, das etwa 20 Meter neben dem seinen stand und wir einigten uns rasch auf einen Preis, wobei ich ihn in marokkanischen Dirham auszahlte, weil ich bis dahin noch immer kein Geld gewechselt hatte.

Am nächsten Morgen fuhr ich weiter durch gelbes Land. Die Straße führte noch immer von der Küste weg ins Landesinnere hinein. Vor mir breitete sich eine weite Ebene aus, ein flaches Meer aus Sand. Es war wieder extrem heiß und die Luft flimmerte, als ich plötzlich am Horizont einen Zug auf mich zukriechen sah. Im ersten Moment dachte ich an eine Fata Morgana, aber es war tatsächlich

Eisenerz-Zug

ein Zug, es war der berühmte Eisenerz-Zug, einer der längsten und schwersten Güterzüge der Welt. Drei Lokomotiven zogen an die 200 Waggons hinter sich her und in jedem dieser Waggons befanden sich etwa 100 Tonnen Eisenerz. Mauretanien ist ein armes Land und das Eisenerz ist eines der wenigen Exportprodukte, das es besitzt. Es wird im Norden des Landes abgebaut und per Zug rund 700 Kilometer durch die Sahara zur Hafenstadt Nouadhibou transportiert. Da die Gleise regelmäßig von Sanddünen begraben werden, sind täglich diverse Bautrupps allein damit beschäftigt, die Schienen per Hand wieder freizuschaufeln.

Gegen Mittag bog die Straße nach Süden ab und kurz darauf erreichte ich einen kleinen Wüstenort mit einigen baufälligen Barracken. Der Wind wirbelte den Sand durch die staubigen, fast menschenleeren Gassen und als ich endlich einige Männer sah, die in traditionelle Boubous gekleidet am Straßenrand standen, fragte ich sie, ob es im Ort eine Möglichkeit gebe, Geld zu wechseln und etwas einzukaufen. Die Männer zeigten auf zwei schief abgestellte Campingwagen, die 100 Meter voraus neben der Straße im Graben standen. Ich fuhr die 100 Meter weiter, stellte mein Fahrrad an einem Pfahl ab und ging auf die Campingwagen zu. Auf einem erkannte ich die mit Hand gemalte Aufschrift „Boutique“, was mich an schicke Klamotten denken ließ, nicht aber an eine Wechselstube oder an einen Lebensmittelladen. Vor dem Campingwagen standen bei Temperaturen um die 45 Grad Celsius drei Männer in dunklen Trainingsanzügen und dicken Parkas. Jeder von ihnen trug auf dem Kopf einen schweren Turban und auf der Nase eine große, schwarz-getönte Sonnenbrille, was ich alles zusammengenommen mit dem Habitus von Kleinganoven in Verbindung brachte. „Schneidezahn-Mohammed“ hatte mich glücklicherweise gelehrt, meiner Fantasie nicht immer Glauben zu schenken. Außerdem musste ich mir an die eigene Nase fassen. Erstens trug auch ich eine Sonnenbrille und zweitens bemerkte ich, dass man auch mich etwas misstrauisch oder doch zumindest verwundert in Augenschein nahm. Einen weißen Fahrradfahrer, verschwitzt und verdreckt, bekamen die Männer vermutlich nicht jeden Tag zu Gesicht.

Die Wechselkursverhandlungen zogen sich fast eine Stunde lang hin, denn ich hatte es mit Monopolisten zu tun und also dann doch mit Kleinganoven. Die Gauner wussten, dass ich nirgendwo sonst Geld tauschen konnte und hatten ihre Kurse entsprechend gewinnbringend festgesetzt. Am Ende wechselte ich zwar nicht viel Geld, aber ich machte 30 Prozent Verlust. Ich verbuchte es unter der Rubrik „Wieder um eine Erfahrung reicher" und ärgerte mich nicht sonderlich, da ich mir jetzt immerhin zum ersten Mal seit Tagen wieder ein eiskaltes Getränk genehmigen konnte. Die Kleinganoven hatten nämlich nicht nur mich leicht übers Ohr gehauen, sondern auch eine Stromleitung angezapft, um im Campingwagen einen Kühlschrank in Betrieb zu halten – und diese Gaunerei fand ich dann schon wieder ziemlich prima. Während ich nun in der prallen Sonne auf einem Stein sitzend meine Cola trank, kam einer der jungen Mafiosi noch einmal zu mir. Er wollte mir meine Sonnenbrille abkaufen und fragte mich, wie viel ich für sie verlangen würde. Ich lachte freundlich, schüttelte den Kopf und erklärte ihm, dass ich die Brille nicht verkaufen würde. Anschließend erkundigte er sich nach dem Preis für meine nach drei Monaten Dauerbetrieb inzwischen reichlich lädierten Sandalen. Ich lachte ein zweites Mal und sagte, dass ich auch die Sandalen nicht verkaufen würde. Am Ende wollte er mir mein Fahrrad abschwatzen. Er schätzte den Wert meines treuen Gefährts auf 300 Euro und bot mir 250, weil das Rad ja bereits gebraucht sei. Ich lachte ein drittes Mal, setzte mich wieder in den Sattel und fuhr weiter gen Süden. Ich begann die Mauretanier zu mögen, ihre diebische Händlermentalität gefiel mir – zumindest weit mehr als jede „Donnez-moi"-Forderung.

Habib, der Sahrawi

Auf dem weiteren Weg in Richtung Süden zur Hauptstadt Nouakchott gab es meiner Landkarte zufolge kaum noch Ortschaften. Als ich nachmittags völlig unerwartet doch durch einen kleinen Ort kam, war ich ziemlich erleichtert, denn mein Bedarf nach einer Nacht in der Wildnis war noch immer begrenzt. Ich stoppte und durfte mein Zelt hinter einer heruntergekommenen Spelunke aufbauen, in der für Durchreisende kleine Mahlzeiten angeboten wurden. Als ich dort abends etwas aß, lernte ich Habib kennen. Er war etwa 50 Jahre alt und aus Nouakchott mit einem schrottreifen Laster angepoltert gekommen. Habib sprach Spanisch, denn er war ein Sahrawi, der wie viele seiner Landsleute einst von den Marokkanern aus seiner Heimat vertrieben worden war: „Das war 1976, ich selbst war noch Jugendlicher. Wir waren in einem großen Flüchtlingstreck in Richtung Algerien unterwegs, die ganze Familie, Großeltern, Eltern, Geschwister, Onkel, Tanten, Nichten, Neffen. Eines Morgens, viele schliefen noch, flog die marokkanische Luftwaffe einen Angriff. Sie bombardierten unser Nachtlager mit Napalm. Mitten in der Wüste. Hunderte wurden getötet, unter ihnen viele meiner Verwandten, auch meine Mutter." Habib zeigte mir Brandnarben an seinem rechten Arm und erzählte, ähnliche Narben habe er auch am rechten Bein und am Bauch. In den 1980er Jahren schloss er sich nach eigenen Angaben für einige Jahre dem bewaffneten Befreiungskampf der Polisario an, doch er sah schon bald keinen Sinn mehr darin und kehrte als Spediteur ins Zivilleben zurück. Inzwischen lebte er in Tindouf, eine Stadt, die im äußersten Westen Algeriens liegt und seit Mitte der 1970er Heimat für mehr als 100.000 vertriebene Sahrawis wurde. Habib bot mir an, mich samt Fahrrad in seinem Laster nach Tindouf mitzunehmen: „Du kannst dir dort selbst ein Bild von unserem Leben als Flüchtlinge machen. Außerdem kann ich dir Gespräche mit Mitgliedern der Exilregierung vermitteln. Sie werden dir bestätigen, dass wir dem bewaffneten Kampf abgeschworen haben. Wir wollen alle zurück in unsere Heimat, nur Marokko lässt es nicht zu!" Das Angebot war durchaus verlockend, Tindouf lag jedoch rund 2500 Kilometer gen Nordosten und das war die komplett falsche Richtung für mich, mal ganz abgesehen davon, dass ich kein Visum für Algerien besaß und dass die bevorstehende Fahrt durch den Norden Mauretaniens führte, mitten durch mutmaßliches Al-Qaida-Gebiet.

Als ich am nächsten Morgen mein Zelt abbaute, war Habib schon in Richtung Tindouf aufgebrochen. Noch am Abend hatte er mir vorausgesagt, dass ein Wüstensturm aufkommen würde – und dieser Sturm war jetzt da. Die Welt versank erneut in ein gespenstisches Zwielicht, die Sonne verwandelte sich wieder in eine graumelierte Scheibe und die Landschaft verlor einmal mehr ihre Konturen. Ich dachte, „das kennst du ja alles schon", aber ich irrte mich. Der orkanartige Wind peitschte den gelben Sand nicht nur in Schlangenlinien unentwegt über den schwarzen Asphalt, sondern hob selbst schwere Sandkörner bis zu zwei Meter in die Luft und feuerte sie wie Nadelstiche auf mich nieder. Sand und Staub waren schon bald überall: im Mund, in der Nase, in den Ohren. Wenn ich einen Schluck Wasser nahm, verzehrte ich auch gleich eine Portion Sandkörner und zwischen den Zähnen hörte es einen ganzen Vormittag lang nicht mehr auf zu knirschen. Habib hatte mich darauf hingewiesen, dass ich rund 200 Kilometer lang durch kein Dorf mehr kommen würde. Es gebe aber auf etwa halber Strecke eine Tankstelle, bei der ich sicherlich mein Zelt aufschlagen könnte, falls der Sturm zu stark werden sollte. Ich erreichte die Tankstelle kurz vor 12 Uhr. Das war mir zwar zu früh, um den Tag auf dem Fahrrad zu beenden, aber ich legte eine fast dreistündige Pause ein und genehmigte mir ein paar kalte Getränke. Hunger hatte ich keinen, vermutlich war ich satt vom vielen Sandschlucken. So saß ich nahezu drei Stunden an einem Tisch auf der windgeschützten Veranda der Tankstelle und döste ein wenig vor mich hin oder beobachtete die seltenen Fahrzeuge, die an der Tankstelle stoppten. Aus einem schwarzen 190er Mercedes mit getönten Scheiben stiegen sage und schreibe acht Mauretanier – drei Frauen und fünf Männer. Die Frauen wollte ich nicht als schmal bezeichnen und die Männer waren recht groß gewachsen. Ich rätselte, wie die acht Leute in den Mercedes passen konnten und stellte mir vor, wie sie übereinander gestapelt durch die Wüste fuhren. Nein, ich wollte nicht mit ihnen tauschen, egal wie anstrengend das Fahrradfahren auch manchmal war. Trotz dieser Erkenntnis musste ich mich zwingen, wieder in den Sattel zu steigen. Ich wollte am Tag darauf Nouakchott erreichen und die Stadt lag noch etwa 240 Kilometer entfernt, was ich an einem Tag nur schwer geschafft hätte.

Als ich wieder im Sattel saß, hatte sich der Wind leicht gedreht und kam jetzt nicht mehr von der Seite, sondern von hinten. In der Westsahara hatte ich die Vorzüge eines konstanten Rückenwindes schon zu schätzen gelernt, doch dieser Nachmittag im Wüstensturm Mauretaniens übertraf alles. Ich fuhr in nur knapp vier Stunden 110 Kilometer und das bedeutete, trotz 45 Kilogramm Gepäck plus zehn Liter Wasser, eine Durchschnittsgeschwindigkeit von 28 km/h, ein Rekord, den ich nie wieder auf meiner Reise brechen sollte. Ich kam an keiner Ortschaft mehr vorbei und schlug mein Zelt abends hinter einer hohen, rötlich schimmernden Düne auf, so dass man mich von der Straße aus nicht sehen konnte. Ich musste die Taschen und das Fahrrad einzeln über die hohe Düne tragen und als mir das Rad beim Abpacken der Taschen auf die Straße fiel, zerbrach mein Rückspiegel. Wie sehr ich mich an ihn gewöhnt hatte und wie sehr er mein Sicherheitsgefühl auf verkehrsreicheren Straßen beeinflusst hatte, begriff ich erst in den darauffolgenden Wochen als ich ihn nicht mehr hatte. Die Nacht wurde unruhig. Der Wind rüttelte unentwegt am Zelt und mir war übel, vielleicht wegen des vielen Sandes, den ich geschluckt hatte. Am nächsten Morgen bedeckte rötlicher Sandstaub meinen Schlafsack und den gesamten Innenraum des Zeltes. Als ich gegen Nachmittag in Nouakchott ankam, wusste ich bereits, dass ich eine längere Pause einlegen würde. Ich hatte in den vergangenen zwei Wochen nur drei Ruhetage eingelegt und war in den restlichen elf Tagen fast 1600 Kilometer gefahren. Obwohl ich diese Kilometer-Leistung vor allem dem Wind zu verdanken hatte, fühlte ich mich körperlich erschöpft und ausgemergelt.

Bassekou Kouyate & N'Goni Ba

Nouakchott ist objektiv betrachtet keine wirklich schöne Stadt, aber mir gefiel sie trotzdem, vielleicht gerade deshalb. Die Stadt versank wie ganz Mauretanien im Sand. Die Staubkörner wirbelten durch die Straßen, rieselten auf die Vorplätze der Moscheen und bedeckten die Auslagen der Geschäfte. Kaufte ich mir ein frisches Brot, konnte es sein, dass es wieder einmal zwischen den Zähnen knirschte. Vielleicht mochte ich Nouakchott auch deshalb, weil die Stadt voller gutherziger Kleinganoven war. Im Gemüseladen nannte man mir für eine Handvoll Tomaten ohne Skrupel das Drei- oder Vierfache des üblichen Preises und ließ sich wenig später herunterhandeln ohne auch nur einmal rot zu werden. An der Tankstelle, wo der Benzinpreis ausgeschildert war, wollte man mir für die 0,5 Liter, die ich für meinen Kocher brauchte, der Einfachheit halber den Preis für einen ganzen Liter abknöpfen, und in einem Teehaus verlangte man für eine kleine Karaffe Tee umgerechnet drei Euro, revidierte den Preis aber auch gerne wieder.

Ich hatte mich in Nouakchott auf der Dachterrasse der „Auberge Sahara" einquartiert. Dort waren unter schweren Plastikplanen einige Feldbetten aufgestellt worden und da ich der einzige Gast dort oben war, gehörte die ganze Terrasse nur mir. Einziger Nachteil meiner Freiluft-Unterkunft waren die Mücken, die ich im versandeten Nouakchott in solchen Mengen nicht erwartet hätte. Ich bekam von den vielen Stichen mehrere allergische Reaktionen. Einmal schwoll meine Lippe an, als hätte ich sie mir aufspritzen lassen. Ein anderes Mal war morgens meine komplette rechte Hand rot angeschwollen und nahezu taub. Trotz der Mückenplage genoss ich meine Ruhetage. Am 5. November 2008 spazierte ich zu Fuß durch die Stadt und hörte aus allen Teehäusern entlang der Straße, wie der arabische Fernsehsender Al Jazeera ausführlich über die Wahl von Barack Obama zum Präsidenten der Vereinigten Staaten berichtete. Später stand ich vor der Deutschen Botschaft, einem weißen Bunker hinter dicken Mauern. Der Eingang war von Militär bewacht, die Mauern mit Stacheldraht geschmückt. Als ich

Neue Moschee in Nouakchott, finanziert von Saudi-Arabien

ein Foto der Anlage machen wollte, rannten drei in Zivil gekleidete Sicherheitsleute protestierend auf mich zu und ich entging nur knapp einer Festnahme. Die Angst vor Al Qaida mag ja berechtigt sein, aber sehe ich aus wie ein Terrorist?

Am 6. November lief ich abends zum französischen Kulturzentrum. Ursprünglich war ich überzeugt gewesen, dass mein erstes Kulturerlebnis in Afrika der Ausflug in ein Fußballstadion sein würde, aber es war ein Musikkonzert. Die Gruppe, die im französischen Kulturzentrum auftrat, hieß „Bassekou Kouyate & N'Goni Ba". Sie stammte aus Mali und war einfach sensationell. Die Musiker spielten auf altafrikanischen Saiten-Instrumenten, N'Goni genannt. Diese Instrumente ähneln Gitarren, sind aber deutlich kleiner und haben einen bootsförmigen Körper aus Holz. Die Musik war melancholisch, explodierte aber auch immer wieder in berauschende Rhythmen. Die Sängerin hatte eine Stimme zum Heulen schön und obwohl die Aula des französischen Kulturzentrums ein kleiner Saal mit penibler Sitzplatzanordnung war, kannte die Begeisterung unter den Zuhörern keine Grenzen. Es waren viele Schwarze gekommen, außerdem Exil-Franzosen und neben mir noch ein paar andere Durchreisende. Die Stimmung im Publikum war besser als auf vielen Konzerten, die ich in Deutschland erlebt hatte: klatschen, toben, kreischen. Manche Zuhörer hielt es zwischenzeitlich nicht auf ihren Plätzen und sie jagten nach vorne, um vor der Bühne zu den wilden Rhythmen das Tanzbein zu schwingen.

Ich blieb noch zwei weitere Tage in Nouakchott und erledigte kleine Alltagsaufgaben. Ich ging in ein Internet-Café, füllte meine Reisevorräte wieder auf, besorgte mir ein Visum für Mali, unterzog mein Fahrrad einer Komplett-Inspektion und wusch meine Klamotten sowie – schon zum zweiten Mal seit meinem Durchfall in Marokko – meinen Schlafsack. Zu guter Letzt flickte ich noch meine Isomatte, die aufgrund eines winzigen Lochs nachts die Luft verlor. Abends lauschte ich den Muezzin-Rufen, die per Lautsprecher über die Dächer der Stadt hallten: „Allahu akbar, Allahu akbar – Gott ist größer." Ich hatte mich schon in Marokko oft gefragt, ob die Gesänge wohl vom Band kamen – in Nouakchott jedenfalls nicht, denn dort hörte ich mehrmals, dass sich der Sänger räuspern musste.

Als ich Nouakchott am 9. November verließ, lagen noch etwas über 200 Kilometer bis zum Grenzübergang in den Senegal vor mir. Ich liebäugelte damit, die Strecke an einem Tag zurückzulegen. In Marokko hatte ich schon einmal die magische 200-Kilometer-Marke überwunden, doch jetzt war ich noch nicht einmal 30 Kilometer gefahren, als ich schon wieder in einen Sandsturm geriet und dieses Mal gegen den Wind ankämpfen musste. Nachmittags legte sich der Sturm, aber die 200 Kilometer waren trotzdem nicht mehr zu schaffen. Bei Einbruch der Dunkelheit hatte ich 151 Kilometer hinter mir und war so erschöpft, dass ich mich zehn Meter neben der Straße in den Wüstensand fallen ließ. Ich baute kein Zelt auf und verzichtete auch auf die Isomatte. Der Sand war warm, an Al Qaida versuchte ich nicht zu denken, an Schlangen und Skorpione noch weniger. Als ich nachts aufwachte, war ich von meinem leichtsinnigen Verhalten allerdings selbst schockiert und legte wenigstens noch die Unterlegplane meines Zeltes zwischen mich und den Sand.

Wie man sich Feinde macht

Der Grenzübergang Rosso gilt als der schlimmste in ganz Westafrika. Mit Superlativen sollte man vorsichtig sein, aber unter allen Grenzübergängen, die ich in Westafrika erlebte, war derjenige in Rosso eindeutig der chaotischste, dreckigste und lauteste. Vielleicht war er für mich persönlich auch der nervenaufreibendste, was dann aber daran lag, dass ich später an anderen Grenzübergängen schon mehr Erfahrung hatte und mich nicht mehr ganz so deppert aufführte.

Ich hatte Rosso am späten Vormittag bei etwa 50 Grad Celsius erreicht und stoppte schon an einer der ersten Buden, um mir ein kaltes Getränk zu kaufen, was möglicherweise der erste Fehler in einer ganzen Kette vermeidbarer Dummheiten war. Erst nachdem ich mich im Schatten erholt und mein Getränk in aller Seelenruhe ausgetrunken hatte, radelte ich zum Grenzübergang, der direkt am Senegalfluss liegt. Um aus Mauretanien auszureisen, muss man auf ein Hafengelände, auf dem die Zollabfertigung vorgenommen wird und von dem auch die Fähren hinüber in den Senegal ablegen. Als ich nun am Hafengelände ankam, rollte gerade ein etwa fünf Meter breites Eisentor über eine Schiene ins Schloss. Ich hatte es in diesem Moment zwar noch nicht realisiert, aber ich war dadurch, dass ich mir ein kaltes Getränk gegönnt hatte, zu spät dran: Mittagspause, Mahlzeit, wie schon bei der Einreise nach Mauretanien.

Vor dem breiten Eisentor standen auf einem staubigen Platz etwa 50 oder 60 Mauretanier und Senegalesen, die wie ich in letzter Sekunde doch noch zur Grenzabfertigung aufs Hafengelände wollten. Einige waren wild am gestikulieren. Andere protestierten gegen die Schließung der Grenze und schimpften auf die Grenzpolizisten ein. Manche schienen auch einfach nur laut zu fluchen. In der Luft lag jedenfalls eine leicht explosive Stimmung. Ich stellte mich in die Menge zu den Wartenden und schob mich mit meinem vollbepackten Fahrrad ein wenig nach vorne. Gleichzeitig drängten von verschiedenen Seiten acht bis zehn junge Männer auf mich zu. Obwohl sie mich im Gedränge noch nicht erreicht hatten, boten sie mir bereits kreischend ihre Schlepper-Dienste an. Als sie mich zu fassen bekamen, rüttelten an die zwanzig Hände an mir und an meinem Fahrrad. Die Schlepper forderten mich auf, ihnen meinen Pass auszuhändigen und erklärten mir, sie würden mich durch das Tor schleusen und die Grenzabfertigung für mich erledigen. Ich fragte erst gar nicht nach dem Preis, denn ich vermutete, dass ich sie dann nie wieder losbekommen würde. Also ertrug ich das Geschrei und die nach mir greifenden Hände, lächelte und sagte ein ums andere Mal in die Runde: „Non, non. Merci bien, merci beaucoup."

Ich wurde die jungen Schlepper natürlich trotzdem nicht los. Immer wieder warf ich einen Blick auf meine Taschen, um sicher zu gehen, dass noch keine geöffnet oder gar verschwunden war, denn in diesem Geschiebe und Gedränge hätte ich niemals eine Chance gehabt, eine Tasche wiederzubekommen. Als sich dann plötzlich eine im Eisentor eingelassene Tür öffnete, brach das totale Chaos aus. Alle, die auf die Ausreise warteten, versuchten nach vorne zu drängen, denn jeder hoffte, dass man ihn vielleicht doch noch aufs Hafengelände vorlassen würde. Ich stand mitten in dieser nach vorne keifenden Masse und hoffte ebenfalls noch auf Einlass. Falls mich einer der Grenzpolizisten im Gewimmel entdecken sollte, würde er garantiert Mitleid mit mir haben und in die Menge rufen: „Freunde, lasst doch mal den weißen Mann mit dem Fahrrad durch!" Meine Hautfarbe und bedrängte Situation interessierte die Polizisten allerdings herzlich wenig. Das war objektiv vollkommen korrekt, aber subjektiv irgendwie auch enttäuschend. Als sich die Tür im Eingangstor wieder schloss, war eigentlich allen klar, dass die Mittagspause endgültig eingeläutet war. Trotzdem wollten es die meisten noch nicht wahrhaben – so auch mehrere Frauen, die mit großen Plastiktaschen direkt vor mir standen. Sie schimpften erneut so laut los, dass es mal wieder in den Ohren wehtat. Eine Frau gab schließlich als Erste auf. Sie drehte sich wütend um, sah sich mit mir und meinem Fahrrad konfrontiert und schlug aus Frust oder um sich Platz zu verschaffen auf meine Lenkertasche ein. Natürlich war das nicht nett und natürlich war auch ich gereizt. Es war brüllend heiß und die Schlepper gingen mir auf die Nerven. Aber das alles war kein Grund meine Beherrschung zu verlieren, nicht einmal für wenige Sekunden. Ich bellte die Frau dennoch an und bewegte den Lenker so ruckartig zur Seite, dass sie einen Schlag abbekam. Die Frau selbst reagierte einigermaßen gelassen, doch die Schlepper um mich herum gerieten in wilden Zorn. Sie sahen mich empört, hasserfüllt und streitsüchtig an. Sie gifteten, was mir einfalle, so mit der Frau umzugehen. Ich solle gefälligst dahin zurück, wo ich herkäme. Ob nach Nouakchott oder nach Europa, das sei ihnen völlig einerlei. Nur eines sollte ich nicht machen. Ich sollte keinesfalls noch einmal an diesem Grenzübergang auftauchen. Sie würden alle gemeinsam dafür sorgen, dass ich diese Grenze niemals überqueren werde. „Jamais! – Niemals!" Nun hatte ich ein echtes Problem. Ich hatte die gesamte Schlepperbande gegen mich aufgebracht, Männer, die eben noch erbitterte Geschäfts-Konkurrenten waren, hatten sich auf einen gemeinsamen Feind verständigt, auf mich. Ja, ich war ein eingebildeter Weißer, ein aufgeblasener Vollidiot!

Grenzgeschäfte in Rosso – kaufen, kaufen, kaufen ...

Wenigstens war jetzt erst einmal Mittagspause und ich hatte drei Stunden Zeit, eine Lösung für mein überflüssiges Problem zu finden.

Rosso ist eine wuselige Grenzstadt, man könnte auch sagen: ein Dreckskaff. Wer hier geboren wird, endet vermutlich zwangsläufig in Diensten der Schmuggler-Mafia. Die Straße, die vom Hafen ins Stadtzentrum führte, war eine vermüllte Sandpiste, auf der hunderte Händler ihre verstaubten Waren ausgebreitet hatten. Das Angebot reichte von verspiegelten Verbrecher-Sonnenbrillen über Handys und Fernseher bis zu Ghettoblastern. Während ich mich mit dem Fahrrad an der Seite in meinen verlotterten Sandalen zu Fuß durch den Sand wühlte, flatterten ungezählte Plastiktüten im Wind und ich musste aufpassen, nicht in ausgediente scharfkantige Blechdosen oder rostende spitze Nägel zu treten. Ich kaufte einer Frau ein paar frittierte Teigtaschen ab und kam zu der Überzeugung, dass ich auf dieser Straße weder Spaß hatte noch eine Lösung für mein anstehendes Problem finden würde. So fuhr ich auf der Straße, die ich nach Rosso hineingefahren war, wieder hinaus. Ich wollte zu der kleinen Bude zurück, an der ich schon einmal für ein kaltes Getränk gestoppt hatte. Dort hoffte ich, meine sieben Sinne wiederzufinden. Ich saß noch nicht lange mit meiner neuen Cola im Schatten einer Hausmauer im staubigen Sand, als die ersten neugierigen Kinder kamen, um mich zu begutachten. Zu ihnen gesellten sich schon bald Jugendliche, dann erwachsene Männer und am Ende torkelte auch noch eine Ziege herbei. Sie alle standen im Halbkreis um mich herum, hielten knapp 50 Zentimeter Abstand und diskutierten lauthals über mich – ganz so, als sei ich nicht real, sondern ein unscharfes Bild im Fernseher: „Wer ist das? Was will der hier? Wo kommt der her? Wo will er hin?" Keiner stellte auch nur eine dieser Fragen an mich persönlich (mit dem Fernseher reden, macht ja auch keinen Sinn). Die Ziege war wohl die erste, die begriff, dass ich vielleicht doch real sein könnte, denn sie kam näher, wobei es so aussah, als wolle sie einen Schluck meiner Cola ergattern. Dieser Annäherungsversuch rief plötzlich auch die anderen auf den Plan. Ein Junge hielt mich für bedroht und deutete der Ziege mit einem erhobenen Stock Prügel an, woraufhin diese mit einem kleinen Hüpfer verschwand. Erst nach diesem Vorfall, der allgemeine Erheiterung auslöste und die Stimmung lockerte, sprach mich dann auch einer der jüngeren Männer an. Er hieß Cem, hatte ein ähnlich zerschundenes Gesicht wie Schneidezahn-Mohammed, trug zerfetzte Kleidung und war so ausgemergelt als hätte er seit Wochen nichts mehr gegessen.

Ich erzählte ihm und den anderen nun von meiner Reise und auch davon, dass ich über die Grenze in den Senegal wollte und die Mittagspause abwartete. Den meisten Neugierigen war das nach einer Weile genug an Information und sie verließen den Aufmarsch. Cem blieb allerdings, und als außer ihm nur noch drei oder vier Kinder anwesend waren, bot er mir seine Schlepperdienste an. Ich fragte ihn, wie das Ganze ablaufen sollte und er erklärte mir, dass er mit meinem Reisepass zur Grenze fahren würde, um für mich den Ausreisestempel zu besorgen. Außerdem würde er für mich und das Fahrrad das Ticket für die Überfahrt auf der Flussfähre kaufen. Wenn das erledigt sei, würde er wiederkommen und mich durch die Grenze lotsen.

Meinen Pass in Mauretanien einem Fremden aushändigen? Das erschien mir völlig unvorstellbar. Ich hatte für Notfälle zwar noch einen zweiten Reisepass in meiner Tasche, aber die deutsche Botschaft hätte mich dennoch für irre erklärt, wenn ich hätte sagen müssen, mir sei der Pass abhandengekommen, weil ich ihn irgendeinem mehr oder minder vertrauenswürdigen Mauretanier in die Hand gedrückt hatte. Nein, nein, so ging das nicht. Ich fragte Cem, warum ich nicht gleich zur Grenze mitkomme könne. Er sagte, das sei zu schwierig. Er müsse die Ausreise erst in die Wege leiten, indem er die Grenzpolizisten mit etwas Geld besteche. Wenn ich jetzt schon mit ihm am Hafen auftauchte, würde uns so schnell kein Polizist durchlassen und der Preis würde höher ausfallen. Außerdem würden sich sofort alle anderen Schlepper auf mich stürzen, in der Hoffnung, ein Geschäft zu machen. Ich verschwieg Cem, dass sich die Schlepper möglicherweise auch noch aus ganz anderen Gründen auf mich stürzen könnten, aber ich hielt die ganze Aktion dennoch für äußerst fragwürdig. Cem erkannte meine Bedenken und sagte, er werde mir als Sicherheit sein Handy

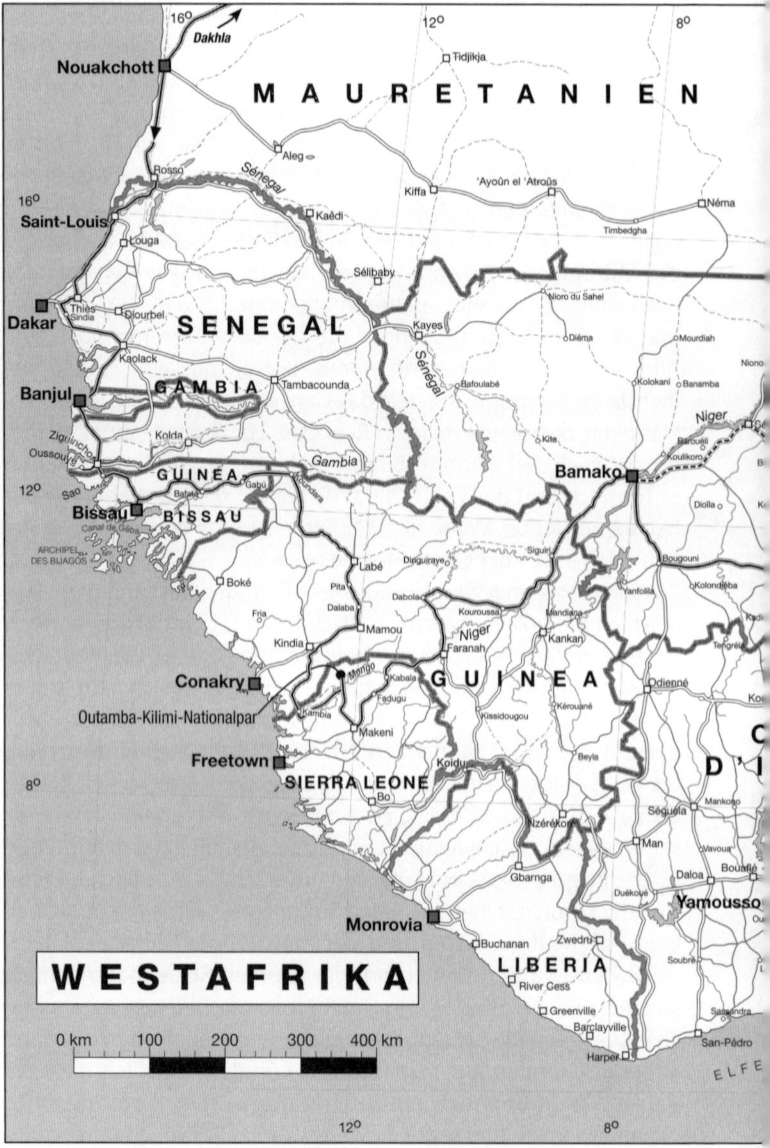
WESTAFRIKA
MAURETANIEN
SENEGAL
GAMBIA
GUINEA-BISSAU
GUINEA
SIERRA LEONE
LIBERIA
Dakhla
Nouakchott
Tidjikja
Aleg
Rosso
Sénégal
Kiffa
'Ayoûn el 'Atroûs
Néma
Timbedgha
Saint-Louis
Louga
Kaédi
Sélibaby
Dakar
Thiès
Diourbel
Kaolack
Kayes
Nioro du Sahel
Diéma
Mourdiah
Banjul
Tambacounda
Bafoulabé
Kolokani
Banamba
Kolda
Ziguinchor
Oussouye
Gambia
Niger
Kita
Koulikoro
Bamako
Bafatá
Gabú
Koundara
Bissau
Canal de Gêba
ARCHIPEL DES BIJAGÓS
Boké
Labé
Dinguiraye
Siguiri
Bougouni
Dioïla
Pita
Dalaba
Fria
Dabola
Kouroussa
Mandiana
Yanfolila
Kolondiéba
Mamou
Kindia
Kankan
Faranah
Conakry
Mongo
Kabala
Fadugu
Outamba-Kilimi-Nationalpar
Kambia
Makeni
Kissidougou
Kérouané
Odienné
Beyla
Freetown
Koidu
Bo
Nzérékoré
Séguéla
Mankono
Man
Vavoua
Gbarnga
Daloa
Bouaflé
Duékoué
Yamousso
Monrovia
Buchanan
Zwedru
River Cess
Greenville
Barclayville
Harper
Soubré
Sassandra
San-Pédro
0 km
100
200
300
400 km
16°
12°
8°

MALI
BURKINA FASO
NIGER
BENIN
GHANA
TOGO
OTE
VOIRE
Timbuktu
Niger
Bourem
Gao
Kidal
Ménaka
Niafounké
Douentza
Mopti
Land der Diola
Bandiagara
Ténenkouo
Djénné
Koro
Djibo
Gorom-Gorom
Dori
Téra
Tillaberi
Niamey
Tahoua
Dosso
Sokoto
Birnin Kebbi
San
Ouahigouya
Tougan
Yako
Nouna
Dédougou
Réo
Ouagadougou
Koupéla
Fada Ngourma
Diapaga
Kombissiri
Manga
Tenkodogo
Yorosso
Sikasso
Orodara
Bobo Dioulasso
Pô
Léo
Banfora
Gaoua
Bolgatanga
Dapango
Wa
Natitingou
Tamale
Lama-Kara
Parakou
Bouna
Bimbila
Sokodé
Dabakala
Katiola
Bondoukou
Tanda
Bouaké
Sunyani
Savé
Ogbomosho
Oyo
Ilorin
Ila
Inisa
Oshogbo
Iwo
Ife
Ilesha
Ikire
Ibadan
Akure
Ikare
Owo
Badou
Atakpamé
Abomey
Abeokuta
Ijebu-Ode
Daoukro
Agnibi-lékrou
Dimbokro
Bongouanou
Abengourou
Kumasi
Palimé
Ho
Cotonou
Mushin
Ikorodu
Epe
Benin City
Agboville
Adzopé
Koforidua
Lomé
Avepozo
Porto Novo
Lagos
n. Ado Ekiti
Sapele
Warri
Tiassalé
Aboisso
Accra
Abidjan
Grand-Lahou
Cape Coast
SKLAVENKÜSTE
GOLDKÜSTE
BEINKÜSTE
GOLF VON GUINEA
4°
0°
16°
12°
8°

da lassen. Das hätte zudem den Vorteil, dass er nicht zurückzukommen brauchte. Er werde mich einfach anrufen, wenn er alles vorbereitet habe, dann könne ich mit dem Fahrrad bis zum Tor vorfahren, dort würde er warten und man würde mich sofort durchlassen. Zur Sicherheit sein Handy? Lächerlich. Wenn er meinen Pass veräußerte, konnte er sich 20 Handys kaufen.

Aller Vernunft zum Trotz lief Cem wenig später mit meinem Reisepass in der Hand zum Hafen und ich blieb mit seinem Handy zurück. Ich hörte noch wie er sagte, es würde etwa eine Stunde dauern bis er sich bei mir meldete, dann war er verschwunden. Ich hatte ihm außer dem Pass noch 3000 Ouguiya gegeben, umgerechnet neun Euro. Das war nicht viel für Bestechungsgeld, Ausreisegebühr, Fährticket und seine persönliche Dienstleistung. Aber der Pass?! Eine Stunde und lange 18 Minuten später klingelte das Handy. Cem sagte, ich könne kommen und solle mich beeilen. Als ich am Hafengelände eintraf, war das große Eisentor noch immer geschlossen, aber Cem stand wie versprochen mit einem Grenzpolizisten in der offenen Tür, die im Eisentor eingelassen war. Auf dem Platz vor dem Hafengelände war erneut viel los. Ich musste absteigen und zu Fuß durch die Menge laufen. Wieder kamen einige Schlepper angerannt und wieder griffen diverse Hände nach mir und meinem Fahrrad. Ich wusste nicht, ob unter den Männern auch einige waren, die ich gut zwei Stunden zuvor verärgert hatte. Ich bedeutete ihnen allerdings, dass ich mich bereits einem Schleuser anvertraut hatte und zeigte zur Tür, in der Cem stand. Als ich durch die Tür trat, war ich erleichtert, zumindest für einige Sekunden. Dann fiel mir auf, dass ich meine Sonnenbrille nicht mehr auf der Nase hatte und auch nicht in der Rückentasche meines Fahrrad-Shirts, wo ich sie gerne verwahrte, wenn ich sie abnahm. Ich öffnete sofort meine Lenkertasche und sah im Brillenetui nach, doch auch dort war sie nicht.

Für das „Verschwinden" meiner Brille gab es zwei Möglichkeiten. Entweder hatte ich sie während meiner Mittagspause liegen lassen. Oder ich hatte sie jetzt bei meiner Ankunft vor dem Hafengelände automatisch von der Nase abgenommen und in die Rückentasche meines Fahrrad-Shirts gesteckt, wo sie ein Langfinger im Gedränge unbemerkt wieder herausholte. Selbst wenn das die Quittung für mein ungebührliches Verhalten vor einigen Stunden war, so drückte der Verlust doch ein wenig auf meine Stimmung, denn an getönte Gläser, die meine Kurzsichtigkeit ausglichen, würde ich in Afrika so schnell wohl nicht wieder herankommen. Natürlich versuchte ich alles Mögliche, um die Brille wieder zu bekommen. Ich informierte Cem über meinen Verlust, der mit seinem Handy einen Freund anrief, der zu meiner Mittagspausen-Bude lief, um dort nachzusehen. Doch der Einsatz war umsonst. Anschließend sprach ich mit einem der fliegenden Händler, der innerhalb des Hafengeländes umherwuselte und auf einem großen Brett aufgesteckte Sonnenbrillen zum Kauf anbot. Ich erklärte ihm, dass ich meine Sonnenbrille verloren hätte und dass ich keine von ihm zu kaufen gedenke, sondern meine eigene wieder haben wolle, weil sie Gläser zum Ausgleich meiner Sehschwäche besäße. Er sah mich verstört an, so dass ich es anders formulierte: „Mon ami, hör dich um, auch draußen vor dem Tor. Finde heraus, wer mir meine Sonnenbrille geklaut hat. Bring' sie mir zurück, und ich gebe dir zehn Euro. Keine Polizei, ich will nur meine Brille." Der erste Bestechungsversuch meiner Reise blieb leider erfolglos. Das einzige, was ich vom Ausschreiben dieses Finderlohns hatte, waren etwa 30 Sonnenbrillenverkäufer, die auf mich zustürzten, um mir eine ihrer Brillen anzudrehen. Ich sah mir die Angebote genau an, vielleicht war ja meine eigene Brille dabei. Es wäre nicht das erste Mal, dass jemand seine geklauten Besitztümer bei einem Händler zurückkauft, doch meine Brille blieb unauffindbar. Irgendwann rief Cem, es sei Zeit auf die Fähre zu gehen. Das war's dann. Cem fuhr zu meiner Überraschung mit mir auf dem völlig überfüllten Boot und besorgte mir am anderen Ufer auch noch meinen Einreisestempel für den Senegal. Er hatte gute Arbeit geleistet, und ich gab ihm als Bonus die letzten 2700 Ouguiya, die ich noch übrig hatte. „Bonne chance, Cem!" Auf Wiedersehen Mauretanien!

SENEGAL & GAMBIA (km 6867 – km 7950)

„Toubab, Toubab!“

Am Anfang hatte ich es noch gar nicht begriffen: Ich war im Senegal – und hatte damit auch Schwarzafrika erreicht. Der Senegalfluss, den ich überquert hatte, bedeutet mehr als eine geographische Grenze zwischen zwei Ländern, er bedeutet den Eintritt in eine andere Welt. Als die Fähre am südlichen Flussufer anlegte, änderte sich fast schlagartig die Landschaft. Nach über einem Monat Wüste begleitete mich ab jetzt wieder deutlich mehr Vegetation entlang der Strecke und ich hätte am liebsten jeden Baum, jeden Strauch und jeden Grashalm fotografiert. Und so plötzlich wie das Grün am Straßenrand auftauchte, so plötzlich änderte sich auch das Leben auf der Straße. Im Vergleich zu Marokko und Mauretanien ist im Senegal alles bunter, fröhlicher und lauter: die Menschen, ihre Kleider und ihr Lachen. Die kleinen Verkaufsstände auf den Regionalmärkten quollen über vor Angeboten und aus den Bars bummerte schwarzafrikanische Musik. Wochenlang hatte ich nur vollverschleierte Frauen gesehen. Jetzt erschrak ich fast, wenn mich senegalesische Schönheiten mit ihren großen, dunklen Augen strahlend anlachten. Zum ersten Mal auf meiner Reise entdeckte ich entlang der Straßen kleine Garküchen, an denen ich mit Vorbliebe maffe (Reis mit Rindfleisch in Erdnuss-Soße) oder yassa (Reis mit Fleisch und Zwiebeln) bestellte.

Fuhr ich durch die Ortschaften, riefen die Menschen von allen Seiten begeistert „Toubab, Toubab – Weißer, Weißer“! Sie winkten mir fröhlich zu und erkundigten sich noch während ich an ihnen vorbeifuhr nach meinem Wohlergehen: „Monsieur, mon ami! Comment ça va? Comment ça va?“ Ich war fortan im Sattel sitzend unentwegt damit beschäftigt, zurück zu grüßen. Manche, denen ich antwortete, wollten dann noch mehr wissen, obwohl ich eigentlich schon an ihnen vorbeigefahren war. Sie erkundigten sich nach meinem Namen, fragten, wo ich herkäme und wo ich hinwollte. Nun bestand die Kunst darin, ihnen zu antworten und die nächsten schon wieder zu grüßen. Und so ging es jeden Tag, bei jeder Fahrt durch jeden Ort. Am Anfang erschien es unhöflich weiterzufahren, obwohl da jemand ganz offensichtlich Kontakt aufzunehmen suchte. Nach einiger Zeit beobachtete ich allerdings, dass sich die Afrikaner untereinander auch nicht anders verhielten. Kam einer die Straße herabgelaufen und ein anderer lief sie hinauf, dann grüßte man sich im Vorbeigehen und besprach anschließend noch dies oder das, obwohl man ja weitergegangen war und den anderen längst im Rücken hatte. Manche Kommunikation war deshalb zwangsläufig auch recht laut, da sie je nach Dauer bis zu einhundert Meter überwinden musste. Ich verstand langsam, warum die Afrikaner ein so ausgesprochen starkes Stimmorgan haben – sie haben es von Kindesbeinen an trainiert.

Mein erstes Ziel im Senegal war Saint-Louis, eine Küstenstadt im Norden des Landes. Als ich dort ankam, fühlte ich mich so ausgelassen und zufrieden, dass die Entscheidung über meinen weiteren Reiseverlauf wie von selbst gefallen war. Es gab nicht einen einzigen Grund, in ein Flugzeug zu steigen und nach Asien zu fliegen. Im Gegenteil: Ich wollte noch mehr von diesem lebendigen Schwarzafrika erleben, also würde ich bleiben und meine Tour fortsetzen, Asien musste warten.

Saint-Louis war ein wenig verdreckt, aber dennoch eine schöne Stadt, zumindest, was ihren alten Stadtkern betraf, denn dieser stammte in seinen Grundpfeilern noch aus dem Jahr 1659, als Frankreich hier seine erste Siedlung in Afrika gründete. Der frühzeitliche Stadtkern war im Jahr 2000 von der UNESCO zum Weltkulturerbe erklärt worden, was die Besucherzahlen aus aller Welt wohl noch einmal deutlich erhöht hatte. Der Tourismus war für die Menschen in der Stadt jedenfalls zu einem bedeutenden Wirtschaftsfaktor geworden, und so wurde ich beim Spaziergang durch die Straßen auch fortgesetzt auf die bekannt freundschaftliche Art angesprochen: „Mon ami, mon ami! Comment ça va, comment ça va?“ Mal wurde ich von meinen neu gewonnenen Freunden eingeladen, eine Stadtrundfahrt per Kutsche zu unternehmen, dann wieder aufgefordert, mich für einen Ausflug in das nahegelegene Naturschutzgebiet anzumelden. Mal sollte ich zum Abendessen ein Familien-Restaurant besuchen, ein anderes Mal in einem Geschäft bunte Decken, Tücher oder Tongefäße kaufen. Ich blieb gelassen: Wie hätten die Menschen wissen sollen, dass ich ausnahmsweise mal keine Naturerlebnisse brauchte, weil ich gerade 7000 Kilometer Fahrrad gefahren war. Und wie hätten sie wissen sollen, dass ich mit Vorliebe an den Garküchen aß oder dass meine Gepäcktaschen schon aus allen Nähten platzten? Meinen ersten Tag in Saint-Louis verbrachte ich dann auch mehr oder weniger nur damit, jedem Einwohner der Stadt meine Lebens- und Reiseumstände zu erläutern und mich von einem Plausch zum nächsten zu begeben, wobei ich nicht selten die komplette Familienchronik meiner Gesprächspartner zu Gehör bekam. Am zweiten Tag lernte ich, wie viel den Menschen diese kleinen Gespräche bedeutet hatten und dass es ihnen nicht allein darum gegangen war, ein Geschäft mit mir zu machen. Ich lief auf der Rue Blaise Diagne ins Stadtzentrum, wurde wiedererkannt und ein ums

Obst und Gemüse in Saint-Louis

andere Mal so freundlich gegrüßt, als sei ich ein alter Bekannter. Ich fand das wiederum so rührend, dass ich immer wieder stehen bleiben musste und ein weiteres Mal von einem Plausch in den nächsten geriet. So kam es, dass ich für die Strecke von meiner Unterkunft bis ins Zentrum etwa viermal solange brauchte wie gedacht. Ich hatte Postkarten und ein Päckchen unter dem Arm, um ein paar Grüße und ein paar meiner jüngst erworbenen und für meine Reise völlig überflüssigen Habseligkeiten nach Hause zu schicken. Als ich aber beim Hauptpostamt ankam, hatte ich aufgrund meiner vielen Small-Talks so viel Verspätung, dass die Post bereits Mittagspause hatte. Schon wieder Mittagspause! Mittagspause bei der Einreise nach Mauretanien, Mittagspause bei der Ausreise, Mittagpause bei der Post! Diese Mittagspausen-Bürokratie hatte ich überall erwartet nur nicht in Afrika.

David und der Traum von Europa

Der Senegal ist wie Marokko und Mauretanien ein islamisch geprägtes Land. Über 90 Prozent der Bevölkerung waren muslimisch und die Rufe der Muezzin hörte ich auch hier mehrmals täglich. Anders als im arabisch geprägten Marokko oder Mauretanien vermischt sich der Islam im Senegal jedoch mit althergebrachten Naturreligionen. Ein gläubiger Muslim betet im Senegal fünf Mal gen Mekka, aber er trägt auch ein Amulett, um sich gegen Unglück zu schützen.

Der Animismus, der Glaube an gute und böse Geister, an schwarze und weiße Magie, ist in ganz Afrika weit verbreitet und bestimmt das Leben in einer für Außenstehende kaum sichtbaren und gelegentlich wundersamen Art und Weise. So traf ich in Saint-Louis einen Mann, der extra in die Stadt gereist war, um einen wichtigen Geschäftstermin wahrzunehmen. Er hatte sich in derselben Unterkunft einquartiert wie ich, und als ich ihn am Abend nach seinem anberaumten Geschäftstermin fragte, wie das Treffen gelaufen sei, antwortete er, dass er die Verabredung abgesagt habe. Er sei morgens unversehens über eine Baumwurzel gestolpert und weil das als übles Omen gelte, habe er um einen neuen Geschäftstermin gebeten. In Nigeria hatte ich Monate später eine ähnliche Begegnung. Dort kam ein älterer Mann auf mich zu und erklärte mir, er sei krank. Im Gespräch stellte sich heraus, dass er sich verhext glaubte. Sein Nachbar habe ihm schaden wollen und sei deshalb zu einem Geisterbeschwörer gegangen, welcher eine tödliche Verwünschung über ihn gebracht habe. Der Mann behauptete, sterben zu müssen, wenn er sich keinen Gegenzauber besorgte, doch ein Hexenmeister koste Geld und dieses Geld habe er nicht. Sein Gesicht war fahl und eingefallen, er sah wirklich elend aus, und ich gab ihm etwas Geld.

Ich blieb fast eine Woche in Saint-Louis und als ich eines Abends in einer Bar David kennenlernte und ihm erzählte, dass ich mit dem Fahrrad durch Westafrika weiterfahren wollte, empfahl er mir dringend, mir ein „Gris-Gris" zu besorgen, eines der traditionellen Amulette. „Mit dem richtigen Gris-Gris", so sagte David, „bist du vor Krankheiten, vor Diebstahl und vor jeder Art von bösen Geistern geschützt!" Einerseits reizte es mich, mit ihm zu einem örtlichen Marabout zu gehen. Marabouts gelten als weise Gelehrte und Ansprechpartner in allen Lebenslagen. Einigen wird zudem die Kraft nachgesagt, gute und böse Geister beschwören zu können, weshalb sie es auch verstünden, ein Amulett so zu präparieren, dass es vor Schicksalsschlägen bewahrt. Doch andererseits besaß ich bereits ein Gris-Gris. Ich trug eine kleine, silberne Kette mit einem Medaillon des Heiligen Christophorus um den Hals, ein Abschiedsgeschenk von Petra. Der Heilige Christophorus ist der christliche Schutzpatron der Reisenden und ich hatte keinen Grund, an seiner Unterstützung zu zweifeln. Ich war unbeschadet durch Mauretanien gekommen und auch sonst war mir bisher rein gar nichts passiert, mal abgesehen von einem „kleinen Durchfall" und dem Verlust meiner Sonnenbrille, wobei ich für beides unzweifelhaft selbst verantwortlich war. Es wäre eine Beleidigung des Heiligen Christophorus gewesen, jetzt zu einem Marabout zu gehen – und es wäre geringschätzig gegenüber diesem Gelehrten gewesen, ihn allein aus Neugier um Hilfe zu ersuchen. Ich konnte ihn nicht einmal um ein Gris-Gris für mein Fahrrad bitten, denn selbst das besaß ich schon. Es bestand aus einem kleinen Traumfänger sowie einer Perlenkette aus den getrockneten, roten Samen des Korallenbaumes. Die Kette hatte mir ein alter Herero bei meiner Namibia-Reise im Jahr 2003 mit der Worten überreicht: „Pass gut auf sie auf; sie wird dir immer Glück bringen!" So baumelte sie nun seit Beginn meiner Reise gemeinsam mit dem Traumfänger an meinem Fahrradlenker – und was war bisher geschehen? Ich hatte einen zerbrochenen Rückspiegel zu beklagen, wofür ich ohne Zweifel ebenfalls selbst schuld war. Und sonst? Ich hatte auf 7000 Kilometern gerade einmal zwei Plattfüße zu verzeichnen. Mich darüber zu beschweren, wäre reichlich unangemessen gewesen.

Nun erklärte ich David, dass ich bereits über einen Gris-Gris für mich persönlich und eines für mein Fahrrad verfügte. Er nickte anerkennend und wir sprachen nicht weiter darüber, sondern wechselten sehr bald zu einem Thema, das uns den Rest des Abends beschäftigen sollte: Fußball! Wer kein Interesse an Fußball hat, sollte Afrika am besten fern bleiben (man geht als Vegetarier

Mein Gris-Gris

ja auch nicht ins Steakhaus). Fußball war eigentlich überall und nahezu jederzeit Gesprächsthema. Mit Fußball verbanden alle den Traum von einer Profi-Karriere in Europa, von Reichtum und Wohlstand. Mütter und Väter, Brüder und Schwestern, niemand hätte etwas dagegen gehabt, wenn es einer aus der Familie schaffte, in die Fußstapfen von Didier Drogba, Samuel Eto'o oder Michael Essien zu treten. Die Spiele der europäischen Champions-League wurden allerorten im Fernsehen übertragen, jedenfalls dort, wo es Fernseher und Strom gab. Doch auch dort, wo die Zeichen der modernen Zivilisation noch nicht angekommen waren, blieb Fußball beliebtes Gesprächsthema. In der Zentralafrikanischen Republik saß ich eines Abends in einem kleinen Ort bei Dunkelheit vor einem fackelnden Feuer an einer Garküche und hörte, wie mehrere Männer heftig diskutierten. Sie sprachen Sango, so dass ich eigentlich nichts verstand, doch es fielen immer wieder die drei Worte: Eto'o, Drogba und Pelé. Es war ziemlich naheliegend, dass sie darüber stritten, wer wohl der beste schwarze Stürmer aller Zeiten war.

Auch David machte mir bald klar, dass er davon träumte, den Sprung nach Europa zu schaffen. Er war 21 Jahre alt, Torwart einer drittklassigen Mannschaft und ein ausgezeichneter Kenner des europäischen Fußballs. Zu meinem Erstaunen wusste er auch vorzüglich über das aktuelle Geschehen in der Fußball-Bundesliga Bescheid. So setzte er mich in Kenntnis darüber, wer gerade Tabellenführer in Deutschland war. Ich hatte drei Monate lang nicht viel von der Bundesliga mitbekommen und dachte natürlich an Bayern München. Aber er sagte: „Oufenem!" Ich brauchte einige Sekunden, um zu begreifen, dass er „Hoffenheim" meinte. Die Mannschaft war im Sommer 2008 zum ersten Mal in ihrer Vereinsgeschichte in die Bundesliga aufgestiegen. Wie konnte es sein, dass sie jetzt schon Tabellenführer war? Verflixt, ich hatte aufregende Zeiten verpasst und nahm mir vor, künftig im Internet regelmäßig den Tabellenstand der Bundesliga abzurufen.

Als David hörte, dass ich aus Frankfurt am Main kam, verzog er mitleidsvoll das Gesicht, was ich nun wirklich nicht sehr fair fand. Ich versuchte ihn an die goldenen Zeiten der Eintracht zu erinnern: an die 1970er Jahre mit Jürgen Grabowski, Bernd Hölzenbein und Karl-Heinz Körbel. Oder an die 1990er Jahre mit Uwe Bein, Jay-Jay Okocha und Anthony Yeboah. Doch David war einfach noch zu jung, um die traditionelle Bedeutung der Eintracht würdigen zu können. Er kannte nicht einmal Yeboah. Trotzdem hielt er die Eintracht offenbar für würdig genug, ihm als Sprungbrett ins europäische Profi-Geschäft zu dienen. Er forderte mich mehrmals auf, ihm ein Probetraining am Riederwald zu beschaffen. Ich erklärte David zwar ein ums andere Mal, dass ich kein Spielervermittler sei und auch niemanden bei der Eintracht kannte, doch das ließ er nicht gelten. Wenn ich aus Frankfurt käme, müsste ich doch wohl irgendwelche Kontakte haben und einer dieser Kontakte würde dann schon zur Eintracht führen. Diese Argumentationskette war sehr afrikanisch. Also versuchte ich ihm zu erklären, dass man in Deutschland auch mit Beziehungen nicht alles erreichen könne. David bezweifelte das und bei genauerem Nachdenken war auch ich mir plötzlich nicht mehr so sicher. Eltern helfen ihren Kindern gerne bei der Suche nach einem Schülerpraktikum mit den Worten: „Ich kenne da jemanden bei Firma soundso – soll ich den mal fragen?" Und was die Korruption in Deutschland betrifft, sollte man sich nicht zu intensiv mit dem Lobbyismus auseinandersetzen. Als mir das Hin und Her dieser Diskussion dennoch zu viel wurde, zog ich schließlich noch ein ganz anderes Register: „Mon ami, du bist Torwart! Und du willst nach Deutschland? Ist dir eigentlich klar, dass Deutschland seit jeher die besten Torhüter der Welt hervorgebracht hat? Toni Turek, Sepp Maier, Oliver Kahn – um nur drei zu nennen. In Deutschland herrscht kein Mangel an guten Torhütern, es gibt ein Überangebot. Du hast überhaupt keine Chance!" Kaum hatte ich es ausgesprochen, tat es mir schrecklich leid. Wie unsensibel. Doch David lächelte nur. Seine große Hoffnung war, in Europa Torwart zu werden, und nichts würde ihm diese Hoffnung nehmen. Er glaubte an sich. Er brauchte nur eine Chance – und für den Moment war ich seine große Chance.

Bei Ebbe am Strand entlang gen Süden

Meine letzten Tage in Saint-Louis verbrachte ich einige Kilometer südlich der Stadt auf einer Camping-Anlage namens „Zebra-Bar". Der Ort galt als beliebter Treffpunkt für Afrika-Reisende, allerdings waren bei meiner Ankunft kaum welche da. Das Anwesen befand sich inmitten eines wildwüchsigen Nationalparks und bot die vollkommene Erholung. Ich paddelte mit einem Kanu über den Senegalfluss, ging im Atlantik schwimmen und faulenzte. Eines Nachmittags sammelte ich am Strand eine große Tüte voller herrlicher Muscheln. Erst abends erinnerte ich mich daran, dass ich mit dem Fahrrad unterwegs war und überhaupt keinen Platz für die vielen Muscheln hatte. Ich beschloss, mich für eine einzige zu entscheiden und weil alle sehr schön waren, brauchte ich über eine Stunde für die Auswahl. Die auserkorene Muschel hatte eine rötlich-gelbe Lasur und ein kleines Loch an ihrem geschwungenen Ende. Ich zog einen Schnürsenkel durch die Öse und hängte sie zu Traumfänger und Halskette an den Fahrradlenker. Mein Gris-Gris war damit um eine Dimension reicher geworden. Die Muschel betrachtete ich fortan als meinen persönlichen Beitrag zum Gelingen der Reise: immer schön vorsichtig bleiben und bitte schön etwas einfühlsamer werden!

Als ich von der Zebra-Bar aufbrach, gab mir Ursula, die mit ihrem Mann Martin die Anlage aufgebaut hatte, den Tipp, ich solle bei Ebbe am Strand des Atlantiks gen Süden radeln. Ich war zwar zunächst etwas skeptisch, doch es war herrlich. Ich schleppte mein Fahrrad samt Gepäck durch tiefen Sand bis an den Saum des Wassers, wartete dort auf die zurückgehende Flut und setzte meine Reise anschließend entlang einer fast menschenleeren Küstenregion fort. Der Sand war dort, wo sich das Meer zurückzog, hart wie Beton und so fuhr es sich fast wie von selbst. Zu meiner Rechten schlugen die Wellen des zurückweichenden Meeres sanft ans Ufer, und zu meiner Linken ergoss sich ein breiter, manchmal fast weißer Sandstrand bis an den Rand grün leuchtender Mangroven-Wälder. Manchmal tauchte entlang der Küste ein Fischerdorf auf oder ich begegnete einem Mann, der mit seinem

Eselskarren diese herrliche Strandautobahn nutzte. Obwohl ich die begrenzten Stunden der Ebbe eigentlich zum Fahrradfahren hätte nutzen müssen, legte ich immer wieder Pausen ein und sprang ins Wasser oder blickte beseelt über das unter einem blauen Himmel grünlich schimmernde Meer.

Einmal schlenderte während einer solchen Pause ein Hund an mir vorüber. Er war ganz alleine unterwegs und ich rätselte, wo er wohl herkam. Der Hund spazierte durch das niedrige Wasser, spielte kurz mit den knöchelhohen Wellen, schüttelte sich und lief dann weiter, wobei er an mir vorbeitapste als gäbe es mich nicht, wunderbar! Ein anderes Mal saß ich am Strand und beobachtete ein paar Fischerboote, die weit draußen auf Beutefang gingen, als ich plötzlich einen großen Schatten neben mir wahrnahm. Ich sah erschrocken zur Seite und erkannte einen jungen Mann mit einer breiten Machete in der Hand. Er lachte mich an und mein Schreck verflog. Massiré setzte sich zu mir in den Sand und erzählte mir, er sei Gärtner und stamme aus dem Süden Senegals, aus der Casamance. In seiner Heimat sei der Boden für einen Gärtner zwar sehr

Bei Ebbe gen Süden

viel besser und fruchtbarer als hier im Norden, aber es gäbe dort unten keine Arbeit für ihn und deshalb sei er hierher gekommen. Er hoffte, eines Tages nach Europa auszuwandern und in Italien oder Frankreich einen Job zu finden. Mehrmals – so sagte er –, habe er bereits versucht, die nötigen Papiere für Europa zu bekommen, doch das sei für einen Afrikaner sehr schwer. Außerdem habe er gehört, dass es auch in Europa nicht leicht sei, Arbeit zu finden. Zum Abschied nahm Massiré seine Machete und schrieb seinen Namen in den Sand – damit ich ihn nicht vergaß.

Ich fuhr noch eine Weile am Strand entlang, doch als die Flut einsetzte und das Wasser höher stieg, war es vorbei mit dem Radeln. Ich schleppte mein Fahrrad durch den tiefen Sand in Richtung Waldrand und suchte unter violettem Abendhimmel einige trockene Hölzer zusammen. Als es dunkel geworden war, zündete ich ein Feuer an und röstete auf einem Stock die Reste eines alten Baguettes knusprig. Gegen 23 Uhr waren die Hölzer zu einer tiefroten Glut zerfallen und ich setzte einen Topf mit Wasser auf, um mir einen Kaffee zu kochen. Die Nacht war zu schön zum Schlafen, am Himmel leuchteten Millionen Sterne, und weit draußen auf dem Meer flackerten die Lichter einiger Fischerboote. Ich war glücklich, glücklich mit mir, mit meiner Einsamkeit und mit meiner Reise.

Zwei Tage später hatte ich die Küste verlassen und fuhr begleitet von kahlen Baobab-Wäldern durch das Landesinnere in Richtung Gambia. In einem kleinen Ort namens Sindia stoppte ich für eine Pause, als etwa sieben oder acht Kinder im Alter von höchstens zehn Jahren auf mich zukamen. Sie waren allesamt halbnackt, barfuß und verdreckt. Mir war sofort klar, dass sie mich um Geld oder etwas zu Essen bitten würden und anders als in Marokko hätten diese Kinder Hilfe nötig gehabt. Sie besaßen nichts weiter als ihre zerrissenen Kleider und wurden wie Aussätzige behandelt. Erwachsene eilten sofort herbei. Sie wollten mich vor den Nachstellungen der Kinder bewahren, schimpften auf sie ein und scheuchten sie fort wie Hunde, indem sie ihnen mit erhobenen Händen Schläge androhten. In Marokko hätten Erwachsene manchmal vielleicht eingreifen müssen, doch sie taten es nicht; hier war es umgekehrt.

Im Verhör bei Fatmata E. Kargbo

Gambia ist – von ein paar Inselstaaten abgesehen – das kleinste Land Afrikas. Es wird komplett von Senegal umschlossen und sieht auf einer Landkarte so aus, als würde es sich vom Atlantik aus wie ein dünner Finger in den Senegal hineinbohren. Da dieser Finger nur 20 bis 50 Kilometer breit ist, kann man Gambia auch auf dem Fahrrad ohne Probleme in einem Tag von Nord nach Süd durchqueren. Ich plante dennoch, mehrere Tage im Land zu bleiben, denn ich hoffte, in der Hauptstadt Banjul die Visa für meine nächsten Reiseländer zu erhalten, insbesondere das für Sierra Leone. Man hatte mir mehrmals erzählt, dass die Einreiseerlaubnis für dieses vom Bürgerkrieg noch immer zerrüttete Land nicht so leicht zu bekommen war, und als ich die Botschafterin von Sierra Leone sah, schwante mir auch sogleich, dass ich eine harte Nuss zu knacken haben würde. Schon der Name dieser Frau war wie ein Manifest: Fatmata E. Kargbo. Ich las den Namen auf einem kleinen Schild, das völlig belanglos auf ihrem großen Schreibtisch abgestellt schien. In Wahrheit stand das Schild allerdings alles andere als zufällig umher, sondern war ganz gezielt mitten auf diesem riesigen, schwarzen Mahagoni-Tisch postiert worden. Ja, es thronte so zentral auf dem Tisch, direkt im Blickfeld des Buchers, dass es trotz seiner unbedeutenden Größe wie eine unüberwindliche Barriere wirkte. Seine Botschaft war unmissverständlich: Wer auch immer das Herz von Frau Kargbo erobern wollte, musste erst einmal dieses Schild zur Seite räumen – und das war praktisch unmöglich ohne gleichzeitig ihren Zorn zu ernten. Zwar wollte ich Fatmata keinen Heiratsantrag machen, sondern sie nur um ein Visum bitten, aber das Gefühl war so ähnlich: Mit Wimpernklimpern und Charme würde ich nicht sehr weit kommen, diese Frau würde sich nicht bezirzen lassen, das war ihr auch rein äußerlich anzusehen. Fatmata E. Kargbo mochte Mitte 40 sein und strahlte eine rigorose Entschlossenheit aus, man könnte auch sagen eine beängstigende Explosivität. Sie war gut genährt, was ihre resolute Ausstrahlung unterstrich, und sie trug ein schwarzes Kleid, das jeden Anflug von Humor im Keim ersticken ließ. Als ich in ihr Büro trat, saß sie gerade geschäftig über irgendwelchen Papieren an ihrem imposanten Mahagoni-Schreibtisch und befahl mir ohne aufzublicken, mich zu setzen.

Flussfähre von Barra nach Banjul

Erst als ich ihr gegenüber saß, vis-à-vis zum Namensschild, sah sie mich streng an und fragte, was ich von ihr wolle. „Ein Visum?" Von diesem Augenblick an nahmen ihre Fragen kein Ende mehr: „Woher kommen Sie? Weshalb haben Sie Ihr Visum nicht schon in Deutschland beantragt? Warum reisen Sie durch Afrika? Weshalb wollen Sie nach Sierra Leone und wohin genau wollen Sie in Sierra Leone?" Ich hatte mich unterwegs bereits daran gewöhnt, fortlaufend „W-Fragen" zu beantworten. Fast überall erkundigten sich die Menschen nach meinem Namen, meiner Herkunft, meinem Ziel, meiner Motivation: „Wer-wie-wo? Wieso-weshalb-warum?" Doch während mich die Menschen für gewöhnlich aus herzerfrischender Neugier befragten, tat es Frau Kargbo so, als stünde ich vor Gericht.

Sie verlangte einen Nachweis über meine berufliche Tätigkeit und erklärte ihr Unverständnis darüber, dass in meinem Pass keine Berufsangabe zu finden sei, ihr Pass weise sie schließlich auch als Diplomatin aus. Ich schluckte hilflos und musste gleich die nächsten Fragen beantworten: „Warum haben Sie einen deutschen Pass, wo Sie doch in Argentinien geboren sind? Welche anderen Länder haben Sie schon bereist? Wieso waren Sie in Kuba? Wer bezahlt Ihre Reise?" Fatmata E. Kargbo quetschte mich auf eine Art und Weise aus, dass mir die Luft wegblieb – und es war auch so schon stickig genug in ihrem Büro. Ich schätzte, dass die Raumtemperaturen die 40 Grad Celsius überschritten hatten, wofür es aus meiner Sicht nur drei schlüssige Erklärungen gab. Entweder hatte Sierra Leone kein Geld, um eine Klimaanlage zu bezahlen: durchaus denkbar! Oder der Strom war in Banjul wieder einmal ausgefallen: absolut möglich! Oder aber Frau Kargbo hatte die Klimaanlage bewusst abstellen lassen, weil das zu ihrer unerbittlichen Verhörstrategie dazugehörte: total wahrscheinlich.

Um meine Chancen auf ein Visum nicht komplett zu gefährden, verschwieg ich, mit dem Fahrrad unterwegs zu sein, denn ich war mir ziemlich sicher, dass mir Frau Kargbo unter diesen Bedingungen niemals eine Einreiseerlaubnis erteilt hätte. Es muss dann kurz vor der afrikanischen Mittagspause gewesen sein, als mir die Botschafterin plötzlich doch noch einen Visumsantrag in die Hand drückte. Ich schöpfe bereits Hoffnung, doch sie sagte, ohne einen Nachweis über meine berufliche Tätigkeit würde es schwer werden, mir ein Visum auszustellen. Sie wolle es versuchen, aber die Chancen stünden schlecht. Im Übrigen koste ein Visum 100 US-Dollar. Ich solle am nächsten Tag noch einmal vorbeischauen, so gegen 14 Uhr.

Natürlich klopfe ich am folgenden Tag pünktlich um 14 Uhr wieder an die Tür. Die Stimmung war in den ersten Minuten merklich gelassener. Fatmata E. Kargbo trug eine weiße Bluse, sah mir in die Augen und lächelte sogar ein wenig. Wieder schöpfe ich Hoffnung – und wieder zu früh. Das Verhör ging unvermindert weiter: „Wo wollen Sie in Sierra Leone entlang fahren? Welche Hotels haben Sie sich ausgesucht? Wer ist Ihr Ansprechpartner im Land? Wen kennen Sie in Freetown? Warum kennen Sie niemanden?" Ich fing wieder an zu schwitzen, doch langsam empfand ich immer mehr Sympathie für diese Frau. Sie war gewissenhaft und tat sicher gut daran, einem wie mir auf den Zahn zu fühlen. Sierra Leone hatte einen schrecklichen Bürgerkrieg hinter sich und einige Regionen waren angeblich noch immer nicht ganz ungefährlich, vor allem im Osten an der Grenze zu Liberia. Das Land hatte genug mit sich selbst zu tun und verständlicherweise wenig Interesse daran, sich Probleme mit leichtsinnigen Touristen aufzuhalsen. Als Frau Kargbo irgendwann in einer Schublade ihres Schreibtisches herumkramte, um ein Blanko-Visum hervorzuzaubern, wäre ich dann am liebsten über den Mahagoni-Tisch gesprungen, um ihr um den Hals zu fallen, doch zu unser beider Glück war da noch das kleine Namensschild, die gut platzierte Barriere.

Die Casamance, das Land der Diola

Nachdem ich meine Einreiseerlaubnis für Sierra Leone in der Tasche hatte, besorgte ich mir die Visa für die beiden vor mir liegenden Guinea-Staaten. Die Einreisegenehmigungen erhielt ich völlig unkompliziert, auch wenn die Preise arg unterschiedlich ausfielen, für Guinea-Bissau umgerechnet neun Euro, für Guinea-Conakry fast 80 Euro. Anschließend ging ich in Banjul auf die Suche nach einem neuen Rückspiegel für mein Fahrrad. Ich hatte schon in den Wochen zuvor viele Rückspiegel in der Hand gehalten, doch sie alle konnten meinen Ansprüchen nicht genügen, denn sie waren schlecht verarbeitet. Es war offensichtlich, dass sie während des Fahrradfahrens stark vibrieren würden und ich höchstens die Umrisse dessen erkennen könnte, was sich von hinten näherte. Jetzt gab ich meine deutschen Ansprüche endlich auf und kaufte mir einen solchen „Made-in-China-Wackelphilipp", dafür kostete er aber auch nur zehn Dalasi, umgerechnet 33 Eurocent.

Als ich Banjul verließ, fuhr ich einige Kilometer an der Küste entlang. Für die gelegentlich aus Europa einreisenden Urlauber gab es dort einige Hotels und diverse Bungalow-Anlagen. Ich sah ältere weiße Männer, die sich mit jungen schwarzen Frauen umgaben und ältere weiße Frauen, die ihre jungen schwarzen Liebhaber aushielten. Gambias Präsident hatte dem weithin bekannten Sextourismus zwar vor längerer Zeit den Kampf angesagt, doch dieser Mann mit dem wohlklingenden Namen Yaya Jammeh hatte auch angekündigt, er könne Aids heilen – und zwar mit Hilfe von Kräutern und Bananen.

Bevor ich in den Süden Senegals einreiste, um dort durch die Casamance zu radeln, stoppte ich noch beim „Camping Sukuta". Die Anlage wurde von Joe und Claudia aus Deutschland gemanagt und die beiden gaben mir noch einige nützliche Tipps für meine bevorstehenden Etappen. So empfahlen sie mir, in der Casamance vorsichtig zu sein und nicht wild zu campen, da dort die bewaffnete Separatisten-Organisation M.F.D.C. (Mouvement des forces démocratiques de la Casamance) jüngst wieder aktiv geworden sei. Außerdem warnten sie mich vor den schmerzhaften Bissen der

Tse-Tse-Fliegen in den Bergen des Fouta Djalon in Guinea-Conakry. Ich erstand aus ihren Vorräten zwei Flaschen Mückenspray und – was noch wichtiger war – zwei Packungen Medikamente zur Malaria-Prophylaxe. Es handelte sich dabei um ein chinesisches Präparat, das preisgünstig war und als gut verträglich galt. Die Tabletten versprachen zwar nur einen 30-prozentigen Schutz, aber sie gaben mir ein wenig Sicherheit und mahnten mich gleichzeitig, das Mückenspray zu nutzen und abends lange Hosen anzuziehen. Laut Gebrauchsanweisung musste ich jede Woche eine Pille nehmen. Die zwei Packungen reichten daher für fast ein halbes Jahr. Ich dachte damals, das würde reichen. Hätte ich geahnt, dass ich mich weit länger in tropischen Gefilden umhertreiben würde, hätte ich noch zwei weitere gekauft.

Die erste Tablette zur Malaria-Prophylaxe nahm ich bereits in der Casamance, denn der Süden des Senegals war bereits subtropisch und obwohl sich die Mückenplage in Grenzen hielt, reicht ja bekanntlich schon ein Stich, um zu erkranken. Ich kam an Reisfeldern und Mangrovensümpfen vorbei, beides beste Brutstätten für die Anopheles-Mücke. Gleichzeitig nahmen auch die Waldgebiete zu. Ich sah die ersten Urwaldriesen auf meiner Reise, Kapokbäume, die bis zu 75 Meter hoch werden können. Die Erde nahm zuweilen meine geliebte lateritrote Farbe an und ich begriff langsam, was Massiré gemeint hatte, als er sagte, in seiner Heimat sei der Boden fruchtbarer. Früh morgens war die Luft in diesem Klima noch frisch und der Wind wehte kühl über die Reisfelder. Wenn aber die Sonne über die Kapokbäume stieg und es so aussah, als würde der tropische Wald ein letztes Mal tief ausatmen, dann wurde es sehr schnell extrem schwül, die Luft schwer und stickig. In der Sahara mochte es so heiß wie in einer Sauna gewesen sein, doch die Casamance war wie eine Sauna, in der gerade ein Aufguss gemacht worden war. Jede Bewegung führte unweigerlich zum Schwitzen und ich konnte jeden verstehen, der tagsüber im Schatten saß und vor sich hindöste.

Trotz des schweißtreibenden Klimas genoss ich meine Fahrt durch die Casamance – und das lag zu großen Teilen auch an den Menschen. Die Casamance ist das Land der Diola, ein Volk, das sich

nie einer staatlichen Macht unterworfen hat. Mit diesem Stolz und Selbstbewusstsein begegnen sie dann auch den wenigen Touristen, die sich in ihr Land verirren. Mein Auftauchen verursachte in den Dörfern zwar Interesse, aber wenig Aufruhr, was ich nach den manchmal überschwänglichen „Toubab-Toubab"-Rufen und den auch immer wiederkehrenden „Donnez-moi"-Forderungen im Norden des Senegals als ausgesprochen angenehm empfand. So kam es, dass ich nicht direkt nach Guinea-Bissau weiterfuhr, sondern ein paar Entdeckungstouren durch die Casamance unternahm und mehrere Küstenorte ansteuerte, unter anderem Elinkine, Oussouye und Kafountine.

In Elinkine sah ich zum ersten Mal auf meiner Reise Affen. Genau genommen handelte es sich um freche Meerkatzen. Ich wollte natürlich unbedingt ein Foto von ihnen – und sie machten sich einen Spaß daraus, mir ständig aus der Linse zu laufen. Irgendwann schien sich eine Meerkatze dann doch meiner zu erbarmen. Ich erzählte ihr von meiner Reise und sie machte ein reichlich erstauntes Gesicht.

In Oussouye wartete ich mehrere Tage auf ein Gespräch mit einem der Könige der Diola. Ich wollte ihn nach den Gesetzen der Diola befragen, nach ihrem Glauben und ihren Traditionen. Der König ließ mich jedoch ein ums andere Mal vertrösten und so führte ich nur zwei längere Gespräche mit seinem Mittelsmann. Er berichtete mir, dass immer mehr Jugendliche die Casamance verließen, weil sie keine Arbeit fänden. Die traditionellen Tätigkeitsfelder in Landwirtschaft, Fischerei und Handwerk seien in der Krise. Der Reisanbau sei beispielsweise massiv zurückgegangen, weil man bei den Dumpingpreisen für den aus Asien importierten Reis nicht mithalten könne. Neben dem Fortgang junger Menschen sei das traditionelle Leben der Diola auch durch den Einzug westlicher Lebensvorstellungen bedroht. Die bewährte Naturheilkunde der

Diola sei etwa am Aussterben. Die Menschen gingen heute eher in die Apotheke, um sich dort westliche Medizin zu kaufen, als einen ortsansässigen Naturheiler aufzusuchen.

Eine ähnlich ernüchternde Einschätzung hörte ich auch von Stefanie, einer deutschen Malerin, die in Kafountine als Toubab-Frau ohne männliche Hilfe ein kleines Camp unweit des Atlantiks aufgebaut hat und als Kennerin des Landes von Zeit zu Zeit geführte Fahrradtouren mit zumeist deutschen Urlaubern leitet. Wir lagen stundenlang in den Hängematten ihres paradiesischen Gartens, kochten abends zusammen auf offenem Feuer und redeten, bis die Sterne vom Himmel fielen. Dabei berichtete sie mir auch, dass trotz fortschreitender Verwestlichung manche Traditionen der Diola noch lange nicht verloren gegangen sind. So erzählte sie, dass sie einmal Schafe hatte, von denen wegen unbekannter Krankheiten am Ende nur noch ein Muttertier mit seinem Lamm verblieben war.

Tagsüber grasten die beiden außerhalb des Grundstücks, aber zur Dämmerung standen sie immer an der Gartenpforte und blökten, um in den Stall gelassen zu werden. Eines Abends stand das Mutterschaf jedoch allein da. Auch nach Rufen und Suchen in der näheren Umgebung fand sich der kleine Bock nicht ein. Hatte ihn jemand gestohlen, oder lag er irgendwo verletzt herum? Atab – ein Diola und Freund von Stefanie – erklärte, er sei einmal in einem ähnlichen Fall zu einem Marabout gegangen, der ihm geraten habe, eine Handvoll Salz auf die nächste Kreuzung zu streuen und währenddessen ein kleines Gebet zu sprechen. Das Tier würde entweder wiederkommen, oder der Dieb würde erkranken. Er schlug nun vor, die Zeremonie wie damals zu wiederholen und tat es. Abends sagte Atab zu Stefanie: „Komm, lass uns noch einmal ins Dorf gehen!" Sie wunderte sich, da er nicht zu jenen zählte, die gerne abends außer Haus gingen. Als sie die zentrale Dorfstraße erreichten, kam ihnen ein Junge mit seiner Ziegenherde entgegen – und hinter den Ziegen tauchte frohgemut mit einem Mal auch das kleine Lamm wieder auf.

GUINEA-BISSAU (km 7950 – km 8420)

„Typisch Afrika!"

Guinea-Bissau war bis 1974 portugiesische Kolonie, aber es zählte zu jenen Ländern, von denen ich vor meiner Reise nichts wusste. „Guinea" hatte ich sicher schon einmal gehört, aber möglicherweise hatte es sich dabei auch um das Nachbarland Guinea-Conakry oder um Äquatorial-Guinea gehandelt. Die Informationen, die ich vor meiner Reise über Guinea-Bissau einholte, trugen dann auch nicht gerade dazu bei, mein Interesse sonderlich zu steigern. Entweder ging es um einen Putsch (typisch Afrika!) oder um Korruption (typisch Afrika!) oder um eine deprimierende Armuts-Statistik (typisch Afrika!). Positives war aus Guinea-Bissau nicht zu erfahren. Selbst im Bereich Fußball gehörte dieses Land zu den Schlusslichtern der Welt. Im Jahr 2008 stand es auf der Fifa-Weltrangliste auf Platz 186 hinter den Seychellen. Das allgemeine

Bildungsniveau in Guinea-Bissau galt als verheerend, das Gesundheitswesen als praktisch nicht existent: die Lebenserwartung lag bei 43 Jahren. Hinweise auf Besserung waren nicht in Sicht. Das Land war politisch instabil und hatte sich den Ruf erworben, Drehkreuz Nr. 1 für den Drogenschmuggel von Südamerika nach Europa zu sein. Regierungsmitglieder kassierten bei diesem Geschäft beträchtliche Bestechungsgelder und deponierten sie auf Auslandskonten oder bauten sich prächtige Villen. Das Auswärtige Amt riet auf seiner Website zu guter Letzt vor Reisen in die Grenzregion zum Senegal ab. Grund: Die Casamance-Rebellen würden die Gegend rund um Sao Domingos als Rückzugsgebiet nutzen und dabei immer wieder kleine Dörfer und Durchreisende überfallen.

Als ich nun mangels Alternativen dennoch von der Casamance kommend die kleine Ortschaft Sao Domingos erreichte, war von Rebellen zum Glück nichts zu sehen. Ich legte eine längere Mittagspause ein und schlenderte an ungezählten Marktständen vorbei, die sich entlang der Hauptstraße aneinanderreihten. An einer kleinen Garküche aß ich einen Teller Reis mit einer pikanten Soße aus zerstampften Fischresten und unterhielt mich wenig später mit einigen Händlern. Sie kamen aus dem Senegal und aus Gambia, um in Guinea-Bissau ihre Waren abzusetzen. Dazu zählten Kochtöpfe und Plastikschüsseln aus China, aber auch T-Shirts, Hosen und Hemden aus Altkleidersammlungen in Europa. Ein Teil der Klamotten stammte unverkennbar auch aus Deutschland. So sah ich ein T-Shirt mit dem Werbeslogan eines deutschen Baumarktes und das ausgemusterte Fußballtrikot eines bayerischen Dorfvereins. Ich fragte die Männer, wie es sich lohnen könne in eines der ärmsten Länder der Welt zu fahren, um hier Kleidung oder Haushaltswaren zu verkaufen. Sie erklärten mir, dass in Guinea-Bissau Mangelwirtschaft herrsche. Es gebe in bestimmten Regionen fast nichts zu kaufen und das treibe die Preise in die Höhe. So verdienten sie trotz der Transportkosten in Guinea-Bissau weit mehr als in ihren Heimatländern, zum Teil sogar das Doppelte. Ich konnte das Profitstreben der Händler irgendwo verstehen, aber warum mussten die Menschen im bettelarmen Guinea-Bissau für T-Shirts zahlen, die in Europa in der Altkleidertonne gelandet waren?

Etwa 50 Kilometer weiter erreichte ich die Ortschaft Ingoré. Da ich mich immer noch im Einflussgebiet der Casamance-Rebellen glaubte, fragte ich mich nach einem Quartier für die Nacht durch. Ich fand eine einfache Privatunterkunft, ein kleines Zimmer in einem flachen Gartenanbau. Am Rande des Gartens war hinter einem Holzverschlag ein Steh-Klo errichtet worden, das gleichzeitig als „afrikanische Dusche" diente. Eine afrikanische Dusche sieht so aus, dass man einen Eimer Wasser neben sich stellt und mit einem kleinen Plastikbecher das Wasser möglichst sparsam und gezielt über sich schüttet: erst Kopf, dann Brust und Arme, Bauch und Beine. Anschließend seift man sich ein und wiederholt die Prozedur mit dem kleinen Plastikbecher. Wer es nötig hat – so wie ich –, legt dann noch eine letzte „Klarspülung" nach. Frisch geduscht lief ich bei Einbruch der Dunkelheit in den Ort, um etwas zu essen. Ich bemerkte, dass nirgendwo Lichter angingen und glaubte zunächst an einen der in Afrika üblichen Stromausfälle. Doch irgendetwas war merkwürdig und komplett anders als bei allen Stromausfällen, die ich bis dahin erlebt hatte. Ich brauchte eine Weile, um zu begreifen, was es war. Es war die Gelassenheit der Menschen. Niemand geriet in Aufruhr, niemand rief aufgebracht durch die Gegend, niemand rannte los, um Kerzen zu kaufen. Mir wurde klar, dass die Menschen überhaupt nicht mit Strom gerechnet hatten. Sie hatten schon vorher gewusst, dass es bei Einbruch der Dunkelheit keinen Strom geben würde – einfach deshalb, weil es in ganz Guinea-Bissau keine funktionierende Stromversorgung gab, nicht einmal in der Hauptstadt Bissau. Wer auch immer auf Strom angewiesen war, musste sich einen Stromgenerator zulegen und in Ingoré gab es offensichtlich kaum jemand, der sich ein solches Gerät leisten konnte. Hie und da wurde an den Verkaufsständen eine Kerze angezündet, anderswo entfachte man in ausgedienten Ölfässern ein Feuer. So lief ich durch die dunklen Straßen und sah die Menschen im flackernden Licht beisammensitzen und ein Schwätzchen halten. Es sah gemütlich und friedlich aus, fast romantisch. Aber das war nur die eine Seite, die andere lautete: kein Strom, korrupte Politiker und überteuerte T-Shirts aus zweiter Hand.

Aasgeier auf dem Präsidentenpalast

Auf dem Weg von Ingoré in die Hauptstadt Bissau fuhr ich auf einer Straße, die mit europäischen Finanzhilfen erbaut worden war. Das ging zumindest aus Hinweisschildern hervor, die in regelmäßigen Abständen neben dem glatten Asphaltband aufgestellt worden waren. Die Straße war bis kurz vor der Hauptstadt in einwandfreiem Zustand und kaum befahren, so dass es für mich ein Vergnügen war unbedrängt von anderen Fahrzeugen meine Kilometer runterzuspulen. Irgendwann fragte ich mich allerdings, ob diese Straße eigentlich nur für mich erbaut worden war. Wer außer mir hatte etwas von dieser europäischen Investition? Ich sah kaum Autos, keinen florierenden Handel, keine Industrie. Je nachdem, in welche Richtung man fuhr, die Straße kam entweder aus der Casamance oder sie führte in die Casamance. Welchen Sinn machte es, eine Asphaltstraße zu bauen, die durch ein ruiniertes Land führte und in einem jahrzehntealten Rebellengebiet endete, in das zu reisen selbst das Auswärtige Amt abriet? Welcher Privatmann oder welches Großunternehmen investierte in ein korruptes und politisch instabiles Land? Wer würde einen Maschinenpark errichten, wenn es nicht einmal Strom gab, um die Geräte am Laufen zu halten?

Als ich Bissau näherkam, nahm der Verkehr etwas zu. Die Straße wurde abrupt schlechter und wies schon bald breite Risse und tiefe Schlaglöcher auf. Gleichzeitig häuften sich die Militärposten entlang der Strecke. Da ich seit der Westsahara und zuletzt in der Casamance immer wieder an Check-Points vorbeigekommen war, dachte ich nicht weiter über die Hintergründe der Kontrollen nach. Ich war froh, dass sich die Soldaten nicht für mich interessierten und mich jedes Mal nur durchwinkten. Erst in Bissau erfuhr ich, dass einige Tage zuvor, ein Putschversuch gegen Staatschef João Bernardo Vieira stattgefunden hatte. Aufständische Soldaten hatten sich mitten in der Nacht ein mehrstündiges Feuergefecht mit der Leibgarde des Präsidenten geliefert und die gesamte Stadt in Angst und Schrecken versetzt. Vieira überlebte das Attentat, erlag allerdings einige Wochen, nachdem ich das Land schon wieder verlassen hatte, einem zweiten. Die Hintergründe der beiden Militärrevolten sind bis heute undurchsichtig. Es heißt, Vieira habe sich innerhalb der Armee zu viele Feinde gemacht. Ihm sei aus den eigenen Reihen unter anderem vorgeworfen worden, zu stark in den Drogenhandel verwickelt zu sein und zu wenig für die wirtschaftliche Entwicklung des Landes zu tun. Verschwörungstheorien besagen indes, dass die USA hinter dem Putsch gestanden oder ihn zumindest gebilligt hätten – allein deshalb, um dem internationalen Drogenhandel einen Schlag zu versetzen.

Bissau machte wie das ganze Land einen hoffnungslosen Eindruck. Die Stadt wirkte völlig heruntergekommen: die Straßen waren marode, die Häuserfassaden blätterten erbarmungslos ab, ganze Wohnblocks bröckelten vor sich hin. Der frühere Präsidentenpalast war nur noch eine ruß-geschwärzte Ruine. An den Außenmauern des Gebäudes waren hunderte Einschusslöcher zu erkennen und auf dem Dach saßen mehrere Aasgeier. Der Charme von Bissau bestand allein darin, dass diese Stadt trotz ihres materiellen Zerfalls noch lebte. Entlang der zertrümmerten Straßen gab es zahlreiche Märkte mit bunten Verkaufsständen, und fliegende Händler versuchten allerorten, ein kleines Geschäft zu machen. Die Menschen trotzten dem Zusammenbruch, redeten und lachten. Gleichzeitig schienen sie sich arrangiert zu haben. Sie akzeptierten, dass es edle Nobelkarossen neben klapprigen Schrottkisten gab, staubige Elendsviertel neben streng bewachten Villen. Wenn die Präsidenten-Limousine an ihnen vorüberfuhr, stellten sie sich ihr nicht in den Weg. Doch wie lange noch? Wie lange würden sie es noch ertragen? Ein katholischer Priester sagte mir dazu: „Afrika wird sich auch in 100 Jahren nicht ändern, denn die Menschen lassen sich alles gefallen. Seit Monaten bezahlt der Staat die Lehrer nicht! Und was machen die Lehrer? Sie nehmen es schicksalsergeben hin, sie schweigen und arbeiten weiter, sie leben von den Brotkrumen, die ihnen die Eltern der Schüler vorbeibringen. Wie lange das gut geht? Bis zum nächsten Putsch. Oder bis zur plötzlichen Explosion exzessiver Gewalt. Und dann beginnt alles von vorne. Es fehlt an politisch organisiertem Widerstand."

Als ich Bissau verließ, rollte ich über eine gut ausgebaute Straße in Richtung Guinea-Conakry. Auch diese Straße war mit EU-Geld finanziert worden und wenig befahren. Industrie und Handel? Fehlanzeige! In den Orten entlang der Strecke über Bafatá und Gabú herrschte in jenen Tagen dennoch eine ausgelassene und fröhliche Stimmung. Es war Tabaski. Das islamische Opferfest ist für Muslime in etwa so bedeutend wie Weihnachten für Christen. In manchen Dörfern wurden auf alten, fußbetriebenen Nähmaschinen noch schnell neue Kleider für das Fest geschneidert. Anderswo fanden bereits Prozessionen statt. Männer liefen in ihren Sonntagsanzügen umher, Frauen trugen farbenfrohe Kleider und imponierten mit sagenhaft aufwendigen Frisuren. Wer mich trotz seiner Arbeit an der Nähmaschine oder trotz besinnlicher Prozession auf der Straße vorbeifahren sah, grüßte freundlich, und die Kinder riefen mir ein ums andere Mal „Branco pelele, branco pelele" nach, „Weißhaut, Weißhaut". Einige Kilometer vor dem Grenzübergang nach Guinea-Conakry hörte der gute Asphalt dann auf und am Horizont erkannte ich bereits die ersten Berge des Fouta Djalon.

Auch die Brücken sind mit EU-Geld finanziert

GUINEA-CONAKRY (km 8420 – km 9120)

Heilige Kühe im Fouta Djalon

Rot – Grün – Blau. Die Farbenpracht in den Bergen des Fouta Djalon war überwältigend. Die Regenzeit war gerade zu Ende gegangen, doch die Landschaft wirkte noch immer wie getränkt. Die Erde war blutrot, der Wald saftig grün, der Himmel tiefblau. Früh morgens und abends, wenn die Bäume lange Schatten warfen, war das Farbenspiel besonders fantastisch. Die unbefestigte Straße von Koundara nach Labé war eigentlich eine 250 Kilometer lange Katastrophe: seit Jahren nicht mehr gewartet, von zahllosen Regenfällen völlig ausgewaschen und abschnittsweise extrem steil. Gleichzeitig war sie aber auch wunderschön. Die rote schlängelte sich durch dichte Waldgebiete kurvenreich die Berge hinauf und wieder hinab. In den Talsohlen fuhr ich auf schmalen Urwaldbrücken über schäumende Flüsse und wenn es keine Brücke gab, ließ ich mich mit einem kleinen Floß ans andere Ufer bringen. Mehrmals sah ich Paviane quer über die Straße in den Wald rennen und einmal jagte ein etwa zwei Meter langer, grünlich schimmernder Waran über die rote Piste. Die vielfach prognostizierten Angriffe der blutsaugenden Tse-Tse-Fliegen blieben mir weitgehend erspart und da ich körperlich vermutlich so gut beisammen war wie nie zuvor auf meiner Reise, genoss ich jeden Kilometer. Das Vergnügen wurde noch dadurch verstärkt, dass auf der 250 Kilometer langen Katastrophenpiste so gut wie kein Verkehr herrschte. Pro Tag begegneten mir nur zwei oder drei völlig überfüllte Pickups. Daneben gab es noch ein paar Mopedfahrer, die auf ihren ebenfalls komplett überladenen Maschinen irgendwelche Fahrgäste samt Gepäck von einem Ort zum nächsten transportierten.

Die Menschen im Fouta Djalon beeindruckten mich vom ersten Tag an. Wenn ich mit dem Fahrrad durch ihre Dörfer fuhr und sie mit einem schlichten „N'djaram – guten Tag" grüßte, löste das

Bequem sieht anders aus …

helle Begeisterung aus. Andererseits wurde ich nie bestürmt, wenn ich irgendwo stoppte, um mich an einer Garküche zu stärken. Man ließ mich in Ruhe essen, erst danach kam der eine oder andere mit einer Frage behutsam, fast schüchtern, auf mich zu. Zugegeben: Manchmal kam auch das halbe Dorf, aber es gab keinen lauten Trubel, kein überschwängliches Gedränge, kein „Donnez-moi"-Geschrei, keine Aggressivität. Am Anfang dachte ich, diese unaufgeregte Gelassenheit sei ein besonderer Charakterzug der im Fouta Djalon ansässigen Peul. Doch Ähnliches erlebte ich später auch bei anderen Volksgruppen im Land, ob bei den Susu an der Küste oder bei den Malinke in Oberguinea. Dabei überraschten mich die Menschen trotz ihrer zurückhaltenden Art auch immer wieder mit ihrer nahezu unersättlichen Neugier. Sie interessierten sich nicht nur für mich und meine Reise; sie wollten auch alles über Deutschland und Europa wissen: „Wie lebt ihr in Deutschland? Habt ihr auch Kühe? Gibt es viele Autos?" In einem Dorf wusste niemand, wo Deutschland liegt. Im nächsten wusste fast jeder von der Wieder-

Fast immer am Lachen ...

vereinigung. Und im dritten hörte ich, wie jemand den Namen von Bundeskanzlerin „Märekelle" rief. In Guinea-Conakry forderten mich die Menschen auch zum ersten Mal auf meiner Reise auf, zu Hause von ihnen zu erzählen und mehr als einmal stellten sie sich in Pose und verlangten, ich müsse ein Foto von ihnen machen, damit ich mich auf immer und ewig an sie erinnere. Zu guter Letzt hatten die Menschen auch noch einen ansteckenden Humor. Einmal rief mir beim Vorbeifahren eine schwergewichtige Matrone, die einen leuchtend bunten Wickelrock trug und mit zwei großen Säcken am Straßenrand auf eine Mitfahrgelegenheit wartete, ein scherzhaftes „Portez-moi, portez-moi!" zu – „Nimm mich mit, nimm mich mit!" Anschließend lachte sie, dass ein Erdbeben drohte.

Guinea-Conakry! Ich bin mir sicher, wer einmal dort war, wird es nie vergessen. Dieses Land hatte im Nu mein Herz erobert: Die Kinder, weil sie mich mit ihren großen, dunklen Augen einfach nur still und verwundert ansahen. Die Frauen, weil sie mir mit ihren

Garküchen den Kopf verdrehten; weil sie das Wäschewaschen im Fluss unterbrachen, um mir zuzuwinken; weil sie nicht ein einziges Mal versuchten, mich beim Einkauf auf den Märkten übers Ohr zu hauen. Und die Männer, weil sie so offenherzig lachten und immer hilfsbereit waren; weil sie so viele Fragen stellten und ständig am Werkeln waren: entweder zimmerten sie an Tischen und Bänken oder sie bastelten an ihren beschädigten Mopeds herum. Eine sehr nachhaltige Begegnung hatte ich eines Nachts auch mit einer Kuh. Kühe gibt es im Fouta Djalon fast überall, denn die Peul sind traditionell Viehhirten und ihre Tiere sind ihnen heilig, da ihrem Glauben nach Gott die Welt aus einem Tropfen Kuhmilch erschuf. Den Kühen – so hatte ich den Eindruck – war ihre Ausnahmestellung durchaus bewusst. Sie stolzierten über die Straßen als seien diese allein für sie erbaut worden und wenn sie ein wenig ruhen wollten, legten sie sich unbeeindruckt von gelegentlich vorbeifahrenden Pickups oder Mopeds mitten auf die rote Laterit-Piste. Wenn ich mit dem Fahrrad daherkam, interessierte sie das noch weniger. Für gewöhnlich entlockte es ihnen nicht einmal ein Zwinkern, doch in jener Nacht war die Sache etwas anders. Ich hatte mein Zelt nicht aufgebaut, sondern im letzten Tageslicht nur meine Isomatte an einem Berghang zwischen mannshohen Gräsern, Felsen und Gestrüpp ausgelegt. Und kaum war mein Nachtlager gerichtet, polterte eine Kuh muhend die Straße herab, bog auf mich zu und näherte sich mir mit ungebremster Neugier. Ich musste nicht nur mehrmals „Hallo" rufen, sondern auch mehrmals „Stopp" schreien, sonst hätte womöglich die Kuh an meiner Stelle die Nacht auf der Isomatte verbracht. Nachts wachte ich gelegentlich auf und hörte jedes Mal das nicht weit entfernte Rascheln und fortgesetzte Wiederkäuen meines offensichtlich nicht satt zu kriegenden Platzgenossen. Ich weiß noch, dass mir das alles gar nicht so unrecht war, denn ich dachte, solange die Kuh durch die Gegend poltert, nehmen die Schlangen Reißaus und kommen nicht in meinen Schlafsack gekrochen, was offen gestanden bis zuletzt eine der größten Horrorvorstellungen auf meiner Reise war: eine Schlange, die Wärme suchend in meinen Schlafsack kriecht, mit dem Kopf zwischen meinen Beinen liegt und ihr Hinterteil auf meinem Gesicht ablegt, ohne dass ich weiß, ob sie harmlos oder giftig ist, ob sie mich beißen oder würgen wird – bitte alles, nur nicht das! Als ich am nächsten Morgen aufwachte, lag ich zwar noch alleine im Schlafsack, allerdings musste ich zur Kenntnis nehmen, dass sich die heilige Kuh an meinen Besitztümern vergangen hatte. Sowohl meine Mütze als auch einer meiner Fahrrad-Handschuhe, die ich abends unbedacht hatte herumliegen lassen, waren im Maul des braunen Vielfraßes verschwunden. Der Handschuh war unauffindbar und vermutlich schon verschluckt, die versabberte Mütze konnte ich dem Rindvieh dagegen noch einmal aus dem Rachen ziehen. Meine Kappe war allerdings schon derart zerschunden, dass ich sie mehr oder minder freiwillig zurückgab. Als ich meine Sachen kurz darauf zusammengepackt hatte und mein Fahrrad auf die Straße schob, war die heilige Kuh schon wieder selig am Kauen. Ich meinte noch ein Rülpsen zu vernehmen, verabschiedete mich höflich und fuhr ohne Mütze und rechten Handschuh weiter.

Hauptstraße in Labé

Aysha, eine Frau fürs Leben

Nach vier erlebnisreichen und unvergesslich schönen Tagen auf zweifellos unsäglichen Pisten im Fouta Djalon keuchte ich den letzten Anstieg in die knapp 1100 Meter hoch gelegene Stadt Labé hinauf. Ich bezog im „Hotel Tata" ein kleines, traditionell erbautes Rundhaus mit Strohdach und blieb drei Tage.

Labé ist das Herz des Fouta Djalon und begeisterte mich so, wie mich das ganze Land begeisterte. Der Ort war von Bergen umgeben, an steilen Gassen erbaut und präsentierte ein dicht gedrängtes Marktleben, wie es afrikanischer kaum sein konnte. Zwar fand ich im Gewusel keine Fahrradhandschuhe, dafür aber eine neue Mütze. An den Lebensmittelständen roch es abwechselnd nach Fisch und Erdnussbutter. Es gab riesige Reissäcke und knusprige Baguettes, die in Schubkarren angeliefert wurden. Vor allem aber entdeckte ich zum ersten Mal seit langem wieder frischen grünen Salat, dazu Tomaten, Zwiebeln, Knoblauch und köstliche Avocados.

Obwohl man Labé durchaus als geschäftige Kleinstadt bezeichnen kann, waren die Menschen auch hier äußerst gelassen und unprätentiös. Vielleicht hatte das mit der Geschichte des Landes zu tun. Guinea-Conakry war jahrzehntelang von der Außenwelt weitgehend abgeschottet gewesen, und die Menschen kannten nichts anderes, als auf sich allein gestellt zu sein. Mit Touristen waren sie kaum in Berührung gekommen, selbst Hilfsorganisationen waren selten im Land aktiv geworden. Begonnen hatte die Isolation unmittelbar nach der Unabhängigkeitserklärung im Jahr 1958. Frankreich hatte damals Guinea-Conakry und all seinen anderen unabhängig gewordenen Kolonien einen gemeinsamen Verbund vorgeschlagen, die „Communauté Française". General Charles de Gaulle, der seinerzeit zwar noch nicht Präsident, aber zentrale Figur im Nachkriegs-Frankreich war, wollte mit der Communauté ein wirtschaftliches und politisches Gegengewicht zum britischen Commonwealth schaffen und die meisten ehemaligen Kolonien schlossen sich diesem Verbund an. Das einzige Land, das dankend ablehnte, war Guinea-Conakry. Dessen Präsident Sékou Touré begründete dies damals mit einem Satz, der es im Nachhinein zu

Berühmtheit brachte, weil er die Zukunft des Landes sehr treffend voraussagte: „Nous préférons la liberté dans la pauvreté à la richesse dans l'esclavage! – Wir ziehen die Freiheit in Armut dem Reichtum in der Sklaverei vor!" De Gaulle soll ob des Affronts ziemlich wütend gewesen sein. Frankreich zog sich jedenfalls komplett aus dem Land zurück und nahm alles mit, was nicht niet- und nagelfest war: Maschinen, Ersatzteile, Dokumente. Guinea-Conakry blieb wie eine leere Fabrikhalle zurück. Man hätte etwas herstellen können, aber man hatte weder Werkzeug noch Geld. Private Investoren blieben dem Land auf Druck Frankreichs fern und von dem Moment an mussten die Menschen zusehen, wie sie alleine klarkamen.

Sékou Touré war einige Jahre lang der Held von Guinea-Conakry und für viele Schwarzafrikaner auf dem gesamten Kontinent ein Vorbild für Unabhängigkeit. Doch Touré hatte kein Konzept, um sein Land wirtschaftlich aufzubauen. Er wandte sich bald hilfesuchend an die Sowjetunion und an China, was sein Land noch mehr in die Sackgasse manövrierte. Politisch und wirtschaftlich

isoliert, verfiel Sékou Touré schließlich auch noch dem Verfolgungswahn. Er witterte überall eine Verschwörung gegen sich und entwickelte sich schon Mitte der 1960er Jahre zu einem der grausamsten Diktatoren Afrikas. Tausende Oppositionelle wurden festgenommen, gefoltert und ermordet, Zehntausende flohen ins Ausland. Mehr als 20 Jahre lang ertrugen die Menschen, die in Guinea geblieben waren, ihr Leiden, und als Touré 1984 starb, hofften sie, das Grauen möge nun endlich ein Ende nehmen. Doch an Stelle von Touré trat gleich der nächste Diktator in Erscheinung, General Lansana Conté. Er gab sich zunächst demokratisch gesinnt, aber auch er hielt nicht lange Wort. Aus dem selbsternannten Staatspräsidenten für das Volk wurde schnell ein rücksichtsloser Despot auf Lebenszeit. Als ich Ende 2008 durch das Land reiste, war dieser noch immer im Amt, seit inzwischen über 24 Jahren.

Nach drei Ruhetagen verließ ich Labé, unerwarteter Weise als Neu-Millionär. Ich hatte 200 Euro gewechselt und da ich für einen Euro 6000 Franc Guinee erhielt, überreichte man mir die fälligen 1,2 Millionen in mehreren abgepackten, dicken Geldbündeln, die ich umständlich in meine ohnehin schon überfüllten Vorderradtaschen stopfte. Die Straße, die aus Labé herausführte, war wieder asphaltiert und es rollte sich gut. Der Verkehr nahm im Vergleich zu den Vortagen etwas zu, aber es war noch immer nicht viel auf den Straßen los. Ein paar Lastwagen krochen langsam durch die kurvigen Berge, die meisten standen allerdings mit Pannen am Straßenrand. Wenn ich vor einer Kurve frische, grüne Äste auf der Straße liegen sah, wusste ich, dass hinter der Kurve ein defekter Wagen stand. Fahrer und Beifahrer dösten dann zumeist unter der Karosserie ihrer Laster vor sich hin, vermutlich warteten sie geduldig auf ein nötiges Ersatzteil oder auf irgendeinen, der stoppte, um ihnen zu helfen. Obwohl die recht gut asphaltierte Straße beste Möglichkeit geboten hätte, mich nach drei Ruhetagen wieder auszutoben, kam ich nicht richtig in Tritt. Schon auf der ersten Abfahrt flog mir meine in Labé neu erworbene Mütze vom Kopf und segelte in eine tiefe Schlucht, so dass ich erst gar nicht versuchte, sie wiederzufinden. Ich war Jung-Millionär und würde mir eben entweder eine neue kaufen oder mich fortan mit meinem

Kopftuch begnügen. Nach etwa 40 Kilometern fuhr ich durch eine kleine Ortschaft namens Pita. Wenig später tauchte links der Straße ein Hinweisschild auf ein Hotel auf. Ich sah eine holprige Erdpiste von der Hauptstraße abbiegen und bremste, um darüber nachzudenken, ob ich dem Schild folgen und meinen Tag im Sattel wirklich schon jetzt zur Mittagszeit beenden wollte. Vielleicht hatte mein Stopp aber auch mit zwei jungen Frauen zu tun, die direkt an der Straßenkreuzung kleine, frittierte Teigtaschen anboten. Ich flirtete ein wenig mit ihnen und kaufte ihnen einige Beignets ab, die ich in Zeitungspapier eingewickelt in meine hintere Gepäcktasche verstaute. Ich glaubte wohl noch immer, dass ich weiterfahren würde, aber ich war an diesem Tag einfach zu faul und konnte auch das Flirten nicht lassen, vor allem mit Aysha. Ihre dunklen Augen waren bezaubernd, ihr unbeschwertes Lachen war ansteckend und ihre freche Art zeugte von angemessenem Selbstbewusstsein. Nebenbei verfügte sie ohne Zweifel auch noch über gewisse weibliche Reize, denen ich mich nicht so ohne weiteres entziehen konnte.

Ich hatte im Senegal und in Gambia immer wieder gehört, dass schwarz-afrikanische Männer ziemlich direkt sein konnten, wenn sie eine weiße Frau ansprachen. Sie redeten dann nicht lange um den heißen Brei herum, sondern fragten unverblümt: „Voulez vous coucher avec moi?" Von schwarzafrikanischen Frauen hatte ich derartiges noch nie vernommen und Aysha war nun auch nicht ganz so direkt, aber ihr Angebot war ähnlich deutlich, wenn auch an bestimmte Bedingungen geknüpft. Sie fragte ungeniert „Willst du mich heiraten?", worauf ich laut loslachen musste, ob aus Verlegenheit oder Fassungslosigkeit weiß ich nicht mehr. Selbst wenn ich mich geschmeichelt fühlte, spürte ich doch leichte Panik in mir aufsteigen. Als ich mich wieder einigermaßen im Griff hatte, antwortete ich: „Je suis désolé – ich bin untröstlich, aber ich bin leider schon verheiratet." Das Argument war nicht nur gelogen, sondern auch wenig beeindruckend, da es in Afrika durchaus üblich ist, dass ein Mann gleich mehrere Frauen hat. Aysha klärte mich deshalb auch völlig ungerührt darüber auf, dass sie an meinem vorhandenen Ehestand keinen Anstoß nehme und dass ich ihretwegen ruhig auch noch eine dritte Frau heiraten könnte. Ich musste zwar schon wieder lachen, aber dieses Mal überwog eindeutig die Panik und von diesem Moment an überlegte ich nur noch, wie ich mich ohne Heirat aus dem Staub machen konnte. Ich dachte daran weiterzufahren, denn es erschien mir nach meinen drei Ruhetagen etwas beschämend schon jetzt, um 14 Uhr, nach lächerlichen 40 Kilometern, dem Straßenschild zum Hotel zu folgen. Andererseits war gegen meine Faulheit an jenem Tag nichts zu machen und ich fragte mich, wieso ich mich schämen sollte, wo ich doch insgesamt schon mehrere tausend Kilometer zurückgelegt hatte. Es kommt immer auf die Sichtweise an, oder? Da die Erdpiste zum Hotel in die Berge hineinführte und nirgends ein Gebäude zu sehen war, erkundigte ich mich bei Aysha, ob es das Hotel überhaupt gebe und wie weit es bis dorthin sei. Die schöne Aysha hatte von meinen Gedankengängen natürlich keine Ahnung, verstand meine Frage dann auch erschreckend anders als sie gemeint war und erwiderte, es sei nicht weit, wir könnten zu Fuß gehen. Meine Panik war nun nicht mehr zu halten. Ich brach in hysterisches Lachen aus, stürzte mich auf mein Fahrrad und jagte mit den besten Wünschen für die Zukunft alleine in Richtung Hotel davon.

Bekenntnisse eines britischen Marineoffiziers

Die Hotel-Anlage, in die ich mich aus panischer Angst vor einer möglichen Hochzeit geflüchtet hatte, bestand aus mehreren kleinen Bungalows entlang eines gepflegten Gartens. Die Anlage war erst vor kurzem eröffnet worden und ich war, wie so oft in Afrika, der einzige Gast. Zu meiner Freude gab es eine heiße Dusche und nachdem ich mich frisch gemacht hatte, ging ich über den großen Garten ins Restaurant des Hotels. Ich musste die schöne Aysha vergessen und da half nur viel Bier. Ich saß wohl schon vor meiner zweiten Flasche als sich der Hotelbesitzer, Captain David Beatty, vorstellte und damit den Beginn eines langen und unvergesslichen Abends einläutete. Er setzte sich zu mir und ich berichtete dem etwa 65-jährigen ehemaligen britischen Marine-Offizier von meiner Reise. Als ich bei der heiligen Kuh angelangt war, die meine Mütze und meinen rechten Handschuh gefressen hatte, lachte er wie ein kleines Kind und orderte eine neue Runde Bier. Von Aysha erzählte ich zwar nichts, als ich aber von meiner Begeisterung für die Menschen in Guinea sprach, da wurde der Captain plötzlich ernst und sagte: „Verliere niemals dein Herz an Afrika, niemals! Glaube keinem Afrikaner und vertraue keinem Afrikaner, auch das niemals!" Beatty war kein Rassist. Er liebte Guinea und seine Menschen; er hatte mit seiner Frau die Bungalow-Anlage aufgebaut und sagte auch immer wieder: „It's so lovely here. The people are poor, but they are good people, kind people!" In Wahrheit hatte Beatty sein Herz längst an Afrika verloren und wollte mich mit seinen Warnungen nur vor Enttäuschungen bewahren.

„I give you an example ..." – mit diesen Worten fingen viele seiner Geschichten an. So berichtete er mir von einem liebenswerten, jungen Arbeiter, den er während des Aufbaus seiner Hotelanlage engagiert hatte. Er sei pünktlich, zuverlässig und fleißig gewesen. Als Beatty ihn aufgrund seiner Qualitäten jedoch zum Vorarbeiter machte, wurde aus dem ehemaligen Musterknaben ein kleiner Diktator. Er kommandierte seine schwarzen Brüder umher, ließ sich Wasser zum Trinken bringen, arbeitete nicht mehr und schimpfte selbst über die Mücken. „In jedem von uns steckt ein kleiner Despot", meinte Beatty, „aber die Afrikaner haben weniger Hemmungen, ihn auszuleben. Ihre Politiker und Präsidenten machen es ihnen schließlich ständig vor!"

David Beatty hatte fast 50 Jahre in der britischen Marine gedient, wobei er Wert darauf legte, kein Engländer, sondern ein Waliser zu sein. Als ich den Namen der walisischen Fußball-Legende Ryan Giggs erwähnte, war er so gerührt, dass er gleich noch eine Runde Bier bestellte. Beatty entstammte einer angesehenen Familie und war unter anderem im Falkland-Krieg und im Irak-Krieg eingesetzt worden. Während seiner letzten Dienstjahre hatte er im Rahmen eines Kooperationsabkommen schließlich den Auftrag erhalten für die Küstensicherheit Westafrikas zu sorgen.

Das bedeutete unter anderem, dass er illegale Fischkutter aufspüren und den zuständigen afrikanischen Küstenstaaten überstellen sollte. Bei dieser Tätigkeit war ihm möglicherweise die letzte Hoffnung auf eine bessere Welt verloren gegangen. Er berichtete mir, dass seine Mannschaft zahllose illegal operierende Fischkutter festgesetzt habe. Doch alle Kapitäne dieser Schiffe hätten sich bei den zuständigen afrikanischen Ministern mit einem dicken Koffer voller Geld wieder freigekauft, Konsequenzen habe es nie gegeben. Oftmals hätten die vormals festgesetzten Fischkutter vor dem Wiederauslaufen dann auch noch Afrikaner angeheuert, diese auf See schuften lassen und sie anschließend über Bord geworfen. In der Hauptstadt Conakry hätten sich vor einigen Jahren junge Frauen und Mädchen nicht mehr in die Nähe des Hafens getraut – aus Angst von ausländischen Matrosen verschleppt und auf hoher See vergewaltigt zu werden, um irgendwann ebenfalls als Fischfutter zu enden. Die Welt habe sich nicht für diese Vorgänge interessiert und den Ministern in Guinea sei das nur Recht gewesen. „I give you an example", holte Beatty einmal mehr aus und erzählte, dass er für Präsident Lansana Conté seinerzeit ein Dossier darüber verfasst habe, wie man die Zustände verbessern könnte. Doch der Präsident habe kein Interesse an seinen Vorschlägen gezeigt und noch während der persönlichen Audienz einen seiner Minister unverhohlen gefragt: „Wie viel Geld bekomme ich von diesem Briten?"

Ich fragte Beatty, wie er die Zukunft für Guinea-Conakry sehe. Viele selbsternannte Afrika-Kenner hatten mir gesagt, dass Guinea das nächste große Krisenland Westafrikas werde. Zur Begründung hieß es, Conté sei altersschwach und es sei kein Nachfolger in Sicht. Das Militär werde sich spalten und die unterschiedlichen Volksgruppen gegeneinander aufwiegeln. Diese pessimistische Einschätzung wollte Beatty so nicht teilen, auch wenn seine Prognose nicht viel freundlicher ausfiel: Präsident Conté sei schon lange nicht mehr in der Öffentlichkeit gesehen worden, wahrscheinlich sei er schwer krank oder bereits tot, nur werde das noch solange geheim gehalten, bis die Machtkämpfe hinter den Kulissen geklärt seien. Guinea werde indes auch unter einem neuen Machthaber vermutlich wenig Fortschritte machen. Das Land verfüge zwar über immense Rohstoffvorkommen, wie Bauxit, Eisen, Gold und Diamanten. Darüber hinaus besitze es einen Zugang zum Meer und hätte damit die beste Voraussetzungen, um sich wirtschaftlich zu entwickeln. Aber erstens sei niemand in Sicht, der dieses Ziel konsequent verfolgen wollte und zweitens stellten die Welthandelsbedingungen für kleine Länder wie Guinea ein fast unüberwindbares Entwicklungshemmnis dar. „I give you an example", legte er wieder los und erläuterte mir, dass der Diamantenhandel beispielsweise in der Hand einiger weniger Großkonzerne sei. Diese kontrollierten nicht nur das Geschäft bis in den letzten Winkel der Erde, sondern diktierten auch die Preise. Beim Bauxit sei es ganz ähnlich. Guinea verfüge über die weltweit größten Bauxit-Reserven, der größte Exporteur sei bislang aber Australien und dort habe man wenig Interesse an Konkurrenz. Die Verbündeten Australiens seien traditionell die USA und Großbritannien. Diese beiden Staaten übten wiederum maßgeblichen Einfluss auf die Welthandelsorganisation WTO aus. Guinea dürfe zwar Bauxit exportieren, aber die Bedingungen bestimmten andere.

Am nächsten Morgen klopfte David Beatty an meine Tür und reichte mir ein paar alte Motorradhandschuhe. „Die kannst du ruhig für deine Zwecke zerschnippeln", sagte er. Ich war gerührt. Die Geschichte mit der heiligen Kuh hatte ihm offenbar keine Ruhe gelassen, zumal ich ihm erzählt hatte, dass ich aufgrund des fehlenden rechten Handschuhs mit der verschwitzten Handfläche beim Bremsen ständig am Griff abrutschte – eine nicht ganz ungefährliche Angelegenheit. Als ich zum Abschied meine Rechnung bezahlen wollte, lehnte Captain Beatty ab. Er sagte, er wolle meine Reise unterstützen und verstieg sich in die Behauptung, dass es den Irak-Krieg wohl niemals gegeben hätte, wären US-Präsident Bush und der britische Premier Blair so wie ich durch Afrika oder den Nahen Osten gereist. Hm. Er hatte zumindest insofern Recht, als die Herren Bush und Blair als Radreisende wohl niemals Regierungschefs geworden wären.

Putschwirren zu Weihnachten

Am 21. Dezember 2008, zwei Tage nachdem ich mich von David Beatty verabschiedet hatte, erreichte ich gegen 13 Uhr Mamou, eine kleine Stadt in den südlichen Ausläufern des Fouta Djalon. Ich hatte Gliederschmerzen, fühlte mich extrem schwach und hoffte, nicht an Malaria erkrankt zu sein, sondern mir nur einen kleinen grippalen Infekt oder eine kleine Erkältung eingefangen zu haben. Ich beschloss wieder einmal, den Tag im Sattel vorzeitig zu beenden und mich auf die Suche nach einem Internet-Café zu machen, um ein paar Weihnachtsgrüße nach Hause zu schreiben. Schon in Labé hatte ich die Internet-Cafés der Stadt mehrmals abgeklappert, doch in jedem immer wieder nur das gleiche gehört: „Pas de connection – keine Verbindung." Mal fehlte der Strom, mal waren die Computer abgestürzt. In Mamou hoffte ich auf mehr Glück. Ich lief durch die staubigen Gassen und erkundigte mich nach einem „Cyber". Man schickte mich von einem Laden zum anderen, doch alle hatten geschlossen. Vielleicht lag es daran, dass Sonntag war. Ich wusste, dass Mamou für lange Zeit meine letzte Chance war, ein Internet-Café zu finden. Meine Pläne sahen vor, schon bald auf eine Busch- und Urwaldpiste in Richtung Sierra Leone abzubiegen. Von da an würde ich keinen Internet-Zugang mehr finden, wahrscheinlich bis Mitte Januar, bis ich Bamako erreichte, die Hauptstadt von Mali. Abends klapperte ich noch einmal alle Internet-Cafés ab und hatte schließlich wieder einmal Glück. Ein Laden hatte geöffnet, im Hinterhof brummte ein Stromgenerator und auch die Netzverbindung war vorhanden. Ein Mitarbeiter wies mich dennoch vorsichtshalber darauf hin, dass die Computer jederzeit abstürzen konnten, was ein unmissverständlicher Hinweis darauf war, dass die Verbindung garantiert zusammenbrechen würde. Ich hielt mich unter diesen Bedingungen nicht lange damit auf, die eingegangenen E-Mails zu lesen, sondern schickte nur schnell meinem Vater und Petra im Telegramm-Stil einen kleinen Gruß: „Bin in Mamou, mitten in Guinea. Es geht mir weiter prächtig, werde nach Sierra Leone reisen. Sorgen überflüssig, habe genaue Erkundigungen eingeholt. Frohe Weihnachten."

Ich muss zugeben, dass ich ein paar Einzelheiten weggelassen hatte. So ging es mir körperlich alles andere als prächtig und die Ergebnisse meiner genauen Erkundigungen über Sierra Leone waren recht bescheiden ausgefallen. Schon im Senegal hatte ich im Internet nach aktuellen Informationen über Sierra Leone recherchiert, doch kaum etwas gefunden. Als ich mich nun in Mamou noch einmal daran machte, im Netz auf die Suche zu gehen, fiel der Computer in Ohnmacht und wachte auch nicht mehr auf. So blieb es dabei: Ich hatte keine konkreten Vorstellungen von Sierra Leone, keine zuverlässigen Hinweise über die Sicherheitslage entlang der Strecke, keine Anhaltspunkte über die Straßenverhältnisse und keine Idee, wo ich meine Nächte verbringen würde. Ein Etappenziel hatte ich immerhin: Ich wollte zum Outamba-Kilimi-Nationalpark, der im Nordwesten des Landes liegt. Dort gab es nach unbestätigten Berichten die letzten noch wild lebenden Waldelefanten der Region. Anschließend plante ich irgendwie nach Mali weiterzufahren.

Von Mamou waren es noch etwa 130 Kilometer Asphalt bis zu dem von mir anvisierten Abzweig nach Sierra Leone. Am 22. Dezember legte ich aufgrund körperlicher Schwäche nur 80 Kilometer zurück und die Nacht verbrachte ich später zwischen Büschen und Bäumen in der Wildnis. Am Morgen des 23. Dezember fühlte ich mich körperlich besser, erklärte meine Bedenken, an Malaria erkrankt zu sein, für unbegründet, schob mein Fahrrad zurück zur Straße und setzte meine Fahrt fort. Es war trotz der frühen Stunde bereits heiß und stickig. Rechts und links der schwarzen Asphaltpiste hatten die Menschen weiße Yamswurzeln zum Trocknen ausgelegt und als ich durch den ersten größeren Ort kam, sah ich im Vorhof des Polizeigebäudes, dass Guineas Flagge auf Halbmast stand. Vor der Fahne hatten sich etwa zehn bis zwölf Männer, Zivilisten und Uniformierte, in Reih und Glied aufgestellt. Das war untrügliches Zeichen dafür, dass Beatty richtig gelegen hatte: die Herrschaft von Präsident Lansana Conté war nach 24 Jahren zu Ende. Im zweiten größeren Ort hörte ich Frauen zu rhythmischen Trommelklängen Totenklagen anstimmen und im dritten Ort namens Kolenté hielt ich zum Frühstücken an. Die

Straße machte hier eine scharfe 90 Grad-Kurve und entlang dieser Kurve reihten sich diverse Marktstände aneinander. Einige Frauen kochten in großen Töpfen auf offenem Feuer Reis, während die meisten Männer nervös umherliefen und sich ihre Transistor-Radios an die Ohren hielten.

Ich bestellte mir einen großen Teller Reis mit Fisch und beobachtete einmal mehr fasziniert, wie eine Frau die heißen Henkel ihres gusseisernen Kochtopfs mit bloßen Händen anhob, ohne sich zu verbrennen. Nach dem Essen ließ ich mich von einem der Männer auf den neuesten Stand bringen. Er informierte mich darüber, dass das Militär nach dem Tod von Präsident Conté die Macht übernommen habe. Die Regierung sei aufgelöst, die Verfassung außer Kraft gesetzt worden. Der Putsch sei bisher friedlich verlaufen, doch die Lage in der Hauptstadt Conakry sei angespannt. Es habe Schießereien gegeben, das Militär habe den Flughafen abgeriegelt und eine nächtliche Ausgangssperre verhängt. Während wir redeten, kamen noch andere Männer hinzu und mischten sich in das Gespräch ein. Einer von ihnen empfahl mir, das Land möglichst schnell zu verlassen, ein anderer warnte vor Panikmache. Die neue Militärführung habe Wahlen angekündigt, es werde zu keiner Gewalt kommen. Ein dritter meinte wiederum, die Frage sei nicht ob es zu Gewalt komme, sondern wann.

Leider sollte er Recht behalten. Im Jahr darauf, Ende September 2009, demonstrierten etwa 50.000 Menschen gegen den Anführer der Putschisten Moussa Dadis Camara. Dieser hatte zwar Wahlen versprochen, strebte inzwischen aber selbst nach dem Präsidentenamt und das entsprach dem typischen Verhaltensmuster eines kommenden Despoten. So folgten die Menschen in jenem September einem Aufruf der Opposition und gingen trotz eines Demonstrationsverbots auf die Straße. Die Armee reagierte mit äußerster Brutalität. Die Soldaten schossen in die Menge, schlachteten die Menschen mit Bajonetten und Messern ab, vergewaltigten Frauen. Etwa 150 Menschen sollen bei dem Massaker getötet und bis zu 1500 verletzt worden sein. Camara, der nebenbei bemerkt mehrere Ausbildungslehrgänge an der Führungsakademie der Bundeswehr absolviert hatte, wurde wenige Wochen später bei einem Attentat durch Armeeangehörige schwer verletzt und anschließend zur Behandlung nach Marokko geflogen.

Ende 2010 fand schließlich doch noch die ersehnte Präsidentenwahl statt. Sie wurde international als die erste demokratische Wahl seit der Unabhängigkeit 1958 gewertet. Staatspräsident wurde der 72 Jahre alte Alpha Condé, der sein Leben lang gegen die Militärdiktaturen in Guinea-Conakry gekämpft hatte.

Spaghetti aglio e olio

Trotz der Empfehlung, das Land möglichst schnell zu verlassen, legte ich Heiligabend einen Ruhetag ein und verbrachte ihn an einem schmalen Wasserfall, Voileé de la Marie genannt. Das Wasser rieselte wie ein dünner Schleier vor einer 60 Meter hohen Felswand in die Tiefe und sammelte sich in einem Becken, in dem man schwimmen konnte. Neben dem Becken wuchs ein riesiger Bambus und etwas weiter vorne standen in einem lichten Wald voller Teak-Bäume kleine Rundhütten zur Übernachtung bereit. David Beatty hatte mir erzählt, dass es sich um ein beliebtes Ausflugsziel für die aufstrebende Mittelschicht Guinea-Conakrys handelte. Auch hatte er davon gesprochen, dass örtliche Holzschnitzer den Gästen ausgefallene Masken und Skulpturen zum Kauf anboten. Zu Weihnachten 2008 war ich jedoch der einzige Besucher dort, vielleicht lag es am Putsch, vielleicht am christlichen Feiertag.

Der einzig Anwesende war ein junger Mann, der von mir das Geld für die Übernachtung kassierte und danach wieder verschwand. Die mir zugewiesene Hütte verfügte zwar weder über Strom noch über fließendes Wasser, doch ein Bad unter dem seichten Wasserfall und mein Benzinkocher reichten mir, um mich abends erfrischt an die Zubereitung meines Weihnachtsbratens zu begeben: „Spaghetti aglio e olio" – eines meiner Lieblingsgerichte nicht nur auf Reisen; einfach zu machen, Energie spendend und äußerst nachhaltig im Geschmack.

Am 25. Dezember stieg ich wieder in den Sattel. Ich hatte die asphaltierte Hauptstraße bereits hinter mir gelassen und fuhr wie geplant auf einer kleinen Buschpiste in Richtung Sierra Leone. Der lateritrote Weg war zunächst noch einigermaßen gut präpariert, entwickelte sich aber immer mehr zu einem schmalen Bergpfad durch dunkelgrüne, nahezu undurchdringliche Wälder: hoch, runter, hoch, runter. Die Piste wurde durch die allgegenwärtige Feuchtigkeit des Dschungels schmieriger, gleichzeitig holperte ich entlang der Berghänge immer öfter über scharfkantiges Felsgestein. Inmitten dieser rot-grünen Einsamkeit tauchte dann plötzlich ein Schlagbaum auf. Ich wusste, dass es noch nicht die Grenze sein konnte und vermutete, dass es sich um einen Kontrollposten handelte, der während des Bürgerkriegs in Sierra Leone errichtet worden war, um die Flüchtlingsströme von dort zu überwachen. Ein etwa 50-jähriger Mann trat mir nun mit schlackernden Hosen

Die letzten Kilometer bis zur Grenze

und zerrissenem Unterhemd entgegen. Er sah aus, als habe man ihn hier draußen im Dschungel vergessen und vielleicht war dem auch so. Der Mann sprach mich an, interessierte sich zunächst jedoch nicht für mich, sondern wollte von mir alles über den Putsch wissen. Obwohl auch ich keine genauen Informationen hatte, war es das erste Mal auf meiner Reise, dass ich als ahnungsloser Fremder versuchte, einen Afrikaner zu beruhigen. Als sich der Mann an seine Aufgaben als Kontrollposten erinnerte, blätterte er etwa zehn Minuten meinen Pass mit all seinen schönen, bunten Stempeln durch, um mich danach anzusehen und festzustellen: „Ah, vous êtes Français! – So so, Sie sind Franzose!" Ich war unsicher, ob der Mann lesen konnte, aber ich sagte ihm, dass ich aus Deutschland käme und zeigte ihm, wo in meinem Pass „République fédérale d'Allemagne" stand.

Abends kam ich an brach liegenden Feldern vorbei und schlug am Rande eines solchen Feldes mein Nachtlager auf. Kurz nach Einbruch der Dunkelheit hörte ich mit einem Mal das feurige Knistern einer Brandrodung und wenig später sah ich die Flammen lodern und wurde ein wenig unruhig, denn sie kamen mit dem Wind fast direkt auf mich zu. Als ich gerade meine Sachen wieder einpacken und die Flucht ergreifen wollte, erlosch das Feuer. Die Luft war von beißendem Rauch erfüllt, Asche regnete vom Himmel. Am darauffolgenden Tag, dem 26. Dezember, erreichte ich den Grenzübergang nach Sierra Leone. Aus- und Einreise dauerten über drei Stunden. Bei der Ausreise musste ich mich auf Französisch erklären, bei der Einreise auf Englisch. Niemand glaubte mir, dass ich mit dem Fahrrad aus Deutschland angefahren kam. Und niemand glaubte mir, dass ich durch Sierra Leone weiterfahren wollte. Bei der Ausreise hieß es: „Was willst du denn da? Dort herrscht noch immer Krieg!" Und bei der Einreise hieß es: „Was willst du denn hier? Unser Land ist das ärmste der Welt!" Ich kämpfte mit meiner Selbstsicherheit und sagte: „Ich will zum Outamba-Kilimi-Nationalpark!" Auch das wollte mir am Anfang niemand glauben, denn der Park war bei den Soldaten am Grenzübergang gänzlich unbekannt. Er war jedoch glücklicherweise auf meiner Landkarte eingezeichnet, und der Karte glaubte man.

SIERRA LEONE (km 9120 – km 10.100)

„Here is the jungle!"

Die Sonne fiel wie ein Stein vom Himmel und kurz bevor das letzte Licht des Tages erlosch, wurde es für einen Augenblick nahezu totenstill. Ein gespenstisches Schweigen legte sich über die Dämmerung des Waldes und während einiger langer Sekunden erstarrte alles Leben. Es war, als hätten sich die tagaktiven Tiere des Dschungels zum Schlafen gelegt und als seien die nachtaktiven Tiere noch nicht erwacht. Ich hörte keine Vögel mehr, kein Knacken im Unterholz, nicht einmal irgendein Rascheln in den Büschen. Ich kannte diese manchmal etwas unheimliche Stille bereits von vorangegangenen Abenden. So hatten andernorts Frösche kurz vor Anbruch der Nacht ihr imposantes Quakkonzert von einem Moment auf den anderen unterbrochen und selbst Zikaden hielten minutenlang inne, ehe sie ihr manchmal ohrenbetäubendes Zirpen wieder anstimmten. Sogar in der Wüste hatte es diese Momente der totalen Stille gegeben: der Wind legte schlagartig eine Pause ein, nichts rührte sich mehr und auf den Ohren lag plötzlich ein taubes Druckgefühl – ganz so, als befände man sich metertief unter Wasser. Jetzt aber saß ich mitten im Dschungel von Sierra Leone, und als es dunkel wurde und plötzlich diese Totenstille einsetzte, war mir doch ein wenig unbehaglich.

Es war noch immer der 26. Dezember 2008, der zweite Weihnachtsfeiertag und mein erster Tag in Sierra Leone, ein Land, das man im Allgemeinen nur mit zwei Wörtern in Verbindung bringt: Kindersoldaten und Blutdiamanten. Ich hatte nach der Einreise ein paar Kilometer auf einer löchrigen Asphaltstraße zurückgelegt, war dann aber schon in der ersten größeren Ortschaft namens Kambia auf eine unbefestigte Dschungelpiste in Richtung Outamba-Kilimi-Nationalpark abgebogen. Diese Piste lehrte mich sogleich das Fürchten: Anstiege von bis zu 20 Prozent, riesige Gesteinsbrocken, tiefe Krater und immer wieder Sand. Weicher

Fahren, schieben, fahren, schieben ...

Sand, fieser Sand, grauenhafter Sand ... bremsen, absteigen, schieben, aufsteigen, bremsen, schieben, fahren, schieben ... Alles, was ich bis dahin an Straßenverhältnissen in Afrika erlebt hatte, war im Vergleich zu dieser Piste harmlos. Auch der Wald entlang der Strecke schien von einer anderen Dimension. In Guinea hatte ich den Wald als dunkel und nahezu undurchdringlich empfunden, in Sierra Leone wirkte er wie ein schwarzes, schwer atmendes Ungeheuer. Gegen 17 Uhr war ich völlig erschöpft einem kleinen Trampelpfad gefolgt, der von der Straße in das Urwalddickicht hineinführte. Ich hoffte, zu einer Hütte zu gelangen und die Menschen dort zu fragen, ob ich bei ihnen über Nacht mein Zelt aufschlagen dürfte. Doch ich kam zu keiner Hütte und traf auch keine Menschenseele. Als ich eine im Wald freigeschlagene Fläche von etwa 20 mal 20 Metern erreichte, hielt ich das für einen geeigneten Schlafplatz, lief den schmalen Pfad sicherheitshalber aber trotzdem noch ein ganzes Stück weiter. Da der Weg nur immer tiefer in den dunklen Wald hineinführte, ohne dass irgendwo auch nur das Anzeichen einer menschlichen Behausung zu entdecken gewesen wäre, kehrte ich zum geplanten Lagerplatz zurück und baute mein Zelt auf. Als ich im letzten Dämmerlicht ein zu Gummi gealtertes Weißbrot aß, legte sich plötzlich diese unheimliche Stille über den Wald, und mitten in diese Stille hinein hörte ich mit einem Mal Stimmen. Es waren derbe Männerstimmen, die immer lauter wurden und direkt aus dem dunklen Wald auf mich zukamen. Nur Sekunden später standen fünf bewaffnete, junge Männer vor mir. Sie trugen Maschinenpistolen bei sich, hatten zerschlissene Klamotten an und rochen nach Palmwein.

Eine Sekunde kann ziemlich lang sein, jedenfalls lang genug, um sich tausend Gedanken zu machen. Ich dachte an all die Warnungen vor Sierra Leone, die man mir mit auf den Weg gegeben hatte. Ich dachte an die berüchtigten Kindersoldaten aus Bürgerkriegszeiten und daran, dass diese jungen Männer vielleicht damals dazugehört hatten. Ich dachte an die Berichte über marodierende Banden und an den Kommentar auf der Website des Auswärtigen Amtes zu Sierra Leone: „... noch immer nicht restlos befriedet!" Und wie hatte Captain David Beatty doch gleich gesagt: „Du musst damit rechnen, dass die Waffen noch immer überall in den Hütten griffbereit liegen!" Zu guter Letzt musste ich über meine Leichtsinnigkeit nachdenken. Ich hätte auf der Piste bis ins nächste Dorf weiterfahren sollen, statt mich auf einem Trampelpfad ins Dschungeldickicht zu verkriechen. Sollten all diejenigen Recht behalten, die zu mir meinten: „Spinnst du? Afrika ist gefährlich genug, da musst du nicht auch noch nach Sierra Leone!"

„Here is the jungle!", sagte der Anführer der bewaffneten jungen Männer. Er stand direkt vor mir, seine Worte waren kalt und unfreundlich. Ich roch seinen Atem, roch den Alkohol und bemühte mich zu lächeln: „That's right, I know", sagte ich, aber ich hatte natürlich keine Ahnung vom Dschungel in diesem Land, keine Ahnung von Sierra Leone und keine Ahnung, wie die Geschichte ausgehen würde. „Here is the jungle" – was sollte diese Aussage? Wollte er mir bedeuten, dass man mich fertigmachen würde? Meine Situation erschien mir grotesk. Ich war erst vor wenigen Stunden aus Guinea-Conakry ausgereist. War ich den Putschisten dort etwa von der Schippe gesprungen, um jetzt im Dschungel von Sierra Leone verscharrt zu werden? Unsinn, meine Fantasie brannte mit mir durch! Ich riss mich zusammen. „Here is the jungle" – das bedeutete einfach nur, dass sich die Männer die durchaus berechtigte Frage stellten, was ich mitten im Wald verloren hatte. Sie waren vermutlich von mir ähnlich verunsichert wie ich von ihnen. Ja, das war's, ganz sicher, das musste es sein. Wahrscheinlich hatten sie noch nie einen Weißen getroffen, der mit dem Fahrrad in Sierra Leone unterwegs war und schon gar nicht einen, der im Dschungel über Nacht sein Zelt aufschlug. Kein Schwarzafrikaner übernachtete freiwillig im Busch. Warum sollte das ein Weißer gerne tun? Die Weißen, die diese jungen Männer kannten, waren nicht mit dem Fahrrad unterwegs und sie verbrachten die Nächte auch nicht alleine im Wald. Weiße Entwicklungshelfer kümmerten sich um Hilfsprojekte, weiße Ärzte brachten Medizin und weiße Missionare predigten. Was aber tat ein Weißer mit einem Fahrrad in Afrika? Ich war ihnen verdächtig. Sie hielten mich für einen illegalen Diamantenhändler. Und mit solchen hatten sie schlechte Erfahrungen, denn im Bürgerkrieg hatten sich die Rebellen durch den illegalen Diamantenhandel mit obskuren Weißen finanziert.

Es dauerte lange, bis ich mich erklärt hatte und wie schon bei der Einreise wenige Stunden zuvor, half mir erneut meine Landkarte zu mehr Glaubwürdigkeit. Auch diese jungen Männer hatten noch nie vom Outamba-Kilimi-Nationalpark gehört, ließen sich aber im schwachen Licht meiner Taschenlampe beim Blick auf die Karte überzeugen, dass es ihn tatsächlich gab. Sie schienen danach regelrecht erleichtert, so wie ich. Ich erzählte den jungen Männern von meiner Reise und erfuhr im Gegenzug, dass sie auf Kontroll-Patrouille gewesen waren. Eine Routine-Angelegenheit, so sagten sie, ich bräuchte mir keine Sorgen zu machen, in der Region gebe es weder Banditen noch Rebellen. Am Ende verabschiedeten sich die Männer einzeln und per Handschlag von mir. Als letzter von ihnen reichte mir ihr Anführer, Corporal Momo, die Hand. Was er zum Abschied sagte, weiß ich nicht mehr, aber seine Begrüßungsworte werde ich nie vergessen: „Here is the jungle!"

Pater Chema

Als ich am nächsten Morgen aufwachte, fühlte ich mich elend: schlapp, müde kraftlos. Es schien, als würde mich die nicht ausgestandene Infektion aus Mamou wieder einholen, um jetzt doppelt und dreifach zuzuschlagen. Noch immer war ich mir unsicher, ob es sich um eine Erkältung oder um Malaria handelte. Trotz der schwülen Temperaturen fröstelte mir, was für eine Erkältung sprach. Andererseits hatte ich auch weiterhin diese merkwürdigen Gliederschmerzen, die von Hitzewallungen begleitet wurden. Sie kamen aus dem Nichts, lähmten mich und verschwanden fast so plötzlich wie sie gekommen waren. Solche Symptome konnten auch Malaria bedeuten. Ich hatte meine chinesischen Prophylaxe-Tabletten seit der Casamance regelmäßig eingenommen, erinnerte mich aber auch wieder daran, dass sie nur 30 Prozent Schutz garantierten. Vor der Reise hatte ich mir immer wieder klargemacht, dass ich eines Tages flach liegen würde und dass es ziemlich wahrscheinlich war, dass ich irgendwann auch an Malaria erkranken musste. Aber wenn das schon geschehen sollte, dann doch bitte nicht gerade jetzt, nicht gerade im Dschungel von Sierra Leone. Nein, es konnte keine Malaria sein. Jedenfalls keine ernstzunehmende, sonst hätte ich mich kaum noch fortbewegen können. Nach allem, was ich wusste, gab es drei Formen der Krankheit. Variante eins ist weitgehend harmlos. Man bemerkt die Malaria kaum und kann sie wie einen grippalen Infekt aussitzen, vorausgesetzt, man hat genug Abwehrkräfte. Variante zwei ist etwas heftiger und geht mit Fieberschüben sowie Übelkeit einher. Man kann sie mit Tabletten wirksam bekämpfen und für diesen Fall hatte ich auch Malarone-Pillen aus Deutschland dabei. Variante drei ist die schwerste Form der Malaria. Bei ihr helfen auch keine Tabletten mehr, weil der Körper wegen Durchfall und Erbrechen den Wirkstoff des Medikaments nicht mehr aufnehmen kann. Die Konsequenz ist, dass man an den Tropf muss – oder stirbt. Meine unwissenschaftliche Diagnose lautete, dass Variante drei unwahrscheinlich war. Variante zwei hielt ich für möglich, aber meine Malarone-Tabletten wollte ich nicht voreilig einnehmen, sondern

erst, wenn ich mir sicher war, wirklich an Malaria erkrankt zu sein. So redete ich mir ein, dass ich – wenn überhaupt – an Variante eins litt und zudem noch über ausreichend körpereigene Abwehrkräfte verfügte, um ihr zu widerstehen. Wahrscheinlich, so sagte ich mir, war es aber nur eine Erkältung, wenngleich ohne Schnupfen. Ich schob mein Fahrrad zurück zur Straße und setzte mich wieder in Bewegung, stoppte aber schon im ersten kleinen Dorf in der Hoffnung, dort etwas zu essen zu bekommen.

Der Himmel war bedeckt, aus dem Wald zogen dicke, feuchte Nebelschwaden durch das Dorf und die Stimmung war bedrückend. Ein paar Kinder standen mit aufgedunsenen Bäuchen vor einer Lehmhütte und sahen mich still an. Sie waren unterernährt und geschwächt. Parasiten hatten ihre Mägen wie Luftballons aufgebläht. Ich fragte sie, ob es eine Garküche oder einen Markt gebe – und sie sahen mich an, als hätte ich die Welt noch nicht begriffen. Es gab keine Garküche und keinen Markt; es gab nichts zu essen; sie hatten Hunger.

Am späten Vormittag erreichte ich die kleine Ortschaft Madina. Dort fand ich zwar einen Marktplatz, doch die Verkaufsstände lagen zusammengefallen auf dem Boden und die meisten umliegenden Bretterbuden waren geschlossen. Vor einer Holzbaracke saßen ein paar junge Männer und ich gesellte mich zu ihnen. Wir tranken einen Tee zusammen und redeten. Die Stimmung war zunächst heiter. Ich erzählte von meiner Reise und die jungen Männer luden mich ein, abends mit ihnen auf ein großes Fest ins Nachbardorf zu gehen. Es werde Trommelmusik und viel Palmwein geben. Als ich sie nach ihrer Lebenssituation befragte, wurden sie ernst: keine Arbeit, keine Perspektiven, dafür Hunger und Langeweile! „Im Juli und August ist es am schlimmsten", sagten sie, „denn dann ist Regenzeit. Die Straßen sind unpassierbar, es gibt nichts mehr zu essen, und wer nicht stark und zäh ist, stirbt – vor allem Kinder, Alte und schwangere Frauen."

Einer der jungen Männer brachte mich zur katholischen Missionsstation, die nicht weit vom Marktplatz entfernt lag. Ich klopfte an die Tür und stand kurz darauf einem etwa 45-jährigen, kleinen, kräftigen Mann mit Vollbart gegenüber. Pater Chema war Spanier und sah nicht wie ein Priester und Prediger aus. Er trug alte Jeans und ein Baumfäller-Hemd. Ich stellte mich vor, erzählte ihm von meinen Bedenken an Malaria erkrankt zu sein und fragte ihn, ob er eine Übernachtungsmöglichkeit für mich habe. Es schien für ihn das Selbstverständlichste auf der Welt zu sein. Er führte mich zu einem kleinen Zimmer, zeigte mir, wo ich mich waschen konnte und sagte: „Ruh' dich aus. In einer Stunde gibt es Mittagessen, dann sprechen wir über die Malaria und alles andere."

Beim Mittagessen lernte ich einige Mitarbeiter von Pater Chema kennen, unter ihnen Bruno, einen Italiener, und Patrick, der von den Philippinen stammte. Bruno war Arzt und hatte neben der katholischen Missionsstelle eine Krankenstation aufgebaut. Er meinte schmunzelnd, solange ich Fahrrad fahren könne, hätte ich keine Malaria, sondern nur Angst. Das gefiel mir. Er bot an, mir Blut abzunehmen, um es zu untersuchen, doch ich meinte, das sei nicht nötig. Patrick schlug mir vor, ihn abends zum Fest ins Nachbardorf zu begleiten, von dem mir bereits die jungen Männer auf dem Marktplatz erzählt hatten. Das Fest war Teil eines zweitägigen Initialisierungs-Rituals, bei dem Heranwachsende beschnitten und zu Männern erklärt wurden. Der genaue Ablauf der traditionellen Zeremonie wurde geheim gehalten. Öffentlich zugänglich war einzig die Feier am Abend vor der Beschneidung. Patrick sagte, es sei ein Riesen-Spektakel mit rituellen Gesängen und ekstatischen Tänzen. Erst sagte ich zu, doch abends fühlte ich mich trotz eines langen Nachmittags-Schlafs wieder so matt und erschlagen, dass ich lieber frühzeitig ins Bett gehen wollte. Es war sicher eine vernünftige Entscheidung, aber auch eine, die mir bis heute leid tut, denn die Chance, an einem Initialisierungs-Fest teilzunehmen, kam nie wieder. So ging Patrick nach dem gemeinsamen Abendessen alleine fort und ich blieb am Tisch sitzen, um mich noch ein wenig mit Pater Chema zu unterhalten. Er berichtete mir, dass die Initialisierungs-Rituale jedes Jahr stattfänden. In einem Jahr seien die Jungen dran, im anderen die Mädchen. Gegen die Beschneidung junger Männer sei nichts einzuwenden, schon allein aus hygienischen Gründen. Die Beschneidung junger Frauen sei dagegen eine entsetzliche Praxis. In Freetown gebe es prominente Frauen, die sich gegen die Verstümmelung weiblicher Genitalien stark machten. Doch hier draußen auf dem Land sei die traditionelle Beschneidung noch so tief verwurzelt, dass es noch Jahre dauern werde, bis sich ein Bewusstseinswandel einstelle: „Frauen, die sich verweigern, werden geächtet, genauso wie Männer. Die einen wie die anderen werden dann nicht als vollwertigen Mitglieder der Gesellschaft betrachtet."

Von einem einheimischen Mitarbeiter der Missionsstation hatte ich erfahren, dass Pater Chema zu Beginn des Bürgerkriegs nach Sierra Leone gekommen war und dass er der einzige unter den katholischen Missionaren gewesen war, der das Land auch in den grausamsten Zeiten nicht verlassen hatte. Als ich ihn darauf ansprach, sagte er: „Irgendjemand musste bei den Menschen bleiben!" Er erzählte mir vom Krieg, vom Terror der Rebellen, von der Flucht der Menschen und von der Zerstörung der Missionsstationen. Der Anführer der Rebellen, Foday Sankoh, habe am Anfang noch vom Kampf gegen Korruption und für soziale Gerechtigkeit geredet, doch die Bevölkerung habe ihm nicht geglaubt. Und je weniger Unterstützung Sankoh erfahren habe, desto brutaler sei er vorgegangen: „Seine Rebellen überfielen und plünderten Dörfer, entführten Kinder und setzten sie unter Drogen, um sie danach in ihre Heimatdörfer zurückzuschicken, wo die Kinder im Vollrausch ihre eigenen Familien massakrierten. Männer wurden zur Zwangsarbeit in Diamanten-Minen verschleppt, Frauen vergewaltigt und als Sex-Sklavinnen gefangen gehalten. Als in der Hauptstadt Freetown landesweite Wahlen angekündigt wurden, verschärften die Rebellen ihren Terror. Die Zentralregierung in Freetown hatte die Bevölkerung mit dem Slogan zur Wahlbeteiligung aufgerufen: ‚Die Zukunft liegt in deiner Hand.' Die Rebellen beantworteten diesen Slogan damit, dass sie den Menschen mit Macheten die Hände abhackten, damit niemand ein Kreuz auf seinen Wahlzettel machen konnte. In ihrem Wahn verschonten sie nicht einmal Kleinkinder und Säuglinge."

Ich war müde, fühlte mich krank und wollte nichts mehr hören, aber ich fragte weiter: „Warum hat denn niemand etwas gegen diesen Terror unternommen?" Pater Chema lächelte und stellte die Gegenfrage: „Wer denn? Die Soldaten der regulären Armee waren schlecht ausgebildet und hatten genug damit zu tun, die Rebellen von der Hauptstadt fernzuhalten. Außerdem waren sie völlig unterbezahlt und unmotiviert. Vor diesem Hintergrund kam es sogar dazu, dass auch sie ihren Unmut und ihre Unzufriedenheit über die eigene Situation irgendwann an der Zivilbevölkerung ausließen. Auch sie plünderten plötzlich Dörfer, vergewaltigten Frauen und rekrutierten Kindersoldaten, die sie mit Drogen zu Mördern machten!"

Als ich ihn fragte, wieso denn die internationale Gemeinschaft nicht reagiert habe, schwieg Pater Chema, vielleicht aus Respekt – oder weil er die Beherrschung wahren wollte. Später las ich diverse Berichte und versuchte eine Antwort zu finden: Die Landbevölkerung von Sierra Leone war Mitte der 1990er Jahre de facto allein gelassen worden. Freetown hatte die Kontrolle über seine Armee an die Anarchie verloren und die Vereinten Nationen hatten ganz andere Probleme, als sich mit einer Friedensmission für Sierra Leone zu befassen. Der Weltsicherheitsrat befand sich in jenen Jahren in einer Art Schockstarre. China hielt sich bei UN-Missionen traditionell zurück und Russland hatte nach dem Zerfall der Sowjetunion gegen innere Auflösungserscheinungen zu kämpfen. Die USA und Europa starrten derweil wie paralysiert auf den Bosnien-Krieg, wo im Juli 1995 beim Massaker von Srebrenica mehr als 8000 bosnische Muslime ermordet wurden – und zwar mehr oder weniger unter den Augen von UN-Soldaten, weil diese über kein offizielles Kampf-Mandat verfügt hatten, um einzugreifen. Ähnlich tatenlos hatte die Weltgemeinschaft auch schon ein Jahr zuvor zugeschaut, wie der Konflikt im afrikanischen Ruanda zwischen den Bevölkerungsgruppen der Hutu und Tutsi eskalierte und etwa 800.000 Menschen abgeschlachtet wurden. All diese Vorgänge zwangen die Vereinten Nationen, ihre Aufgaben mitten in der Schockstarre zu überdenken und sich neu aufzustellen; Sierra Leone musste unter diesen Bedingungen warten.

Man kann die Tatenlosigkeit der UNO bis zu diesem Zeitpunkt vielleicht noch nachvollziehen, für das weitere Verhalten der internationalen Gemeinschaft fällt es allerdings schwer, Verständnis aufzubringen. Angesichts fehlender Unterstützung im Kampf gegen den Terror beauftragte Mitte der 1990er Jahre der damalige Junta-Chef von Sierra Leone, Valentine Strasser, ein privates Söldner-Unternehmen namens „Executive Outcomes" damit, das Morden zu beenden. Die Truppe setzte sich überwiegend aus ehemaligen Elite-Soldaten der südafrikanischen Armee zusammen. Da Strasser kein Geld hatte, um die Legionäre zu bezahlen, sicherte er Executive Outcomes, dem enge Beziehungen zum südafrikanischen Diamanten-Imperium De Beers nachgesagt wurden, die Abbau-Konzessionen für einige Diamantenminen zu. Die Söldner eroberten daraufhin in kürzester Zeit die in Aussicht gestellten Minen von Koidu im Nordosten des Landes und befreiten die dort versklavte Bevölkerung. Andere Minen, für die ihnen keine Konzessionen versprochen worden waren, blieben jedoch in der Hand der Rebellen und die dortige Bevölkerung blieb dem Terror weiter ausgesetzt. Die militärischen Erfolge von Executive Outcomes trugen dennoch dazu bei, dass es zwischen Regierung und Rebellen zu Friedensgesprächen kam – und genau in diesem Moment tauchte die internationale Gemeinschaft plötzlich wieder auf.

Weltbank und Internationaler Währungsfonds forderten das hochverschuldete Sierra Leone auf, seinen Staatshaushalt zu konsolidieren. Übersetzt bedeutete das unter anderem, die Militärausgaben zu kürzen und keine weiteren Minen-Konzessionen an Privatunternehmen wie Executive Outcomes zu vergeben. Die beiden großen internationalen Kreditgeber wurden damit zum verlängerten Arm der Rebellen, die als Bedingung für einen Friedensschluss den Abzug der Söldnertruppe gefordert hatten. Die Regierung von Freetown willigte nun in diesen Handel ein und Executive Outcomes zog sich im Januar 1997 aus Sierra Leone zurück. Als die Südafrikaner das Land verließen, wiesen sie mehrmals öffentlich darauf hin, dass ohne adäquaten militärischen Ersatz der Bürgerkrieg innerhalb von 100 Tagen wieder aufflammen würde – eine Prognose, die sich als erschreckend zutreffend herausstellen sollte: 97 Tage nach dem Abzug der Südafrikaner ging der Terror wieder los und die internationale Gemeinschaft zögerte trotz ihrer Mitschuld an dieser Entwicklung ein weiteres Mal mit einem Eingreifen.

1998 kamen Truppen der Westafrikanischen Wirtschaftsgemeinschaft ECOWAS ins Land, doch diese Truppen blamierten sich nahezu komplett, da die Rebellen trotz ihrer Anwesenheit im Mai 1999 bis vor die Tore von Freetown marschierten, wo tausende Menschen starben. Im Juli 1999 entsandten die Vereinten Nationen eine eigene Friedenstruppe, aber auch sie war zu schwach, um den Bürgerkrieg zu beenden. Die Wende kam erst, als im Jahr 2000 die ehemalige Kolonialmacht Großbritannien eingriff. Britische Spezialkräfte landeten in Freetown, um – nach offizieller Verlautbarung – britische Bürger sicher aus dem Land zu bringen. Nebenbei schlugen die Elite-Soldaten aber auch die Rebellen ins Hinterland zurück. Als elf britische Soldaten in Gefangenschaft gerieten, machten die Briten schließlich kurzen Prozess. Sie befreiten ihre Soldaten und zerschlugen die Rebellen endgültig. Anfang 2002 wurde der Bürgerkrieg offiziell für beendet erklärt. Rebellen-Chef Sankoh wurde festgenommen und in Freetown vor Gericht gestellt. Er starb noch vor seiner Verurteilung im Juli 2003 in Untersuchungshaft, wie es hieß, an einem Schlaganfall.

Der Bürgerkrieg in Sierra Leone hatte über zehn Jahre gedauert. Die Zahl der Toten wird auf bis zu 200.000 beziffert, die Zahl der Verstümmelten auf etwa 30.000. Wie viele Frauen vergewaltigt wurden, wird nie ermittelt werden. Auch die genaue Zahl der Kindersoldaten wird für immer unbekannt bleiben. Die Minen-Konzessionen, die Executive Outcomes übertragen wurden, befinden sich bis heute in Privatbesitz, nämlich in den Händen des weltweit operierenden Unternehmens BSG Resources, das wie De Beers seinen Sitz in London und Johannesburg hat. Die menschenunwürdigen Arbeitsbedingungen in den Koidu-Minen haben sich wiederum kaum verändert. Die Arbeiter bekommen laut Medico International eine Schale Reis pro Tag, etwa einen US-Dollar Lohn und eine geringe Provision auf gefundene Diamanten.

Afrika-Koller

Pater Chema zeichnete mir am nächsten Morgen die Strecke zum Outamba-Kilimi-Nationalpark auf ein Blatt Papier auf: „Nach etwa sieben Kilometern geht links ein kleiner Buschpfad ab. Man sieht ihn kaum, aber den darfst du nicht verpassen. Dann fährst du etwa fünf Kilometer und stößt auf einen Abzweig. Da biegst du rechts ab und fährst anschließend immer geradeaus, bis du einen Fluss erreichst. Wenn dort keine Jungs mit ihren Einbäumen sind, musst du das Ufer rechts runterlaufen. Dort gelangst du nach einigen hundert Metern zu einem Dorf, wo du jemanden finden kannst, der dich mit dem Boot übersetzt. Anschließend fährst du weiter, bis du wieder zu einem Fluss kommst …"

Es hörte sich weit komplizierter an, als es am Ende war. Pater Chemas' Kilometer-Angaben waren sehr präzise und ich musste lediglich lernen, dass Wege und Abzweigungen im Dschungel von Sierra Leone bei weitem nicht so deutlich zu erkennen sind wie im Frankfurter Stadtwald. Abgesehen davon war die Strecke dennoch ziemlich beschwerlich. Schon nach der ersten Flussüberquerung wurde das Gelände wieder extrem bergig, der dunkle Wald

Brücken: Fehlanzeige

rückte dichter an die Straße heran und der Dschungelpfad wurde immer schmaler, schmieriger und anstrengender. Auf den letzten Kilometern musste ich mehrmals durch kleine Flussfurten waten und zu Fuß so steile und glitschige Anhöhen erklimmen, dass ich mein Fahrrad kaum hinaufschieben konnte. Es war bereits fast dunkel, als ich endlich am Nationalpark ankam.

Der Outamba-Kilimi-Nationalpark war – wie ganz Sierra Leone – in seiner Nachkriegs-Entwicklung ins Stocken geraten und auf Besucher nur notdürftig eingestellt. Im Camp der Nationalpark-Ranger waren für mögliche Gäste ein paar spartanische Rundhäuser errichtet worden, zu mehr war man nach dem Ende des Bürgerkrieges noch nicht gekommen. Wer auch immer den Park besuchte, musste Essen und Trinken selbst mitbringen und sich mit einer sehr einfachen Infrastruktur begnügen. Das Klo des Camps bestand aus einer mit Brettern umfassten Fallgrube im Wald und wer sich waschen wollte, ging im nahegelegenen Fluss schwimmen. Dass es außer mir keine anderen Besucher im Park gab, wunderte mich nicht, störte mich aber auch wenig. Morgens weckte mich die aufbrausende Geräuschkulisse des Dschungels, abends patrouillierten Affen in kleinen Gruppen durch das Camp, ganz so, als wollten sie nach dem Rechten schauen. Ich blieb drei Tage im Nationalpark, nutzte den Fluss nicht nur zum Schwimmen, sondern auch als Trinkwasser-Reservoir und bereitete mir mein Essen auf meinem kleinen Benzinkocher selbst zu.

Am Tag nach meiner Ankunft fragte ich einen der Ranger, ob es tatsächlich die berühmten Waldelefanten in der Region gebe. Er antwortete, im Nationalpark lebten nicht nur Elefanten, sondern auch Leoparden, Krokodile und Flusspferde. Ihre Zahl sei während des Bürgerkriegs jedoch stark zurückgegangen und ihr Bestand erhole sich nur sehr langsam. Der Hunger habe die Menschen im Krieg dazu gebracht, viele Tiere zu jagen und zu töten. So seien selbst die Elefanten sehr scheu geworden und hätten sich tief in den Wald zurückgezogen. Er könne mich zu ihren Fußabdrücken führen, aber um ihnen zu begegnen, müssten wir tagelang auf die Suche gehen. Als Ersatz schlug er mir vor, mit ihm eine Kanu-Tour zu den flussabwärts lebenden Flusspferden zu unternehmen.

Die Paddel-Tour dauerte mehrere Stunden und als wir die Flusspferde erreichten, hielten wir einen so großen Sicherheitsabstand ein, dass ich die Hippos nur aus der Ferne im Fluss stehen und aus dem Wasser schielen sah. Flusspferde gelten als äußerst gefährlich und da eine der Mütter ein Junges hatte, wollten wir sie nur ungern in unserem wackeligen Kanu gegen uns aufbringen. Auf dem Rückweg ins Camp paddelten wir in die Abenddämmerung hinein flussaufwärts. Das Licht war wunderschön, der Wald begann zu leuchten, das Wasser glitzerte. Einziger Nachteil: wir paddelten mühsam gegen die Strömung an und wurden von tausenden von Mücken begleitet. Abends hatte ich von den vielen Stichen dick angeschwollene Füße und am nächsten Morgen einen gehörigen Muskelkater in den Armen.

Am Silvester-Morgen 2008 verließ ich den Nationalpark, da meine Essensvorräte aufgebraucht waren, und den Beginn des neuen Jahres verschlief ich abseits der Dschungelpiste im Wald, diesmal ohne überraschende Begegnung mit Bewaffneten. In

Makeni, einer größeren Stadt, konnte ich meine Vorräte mit Konservendosen (Bohnen und Sardinen) wieder aufstocken. Anschließend fuhr ich über Fadugu, Kabala und Falaba nach Norden weiter. Ein Teil der Strecke war zu meiner Überraschung asphaltiert, so dass ich mich körperlich nicht komplett verausgaben musste. Auf der anderen Seite ging mir die fortgesetzte Konfrontation mit der Armut immer stärker an die Nieren. Die meisten Menschen trugen zerrissene Kleider und liefen barfuß umher. Fast überall sah ich Kinder mit aufgeblähten Bäuchen und hungrigen Augen. Frauen bemühten sich, aus zwei kleinen Fischen und ein wenig Reis eine Mahlzeit für eine neunköpfige Familie zuzubereiten. Und erwachsene Männer baten mich nicht um Geld, sondern um etwas zu essen, um Kleidung und Medizin.

Nie zuvor auf meiner Reise, nie zuvor in meinem Leben, hatte ich die Not der Menschen so unmittelbar und allgegenwärtig wahrgenommen wie im ländlichen Sierra Leone. Etwas Vergleichbares erlebte ich später nur noch in einigen entlegenen Gebieten des Kongos. Wäre ich in Sierra Leones Hauptstadt Freetown gewesen, wären meine Eindrücke vielleicht abgeschwächt worden. In afrikanischen Großstädten sieht man immer auch Reichtum und grenzt die Armut wie eine anerkannte Unumstößlichkeit in die Elendsviertel ab. Auf dem Land geht das nicht. Die meisten Straßen, auf denen ich fuhr, waren in einem katastrophalen Zustand, die Brücken zerstört, die Häuser verfallen. Manche Schulen waren provisorisch unter freiem Himmel errichtet worden, die Schulbänke bestanden aus morschen Baumstämmen.

Bundespräsident Horst Köhler hatte den Satz geprägt: „Am Schicksal Afrikas entscheidet sich die Menschlichkeit der Welt." Aber was sollte ich tun? Ich fühlte mich überfordert, hilflos und ohnmächtig. Ich konnte meine wenigen Medikamente verschenken – und selbst krank werden. Ich konnte meine wenigen Essensvorräte verteilen – und selbst hungern. Ich konnte meine Kleidung verschenken – und nackt weiterfahren. Ich entwickelte Schuldgefühle, weil ich auch an mich denken musste – oder wollte. Mitmenschlichkeit? Ich fuhr als stiller Beobachter durch Afrika, frönte meiner diffusen Neugier und meiner Leidenschaft für das Fahrradfahren und tat rein gar nichts für die Menschen. Und was würde eines Tages geschehen? Ich würde heimkehren, um mir bewusst zu werden, wie gut es mir in Deutschland ging. Und dann würde ich irgendwann zu den unschuldigen deutschen Wohlstandskindern sagen: „Esst eure Teller auf, in Afrika verhungern die Kinder!" Gott möge mich dafür strafen! Einmal donnerte ein weißer Geländewagen mit blauer UN-Aufschrift durch ein kleines Dorf. Er nahm keine Rücksicht auf die Kinder am Straßenrand. Er bretterte über die Piste und ließ die hustenden Kinder in einer Staubwolke zurück. Jetzt hatte ich wenigstens einen Grund, meine Verzweiflung auf die Vereinten Nationen zu projizieren. Ich war wütend: „Die Welt tut einfach gar nichts!"

Irgendwann in jenen Tagen begriff ich, dass ich wohl unter jenem Symptom litt, das man einen „Afrika-Koller" nennt. Ich wurde menschenscheu und wollte nur noch möglichst schnell raus aus Sierra Leone, und am liebsten auch raus aus Afrika. Zum Eigenschutz überkam mich eine rigorose Gleichgültigkeit, die sich auch bemerkbar machte, wenn mich Polizei und Militär stoppten, um Geld einzutreiben. Sie erfanden irgendeine Gebühr oder warfen mir irgendeinen Verkehrsverstoß vor. Na und? Ein Verkehrsdelikt auf dem Fahrrad? Mitten im Dschungel? Lächerlich! Einmal hatte ich meinen Pass aus der Hand gegeben und zahlte umgerechnet einen Euro, um ihn wieder zu bekommen.

Die anderen Male hielt ich meinen Pass einfach fest und schwieg, als könne ich kein Englisch sprechen. Ich schwieg so lange und so desinteressiert, bis man mich fahren ließ. Nachts schlief ich nur noch im Wald. Schlangen? Banditen und Rebellen? Mir war alles egal. Irgendwann baute mein Körper wieder verstärkt ab. Aber selbst das ließ mich kalt. Erkältung? Malaria? Scheißegal! Malarone-Tabletten und Antibiotika blieben in der Tasche. Ich hatte nur wenig an die wirklich Bedürftigen abgegeben – ich hatte keine Medizin verdient. Ich warf einen Blick auf die Landkarte. Falls ich bis Mali käme, würde ich dort vielleicht zum Arzt gehen oder in ein Flugzeug steigen und heimfliegen. In der Hauptstadt Bamako gab es einen internationalen Flughafen, und ich hatte genug.

Um von Sierra Leone nach Mali zu kommen, musste ich noch einmal durch Guinea-Conakry fahren, diesmal durch Oberguinea. Obwohl ich mich auf die Rückkehr nach Guinea gefreut hatte, blieb ich angeschlagen und der Afrika-Koller wollte nicht verschwinden. Es war, als sei ich verhext worden. Ich sah die Menschen nicht, nahm die Landschaft nicht wahr und fuhr in dumpfer Teilnahmslosigkeit durch die Gegend. Schon alltägliche Aufgaben, wie Lebensmittel einkaufen und abends einen geeigneten Schlafplatz suchen, waren mir zu viel. Kurz vor Faranah traf ich zum ersten Mal auf den Niger, den legendärsten Fluss Westafrikas. Doch auch sein Anblick befreite mich nicht aus meiner Lethargie. Ich überquerte eine schmale eiserne Brücke und machte nicht einmal ein Foto, sondern fuhr geradewegs in die Stadt, wo ich mir bei der örtlichen Polizeistation einen Stempel abholen musste, eine Genehmigung zur Weiterfahrt. Ich hasste die afrikanische Bürokratie und diese ganzen Stempel-Fetischisten. Die Männer bei der Polizei waren sehr freundlich, aber ich hatte weder das Bedürfnis, etwas von mir zu erzählen, noch hatte ich Lust, ihre Probleme zur Kenntnis zu nehmen. Sie hatten seit Monaten kein Gehalt bekommen und baten mich um eine kleine Finanzspritze. „Ach Männer, besorgt euch das verfluchte Geld doch bei euren eigenen Leuten!"

Irgendwann nahm ich zumindest beiläufig zur Kenntnis, dass die tropische Berglandschaft nach Norden hin langsam wieder in eine Baum- und Busch-Savanne überging. In einer kleinen Stadt namens Dabola ließ ich mir in einer Lederwerkstatt einen Sattelüberzug anfertigen, da mein Sattel inzwischen mehrere Risse aufwies, aus denen seine Innereien hervorquollen. Anschließend fand ich eine ordentliche Unterkunft und ging abends auf den quirligen Markt der Stadt, um an einer Garküche etwas zu essen. Ich saß mit anderen Männern auf einer schmalen, wackligen Bank und löffelte meinen Reisteller leer. Die Männer grüßten freundlich und nahmen mich auf wie einen der ihren. Es gab keine Aufregung, weil ich ein Weißer war. Wir hatten alle nur Hunger und aßen schweigend nebeneinander her. Und dann – als ich so unspektakulär und schweigsam mit den Männern auf der wackeligen

Bank saß – durchströmte mich plötzlich ein tiefes Gefühl der Zufriedenheit. Es war von einer Sekunde auf die andere, als sei ein böser Zauber von mir gewichen, der mich all die Tage zuvor in Beschlag genommen hatte. Plötzlich wusste ich wieder, dass ich diese Reise genau so wollte, wie sie war, mit allen Höhen und allen Tiefen. Ich wollte die Begegnung mit Afrika und mit meinen Unzulänglichkeiten. Und ich wollte beides rücksichtslos und hautnah. Deshalb war ich mit dem Fahrrad unterwegs, genau deshalb.

John, ein Mann ohne Worte

Etwa 150 Kilometer hinter Dabola erreichte ich eine weitere Kleinstadt namens Kouroussa. Als ich am Ortseingang an einem winzigen Haus vorbeikam, sah ich einen etwa 40-jährigen Mann im Halbschatten auf einem niedrigen Gemäuer sitzen. Er wusch sich seine Füße und machte ein paar Späße mit zwei Kindern, die ihm gerade einen Eimer mit frischem Wasser gebracht hatten. Ich wäre fast an ihm vorbeigefahren, so unscheinbar wirkte die ganze Szene. Doch der Mann, der da mit den Kindern herumfaxte, war ein Toubab, ein Weißer. John war Niederländer. Er trug eine Jeans und ein kurzärmeliges Khaki-Hemd. Sein dichtes Haar war kurz geschnitten und bis auf einen Schnauzbart war er rasiert. Nichts deutete beim ersten Anblick darauf hin, dass er schon monatelang unterwegs war, doch dann sah ich seine Halbschuhe. Sie hatten breite Risse und mehrere Löcher, außerdem war sein Gesicht verbrannt, von seiner Nase hingen diverse Hautfetzen herab.

John war die gesamte Strecke von den Niederlanden bis nach Oberguinea zu Fuß gelaufen. Er war im April 2008 gestartet und immer an der Küste entlangmarschiert: Belgien, Frankreich, Spanien, Marokko, Mauretanien, Senegal etc. In neun Monaten hatte er rund 9000 Kilometer zurückgelegt, pro Tag um die 40 Kilometer. Das reichte eigentlich schon, um Eindruck bei mir zu hinterlassen. Doch das war noch nicht alles: Erstens reiste John ohne Gepäck, er hatte einschließlich einer dünnen Jacke nur das dabei, was er am

Körper trug. Zweitens war er ohne Geld unterwegs, komplett ohne Geld! Und drittens gehörte John zu jenen Menschen, die zwar hören, aber nicht sprechen können. John war stumm.

Ich weiß noch, im ersten Moment gefiel mir die Vorstellung nicht, dass ein Weißer aus dem reichen Europa ohne Geld durch Afrika reiste und die Menschen, die ohnehin nicht viel hatten, um Hilfe bat. Doch das Unbehagen wich schon bald dem Respekt. Johns Art zu reisen, besagte, nichts zu essen, wenn niemand etwas zu essen hatte. Nichts zu trinken, wenn nirgendwo ein Brunnen war. Keine Medizin zu haben, wenn man krank wurde. Ich kam gerade aus Sierra Leone und konnte oder wollte mir nicht vorstellen, was das bedeutete. Nebenbei stellte John die Welt auf den Kopf. Er, der mutmaßlich reiche Weiße, kam nicht mit den Taschen voller Geld daher, und er kam auch nicht, um zu helfen oder um darüber zu reden, wie alles besser werden könnte. Nein, er war stumm, er benötigte Hilfe und er lieferte sich Afrika aus, um es kennenzulernen. Das muss für die meisten Afrikaner, die John traf, eine völlig neue Erfahrung gewesen sein. Sie mussten nicht nur ihre Vorstellung vom „reichen Weißen" in Frage stellen, sondern auch ihren Umgang mit ihm auf eine neue Grundlage stellen.

Da John nicht reden konnte, kritzelte er alle seine Fragen und Antworten in meinen kleinen Notizblock. So erfuhr ich beispielsweise, wie er ohne Geld an seine Einreise-Visa kam. John schrieb: „ich gehe nach die grense und sehe mal. alle visa bekomme ich gratis, aber manchmal die polizei nicht gut und ich warte 2, 5, 7 Tage auf ein visa in gefängs." Diese Methode habe bis dahin überall geklappt, notierte er, nur in Sierra Leone habe man ihn nicht hineingelassen. Deshalb laufe er jetzt um Sierra Leone herum und plane über die Elfenbeinküste wieder an die Küste zu gelangen. Als ich ihn nach seinen Begegnungen mit den Menschen befragte, hob John den Daumen. Das hieß wohl, dass er gute Erfahrungen gemacht hatte. In meinem Notizblock steht aber auch: „die afrikaners haben andere regels, sprechen viel, laut, agressief."

John wollte bis Kapstadt laufen und war nach Zé erst der zweite Langzeitreisende, der mir in Afrika begegnete. Später, vor allem in Ostafrika, traf ich noch ein paar andere, doch unter allen, die mir über den Weg liefen, war John ohne Zweifel derjenige, der mich am stärksten beeindruckt hatte. Ich musste bei jeder Gelegenheit von ihm erzählen und fragte mich regelmäßig, wo er wohl steckte. Er hatte keine E-Mail-Adresse und obwohl ich ihm meine auf einen Zettel geschrieben hatte, war ziemlich klar, dass dieser Zettel nach dem ersten Regen kaum noch lesbar sein würde. Nach meiner Rückkehr recherchierte ich im Internet nach John, fand aber keinen Hinweis auf seinen Verbleib: „Hey John, wo steckst du?"

MALI (km 10.100 – km 10.788)

Mit einem Boot auf dem Niger nach Timbuktu

Als ich die Pinasse sah, die mich über den Niger nach Timbuktu bringen sollte, hatte ich gehörige Bedenken. Der Kahn war völlig überladen und drohte im nächsten Moment unterzugehen. In Afrika gibt es vereinfacht gesagt, drei traditionelle Bootstypen: Der Einbaum wird – wie der Name schon sagt – zumeist aus einem einzelnem Baumstamm gefertigt, die Piroge ist ein wenig größer und wird aus Brettern zusammengezimmert, während die ebenfalls aus Holz erbaute Pinasse im Vergleich dazu schon ein Monstrum ist. Man kann sie sich wie eine überdimensionierte und mit einem Außenbordmotor angetriebene venezianische Gondel vorstellen. Die vor mir liegende Konstruktion war nun etwa 20 Meter lang sowie drei Meter breit und in ihrem gut ein Meter tiefen Bauch stapelten sich bereits so viele Getreide- und Zementsäcke, dass sich die Seitenwand der bananenförmigen Jolle an ihrem tiefsten Punkt nur noch wenige Millimeter über der Wasseroberfläche befand. Es schien in meinen Augen nur eine Frage der Zeit, bis das Wasser überschwappen und das Gefährt absaufen würde. Dass ich trotzdem einen Platz auf diesem Teufelskahn buchte, war rational nicht nachzuvollziehen.

Die Idee zu diesem Ausflug über den Niger nach Timbuktu war von Elke und Stefan gekommen. Ich hatte die beiden zwei Monate zuvor in der „Zebra-Bar" im Senegal kennengelernt, damals hatten sie mir angeboten, ich könne in ihrem Gästezimmer wohnen, falls ich nach Bamako käme. Als ich in der Stadt eintraf, nahmen sie mich nun wie selbstverständlich auf. Das „Gästezimmer" war eine kleine Bungalow-Anlage in ihrem Garten mit fließendem Wasser und heißer Dusche, für mich der absolute Luxus. Ich genoss es, mich mit ihnen über Afrika auszutauschen und erleichterte mir beim Reden ein wenig die Scham meines Afrika-Kollers. Sie sagten, ich könne bleiben, solange ich wolle – und ich nahm dieses großzügige Angebot schamlos in Anspruch. Ich regenerierte mich, indem ich viel aß und viel schlief, wobei sich dann auch meine Befürchtung endgültig verflüchtigte, an Malaria erkrankt zu sein. Da Bamako am Niger liegt, beziehungsweise wie Frankfurt am Main vom Fluss durchschnitten wird, hätte es nahe gelegen, die Tour auch dort zu starten. Ich wollte mein Fahrrad bei Elke und

Pinasse beim Beladen

Stefan zurücklassen und mit Minimalgepäck losziehen, um auf dem Rückweg von Timbuktu auch noch einige Tage zu Fuß durch das Land der Dogon zu wandern. Die Vorstellung, eine Weile ohne mein Fahrrad unterwegs zu sein, hatte zwar etwas Befremdliches, aber auch etwas sehr Reizvolles, denn ich wusste, dass ich ganz andere Erfahrungen sammeln und zu guter Letzt doch mit riesiger Freude auch wieder in den Sattel steigen würde. Bei meinen Recherchen nach einem Boot stellte sich allerdings sehr bald heraus, dass der Niger wegen der Trockenzeit nicht überall schiffbar war und ein Start in Bamako äußerst schwierig wurde. So beschloss ich, mit öffentlichen Verkehrsmitteln bis nach Djenné zu fahren und erst dort ein Boot zu suchen. Diese Variante hatte zudem den Vorteil, dass ich in aller Ruhe die weltberühmte Lehmmoschee von Djenné besichtigen konnte und es auch noch so einrichten würde, dass ich an einem Montag in der Stadt war, denn Montag war dort Markttag – und der Markt von Djenné galt als einer der schönsten und größten des ganzen Landes. So packte ich also meinen kleinen Faltrucksack mit den notwendigsten Sachen und traf wie gewünscht sonntagabends in der Stadt ein, wo bereits die ersten Verkaufsstände für den großen Basar am darauffolgenden Tag aufgebaut wurden. Ich schlief auf einer Dachterrasse und war am nächsten Morgen einer der ersten, der durch die engen Verkaufsstände schlenderte. Der Markt fand direkt auf dem großen Platz vor der Moschee statt. Das islamische Gebetshaus gilt als Meisterwerk der Lehmarchitektur und ist fraglos imposant und schön, vor allem im Morgen- und Abendlicht.

Dennoch faszinierte mich der Markt offen gestanden um einiges mehr, und das hatte wohl ebenso mit dem Geruch nach Gewürzen wie auch mit dem Geschnatter der Menschen zu tun. Ich begriff schnell, dass sie nicht nur aus allen Himmelsrichtungen angereist waren, um Handel zu treiben, sondern auch um sich wiederzusehen und die neuesten Informationen auszutauschen. Bozo, Songhai, Bambara, Dogon und Fulbe saßen inmitten des chaotischen Warenverkehrs bei einem Tee zusammen, redeten miteinander und gaben die letzten Klatsch- und Tratsch-Geschichten weiter. Die einen waren mit Pirogen oder Eselskarren gekommen, die anderen

Unter Deck

mit Sammeltaxis, klapprigen Lastwagen oder uralten Fahrrädern. Die Touristen, die sich schon bald in größerer Zahl auf dem Markt herumtrieben, waren für sie zweitrangig, auch wenn die Fremden gerne etwas kaufen durften – und zu kaufen gab es genug: Handwerkswaren, Küchengeräte, Schuhe, Kleidung, Decken, Plastikeimer, Kalebassen, Tonkrüge, Schmuck, Lederutensilien, Obst, Fisch, Gemüse usw. Der Markt von Djenné ließ kaum einen Wunsch offen, nur ein Boot nach Timbuktu fand ich in der Stadt nicht. Deshalb stieg ich schließlich in ein Sammeltaxi, einen überfüllten schrottreifen Peugeot 504, und fuhr in die nächstgrößere Stadt Mopti, um dort auf die Suche zu gehen – und dort stand ich dann vor dieser Pinasse, die abzusaufen drohte, und zweifelte angesichts des fortgesetzten Beladens an meiner Vernunft.

Nachdem alle Getreide- und Zementsäcke an Bord waren, durften wir Passagiere aufs Boot, und jeder suchte sich irgendwo auf den steinharten Getreide- und Zementsäcken einen Platz, der für die nächsten Tage und Nächte sein Zuhause sein sollte. Sehr viel

Platz war ehrlich gesagt nicht. Wir waren mindestens 20 Mitreisende und saßen dicht gedrängt unter einer gewölbten und extrem niedrigen Dachkonstruktion aus Schilfrohr und Regenplane. Da sich das Dach maximal ein Meter über den Getreide- und Zementsäcken befand, konnte man sich darunter nur krabbelnd fortbewegen. Wie ich sehr bald feststellte, rührten sich die meisten Passagiere deshalb auch nur dann vom Fleck, wenn sie auf die Toilette mussten. Da es kein Klo gab, kroch man unter dem gewölbten Dach heraus ins Freie, hing sich am Heck der Pinasse irgendwie über die Bordwand und erledigte sein Geschäft direkt in den Fluss. Ich ergatterte einen Platz ziemlich weit vorne im Boot. Der Nachteil an meinem Platz war, dass ich es ziemlich weit bis zur Toilette hatte. Darüber hinaus befand er sich direkt am Bootsrand, wo gelegentlich Wasser hereinschwappte. Der Vorteil war allerdings, dass ich jederzeit relativ leicht unter der Regenplane nach draußen zum Bug kam. So verbrachte ich die meiste Zeit der Reise auch nicht unter Deck, sondern auf dem gewölbten Dach, das trotz seiner gewagt anmutenden Schilfrohr-Konstruktion ausgesprochen stabil war.

Dort oben konnte ich meine Beine austrecken und die vorüberziehende Landschaft genießen, außerdem konnte ich dort oben vergessen, dass ständig Wasser in das viel zu tief liegende Boot schwappte. Für zwei Jungs im Alter von vielleicht neun und zehn Jahren bedeutete dies Schwerstarbeit. Sie standen in einer schmalen, ladefreien Zone in der Mitte des Kahns und schütten das im tiefen Bauch des Bootes sich sammelnde Flusswasser mit Hilfe von Kanistern wieder über Bord. Es war eine körperlich anstrengende Sisyphusarbeit, die selten Unterbrechungen zuließ. Tagsüber arbeiteten die Jungs gemeinsam, nachts wechselten sie sich ab. Beim Anblick der beiden fragte ich mich zwar, warum sie nicht zur Schule gingen, wo in Mali doch Schulpflicht bis zum 15. Lebensjahr besteht, aber es war eine eher rhetorische Frage, denn ich kannte die Antwort: Die Schulpflicht steht nur auf dem Papier, die Eltern können das Schulgeld nicht aufbringen und die Kinder müssen zur Versorgung der Familie beitragen. Natürlich malte ich mir eine große Rettungsaktion aus. Ich stellte mir vor, dass ich einen Hilfsfonds gründen und private Spenden eintreiben könnte. Ich würde zu den Eltern der beiden Jungs gehen und diese davon überzeugen, ihren Nachwuchs auf die Schule zu schicken, was nicht sehr schwer fallen dürfte, weil auch in Mali jeder weiß, dass eine gute Bildung eine bessere Zukunft ermöglicht. Aber was würde geschehen? Anstelle der beiden Jungs stünden bald zwei andere Kinder knöcheltief im Wasser. Ja, ich könnte auch für sie Spenden eintreiben und dann für jene, die ihnen nachfolgten. Die Regierung in Mali würde sich sicher freuen, wenn ich ihr mit meinem Engagement ein wenig Verantwortung abnahm. Wahrscheinlich würde sie mir auch erlauben, Schulen zu bauen und Lehrer zu entlohnen. Sie würde höchstens einen kleinen Obolus verlangen, eine Art „Genehmigungsgebühr" dafür, dass ich karitativ überhaupt tätig werden durfte.

„C'est l'Afrique!"

Der Niger ist mit über 4000 Kilometern der längste und wichtigste Fluss Westafrikas. Er fließt durch fünf verschiedene Staaten und stellt die Lebensader für mehr als 100 Millionen Menschen dar. Gleichzeitig ist er Heimat für hunderte Millionen von Tieren: Fische, Vögel, Frösche, Wasserschlangen, Krokodile, Flusspferde. Ich war dem Fluss in Guinea-Conakry zum ersten Mal begegnet. Er war dort gerade dem bergigen Grenzgebiet zu Sierra Leone entsprungen und obwohl ich um seine Bedeutung wusste, hatte ich seinerzeit kein Auge für ihn gehabt. Jetzt war das anders. Zum ersten Mal wurde mir bewusst, dass dieser imposante Fluss etwas völlig Verrücktes tat, etwas, das jeder Vernunft widersprach: Er floss aus den Tropen kommend todesmutig nach Nordosten, mitten hinein in die Wüste. Erst östlich von Timbuktu schien er sich angesichts der Trockenheit eines Besseren zu besinnen und beschrieb einen Bogen nach Süden, um irgendwann über das Nigerdelta ins Meer zu münden. Bei allem Respekt glaube ich bis heute, dass der Niger ein Abenteurer ist, und falls er irgendwann die Möglichkeit sehen sollte noch tiefer in die Wüste vorzudringen, wird er es tun, ganz sicher.

Obwohl unsere Pinasse nur gemächlich vorwärts kam, änderte sich die Landschaft nördlich von Mopti zusehends. Zu Beginn kamen wir noch an grasbewachsenen und mit einzelnen Bäumen bestandenen Ufern vorbei, doch schon bald rückte die Wüste immer näher an den Niger heran. Links und rechts des Flusses tauchten mehr und mehr gelbe Sanddünen auf, zwischen denen gelegentlich kleine, braune Lehmdörfer standen. An den Ufern sah ich Männer, die ihre Viehherden zum Tränken führten, Frauen beim Kochen, Kinder beim Baden. Meine Bedenken, die Pinasse könnte leicht überladen sein, erwiesen sich recht schnell als nicht ganz unberechtigt. Dank der Sklavenarbeit zweier Kinder blieb uns zwar der Untergang erspart, doch dafür schaffte es unser Steuermann ein ums andere Mal das tief liegende Boot auf eine Sandbank aufzusetzen. Mehrere Männer sprangen dann in den Fluss und versuchten die Pinasse freizubekommen. Sie standen bis zur Brust im Wasser und stocherten mit Hilfe langer Holzstangen den Kahn aus dem Sand, was schon mal bis zu drei Stunden dauern konnte. Einer der Passagiere flüsterte mir schon am ersten Abend zu: „Mon ami, das Problem ist nicht nur, dass diese Pinasse in Anbetracht des niedrigen Wasserpegels völlig überladen ist. Das wahre Problem ist, dass unser Kapitän völlig unerfahren ist; der kennt sich mit den Sandbänken in diesem Fluss überhaupt nicht aus!" Der Mann hielt einen Moment inne, dann lachte er herzhaft und sagte: „Mon ami, diese Reise wird länger dauern als du denkst. C'est l'Afrique, mon ami, c'est l'Afrique!"

C'est l'Afrique! Wie oft hatte ich diesen Ausruf jetzt schon gehört? Wenn der Strom ausfiel? C'est l'Afrique! Wenn es Strom gab, aber die Internetverbindung zusammengebrochen war? C'est l'Afrique! Kaputte Straßen? C'est l'Afrique! Militärputsch? C'est l'Afrique! Gekaufte Politiker? Gefälschte Wahlen? Gepanschtes Benzin? C'est l'Afrique! Manchmal hörten sich diese Ausrufe selbstironisch an, manchmal vergnüglich, manchmal verzweifelt, manchmal entschuldigend. Schon in Guinea-Conakry hatte man mir eine kleine Fabel erzählt, die – so hieß es – das Schicksal Afrikas zutreffend beschreibe. Demnach ging einst ein Skorpion am Ufer des Nigers spazieren und als er ein Flusspferd traf, fragte er: „Hallo Flusspferd, kannst du mich über den Niger bringen?" Das Flusspferd antwortete: „Ich bin doch nicht verrückt. Mitten auf dem Fluss stichst du mir in den Rücken und bin tot." Da meinte der Skorpion: „Jetzt denk doch mal nach. Wenn ich dir mitten auf dem Fluss in den Rücken steche, werde auch ich sterben, denn ich kann ja nun einmal nicht schwimmen." Das Flusspferd dachte nach und sagte schließlich: „Stimmt, das macht keinen Sinn." Also kletterte der Skorpion auf den Rücken des Flusspferdes und der Koloss machte sich daran, den Fluss zu durchqueren. Auf halber Strecke stach der Skorpion dem Flusspferd in den Rücken. Mit letztem Atemzug fragte das Flusspferd: „Warum tust du das, wo jetzt auch du ertrinken wirst?" Darauf antwortete der Skorpion: „C'est l'Afrique!"

Am zweiten Tag auf dem Niger war der Himmel weiterhin strahlend blau. So lag ich erneut rücklings ausgestreckt viele Stunden auf dem Dach der Pinasse und ließ die Zeit verstreichen, ohne an irgendetwas zu denken. Ich musste wohl eingeschlafen sein, denn als ich mich irgendwann wieder aufrichtete, bemerkte ich, dass der Fluss bereits in den Debo-See eingemündet war. Der See war

Blick zum Ufer des Nigers

selbst jetzt in der Trockenzeit riesig, die Ufer waren kaum noch zu erkennen. Ich fragte mich gerade wie tief dieser breite See wohl sein mochte, als das Boot plötzlich einen Ruck tat und ein weiteres Mal auf eine Sandbank auffuhr.

Am dritten Tag wachte ich morgens auf meinem Beton-Schlafplatz auf und ahnte, dass es mit dem strahlend blauen Himmel vorbei war. Das Boot schaukelte, die Holzplanken knarrten, der Wind heulte. Die schwere Zeltplane, die als Regenschutz über dem Dach lag, war entlang der sonst offenen Seitenwände bis ins Wasser hinabgelassen worden. Ich hörte die Wellen gegen die Plane schlagen und krabbelte hinaus ins Freie. Das Boot lag in Ufernähe vor Anker, der kalte Wind peitschte schäumende Wellen über den Fluss und der Himmel war voller Sand. Die Ausläufer eines Wüstensturms hatten uns erreicht und machten eine Weiterfahrt unmöglich. Es wurde ein langweiliger Tag und ich vertrieb mir die Zeit damit, fast alle meine Essensvorräte zu vertilgen. Am nächsten Morgen hatte der Wind nachgelassen, der Himmel klarte langsam wieder auf und wir tuckerten weiter nach Norden. Obwohl wir noch zweimal auf Grund liefen und einmal nur mit Hilfe eines anderen Bootes freikamen, erreichten wir am Tag darauf wohlbehalten den Hafen von Timbuktu. Die Fahrt war auf zwei Tage angesetzt gewesen, am Ende waren es fünf geworden.

Die Tuareg und das weiße Gold

Timbuktu hat einen klangvollen Name und eine sagenumwobene Geschichte. Der Ruhm der Stadt reicht bis ins Mittelalter zurück. Im 14. Jahrhundert entwickelte sich der Ort zu einem der bedeutendsten Handelsstützpunkte der Sahara. Einen wichtigen Beitrag dazu leisteten die Tuareg, die mit ihren Kamelkarawanen Salz aus der Wüste in die Stadt brachten. Salz war damals etwa so rar und kostbar wie Gold, und schon bald kamen Händler aus allen Himmelsrichtungen angereist, um das „weiße Gold" im Tausch gegen andere Güter zu erstehen. Es dauerte nicht lange, da war Timbuktu dank seiner wirtschaftlichen Bedeutung und seines beiläufigen Reichtums auch zum größten kulturellen Zentrum Nord- und Westafrikas geworden. Professoren und Wissenschaftler wurden selbst aus Kairo angefordert, um hier zu lehren. An der Universität der Stadt sollen im 15. Jahrhundert bis zu 20.000 Studenten unterrichtet worden sein. Gelehrt wurde dort nicht nur islamische Religion, sondern auch Medizin, Recht und Rhetorik. Als der Ruhm Timbuktus Europa erreichte, hatte der Ort seine große Blütezeit allerdings schon fast hinter sich. Europäische Entdeckungs- und Forschungsreisende machten sich nichtsdestotrotz im 19. Jahrhundert auf den beschwerlichen und gefährlichen Weg in die sagenumwobene Wüstenstadt. Der Schotte Gordon Laing erreichte 1826 als erster Europäer Timbuktu, wurde jedoch auf dem Rückweg in seine Heimat ermordet, vermutlich von Banditen oder islamischen Fundamentalisten. 1828 kam der Franzose René Caillé als Araber verkleidet in die Stadt und 1853 traf auch der deutsche Afrikaforscher Heinrich Barth in Timbuktu ein. Er wurde zwar nie so berühmt wie seine Vorgänger, doch seine akribischen Beschreibungen der Stadt zählen zu den besten und detailreichsten seiner Zeit.

Heute ist das einst ruhmreiche Timbuktu eher unspektakulär. Die Stadt lebt von ihrem Namen und ihrer Geschichte. Es gibt zwar noch immer Tuareg, die mit kleinen Salzkarawanen hier ankommen und auch die Lehmarchitektur der Stadt ist durchaus ansprechend. Aber sonst? Timbuktu wirkte auf mich stark vermüllt und wenn kein Wind wehte, stank es unerbittlich nach Kloake. Strommasten, Satelliten-Schüsseln und riesige Wassertürme aus Beton ließen meiner Fantasie wenig Spielraum, wie es hier denn einst wirklich einmal ausgesehen haben mochte. Da ich schon vor meiner Ankunft gehört hatte, dass Timbuktu kein Schmuckstück mehr ist, hielt sich meine Enttäuschung in Grenzen. Ich lief einen halben Tag durch die Stadt, sah das Haus, in dem Heinrich Barth einst gelebt haben soll und spazierte über die örtlichen Märkte. Nachmittags erreichte ich den äußersten Nordwestrand Timbuktus. Dort, direkt vor den ersten Dünen der Wüste, stand ein gewaltiges Friedensmonument, das an ein Waffenstillstandsabkommen

Friedensmonument in Timbuktu

zwischen den Tuareg und der malischen Regierung aus dem Jahr 1996 erinnern sollte. Etwa 30 Meter neben dem Denkmal wuchs eine Akazie aus dem Sand und unter dem Baum war ein Schützenpanzer geparkt, was nicht unbedingt an Frieden denken ließ. Auch das Friedensmonument selbst wirkte angeschlagen. Als Zeichen für das Ende der Gewalt hatte man 1996 etliche Maschinengewehre einbetoniert, doch die erste Stufe, die zum Denkmal hinaufführte, war eingestürzt und der Beton, der die Waffen festhalten sollte, bröckelte auseinander. Eine treffendere Symbolik hätte es dann auch kaum geben können, denn das Friedensabkommen von 1996 hatte sich im Laufe der Jahre als ziemlich brüchig erwiesen.

Die Tuareg, die für mehr Unabhängigkeit und Autonomie gekämpft hatten, warfen der Regierung vor, ihre Versprechen nicht einzuhalten und spalteten sich in zwei Fraktionen: Einige bemühten sich weiter um eine friedliche Lösung, andere liebäugelten mit der Rückkehr zum bewaffneten Kampf. Gleichzeitig formierte sich im Norden Malis eine dritte Gruppe, der man nachsagte mit

Al-Qaida-Organisationen in Algerien und Mauretanien zu kooperieren. Diese Gruppe machte sich die unkontrollierbare Wüstenregion zu Nutze, um Touristen zu entführen und Lösegeld zu erpressen. Die Lage im Norden Malis wurde unübersichtlich: Urlauber wurden verschleppt, Kasernen der malischen Armee angegriffen, Dörfer der Tuareg überfallen. Nie war richtig klar, wer dahinter steckte. Infolge dieser Entwicklungen kam der Friedensprozess zum Erliegen und auch die Regierung von Mali rüstete wieder auf. Nur wenige Tage bevor ich Timbuktu erreichte, hatte die malische Luftwaffe beispielsweise vermeintliche Aufenthaltsorte mutmaßlicher Unabhängigkeitskämpfer bombardiert und dabei – wie die Regierung einräumen musste – auch zahlreiche unschuldige Dorfbewohner getötet, unter ihnen Frauen und Kinder. Und ebenfalls nur wenige Tage bevor ich Timbuktu erreichte, war erneut eine Gruppe Touristen entführt worden – unter ihnen eine 70-jährige Deutsche. Sie hatte sich einem Reiseveranstalter anvertraut, der eine Tour in die Region nordöstlich von Timbuktu angeboten hatte, eine Gegend, die für ihr hohes Entführungs-Risiko bekannt war. Die Frau kam erst drei Monate später wieder frei. Abends traf ich in meiner Unterkunft drei belgische Entwicklungshelfer, die den Reiseveranstalter verfluchten, der die Touristen in ein allgemein bekanntes Risikogebiet geführt hatte. Als ich ihnen erzählte, dass ich durch das Land der Dogon wandern wollte, boten sie mir an, mich am nächsten Tag bis Douentza im Auto mitzunehmen. Von dort würde ich mit einem Sammeltaxi in ein bis zwei Stunden nach Bamba gelangen können, einem kleinen Ort im Norden des Dogon-Landes.

Zu Fuß durch das Land der Dogon

Die Nacht war sternenklar, die Milchstraße deutlich zu erkennen. Ich lag in meinem Schlafsack auf dem Flachdach eines kleinen, aus Lehmziegeln erbauten Dogon-Hauses und blickte in den Himmel. Im Hof unter mir hörte ich Bokar reden. Er saß noch mit ein paar Freunden beim Tee zusammen und tauschte Neuigkeiten aus. Bokar war ein ansässiger Dogon, Anfang 20 und fast einen Kopf kleiner als ich. Als ich mit einem Sammeltaxi in Bamba angekommen war, hatte er sich angeboten, mich als Führer zu begleiten. Inzwischen waren wir schon drei Tage zu Fuß unterwegs und ich war sehr froh, Bokar engagiert zu haben. Er erzählte mir viel über sein Volk, holte bei den Dorfältesten die Erlaubnis ein, mit mir durch die Orte zu laufen und fand jeden Abend auch immer eine Dachterrasse für die Nacht.

Die Dogon sind ein traditionsbewusstes Volk, doch die Zeit hat auch vor ihnen nicht Halt gemacht. Seit ihrer „Entdeckung" durch den französischen Ethnologen Marcel Griaule in den 1930er Jahren hat sich ihr Leben stetig verändert, denn nach Griaule kamen weitere Ethnologen, später Entwicklungshelfer und heute strömen jedes Jahr tausende von Touristen durch die Region, die eine der attraktivsten in ganz Mali ist. Attraktiv ist sie nicht nur deshalb, weil sich nach Osten hin eine schier endlose Ebene ausbreitet, die

Dorf in der Falaise

sogenannte Gondo-Ebene, die der Savannenlandschaft Kenias ähnelt. Attraktiv ist sie vor allem deshalb, weil die Dogon ihre Dörfer in imposanter Manier in eine fast senkrechte Felswand gebaut haben, die sich am Rande der Gondo-Ebene erhebt. Diese als Falaise bezeichnete Abbruchkante eines Höhenzugs hat eine Länge von etwa 140 Kilometern und ist an einigen Stellen bis zu 300 Meter hoch. Die aus Stein und Lehm erbauten Häuser fügen sich farblich so gut in die steile Felswand ein, dass man die Dörfer von der Ebene aus kaum erkennt, manchmal nicht einmal, wenn man davor steht.

Um die verschiedenen Orte der Dogon zu besichtigen, marschierten wir auf versandeten Trampelpfaden am Fuße der Falaise durch die Ebene und kletterten dann regelmäßig in die Dörfer hinauf. Die Lebensbedingungen in den Dörfern sind hart. Ich sah Frauen, die über eine halbe Stunde laufen mussten, um an ein Wasserloch zu gelangen, das in einer 20 Meter tiefen Felsspalte lag. Sie ließen mit einem Seil einen Eimer in die Tiefe, zogen das Wasser hinauf und schütteten es in einen mitgebrachten Kanister, um diesen anschließend auf dem Kopf balancierend wieder eine halbe Stunde zum Dorf zurück zu tragen. Obwohl diese Aufgabe traditionell den Frauen zufiel, bedeutete das nicht, dass die Männer untätig waren. Auch sie schleppten schwere Lasten. So traf ich immer wieder auf einige, die aus der Ebene kommend die Steilwand hinaufkraxelten. Manche balancierten auf dem Kopf riesige Holzbalken für den Hausbau, andere zwei übereinander gestapelte Getränkekästen – darunter auch Bier, vermutlich für die durchreisenden Touristen. Der Tourismus brachte einigen Dogon zwar ein bisschen Geld ein, aber für die meisten waren das wenig überzeugende Perspektiven. Der größte Teil der Dogon lebte weiterhin von der Landwirtschaft und weil die Felder nur in der Regenzeit von Juni bis Oktober fruchtbar waren, herrschte bei der geringsten Missernte nicht nur Armut, sondern Not. Bokar erzählte mir, dass zahllose jüngere Dogon ihre Heimat verließen, um in den größeren Städten Malis ihr Glück und Auskommen zu suchen. Manche zog es auch bis hinunter zur Elfenbeinküste, um dort auf Kaffee- oder Kakaoplantagen zu arbeiten. Einige Dörfer, durch die wir kamen, waren dann auch nahezu verwaist, etliche Häuser bereits verfallen. Bokar klärte mich allerdings darüber auf, das liege nicht nur daran, dass viele jüngere Dogon auswanderten. Grund für den Verfall sei auch, dass am Fuße der Falaise dank Entwicklungshilfe Brunnen gegraben worden seien. Viele Dogon hätten daraufhin ihre angestammten Dörfer verlassen, um sich in der Nähe der Quellen anzusiedeln. Zum einen ersparten sie sich so das mühsame Heranschleppen von Wasser, zum anderen seien sie dadurch meist auch näher an ihren Feldern.

Am vierten Abend unserer Wanderung berichtete mir Bokar von zwei abseits gelegenen Dörfern, in denen die Menschen noch sehr traditionsbewusst lebten und dem Tourismus gegenüber sehr zurückhaltend seien. Er fragte mich, ob ich diese Dörfer besuchen wolle. Hm. Mein Bauch sagte ja, mein Kopf sagte nein. Bokar bemerkte meine Zweifel und meinte, ich solle mich entspannen. Auch er müsse erst einmal jemanden finden, der die Honoratioren der Dörfer kenne, denn ohne einen geeigneten Mittelsmann würde auch er nicht einfach in die Dörfer gehen. So ließ er mich auf der Dachterrasse eines Dogon-Hauses zurück und lief los, um eine Kontaktperson zu suchen. Zwei Stunden später kam Bokar mit einem etwa 70-jährigen Dogon zurück, der von allen nur „Ghana-Boy" genannt wurde, weil er als junger Mann zehn Jahre in Ghana gearbeitet hatte. Ghana-Boy entkräftete meine Bedenken, ein ungebetener Eindringling zu sein und erwies sich in den Orten, durch die wir kamen, als anerkannte Respektperson. Manchmal wurde ich zu einem Begrüßungsgespräch zu den Dorfvorstehern gebeten, manchmal ignorierten mich die erwachsenen Dorfbewohner, und manchmal kamen einige Kinder still zu mir, um an meinem Arm über die von der Sonne gebleichten, blonden Haare zu streichen.

Anfang Februar war ich zurück in Bamako. Ich verbrachte noch einmal eine entspannte und sehr familiäre Woche mit Elke, Stefan und ihrem Sohn Marc, hielt die Entzugserscheinungen vom Fahrradfahren aber kaum noch aus. Ich besorgte mir ein Visum für Burkina Faso und trat zum ersten Mal nach über einem Monat wieder in die Pedalen.

BURKINA FASO (km 10.788 – km 11.585)

Mama Ouaga

„Mama Ouaga“ war einfach wunderbar. Ich liebte ihr Lachen, ihre strahlend weißen Zähne und ihre großen, dunklen Augen. Doch mehr noch als diese Äußerlichkeiten liebte ich ihre schwungvollen Bewegungen. Wenn Mama Ouaga mit der Kelle in den Kochtopf fuhr und eine große Portion Spaghetti aus dem Kessel herausholte, tat sie es mit Leidenschaft, mit Inbrunst und Hingabe. Als ich sie das erste Mal traf, war ich ausgemergelt und hungrig. Ich hatte in zehn Tagen fast 1000 Kilometer durch trockene Savanne und gegen einen gemeinen Wind zurückgelegt. Jetzt hatte ich nur noch eines im Sinn: essen, essen, essen. Auf der Suche nach einer kleinen Garküche lief ich nach Einbruch der Dunkelheit durch die Straßen und blieb bei Mama Ouaga stehen. Ich warf einen Blick in ihre Töpfe, entdeckte in einem von ihnen Spaghetti und entschied daraufhin selbstverständlich, bei ihr zu bleiben. Meine Sucht nach Pasta kannte von jeher kaum Grenzen, aber sie war noch größer geworden, je seltener ich in Afrika an Nudelprodukte kam.

Ich weiß nicht, ob sich jemals ein Weißer von Mama Ouaga verköstigen ließ, aber ich bin mir ziemlich sicher, dass sie noch nie einen Weißen so essen sah wie mich. Als ich die Spaghetti gierig verschlungen hatte und deprimiert über das zu schnell vergangene Vergnügen über dem blanken Teller saß, blickte sie mich fast erschrocken an und fragte, ob ich noch einen Nachschlag wolle. Ich vermute, dass meine Augen in jenem Moment heller leuchteten, als sämtliche Sterne am Firmament über uns. Und ich vermute, dass dies zusammen mit dem zweiten leergeputzten Teller Spaghetti der Augenblick war, in dem wir uns auf immer und ewig ineinander verliebten. So ging ich fortan jeden Abend zu Mama Ouaga, um meine Spaghetti-Sucht zu befriedigen, ihr Lachen zu genießen und mich an ihren aufreizenden „Kelle in den Kochtopf“ – Bewegungen zu erfreuen. Im Gegenzug vergnügte sie sich an meinem unstillbaren Appetit, an meinen Lobeshymnen und an meiner Treue. Sollte diese wunderbare Straßenküchen-Chefin jemals erfahren, dass ich sie Mama Ouaga getauft hatte, wird sie es hoffentlich so verstehen, wie es gemeint war: als eine Liebeserklärung an sie und an die Stadt, in der sie lebt: Ouagadougou, von allen – eben liebevoll – nur „Ouaga" genannt.

Thomas Sankara

Ouagadougou – das ist schon ein recht ausgefallener Name für eine Stadt, die auch noch die Hauptstadt eines Landes ist, das sich nicht minder eigenwillig Burkina Faso nennt, was übersetzt so viel wie „Land der Unbestechlichen" bedeutet. Bis 1984 hieß Burkina Faso noch Obervolta, doch eines Tages kam ein junger Mann auf die Idee, das Land umzubenennen und ihm einen Namen zu geben, der das Selbstverständnis einer Nation ausdrücken sollte: Unbestechlichkeit, Aufrichtigkeit, Gerechtigkeit. Bei dem jungen Mann handelte es sich um Thomas Sankara, einen sozialistisch angehauchten Revolutionär, der 1983 nach einem Putsch im Alter von 33 Jahren Präsident wurde und sogleich die Losung ausgab: „Vaterland oder Tod, wir werden siegen!" Mit der martialischen Parole hatte Sankara jedoch keinen Krieg im Sinn. Er strebte lediglich die größtmögliche Unabhängigkeit seines Landes an und wollte sich dabei weder vom Westen noch von der damals existierenden Sowjetunion vereinnahmen lassen. Sankara lehnte fast jede Art der Entwicklungshilfe ab, weil er der Meinung war, ein Volk könne nur aus eigener Kraft und eigenem Willen zu Unabhängigkeit und Fortschritt gelangen. In einem Interview erklärte er, nichts dagegen zu haben, wenn seinem Land Hilfe in Form von Werkzeugen zur Verfügung gestellt werde. Man möge aber doch bitte aufhören, Nahrungsmittel-Lieferungen als Entwicklungshilfe zu deklarieren. Wörtlich sagte er: „Wenn wir Lebensmittel erhalten, werden wir sie essen und morgen wieder hungrig sein!" Sankara löste zahlreiche Verträge auf, die seiner Meinung nach Burkina Faso knebelten oder ihm unsinnig erschienen. So machte er beispielsweise eine Vereinbarung seines Vorgängers rückgängig, der zahlreiche deutsche Mercedes-Limousinen als Staatskarossen bestellt hatte. Sein Dienstwagen war ein kleiner Renault 5, und seine Minister mussten sich mit dem gleichen Modell begnügen, was einige möglicherweise gestört haben mag. Für die Bevölkerung aber war der bescheidene Renault ein Zeichen, dass ihr Präsident es ernst meinte und mit gutem Beispiel voran ging. Auch sonst hatten die Menschen das Gefühl, dass er nichts unversucht ließ, ihre Lebenssituation zu verbessern. Sankara ließ Schulen bauen, landesweit Krankenstationen errichten und groß angelegte Impfkampagnen starten. Darüber hinaus begann er Wälder aufzuforsten, um das Fortschreiten der Wüste aufzuhalten. Und ganz nebenbei sorgte er auch dadurch für Aufsehen, dass sich in seiner Regierung so viele Frauen befanden wie nie zuvor in irgendeinem anderen afrikanischen Kabinett.

„Vaterland oder Tod" – das war eine gut gemeinte Parole, aber auch eine gefährliche. 1987, vier Jahre, nachdem Sankara diese Losung ausgegeben hatte, war der junge Präsident tot, ermordet von den eigenen Weggefährten. Sie warfen ihm vor, die Ziele der kommunistischen Revolution verraten zu haben und erschossen ihn. Anführer des Mordkomplotts ehemaliger Freunde war Blaise Compaoré, der sich alsbald selbst zum Präsidenten ausrufen ließ und es auch noch 22 Jahre später war, als ich 2009 durch Burkina Faso radelte. Sankara hatte nie die Möglichkeit zu beweisen, ob er Burkina Faso mit seinen politischen Ideen in die wirtschaftliche Prosperität und zur Freiheit geführt hätte, oder ob er wie Sekou Touré in Guinea-Conakry einem despotischen Wahn verfallen wäre. In großen Teilen der Bevölkerung wird Sankara heute jedoch als Märtyrer verehrt und viele Intellektuelle sehen in ihm den progressiven Vordenker eines wirklich unabhängigen Afrikas: ein Afrika, das ohne Entwicklungshilfe auskommt, selbstbewusst eigene Interessen vertritt und wirkliche Unabhängigkeit erlangt. Von diesem Ideal war das Burkina Faso unter Blaise Compaoré im Jahr 2009 weit entfernt. Der Staatshaushalt wurde zum größten

Teil durch Finanztransfers aus westlicher Entwicklungshilfe gedeckt und in den Straßen Ouagadougous sah ich zahllose Fahrzeuge internationaler Hilfsorganisationen umherkurven, auch aus Deutschland.

„Haute Couture" in „Secteur 12"

Ursprünglich hatte ich vor, nur zwei Tage in Ouagadougou zu bleiben. Ich wollte mein Visum für Ghana beantragen, Geld abheben, ein paar Einkäufe erledigen und dann weiter. Aber das ging nicht. Ich hatte mich nicht nur in Mama Ouaga und ihre Spaghetti verliebt, sondern in das Land überhaupt. Schon auf dem Weg von Bamako nach Ouagadougou erlebte ich die Menschen als sehr freundlich und herzlich. Sie winkten mir zu und grüßten begeistert mit einem „Bonne arrivée" oder einem „Bonne traversée". Außerdem fiel mir auf, dass in Burkina Faso das Fahrrad nicht nur ein alltägliches Verkehrsmittel war, sondern dass es sogar so etwas wie Radsportbegeisterung gab. In Ouagadougou sah ich am Wochenende an den Ausfallstraßen Schwarzafrikaner in Rennraddress auf Tour – etwas Vergleichbares hatte ich bis dahin in Afrika noch nie gesehen. Hintergrund dieser Radsportbegeisterung ist, dass in Burkina Faso seit 1987 jedes Jahr ein Radrennen stattfindet, das Sportler aus aller Welt anlockt. Die „Tour du Faso" gilt als die afrikanische Variante der Tour de France. Es gibt zwar nicht so viele Berge zu überwinden, doch dafür führen einige Etappen über rote Schotterpisten, was für Mensch und Material eine ganz andere Herausforderung darstellt. Einmal hatte dieses Rennen übrigens auch ein Deutscher gewonnen, das war 1996 Guido Fulst aus Sachsen-Anhalt, der abgesehen davon auch zwei Goldmedaillen bei Olympischen Spielen errang. Da die Tour du Faso jedes Jahr im Oktober startet, war ich im Februar 2009 leider zur falschen Zeit im Land. Ich bedauerte das ein wenig, denn ich hätte das Radrennen ohne Zweifel gewonnen. Da ich nun auf Ruhm und Ehre verzichten musste, konnte ich mich jedoch wenigstens

Straßenszene in Ouagadougou

ganz und gar Ouagadougou hingeben. Einerseits wirkte diese Stadt wie ein verstaubtes Dorf, das den Anschein machte, als würde jeder jeden kennen. Außerdem waren die meisten Straßen unbefestigte Pisten, über die der stürmische Harmattan-Wind hinwegfegte, um alles gnadenlos mit Sand und Staub zu bedecken. Andererseits präsentierte sich die Stadt aber auch als pulsierende Metropole mit breiten Asphaltstraßen und fein säuberlich gefegten Gehwegen. Entlang großzügig angelegter Boulevards gab es moderne Bürogebäuden und diverse Großbanken, dazu etliche Luxusgeschäfte, die sich um ein Ambiente wie in Paris bemühten.

Das Stadtviertel, in dem ich eine kleine Unterkunft fand, zählte indes eher zur Kategorie „verstaubtes Dorf". Es nannte sich reichlich unspektakulär „Secteur 12", verfügte aber trotz seiner löchrigen Erd- und Sandpisten über einen außergewöhnlichen Charme. Da stand eine kleine Bretterbude neben der anderen und bei mindestens der Hälfte von ihnen handelte es sich um Reparatur-Werkstätten, in denen es aussah, als habe man den kompletten

Schrott Afrikas zusammengetragen, um ihn wiederzuverwerten. Autos, Mopeds und Fahrräder wurden so lange auseinandergenommen und neu zusammengesetzt, bis sie wieder liefen. Ähnliches galt für Transistorradios, Handys, Musikboxen, Fernseher, Taschenlampen etc. In Afrika wird prinzipiell nichts weggeschmissen, und so gab es selbstverständlich auch alles Mögliche aus „zweiter Hand" zu kaufen, vor allem Kleidung und Schuhe. Der „Second-Hand"-Handel begann morgens, wenn die Budenbesitzer ihre Läden öffneten und ihre Angebote bis an den Straßenrand ausbreiteten. Und er endete, wenn Schuhe, Shirts und Schlipse abends vom aufgewirbelten Sand völlig eingestaubt wieder eingesammelt wurden. Abgesehen davon wartete „Secteur 12" aber auch mit Kreativ-Künstlern auf. Mochten manche Bretterbuden wie chaotische Ramschläden wirken, so gaben sich andere stolz den Namen „Boutique" und warben mit haute couture aus eigenem Haus. Ihre modischen Kleider-Kreationen standen dann auch nicht vorn am Straßenrand im Sand, sondern im respektvollen Abstand zum Staub in ausgewählten Einzelstücken direkt vor der Ladentür.

Zu guter Letzt begeisterte mich in Ouagadougou einmal mehr der informelle Sektor. Wer ein bisschen Geld zusammen hatte, machte sich selbständig. „Fliegende Händler" boten Sonnenbrillen, Uhren, Handykarten, Musik-CDs, Zigaretten, Taschentücher und Bonbons an. Frauen transportierten auf ihren Köpfen mächtige Tabletts mit Karotten, Bananen, Avocados und Papayas. Überall in der Stadt herrschte Geschäftigkeit, und obwohl die meisten Menschen von der Hand in den Mund lebten, waren sie grundsätzlich frohen Mutes und guter Laune. Sie machten Späße miteinander, hatten immer Zeit für einen Plausch und kleideten sich am Wochenende in ihre besten Stücke, um Freunde zu treffen. Da kaum jemand Geld hatte, um groß auszugehen, hielt man sich abends auf den Straßen auf. Die Älteren saßen auf Stühlen im Kreis beisammen und unterhielten sich. Die Jüngeren flirteten miteinander und tanzten gelegentlich auf offener Straße ein paar Takte zu den aktuellen afrikanischen Top-Hits, denn ohne Musik geht auf dem „Schwarzen Kontinent" eigentlich gar nichts. Musik scheppert fast immer aus irgendwelchen Lautsprechern. Oder man macht sie selber. Afrika ohne Musik, das ist so unvorstellbar wie Mama Ouaga ohne Spaghetti.

Elefanten und Tse-Tse-Fliegen

Die Idee zum Nazinga-Naturreservat zu fahren, kam mir ziemlich spontan. Ich hatte etwa 150 Kilometer südlich von Ouagadougou in Pô übernachtet, einer kleinen Stadt kurz vor der Grenze nach Ghana. Der Hausherr meiner Unterkunft erzählte mir vom Naturreservat und behauptete, man könnte dort unter Aufsicht der Park-Ranger Elefanten und andere Wildtiere beobachten. Außerdem meinte er, dass der Park nur rund 50 Kilometer entfernt liege und auch mit dem Fahrrad ohne Probleme zu erreichen sei. Das alles waren für mich genug Anreize, um am nächsten Tag nicht über die Grenze nach Ghana zu fahren, sondern die Asphaltstraße zu verlassen und mich auf eine vermeintlich gute Piste durch trockene Savanne in Richtung Naturreservat zu begeben. Falls mein Hausherr jemals zum Naturpark gefahren war, dann vermutlich nicht mit dem Fahrrad, sondern mit einem Allradfahrzeug. Für solche Wagen schien der Weg auch erst kürzlich präpariert worden zu sein, denn abschnittsweise war eine neue Schicht Schotter über die sonst völlig versandete Piste gestreut worden. Für mich war diese Schotter-Schicht allerdings nicht viel besser als Sand. Sie bestand aus sehr kleinen Kieseln und war so tief, dass sich jeder Tritt in die Pedale so anfühlte, als müsste ich eine 15-prozentige Steigung erklimmen. Erschwerend kam hinzu, dass ich das Vorderrad – genauso wie im Sand – irgendwie in der Spur halten musste. Brach es seitlich aus, kam ich schlagartig zum Stehen und musste aufpassen, nicht zu stürzen. Völlig konzentriert aufs Radfahren bekam ich von der Dornbusch-Savanne um mich herum fast nichts mit.

Um 11 Uhr vormittags war es bereits 42 Grad heiß und ich hatte erst 20 Kilometer hinter mir, dafür aber schon zwei Liter Wasser vertilgt. Obwohl ich noch über drei Liter verfügte, fürchtete ich, sie könnten unter diesen Straßenbedingungen für die nächsten 30 Kilometer etwas knapp werden. Irgendwann kamen dann die Fliegen angesummt. Falls es bis dahin anstrengend war, so wurde es jetzt nahezu unerträglich. Die Fliegen der Savanne taten das, was schon ihre Geschwisterchen in der Sahara mit mir getrieben hatten. Sie schwirrten um meinen Kopf, lechzten nach meinem Schweiß und krabbelten mir in Nase und Ohren. Da ich beide Hände am Lenker halten musste, um nicht zu stürzen, konnte ich sie nicht verscheuchen, sondern musste sie einfach ertragen – ebenso wie die Tse-Tse-Fliegen, die wenig später auftauchten und die Qualen vervollständigten. Der Biss einer Tse-Tse-Fliege schmerzt so ähnlich wie der einer Bremse. Der Unterschied ist allerdings, dass die Tse-Tse-Fliegen in Massen kommen und wie ein Schwarm Bienen über einen herfallen. Diese schwarz-grauen Bestien waren dann auch schon bald überall an mir am Werk. Fußknöchel, Arme, Rücken, Oberschenkel und Pobacken – nichts ließen diese bluthungrigen Ungeheuer aus. Sie jagten ihre Saugrüssel in meinen Körper und bissen sich regelrecht fest. Ich besprühte mich mit Mückenschutz, aber es half kaum. Die kleinen Teufel stachen durch mein Kopftuch hindurch in meinen nackten Schädel und hatten selbst vor meinen Händen keinen Respekt, die sich am Lenker festkrallen mussten. Ich sah ohnmächtig zu, wie sie sich auf meine Finger und Handrücken setzten, spürte, wie sie zubissen, riss dann, wenn es die Piste doch einmal zuließ, wenigstens eine Hand vom Lenker und schüttelte sie, aber diese irren Biester blieben einfach sitzen und sogen das Blut weiter aus meinem Körper. Ich verfluchte die Idee, zu diesem Naturreservat aufgebrochen zu sein, verfluchte die Natur, das Fahrradfahren, meine gesamte Reise. Und dann zischte in dieser Hölle plötzlich die Luft aus dem Hinterreifen. „Cool bleiben“, sagte ich mir, „jetzt bloß cool bleiben!“ Ich schrie: „Ihr könnt mich mal“, nahm einen fast kochend heißen Schluck aus meiner Wasserflasche und gab mein Bestes, die Nerven nicht komplett zu verlieren, was in etwa so aussah, dass ich wild um mich schlug und lauthals „Scheiße, Scheiße, Scheiße“ brüllte. Ich schob mein Fahrrad unter einen

Baum, der ein wenig Schatten spendete, beruhigte mich etwas und begann die Reparatur. Es war bereits der dritte Plattfuß innerhalb weniger hundert Kilometer und mir war klar, dass etwas nicht stimmen konnte, denn auf den 11.000 Kilometern zuvor hatte ich auch nur drei gehabt. Also untersuchte ich umgarnt von tausenden von Fliegen den Mantel. Das Oberflächenprofil des Reifens war noch einigermaßen in Ordnung, aber an der Seitenwand entdeckte ich einen langen Riss, dann noch einen und noch einen. Immerhin wusste ich jetzt, warum ich monatelang einen Ersatzreifen mit mir herumgeschleppt hatte.

Es dauerte höchstens 30 Minuten, bis mein Fahrrad wieder auf zwei prallen Reifen stand, aber es waren dennoch 30 quälend lange Minuten, denn zu den Tse-Tse-Fliegen gesellten sich rasch noch andere Stecher und Schmarotzer. Da waren beispielsweise die sehr schmerzhaften Bisse einer riesigen, schwarzen Ameise. Sie war über meine Sandale geklettert und zwischen meinen Zehen verschwunden, um gleich mehrmals zuzuschlagen. Außerdem musste ich nahezu hilflos die Attacken mir gänzlich unbekannter Stechfliegen hinnehmen, deren Stiche komplett andere Wunden hinterließen als die von gewöhnlichen Moskitos. So entwickelte sich nicht ein kleiner roter Punkt auf der Haut, sondern ein schwarzer Knubbel unter der Haut. Dieser juckte nicht nur zehn Mal stärker als ein Mückenstich, er brauchte auch zwanzig Mal länger, um zu heilen. Noch zwei Wochen später konnte ich die Knubbel unter der Haut spüren und wenn ich sie nur einmal kurz anfasste, begannen sie wieder so zu jucken, als sei der Stich gerade erst eine Minute alt.

Nach der Reparatur holte ich zur Belohnung meine Thermoskanne aus der Tasche, eine der wunderbarsten Erfindungen der Menschheitsgeschichte. Eine Thermoskanne hält Wasser nicht nur warm, sondern auch kalt. So trank ich nun ein paar eiskalte Schlucke und hätte mich nach getaner Arbeit gerne ein wenig ausgeruht, doch die Tiere kannten keine Gnade und bissen unvermindert weiter auf mich ein. Ich hielt es folglich nicht mehr lange aus, schwang mich wieder in den Sattel und lenkte meine ganze Konzentration erneut auf die Straße. Es verging vielleicht eine halbe Stunde, in der mein starrer Blick einzig und allein auf die Sand- und Schotterpiste vor mir ausgerichtet war. Ich versuchte, vorausschauend die beste Spur in Sand oder Schotter ausfindig zu machen, steuerte behutsam hindurch, um nicht zu stürzen, bemühte mich, die Bisse der Tse-Tse-Fliegen zu ignorieren, dachte irgendwann an gar nichts mehr und nahm dann plötzlich rechts von mir aus den Augenwinkeln die Umrisse irgendeines Geschöpfes wahr, das keine Tse-Tse-Fliege sein konnte, denn dazu war die Silhouette viel zu groß. Von instinktiver Neugier gepackt hob ich den Blick von der Straße nach rechts und sah in nicht einmal 30 Meter Entfernung eine Elefanten-Familie durch die Savanne spazieren. Erst kam der Schreck, dann die Begeisterung und gleich darauf der Respekt. Ich wusste, dass Elefanten unberechenbar sein können, vor allem, wenn sie wie in diesem Fall ein kleines

Respekt, Angst, Panik ...

Elefanten-Baby bei sich haben. Ich fuhr daher lieber weiter und tat so, als interessierten mich die Elefanten nicht – in der Hoffnung, dass auch die kein Interesse an mir bekamen. Nach wenigen hundert Metern musste ich dann aber doch stoppen. Ich lehnte mein Fahrrad an einen Baum, holte den Fotoapparat aus der Lenkertasche, lief wieder ein Stück den Weg zurück und machte zwei Bilder der Elefantenfamilie. Mehr als zwei Bilder wurden mir allerdings nicht gewährt, denn die Elefanten-Mutter hatte mich längst ins Visier genommen, schob jetzt ihre großen Ohren als Warnung unmissverständlich nach vorne und ging zwei ihrer riesigen Schritte auf mich zu. Elefanten können bis zu 40 km/h schnell laufen und wegzurennen macht kaum Sinn, schon gar nicht, wenn man nicht wirklich angegriffen wird. Im Gegenteil: Das Wegrennen – so viel wusste ich – weckt bei allen Wildtieren den Jagdinstinkt, selbst bei jenen, die gar nicht auf Jagd sind. Also bemühte ich mich erneut, die Ruhe zu bewahren. Ich flüsterte: „Sorry, ich hör ja schon auf, vielen Dank für die Fotos!" Und dann machte ich zwar langsam, aber ohne weiteres Zögern, dass ich rückwärtslaufend davonkam.

Die Elefanten-Mutter folgte mir nicht weiter, und die restlichen Kilometer bis zum Naturreservat fuhren sich mit einem Mal wie von selbst. Alle Gedanken drehten sich nur noch um die zurückliegende Begegnung mit meiner afrikanischen Elefantenfamilie. Die Fliegen konnten mir nichts mehr anhaben, die Bisse der Tse-Tse-Teufelchen taten nur noch halb so weh, die unsägliche Piste interessierte mich nicht, der kaputte Reifen war mir „wurscht". Ich hatte Elefanten gesehen, nicht im Zoo, sondern in der Wildnis, nicht aus einem Auto heraus, sondern als Fahrradfahrer. Diesen grandiosen Tieren zum ersten Mal so nah und in freier Natur zu begegnen, war ein unwiederbringliches Erlebnis. Ich war ihnen schutzlos ausgeliefert gewesen – und sie hatten mich für einen Moment in ihrer Welt geduldet.

GHANA (km 11. 585 – km 12.264)

„Good morning, Sir!"

Das Gift breitete sich langsam in meinem Körper aus. Am Anfang konnte ich noch jeden Stich und jeden Biss einzeln spüren, doch schon bald brannte es flächendeckend und zu guter Letzt schwoll mein ganzer Körper an. Es fühlte sich an, als würden sich unter meiner Haut glühende Lava-Seen bilden und diese begannen derart zu pochen und zu kochen, dass ich Angst bekam, meine Haut könnte platzen und überall heiße Flüssigkeit hervorspritzen.

Auf dem Weg vom Nazinga-Naturreservat zum Grenzübergang nach Ghana hatte ich mich noch einigermaßen gut gefühlt. Ich war erneut Elefanten begegnet, die dieses Mal jedoch weit vor mir die Straße kreuzten, so dass ich rechtzeitig stoppen und sie vorbeimarschieren lassen konnte. Auch hatte ich fünf Paviane getroffen, die mitten auf dem Weg saßen und mich ebenfalls zu einem Stopp zwangen, weil sie eine halbe Ewigkeit benötigten, bis sie beschlossen, ihre Straßenblockade zu beenden. Und nebenbei war ich selbstverständlich auch noch einmal von tausenden von Tse-Tse-Fliegen malträtiert worden, was offenbar doch zu viel Gift für meinen Körper gewesen sein musste. Ich fuhr zwar noch über die Grenze ins englischsprachige Ghana, erreichte abends Bolgatanga und schaffte es mit letzten Kräften, eine Unterkunft zu finden. Doch kaum hatte ich mir einen Eimer Wasser über den Kopf gegossen und mich aufs Bett gelegt, konnte ich mich auch schon nicht mehr bewegen. Ich litt von einem Moment auf den anderen unter Muskelkrämpfen, Übelkeit und Schweißattacken. „Morgen ist alles wieder gut", so redete ich mir ein, „morgen bist du wieder fit!" Daraus wurde natürlich nichts. Ich schlief wenig in jener Nacht und wenn ich doch einmal einnickte, wachte ich kurz darauf wieder auf und erwischte mich dabei, meine Füße, Beine oder Arme wund zu kratzen.

Ich blieb mehrere Tage in Bolgatanga. Am ersten Tag lag ich apathisch im Bett, am zweiten konnte ich mich wieder rühren, und am dritten unternahm ich den ersten längeren Ausflug zu Fuß durch die Stadt. Bolgatanga ist keine besonders schöne Stadt, aber es gab wie in fast allen größeren afrikanischen Orten einen quirligen Markt, Straßenküchen und fliegende Händler. Einige Dinge waren in Bolgatanga allerdings auch komplett anders als in allen afrikanischen Städten, durch die ich bis dahin gekommen war. Das begann bei Kleinigkeiten. So stammten beispielsweise sowohl die Sammeltaxis als auch die meisten Autos nicht mehr wie in Marokko von Mercedes oder wie in Mali von Peugeot, sondern von Opel. Überall auf den Straßen waren Opel unterwegs: Opel Kadett, Opel Ascona, Opel Corsa, Opel Rekord. Auch entdeckte ich zum ersten Mal auf meiner Reise eine großangelegte Aids-Aufklärungskampagne. In der Stadt hatte man riesige Plakate montiert, auf denen Jugendliche abgebildet waren, die mit dem Slogan antraten: „No Sex. Ghana needs you alive!" Am stärksten ins Auge fielen mir in Bolgatanga jedoch hunderte Kinder und Jugendliche in adretten Schuluniformen. Die Jungen trugen Hemd und Hose, die Mädchen Rock und Bluse, je nach Schulzugehörigkeit in den Farbkombinationen blau-gelb oder braun-orange. Nie zuvor auf meiner Reise durch Afrika hatte ich so viele Kinder gesehen, die zur Schule gingen. Das betraf nicht nur für Bolgatanga, sondern nahezu die gesamte Strecke, die ich befuhr. Kam ich morgens an irgendwelchen Schulen vorbei, beobachtete ich, wie sich die Kinder vor Unterrichtsbeginn auf dem Schulhof zum Appell aufstellten, um die Nationalhymne zu singen. Traf ich nachmittags Kinder in Schuluniformen auf der Straße, war ich manchmal fast erschrocken, wenn sie mich sehr höflich mit einem „Good morning, Sir!" grüßten – ganz so, als sei ich ihr Lehrer und gerade ins Klassenzimmer getreten. Mit anderen Worten: In Ghana hatte ich zum ersten Mal den Eindruck, dass sich eine afrikanische Regierung ernsthaft um das Wohl der Bevölkerung bemühte. Eine allgemeine Schulpflicht existierte zwar auch in anderen Ländern, doch während anderswo die Eltern Schulgeld zu zahlen haben, ist der Schulbesuch in Ghana in den ersten neun Jahren kostenlos. Die Eltern müssen

Schülerparade an Ghanas Nationalfeiertag

zwar für Schulmaterial und Schuluniformen aufkommen, doch das Schulsystem hat sich augenscheinlich bewährt. Die Hinweise darauf, dass Ghana über eine ambitionierte Politik verfügt, lassen sich auch anhand weiteren Beobachtungen belegen: die Hauptverkehrsstraßen waren in weitgehend gutem Zustand, es gab Strom in den Städten, eine kleine Mittelschicht, funktionierende Geldautomaten, Internet-Cafés. Auch die Gesundheitspolitik beeindruckte mich. Ich sah nicht nur Plakate im Kampf gegen Aids, sondern entdeckte unterwegs, dass es selbst in abgelegenen Orten Gesundheitsstationen gab. All das schien die These zu bestätigen, wonach Ghana das „Musterland Westafrikas" ist. Allerdings wusste ich, dass dieser Titel vor nicht allzu langer Zeit noch der Elfenbeinküste gehörte, bis dort plötzlich ein grausamer, ethnisch und religiös motivierter Bürgerkrieg entbrannt war. Und vor solchen Konflikten fürchtete man sich, so hörte ich, inzwischen auch in Ghana.

Fufu: entweder man mag es oder nicht!

Ob es in Ghana unter der friedlichen, multi-ethnischen und multi-religiösen Oberfläche tatsächlich brodelte, war für mich nicht ersichtlich. Allerdings nahm ich zur Kenntnis, dass Ghana das bis dahin erste Land war, in dem es mehr Christen als Muslime gab, mehr Kirchen als Moscheen. Außerdem fiel mir auf, dass es sich bei den Kirchen in den wenigsten Fällen wie bei uns um katholische oder evangelische Kirchen handelte, sondern zumeist um Gotteshäuser christlich-animistisch geprägter Glaubensgemeinschaften. Manche dieser Gotteshäuser waren Holzbarracken, andere über den Betonrohbau noch nicht hinausgekommen. Die Vielfalt religiöser Gemeinschaften war imposant, stimmte mich aber auch nachdenklich. Zu oft hatten sich in Afrika Demagogen als Prediger verkleidet und die Menschen gegeneinander aufgebracht (in Nigeria, im Kongo, in Ruanda). Und zu groß ist die Bedeutung der Religiosität in Afrika, als dass man den Einfluss der Prediger auf die Menschen unterschätze dürfte. Ich nahm im Laufe meiner Reise an einigen Gottesdiensten teil, und obwohl ich den Predigten selten folgen konnte, weil sie fast immer in den lokalen Sprachen abgehalten wurden, war ich doch beeindruckt. Die Kirchen platzten aus allen Nähten, die Gesänge der Menschen verursachten mir Gänsehaut, und als die Kollekte eingesammelt wurde, gingen große Plastiktüten durch die Reihen, in die jeder seine Geldscheine hineinstopfte. Afrika ist ohne Religiosität wie ein Wald ohne Bäume. Das wissen Prediger und Religionsführer sehr gut. Sie tragen eine entsprechend hohe Verantwortung: ihr Wort gilt, ihre Handlungsanweisung wird befolgt. Das gilt selbstverständlich auch für den Papst, den viele afrikanische Christen unabhängig von ihrer religiösen Gruppierung als Stellvertreter Gottes ansehen. Papst Benedikt XVI. mochte das vielleicht unterschätzt haben. Er kam Anfang 2009 nach Afrika und erklärte bereits im Vorfeld seiner Reise, der Gebrauch von Kondomen verschlimmere das Aids-Problem. Seine Aussage war verheerend, unabhängig vom Kontext, in dem sie fiel. Sie war verheerend für alle, die sich darum bemüht hatten, mit Hilfe von Aufklärung die Krankheit einzudämmen. Und sie war verheerend für ein Afrika, in dem Polygamie und wechselnde Partnerschaften traditionell weit verbreitet sind und es auch in Zukunft weiter sein werden. Vielleicht hatte der Papst zu einer Änderung des Sexualverhaltens und zu Enthaltsamkeit auffordern wollen, so wie es die Plakate in Bolgatanga versuchten. Doch seine Botschaft konnte auch als Aufruf zum Sex ohne Kondome verstanden werden – und das war so, als würde ein Vater zu seinen Kindern sagen: „Wenn die Ampel auf Rot steht, könnt ihr ohne Bedenken über die Straße gehen."

Eigentlich wollte ich in Ghana auf einer gut asphaltierten Hauptverkehrsstraße 800 Kilometer konsequent nach Süden strampeln und erst an der Küste über die Hauptstadt Accra in Richtung Osten nach Togo abbiegen. Doch plötzlich überkam mich wieder einmal irgendeine Laune und ich verließ einmal mehr die feine Teerstraße, um mich querfeldein durch die Savanne zu schlagen. Die Piste war zwar recht versandet, doch dafür herrschte praktisch kein Verkehr, und Tse-Tse-Fliegen gab es glücklicherweise auch keine. Das Musterland Ghana leuchtete dann mancherorts allerdings auch nicht mehr ganz so hell. Was ich sah, erinnerte mich eher an das „typische Afrika": kleine Dörfer, winzige Lehmhütten, bescheidene Subsistenzwirtschaft. Die Kinder rannten zwar in Schulkleidern umher, aber diese waren abgetragen und zerfetzt. Und es gab zwar Brunnen, doch die Frauen liefen wie anderswo kilometerweit, um Wasser in schweren Kübeln auf dem Kopf heimzutragen.

Die Grenze zwischen Ghana und Togo wird von einem Nord-Süd-Gebirgszug bestimmt. So wurde es immer hügeliger und je weiter ich nach Süden kam, auch wieder tropischer. In einer größeren Ortschaft namens Bimbilla stoppte ich an einer Garküche und aß zum ersten Mal „Fufu". Diese traditionelle Speise muss man sich wie einen großen, halbierten Hefekloß vorstellen. Allerdings wird Fufu nicht mit Hefe, sondern aus Maniok und Kochbananen hergestellt. Man nimmt mit der Hand vom dicken Kloß etwas Teig ab, rollt diesen zwischen den Fingern zu einer kleinen Kugel, tunkt sie in eine beiliegende Soße und führt sie abschließend zum Mund. Ich war von Anfang an vom Fufu begeistert – nicht zuletzt wegen der häufig köstlich pikanten Soßen. Allerdings muss ich einräumen, dass nicht jedes Fufu wie das andere schmeckte und nicht jede Soße ähnlich köstlich war. Manches Fufu lag mir wie ein Stein im Magen und spätestens dann sehnte ich mich wieder nach Spaghetti. Dennoch hörte ich fortan nicht mehr auf, Fufu zu essen – auch deshalb, weil es manchmal gar nichts anderes gab. Fufu war nicht nur in Ghana ein Grundnahrungsmittel, sondern in fast jedem Land, durch das ich anschließend kam. Die Basiszutaten variierten dabei von Maniok über Yams bis Mais, und die Namen des Gerichtes änderten sich entsprechend: bis nach Zentralafrika hinein nannte man es noch Fufu, in Sambia und Malawi hieß es nsima, in Ostafrika ugali.

Südlich von Bimbilla lag die Savanne endgültig hinter mir. Die Erde war plötzlich wieder rot und die Wälder wurden immer dichter. Am Himmel tauchten zunehmend mehr Wolken auf und es wurde wieder so drückend schwül wie einst in der Casamance. Am 4. März 2009 hörte ich dann gegen Nachmittag zum ersten Mal seit fünf Monaten, zum ersten Mal seit dem Atlas-Gebirge in Marokko, wieder Donnergrollen. Kurz darauf brach ein tropischer Regenguss los und ich war innerhalb von Sekunden pitschnass. Die Wassermassen plätscherten in dicken Rinnsalen von den großen Blättern der Bäume, es roch nach feuchter Erde und frischem Gras. Wenige Tage später überquerte ich den Nord-Süd-Gebirgszug und war in Togo.

TOGO & BENIN (km 12.264 – km 12.950)

Alice

Weißbier und Weißwurst! Ich saß im „Alt München" und bestellte mir bayerische Grundnahrungsmittel. Nach zahllosen Fufu und über 12.000 Kilometern hatte ich mir das – wie ich fand – mehr als verdient. Ich war in Lomé, der Hauptstadt von Togo. Bis 1914 war das Land deutsche Kolonie gewesen, danach ging es an Frankreich, 1960 wurde es unabhängig, Weißbier und Weißwurst aber waren geblieben. Das Hefeweizen kam zu meiner Begeisterung vom Fass und schmeckte umwerfend. Die Weißwurst hätte mir sicher auch Freude bereitet, aber es gab gerade keine und so begnügte ich mich mit einer Leberknödelsuppe. Die Kosten für diese Köstlichkeiten waren einem exklusiven bayerischen Biergarten würdig. Das Bier schlug mit knapp vier Euro zu Buche, die Suppe kam auf gut drei Euro. Obwohl ich mir dafür mehr als zehn Fufu hätte leisten können, ließ ich es mir bedenkenlos gut gehen. Noch während ich mir das zweite Hefeweizen bestellte, hatte ich allerdings das Gefühl, dass irgendetwas nicht stimmte: mir fehlte die deutsche Biergarten-Stimmung, und plötzlich fehlten mir auch meine Freunde. Mit einem Mal hatte ich Heimweh und wollte nur noch möglichst schnell zurück zu Alice.

Alice war eine wunderbare Frau und wären wir beide Anfang 20 gewesen, hätte „die Luft in Lomé gebrannt". In den 1970er Jahren war Alice aus der Schweiz in die große Welt aufgebrochen. Ähnlich wie ich, hatte sie sich damals treiben lassen. Niemand außer ihr weiß, wie viele Verehrer sie seinerzeit hatte. Eines aber konnte jeder sehen: die Männer standen noch immer Schlange. Nach langer Reise durch Afrika war Alice schließlich in Avepozo hängen geblieben, einem kleinen Ort etwa zwölf Kilometer östlich von Lomé. Sie erstand ein Grundstück und baute es unter dem Namen „Chez Alice" zu einem Treffpunkt für Afrika-Reisende auf. Das erste Jahr lebte sie am Strand und werkelte an einem Campingplatz. Später ließ sie kleine Bungalows errichten und eröffnete ein großes Garten-Restaurant das zum Schutz vor tropischen Unwettern mit einem riesigen Dach überbaut wurde. Es war nach örtlicher Tradition mit dichten Strohbahnen gedeckt und überspannte eine Grundfläche von vielleicht 400 Quadratmetern. Damit war es das vermutlich größte in dieser Art konstruierte Dach in ganz West- und Zentralafrika. Die Küche des Restaurants bot so ziemlich alles: neben Bratwurst, Schnitzel und Spaghetti selbstverständlich auch einige schweizerische Spezialitäten wie Rösti und Fondue. Ich blieb drei Wochen bei Alice, und als ich sie eines Tages fragte, ob sie nicht manchmal das Bedürfnis habe, nach Europa zurückzukehren, antwortete sie: „Ich würde es in Europa ganz sicher nicht lange aushalten. Wahrscheinlich würde ich in kürzester Zeit sterben." Und dann hängte sie fast unvermittelt noch an: „Hier ist mein Zuhause!"

Ich hatte in den drei Wochen, in denen ich Alice erlebte, nie einen Zweifel daran, dass dem so war. Sie hatte in Togo Wurzeln geschlagen und sich nicht wie andere nach Afrika ausgewanderte Europäer in eine stacheldrahtgesicherte Villa zurückgezogen. Sie lebte mitten in Afrika, mit den Menschen und mit allem Für und Wider. Wenn jemand in Avepozo ein Problem hatte, ging er zu ihr, um sie um Hilfe zu bitten. Jeder wusste, dass sie ein großes Herz hatte.

Alle wussten aber auch, dass man sie nicht übers Ohr hauen konnte. Sie war gütig, aber auch streng und notfalls resolut. Möglicherweise hatte sie sich auch gerade dadurch Respekt erworben. In ihr Restaurant kamen längst nicht mehr nur Durchreisende, sondern auch so manch bekannte Persönlichkeiten aus Lomé: Richter, Staatsanwälte, Künstler. Jeden Mittwoch gab es bei ihr unter dem großen Dach des Restaurants Live-Musik. Auf den Punkt gebracht: Alice war aus Avepozo eigentlich kaum noch wegzudenken und so war sie auch eine der wenigen Weißen in Afrika, bei der ich nicht die Stirn runzelte, wenn sie Kindern mal ein Bonbon zusteckte. Ich wusste, sie würde sich nicht umdrehen und wieder gehen; sie würde im Fall von Karies mit dem Kind zum Zahnarzt marschieren. Vor diesem Hintergrund war ich nicht überrascht, als ich hörte, dass einige, die im März 2009 in Avepozo zwischen 20 und 30 Jahre alt waren, unter ihren „Bonbon-Fittichen" groß geworden waren.

Lieber zu viel als zu wenig!

Der Strand von Togo war herrlich: breite Sandbuchten, ein paar Fischerboote, mächtige Palmen. Vom Schwimmen wurde wegen starker Meeresströmung und gelegentlicher Hai-Attacken abgeraten, so dass ich mich mit Wellenplanschen und ausgedehnten Spaziergängen begnügte. Ich war inzwischen über ein halbes Jahr unterwegs und hielt noch immer an meiner Strategie fest, nur von Etappe zu Etappe zu planen. Der Gedanke, Afrika zu verlassen und meine Reise in Asien fortzusetzen, war inzwischen jedoch völlig abwegig geworden. Sicher, ich hatte einige Rückschläge erlitten, aber mein Interesse und meine Faszination für Afrika waren ungeachtet dessen nur größer geworden. So traf ich in jenen Tagen bei Alice die nachhaltige Entscheidung, dass meine Reise irgendwann in Afrika zu Ende gehen sollte und nirgendwo sonst. Asien durfte eines Tages eine neue und andere Reise werden, aber nicht ein Anhängsel an Afrika. Mir einen Endpunkt zu setzen, zeitlich oder örtlich, kam allerdings weiterhin nicht in Frage. Es reichte mir bereits, mich mit den bevorstehenden Etappen durch Benin und Nigeria zu befassen. Die Fahrt durch Benin war angeblich kein Problem. Aber Nigeria? Entführungen, religiöse Konflikte zwischen Christen und Muslime, Gewaltkriminalität, Mord und Totschlag – das war es, was man sich von Nigeria erzählte, nicht nur in Europa, sondern auch in Afrika. Ich bemühte mich, an zuverlässige Informationen über dieses in Verruf geratene Land zu kommen, aber das stellte sich als nicht so einfach heraus. Wenn ich mutmaßliche Afrika-Kenner befragte, reichten ihre Meinungen von „Tu' es auf keinen Fall!" bis zu: „Mach' dir nicht so einen Kopf, Nigeria wird schlecht geredet". Einig waren sich immerhin alle darin, dass ich wegen des Höllenverkehrs auf Nigerias Straßen nur wenig Spaß am Fahrradfahren haben dürfte. Fragte ich diese Afrika-Kenner, wann sie denn das letzte Mal in Nigeria gewesen seien, lautete die Antwort mehr als einmal: „Noch nie!"

Am Ende meiner unergiebigen Recherchen, breitete ich eine Landkarte von Nigeria vor mir aus und kreiste alle Regionen ein, die in den vorangegangenen Monaten negativ in die Schlagzeilen geraten waren. Im Norden hatte es immer wieder ethnisch oder religiös motivierte Gewalt-Exzesse gegeben. Der Süden war dafür bekannt, dass Mitarbeiter von Ölbohrfirmen überfallen und entführt wurden. Zwischen Nord und Süd gab es jedoch einen schmalen Ost-West-Korridor, der fast ohne Negativ-Schlagzeilen geblieben war. Durch diesen Korridor plante ich nun meine Route, quer durch Nigeria bis zur Hafenstadt Calabar, zumeist auf weitgehend kleinen und abgelegenen Landstraßen, um auch dem vorausgesagten Höllenverkehr möglichst aus dem Weg zu gehen. Mit Ausnahme der Region um Calabar schien die Strecke auf dem

Strand von Togo

Papier nicht übermäßig gefährlich. Calabar konnte ich wiederum nicht umfahren, da ich dort mein Visum für Kamerun beantragen musste. Als die Route feststand, machte ich mich jedoch erst einmal daran, an meine Einreisegenehmigungen für Benin und Nigeria zu kommen. Das Visum für Benin erhielt ich recht unbürokratisch beim zuständigen Konsulat in Lomé. Etwas größere Probleme bereitete mir die nigerianische Botschaft. Ich musste ein Empfehlungsschreiben der Deutschen Botschaft beibringen, ein persönliches Bittschreiben verfassen und mich einige Tage gedulden. Schließlich wurde aber auch dieser Visumsantrag positiv beschieden. Die zwischenzeitliche Verzögerung störte mich nicht weiter. Erstens war ich bei Alice und zweitens wartete ich noch auf ein Päckchen aus Deutschland. Ich hatte Petra gebeten, mir ein paar Dinge zu besorgen und per Kurier zu schicken, unter anderem Sattel, Rückspiegel und Fahrradhandschuhe. Die Handschuhe waren mir nach dem Verlust in Guinea dabei das Wichtigste. In Lomé hatte ich keinen adäquaten Ersatz gefunden und der zerschnippelte rechte Motorradhandschuh von Captain David Beatty hatte sich im Laufe der Zeit mehr und mehr in seine Einzelteile aufgelöst, bis er schließlich gar nicht mehr zu gebrauchen war. Seitdem war ich dann auch immer wieder beim Schalten und Bremsen am rechten Griff abgerutscht, was sich spätestens im dichten Straßenverkehr von Lomé als lebensgefährlich herausgestellt hatte.

Nachdem das Päckchen angekommen war, bestand meine letzte größere organisatorische Aufgabe in Togo darin, mich mit Bargeld einzudecken, vor allem mit US-Dollar. In Nigeria würde ich aller Voraussicht nach an keinem einzigen Geldautomaten vorbeikommen, also auf der Straße wechseln müssen. Und Ähnliches erwartete mich in Zentralafrika – egal, ob ich durch Gabun nach Süden oder durch den Kongo nach Osten weiterfahren sollte. Meine Bargeldbestände mussten meinen Berechnungen zufolge daher für mindestens drei Monate reichen und auch künftige Visakosten sowie nicht auszuschließende Bakschisch-Zahlungen abdecken. Aber wie viel brauchte ich nun? Ich hatte keine Ahnung! „Lieber zu viel als zu wenig", dachte ich und hob in mehreren

Schritten mit meiner Visa-Karte bei einer togolesischen Bank gut 600.000 westafrikanische Francs (CFA) ab, um sie anschließend zu einem grauenhaften Kurs in rund 1200 Dollar umzutauschen. Daneben hatte ich noch etwa 500 Euro. Es schien mir zwar ziemlich irrsinnig, mit so viel Bargeld durch die Gegend zu radeln, aber ich sah keine Alternative und ahnte nicht, dass ich mir einige Monate später wünschen würde, noch mehr gewechselt zu haben.

Wettrennen mit einem Lastwagen

Benin ist die Heimat des Voodoo-Kultes und ich freute mich auf das Land, von dem ich gehört hatte, dass es in vielen Regionen noch als ausgesprochen ursprünglich gilt. Von Alice fuhr ich zum nicht weit entfernten Grenzübergang und radelte anschließend an Benins Küste entlang zur Handelsstadt Cotonou. Die gesamte Strecke war aufgrund des Grenzverkehrs stark frequentiert und ich war mehr als glücklich, zwischen Lastwagen, Minibussen und ungezählten Mopeds wieder über bremssichere Handschuhe und einen anständigen Rückspiegel zu verfügen. Der neue Ledersattel schmerzte zwar noch ein wenig, aber das würde sich bald geben. In Cotonou bog ich von der Küste ins Hinterland ab, um Savé zu erreichen, eine Ortschaft unweit des von mir angepeilten Grenzübergangs nach Nigeria. Auch diese Straße war am Anfang noch recht stark befahren, doch mit jedem Kilometer wurden die Autos weniger – und die Schlaglöcher im Asphalt größer. Nach dreiwöchiger Fahrradpause kehrte die Kraft nur langsam in die Beine zurück und so spürte ich am Anfang jeden noch so kleinen Hügel, als sei es der Col du Tourmalet.

Südlich von Abomey ließ ich mich dennoch auf ein kleines Wettrennen mit einem Lastwagen ein. Das Rennen war natürlich nur deshalb möglich, weil ich schummelte und der etwa 100 Jahre alte Lastwagen völlig überladen war. Bergauf kam die Klapperkiste nicht über 17 km/h und bergab war sie kaum schneller, weil der Lkw-Fahrer in Anbetracht der schweren Ladung sicherheitshalber

Skulptur-Garten in Abomey

im zweiten Gang fuhr und nur auf der Bremse stand. So flog ich dem Lkw bergab immer davon, um bei der nächsten Steigung langsam wieder von ihm eingeholt zu werden. Wenn der schwere Truck dann an mir vorbeituckerte, griff ich an seinem Ende nach einem Seil, mit dem seine Ladung verschnürt war und ließ mich so bis zur bevorstehenden Hügelkuppe bergauf ziehen. Anschließend jagte ich auf der Abfahrt wieder an ihm vorbei und das Spiel begann von vorne. Der Lkw-Fahrer hatte übrigens auch seinen Spaß an der Sache. Wenn er im Rückspiegel sah, dass ich mich hinten rechts an seinen Wagen anhängte, fuhr er ganz bewusst ein wenig mittiger, damit ich rechter Hand auf dem brüchigen Asphalt mitrollen konnte und weiterhin freien Blick auf die Schlaglöcher vor mir behielt. Es war über fast zwei Stunden ein sehr kurzweiliger Zeitvertreib und ich war so konzentriert auf mein Rennen sowie darauf, in kein Schlagloch zu stürzen, dass ich all die „Yowo, Yowo – Katto, Katto"-Rufe vom Straßenrand geflissentlich überhörte. „Yowo" bedeutet in der Sprache des in Benin ansässigen Ewe-

Volkes „Weißer“, „Katto“ steht für das französische Wort cadeau, Geschenk. Man hielt mich also – wie schon im Norden Marokkos und in Teilen des Senegals – wieder einmal für einen Weißen mit vielen, vielen Geschenken im Gepäck. Das Rennen zwischen dem Lkw-Fahrer und mir endete schließlich damit, dass wir gemeinsam in einen Ort hineinfuhren, wo er am Straßenrand stoppte. Ich winkte ihm dankbar zu und setzte die Fahrt alleine fort; er winkte zurück und lachte.

Nördlich von Abomey nahm die tropische Vegetation deutlich ab und die Landschaft ging schon wieder fast in Savanne über. Obwohl kein schwächelnder Lkw in Sicht war mit dem ich mich hätte messen können, begann ich zum Zeitvertreib wieder ein Rennen, dieses Mal gegen mich selbst. Dabei setzte ich mir zum Ziel, den Tag mit einer Durchschnittsgeschwindigkeit von mindestens 22 km/h zu beenden. Obwohl es inzwischen nicht mehr so viele Hügel gab, war dies bei über 45 Kilogramm Gepäck und über 45 Grad Celsius durchaus eine Herausforderung. Solche Phasen des „Geschwindigkeitswahns“ hatte ich auf meiner Reise zugegebenermaßen immer wieder. In der Westsahara traf ich beispielsweise nicht gerade viele Menschen auf der Straße und das „Kilometer-Fressen“ bot sich dort auch dank des Rückenwindes nahezu zwangsläufig an. Anderswo gab es zwar Menschen, aber ich erlag meinem „Fahrrad-Rausch“ trotzdem. Ich freute mich immer, wenn Afrikaner auf ihren alten Mühlen zu mir aufschlossen, um sich zu unterhalten, und oft fuhren wir dann gemütlich schwatzend kilometerlang nebeneinander her. Wenn ich allerdings „meine Tage“ hatte, gab es keine Plaudereien. Meine Begleiter strampelten eine Weile in meinem Windschatten, verloren aber sehr bald den Spaß daran. Ich glaube, es lag weniger daran, dass ich ihnen zu schnell war.

Es war wohl eher so, dass sie es sinnlos fanden, mir zu folgen, ohne sich unterhalten zu können. Jedenfalls hatte noch nie jemand länger als 15 Minuten durchgehalten. Dass dies jetzt in Benin anders sein würde, hielt ich für unwahrscheinlich – erst recht, als ich beim Blick in den Rückspiegel erkannte, dass hinter mir kein kräftiger junger Mann zum Windschattenfahren ansetzte, sondern ein zartbesaitetes junges Mädchen von vielleicht 13 oder 14 Jahren. Nun gut, möglicherweise musste man das Mädchen auch schon als junge Frau bezeichnen und möglicherweise war sie auch nicht ganz so zartbesaitet. Doch dafür war sie ganz sicher umso entzückender. Sie saß kerzengerade auf ihrem chinesischen Eingang-Fahrrad und strampelte, als ginge es um ihr Leben. Ihre Beine vollzogen ein unbeschreibliches Stakkato und hämmerten gut doppelt so schnell wie meine auf und ab. Trotz dieser Beinarbeit hielt sie ihren Oberkörper jedoch weiterhin wie eine in Stein gemeißelte ägyptische Göttin die ganze Zeit nahezu regungslos im Sattel. Am Anfang dachte ich, diese junge Schönheit würde nur bis ins nächste Dorf mitfahren. Doch wir passierten einen Ort nach dem anderen, ohne dass sie von meinem Hinterrad wich. Die sonst an mich gerichteten „Yowo, Yowo – Katto, Katto"-Rufe verebbten. Stattdessen rief man vom Straßenrand meiner Begleiterin jetzt zweideutige Kommentare nach. Manchmal sah ich durch den Rückspiegel, dass sie ob der Bemerkungen verschämt grinsen musste. Doch sie ließ sich nicht beirren, hielt allen anzüglichen Anspielungen stand und jagte mit kleinen Schweißperlen auf der glänzenden Stirn weiter hinter mir her. Ich dachte mehrmals darüber nach, meine Geschwindigkeit ihretwegen zu drosseln, aber ich fürchtete, ihren Stolz zu verletzen. Also hielt ich das Tempo hoch und sie fuhr mir fast 50 (!) Minuten nach, ehe sie mit einem Mal auf eine kleine Buschpiste abbog und verschwand. Ich drehte mich nach ihr um, um ihr zum Abschied zu winken, doch ich sah nur noch ihren kerzengeraden Rücken zwischen einigen Sträuchern davonholpern. Einfach wunderbar.

„Yowo, Yowo – Katto, Katto"

Während meiner letzten Tage in Benin konnte ich die fortgesetzten „Yowo, Yowo – Katto, Katto"-Rufe dann allerdings doch nicht mehr ignorieren. Dafür waren sie schlicht und ergreifend zu massiv, zu laut und zu penetrant. Das Geschrei kam, anders als in Marokko, nicht nur von Kindern, sondern von allen: von Jung und Alt, von Mann und Frau. Wenigstens flogen keine Steine. Aber ob die Menschen nun auf den Feldern arbeiteten oder im Schatten einer Veranda saßen, sobald sie mich sahen, brüllten sie los: „Yowo, Yowo – Katto, Katto!" Blieb ich in einem Ort stehen, wurden die Rufe kleinlauter, aber sie hörten nicht immer auf. Einmal rief ich einem der Schreihälse zu: „Na sicher, die Tasche hier ist voller Geschenke, komm her und hol sie dir!" Er lachte und das tröstete mich. Unvergessen ist mir allerdings auch die erstaunte, fast empörte Frage eines anderen Mannes: „Was? Du hast kein Geschenk für mich?"

Im Senegal hatte mir jemand erklärt, die Bitte um ein Geschenk sei mit dem Gedanken der Barmherzigkeit verbunden: „Du musst es richtig verstehen. Die Barmherzigkeit ist eine der fünf Säulen des Islams. Sie macht es dem gläubigen Muslim zur Pflicht, Bedürftigen Almosen zu geben. Der Almosenempfänger ist für die Menschen daher in gewisser Weise ein von Gott Auserwählter!" Es war ein sehr schöner Gedanke. Inzwischen hatte ich allerdings Zweifel. Die „Katto-Katto"-Rufe, die mir entgegenschallten, kamen erstens nicht von erkennbar armen und dringend bedürftigen Menschen. Deren Betteln war fast immer still und ganz selten fordernd. Zweitens hatte ich erlebt, dass es auch um die Barmherzigkeit unter Muslimen nicht immer sonderlich gut bestellt war.

In Marokko traf ich beispielsweise eine Frau, die in Lumpen gekleidet regungslos mitten auf dem Gehweg stand, wortlos die Hand ausstreckte und auf dem Rücken ein apathisch wirkendes Kleinkind trug. Aber ich sah niemanden, der ihr etwas gegeben oder sie nur eines Blickes gewürdigt hätte. Im Senegal erlebte ich, dass bettelnde Kinder wie Hunde verjagt wurden. In Togo beobachtete ich alte Männer im Müll wühlen, in Benin Frauen vor lauter Hunger weggeworfene Zigaretten-Kippen essen. Und was taten ihre schwarzen Brüder, ob Muslime oder Christen in ihrer Barmherzigkeit und Nächstenliebe? Sie liefen ohne mit der Wimper zu zucken an ihnen vorbei. Auch ich verhielt mich in Afrika gelegentlich hartherzig, und das schlechte Gewissen war ein immer wiederkehrender Begleiter. In Sierra Leone versteckte ich mich nachts im Dschungel, um den Menschen aus dem Weg zu gehen, die meine Hilfe benötigten. Ich begrub im Wald meine Hoffnung, ein guter Mensch zu sein. Gleichzeitig musste ich einsehen, dass ich alle meine Besitztümer verschenken könnte und die Welt dennoch nicht „retten" würde. Ich musste lernen, meine Hilfsmöglichkeiten realistisch einzuschätzen. Und dabei musste ich auch lernen, „Nein" zu sagen.

Eines Tages holte mich ein etwa 25-jähriger Schwarzer auf einem alten Fahrrad von hinten ein. Ich grüßte ihn freundlich, und er sagte ohne weitere Einleitung ganz direkt: „Donnez-moi le velo!" Ich fragte ihn, warum ich ihm mein Fahrrad geben sollte, wo er doch eines habe. Da meinte er, das Fahrrad, auf dem er fahre, gehöre nicht ihm, sondern seinem Onkel. Ich schlug ihm vor, er möge doch seinen Onkel bitten, ihm das Fahrrad zu schenken. Das, so antwortete mein Begleiter, habe er schon versucht, aber der Onkel wolle sein Rad behalten. Ich sagte: „Mais voilà! Siehst du, ich will mein Fahrrad auch behalten." Das schien den Mann nicht zu beeindrucken. Er erläuterte mir, er benötige dringend ein Fahrrad, um zur Arbeit zu fahren. Als sei mit diesem Argument alles Nötige erklärt, wiederholte er genauso fordernd wie beim ersten Mal: „Donnez-moi le velo!" Ich entgegnete: „Nein, ich werde dir mein Fahrrad nicht geben. Dein Problem ist nicht meines. Du musst es selbst lösen. Spar' Geld und kauf' dir ein Fahrrad, meins brauche ich selber."

NIGERIA (km 12.950 – km 13.950)

Sicherheit fühlt sich irgendwie anders an

Sie kamen von hinten auf einem knatternden Motorrad angerauscht. Erst hörte ich sie, dann sah ich sie im Rückspiegel: zwei junge Männer in zerrissenen Hemden auf einer 125er. Der hintere hatte eine Maschinenpistole locker in die rechte Hüfte gestemmt, den Lauf der Waffe schräg von sich weg in die Luft gerichtet. Ich war gerade nach Nigeria eingereist und hatte das unangenehme Gefühl, dass schon mein erster Tag schief zu laufen drohte. Da ich auf einer einsamen Schotterpiste unterwegs war und den beiden jungen Männern auf ihrem Moped nicht entkommen konnte, zog ich langsam die Bremsen. Ich blieb stehen, drehte mich aber nicht um. Wenn man noch nicht bereit ist zu sterben, muss man dem Tod auch nicht in die Augen sehen.

Die jungen Männer fuhren an mir vorbei und stellten sich quer vor mich. Ich grüßte sie freundlich und bemühte mich wieder einmal, möglichst ungezwungen zu lächeln. Lächeln war die einzige Waffe, die ich hatte. Ich fühlte mich ähnlich ausgeliefert wie einige Monate zuvor in Sierra Leone, und plötzlich begriff ich – so wie damals –, dass mich diese beiden jungen Männer nicht umbringen wollten, sondern ähnlich verunsichert von mir waren, wie ich von ihnen. Mit einem Mal erinnerte ich mich auch daran, dass ich etwa zehn Minuten zuvor an einem Militär- oder Milizposten vorbeigekommen war und nicht angehalten hatte. Ich hatte fünf Männer gesehen, die im Schatten eines Baumes vor sich hindösten und als einer kurz aufschaute, hatte ich nur gegrüßt und war weitergefahren. Die beiden jungen Männer redeten jetzt auch nicht lange um den heißen Brei herum. Der Hintere fuchtelte ungelenk an seiner Maschinenpistole, der Vordere fragte mich, was mir eingefallen sei, an ihrem Kontrollposten vorbeizufahren, ihr Vorgesetzter wolle mich sprechen, ich solle umdrehen und mit ihnen zurückkehren. Ich sagte „No problem“, denn in Nigeria wird Englisch gesprochen und in Afrika ist eigentlich alles entweder „No problem“ oder „Pas de problème“. Es trägt zur gegenseitigen Beruhigung und Entspannung bei.

Als ich eskortiert von einem knatterndem Motorrad und einer MP am Kontrollposten der Milizionäre eintraf, war der Truppenchef dennoch reichlich ungehalten und es kam zu einem ziemlichen Gezeter. Ich händigte ihm meinen Pass aus, beantwortete sämtliche W-Fragen und erläuterte, mir sei nicht klar gewesen, dass es sich hier um einen Kontrollposten gehandelt habe, zumal keiner der fünf Männer eine Uniform trage. Da ich keine andere Entschuldigung parat hatte, wiederholte ich dieses Argument etwa eine halbe Stunde lang sehr geduldig und einsichtig gegen alle Vorwürfe und Vorhaltungen. Als mir der Chef der Milizionäre nach einer weiteren halben Stunde meinen Reisepass zurückgab, dachte ich bereits, endlich weiterfahren zu dürfen, irrte mich allerdings, denn der Mann erkundigte sich nach meinem Gepäck und forderte mich auf, meine Taschen zu öffnen. Ich versuchte Zeit zu gewinnen, um einen Ausweg aus dieser sinnlosen Schikane zu finden. So erzählte ich bereitwillig, was sich in den einzelnen Taschen befand und schob das Fahrrad dabei langsam zu einem Baum, um es dort anzulehnen.

Als das Fahrrad abgestellt war, drehte ich mich zu dem Milizionär um und sagte: „Verzeihen Sie, aber Sie haben meinen Pass gesehen. Sie wissen, wer ich bin. Ich aber weiß nicht, wer Sie sind. Sie sagen, Sie gehören dem Militär an, aber Sie tragen keine Uniform. In Deutschland gibt es so etwas nicht. Dort tragen alle Soldaten eine Uniform. Nun bin ich von der deutschen Regierung darauf hingewiesen worden, vorsichtig zu sein, da es vorkommen könne, dass sich jemand als Polizist oder Militär-Angehöriger ausgibt und es in Wahrheit nicht ist. Ich glaube Ihnen, dass Sie dem Militär angehören, aber ich würde gerne Ihren Ausweis sehen, sonst könnte ich mit meiner Regierung Probleme bekommen.“ Obwohl das frei erfunden war, schien mein Gegenüber verwirrt oder zumindest verunsichert und fragte: „Identity Card?“ Ich erklärte freundlich, aber bestimmt, dass meines Wissens jeder Militärangehöriger über ein Papier verfüge, um sich auszuweisen, denn anders seien

Recht und Gesetz nicht aufrechtzuerhalten. Vielleicht hatte der Mann seine Papiere nicht dabei oder er besaß tatsächlich keine. Jedenfalls reagierte er nicht auf meine Aufforderung. Nachdem ich ihn von der Gepäckkontrolle abgelenkt hatte, versuchte ich, das Thema möglichst belanglos auf meine Weiterreise zu lenken. So fragte ich in die Runde hinein, wie weit es denn eigentlich noch bis zur nächsten Ortschaft sei. Während der Truppenchef weiterhin schwieg, besprachen die Jungs die Entfernung und einigten sich schließlich auf 17 Kilometer. Ich hatte das Fahrrad derweil wieder vom Baum weggeschoben und in Fahrtrichtung gebracht. Ich saß fast schon im Sattel, als der Anführer der Milizionäre noch einmal das Wort ergriff und mich fragte, ob ich denn für ihn und seine Mannen kein Geschenk dabei hätte, eine kleine Erinnerung, etwas Geld? Ich säuselte wohlwollend: „Sorry, aber ich habe nichts. In meinen Taschen ist gerade das, was ich zum Leben auf der Straße

Der erste Tag in Nigeria

brauche. Für Geschenke gibt es da keinen Platz!" Danach stieg ich aufs Fahrrad und fuhr nach fast zweistündiger Debatte ungerührt davon.

Ich wusste es damals zwar noch nicht, aber in Nigeria sollte ich so viele Militär-, Miliz- und Polizeikontrollen erleben wie nie zuvor auf meiner Reise. Im Durchschnitt kam ich alle 20 bis 30 Kilometer an einem Posten vorbei, wo ich dann auch fast immer um ein kleines Präsent gebeten wurde. Nicht jeder Stopp war so zeitaufwendig wie der erste. Einige Male hielt man mich auch nur an, um aus Neugier oder Langeweile mit mir zu reden. Dennoch waren die unentwegten Unterbrechungen und wiederkehrenden Geldforderungen anstrengend und nervenaufreibend. Darüber hinaus blieben mir weitere Schrecksekunden nicht erspart. So sprangen eines Tages auf einem menschenleeren Streckenabschnitt plötzlich drei junge, schwer bewaffnete Männer auf die Straße. Auch sie sahen mit ihren durchlöcherten Unterhemden und muskelbepackten Oberarmen nicht gerade wie Soldaten aus, doch es waren welche. Fünf Mal wurde ich in Nigeria außerdem von Mitarbeitern der Geheimpolizei ausgequetscht. Sie trugen sehr klischeehaft verspiegelte oder goldumrahmte Sonnenbrillen und behandelten mich wie einen Verbrecher. Sicherheit fühlt sich irgendwie anders an, dachte ich. Aber da kannte ich die Zentralafrikanische Republik und den Kongo noch nicht.

„Bless me! Please, bless me!"

You are God. You are Jesus. Bless me. Please, bless me!" Der alte Mann fiel vor mir auf die Knie und senkte den Kopf zu Boden. Er erwartete meinen Segen, doch ich war nicht Gott und auch nicht Jesus, weder Priester noch Pfarrer und würde es auch für den alten Mann nicht eine Sekunde lang vorgeben. Von Laienpredigern hatte ich noch nie sonderlich viel gehalten. Da kam mir immer nur Stefan Effenberg in den Sinn: auf dem Fußballplatz den Stinkefinger präsentieren, mit der Frau des Mitspielers durchbrennen und dann in exzentrischer Selbstgefälligkeit in der Kirche über Moral reden. „You are God. You are Jesus. Please, bless me!", wiederholte der Mann und ich bekam eine Vorstellung davon, wie leicht es Seelenfänger, Falschprediger und Demagogen in diesem Land haben mussten. Es war Ostern in Nigeria. Da wurde viel gepredigt, viel gesegnet und wenig gearbeitet. Überall in den Städten gab es Gottesdienste. Manchmal hörte ich aus den Kirchen wundervolle Gospelgesänge, manchmal Trommel-Rhythmen. Zwei Gottesdienste muteten auch wie Freiluftkonzerte an. Man hatte auf einer großen Bühne eine riesige Lautsprecher-Anlage installiert und der Prediger rief der Gemeinde mit Hilfe der Boxen ein ums andere Mal eine beschwörende Litanei zu, worauf die bis zu 1000 Gläubigen dann im Einklang antworteten, mehr schreiend als rufend, mehr in Ekstase als in Demut.

Nigeria ist mit 150 Millionen Menschen das bevölkerungsreichste Land Afrikas, außerdem vereint es an die 400 Ethnien. Vom Konflikt zwischen Christen und Muslimen bekam ich nicht viel mit, auch wenn ich gelegentlich den Verdacht hatte, er sei latent vorhanden. Das Leben der Menschen wirkte auf mich selbst in kleineren Städten sehr beengt, sehr laut und mitunter auch sehr spannungsgeladen. Kirchen standen unweit von Moscheen, Koran-Schulen gleich neben Bibel-Zentren. Man war vereint, ob man wollte oder nicht, und es war unmöglich, Abstand zu halten oder sich aus dem Weg zu gehen. Auf den Straßen liefen vollverschleierte Frauen an Mädchen in engen Miniröcken vorüber und es hatte nicht den Anschein als würden sie je ein Wort miteinander wechseln. Dennoch: offene Feindseligkeiten zwischen Volksgruppen oder Religionen bekam ich nicht zu sehen. Mit großer Erleichterung nahm ich auch zur Kenntnis, dass sich der prophezeite „Höllenverkehr" auf den kleinen Landstraßen, die ich befuhr, als weitgehend harmlos herausstellte. Selbst die Versorgung mit Nahrungsmitteln war trotz abgelegener Strecken dank diverser Märkte und Garküchen ausgesprochen gut. Das einzige Problem in Nigeria war, dass ich genug Flüssigkeitsvorräte mitschleppen musste, und zwar in trinkbarer Qualität. Aus den Flüssen konnte ich keinen Nachschub beziehen, da sie ausnahmslos verdreckt waren. Drehte ich irgendwo einen Wasserhahn auf, fielen eher lebende Kakerlaken aus der Leitung, als dass Wasser floss. Kam doch ein dünner Wasserstrahl zum Vorschein, war er gelblich und roch nach Kloake. Zwar hätte ich gerne 1,5-Liter-Wasserflaschen gekauft, aber die gab es abseits größerer Städte nicht. In den Dörfern wurden zwar hin und wieder süßliche Softdrinks angeboten. Diese waren jedoch mangels Stromversorgung und fehlender Kühlung bei Temperaturen von über 40 Grad Celsius so brühwarm und schmeckten dadurch so schrecklich, dass ich schließlich auf mutmaßliches Trinkwasser zurückgriff, das in kleine 0,5-Liter-Plastikbeutel eingeschweißt war. Ein solcher Beutel kostete umgerechnet 2,5 Cent, und wenn das Wasser kalt war, mundete es irgendwie auch. War das Wasser allerdings warm – und das war es fast immer – roch es nach Erdöl und schmeckte nach Plastik. Sehr gewöhnungsbedürftig!

Schwarzes Gold – Schwarzer Fluch

Nigeria galt seit den 1950er Jahren aufgrund seiner großen Erdölvorkommen lange als eines der reichsten Länder Afrikas. Vom „Schwarzen Gold" profitierte jedoch immer nur eine kleine Elite. Investitionen in die nationale Wirtschaftsentwicklung fanden nicht statt, die landwirtschaftliche Produktion blieb hinter dem Bevölkerungswachstum zurück und schon bald mussten Nahrungsmittel importiert werden. Die Preise stiegen, die Menschen konnten sich das Essen kaum noch leisten, im Volk begann es zu rumoren. Das staatspolitische Versagen und die Gleichgültigkeit der herrschenden Elite führten zu Unruhen und Raubrittertum. Ende der 1990er Jahre bildeten sich die ersten Befreiungsbewegungen, Bürgerwehren und Geheimbünde. Die Menschen fühlten sich vom Staat betrogen und allein gelassen. In ihrer Not begannen sie,

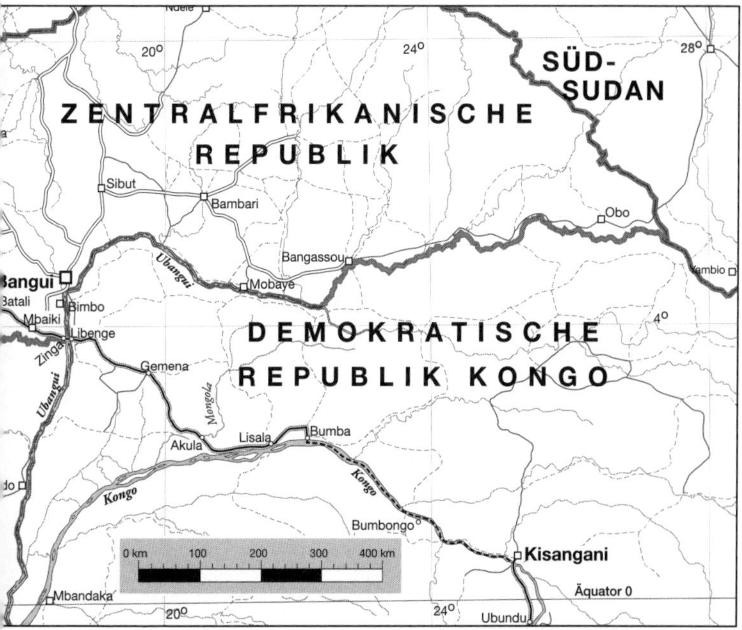

Stopp an einer Garküche

Ölpipelines anzuzapfen, wobei es regelmäßig zu Unfällen kam. Erdöl sickerte in den Boden, verdreckte Flüsse und Trinkwasservorkommen. Manchmal explodierten auch ganze Pipelines und hunderte Menschen starben. Das „Schwarze Gold" war zum „Schwarzen Fluch" geworden. Mangelnde politische Partizipation, Instabilität und hohe Arbeitslosigkeit kennzeichneten noch immer die Lage, als ich im April 2009 durch Nigeria fuhr. Mehr als einer hielt mich für den Mitarbeiter einer Erdölfirma und fragte, ob ich ihm denn nicht bitte einen Job vermitteln könne.

Nach meinen ersten Erfahrungen mit Milizionären und nach meinen Erlebnissen in Benin hatte ich auch in Nigeria mit unentwegten „Give-me-money"-Rufen gerechnet. Doch zum Glück irrte ich mich wieder einmal, denn abseits der Kontrollposten wurde ich nur selten um Geld gebeten. Stattdessen erlebte ich in Nigeria etwas ganz anderes: Fast alle Menschen, die ich traf, legten eine außergewöhnliche Herzlichkeit und beispiellose Hilfsbereitschaft an den Tag. Wenn ich in eine größere Stadt wie Oyo oder

Oshogbo kam und orientierungslos geworden nach dem Weg fragte, strömten von allen Seiten die Menschen heran. Die, die in der vordersten Reihe standen, beugten sich über meine Landkarte, auf der ich ihnen mit dem Finger mein nächstes Ziel und die gewünschte Route dorthin bedeutete. Dann sagte einer so laut, dass es auch die in den hinteren Reihen vernehmen konnten: „Aha! Er will nach Auchi, aber nicht über Owo, sondern über die kleine Straße, die nördlich von Oka entlangführt." Und dann beteiligten sich alle an der Diskussion, welcher Weg aus der Stadt mich am besten zur gewünschten Landstraße bringen könnte. Nach einiger Zeit hatten sie sich geeinigt und manchmal wurde ein Zettel herbeigeholt und die zu fahrende Strecke darauf skizziert. Irgendwann setzte ich mich dann wieder in den Sattel, und alle in der Runde wünschten mir eine gute Reise – und mindestens einer rief mir nach: „God bless you!"

Diese Anteilnahme der Menschen war nicht die Ausnahme, sondern die Regel und ich fragte mich in Nigeria mehr als einmal, ob ein Schwarzer ähnliches berichten könnte, wenn er denn mit dem Fahrrad durch Deutschland fuhr und genauso verdreckt aussähe wie ich. Sechs Mal geschah es, dass mich jemand aus der großen Diskussionsrunde nach einer Weile mit seinem Moped einholte, weil er sichergehen wollte, dass ich auch wirklich auf dem richtigen Weg war. Erkundigte ich mich in einem Ort nach einer Unterkunft, strömten wieder viele herbei und besprachen gemeinsam, welches das beste Guesthouse für mich sei. Fragte ich in einem Guesthouse nach Einbruch der Dunkelheit, wo ich noch etwas zu essen bekommen könnte, so begleitete mich fast immer jemand um vier Ecken zur nächsten Garküche, wo er dann besorgt wissen wollte, ob ich den Weg auch alleine zurückfände.

In Ado Ekiti, einer bergigen Kleinstadt mit chaotischer Verkehrsführung und unglaublichem Menschengetümmel, musste ich Geld wechseln, wie vorhergesehen auf der Straße. Ich traf vormittags im Ort ein, fuhr in voller Montur ins Stadtzentrum, spürte die Blicke, die mir folgten, und hatte keine Ahnung, wie ich unter tausenden von Menschen denjenigen finden sollte, der mich nicht übers Ohr hauen würde. Schon beim Gedanken, vor aller Augen 200 US-

Dollar aus der Tasche zu ziehen, wurde mir mulmig. In der Nähe des Marktplatzes begann ich den Menschen, an denen ich vorbeifuhr, in die Augen zu sehen und zu suchen: Wo war er? Wo war der richtige, den ich befragen konnte? Wem konnte ich vertrauen? Ich stoppte an einem kleinen Stand, an dem Sonnenbrillen verkauft wurden und sprach einen jungen Mann an. Er versicherte mir, ich könne meine Dollar auf dem großen Stadtmarkt gleich um die Ecke tauschen und bot sich an, mich zu begleiten. Ich fragte ihn, wie viel er dafür haben wolle, da es in Afrika mehr als vernünftig ist, sich vorab auf einen Preis zu einigen, am besten noch vor Augenzeugen. Er antwortete: „Nothing – no money." Nun hatte ich in anderen Ländern Schlepper kennengelernt, die machten sich daran, mich zu begleiten und Geld zu fordern, nur weil ich auf der Straße spazieren ging. Jetzt sagte einer, er wolle nichts, obwohl ich ihm angeboten hatte, einen Preis für eine von mir gewünschte Dienstleistung auszuhandeln. Das war zwar irgendwie schon wieder verdächtig, aber ich folgte meinem Bauchgefühl und vertraute mich Samuel an.

Er führte mich zu Fuß quer über den Markt, mitten durch die Menschenmassen und engstehenden Marktstände. Es war keine sehr angenehme Situation, schon gar nicht mit einem vollbepackten Fahrrad an meiner Seite und im Wissen von ungezählten dunklen Augenpaaren angestarrt zu werden. Schließlich kamen wir an eine Bretterbude, vor der ein Mann in weißem Kaftan mit Goldkettchen, Goldarmband und Golduhr saß. Samuel begann, ohne dass ich ihn darum gebeten hätte, den Umtauschkurs auszuhandeln. Ich beschloss, mich nicht einzumischen und zu warten. Derweil beobachtete ich die Menschen um mich herum, weil ich herausfinden wollte, ob unter ihnen welche waren, die ihrerseits mich besonders intensiv in Augenschein nahmen. Das war jedoch schwer zu sagen, denn sie starrten mich alle an. Nach einer Weile kam Samuel zu mir und sagte, der Gold-Mann im weißen Kaftan sei bereit, 160 Naira für einen Dollar zu zahlen. Ich willigte in den Handel ein, denn das war ein besserer Kurs als derjenige, den ich noch vor ein paar Tagen in Benin im Internet recherchiert hatte. So tauschte ich zwei 100-Dollar-Scheine gegen zweiunddreißig 1000-

Naira-Scheine, die kaum in mein Portemonnaie passten. Samuel begleitete mich hinaus aus den engen Marktgassen und führte mich auf mein Bitten hin noch etwa 500 Meter weiter zu einer Kreuzung. Dort deutete er auf die Straße, die links abging und sagte: „Das ist der Weg, den du suchst: die Straße nach Ikare!" Ich wollte ihm etwas Geld geben, doch er lehnte wieder ab: „Nothing – no money!" Und als ich ihn wenigstens auf ein Getränk einladen wollte, meinte Samuel, er müsse zurück zu seinem Verkaufsstand. Zum Abschied warnte er mich. Südlich von Enugu seien die Straßen nicht mehr sicher, dort gebe es marodierende Jugendbanden, denen ein Menschenleben nichts wert sei. Es war das erste Mal auf meiner Reise, dass mich ein Schwarzer vor seinen schwarzen Brüdern warnte. Bis dahin hatten mich immer nur Weiße vor Schwarzen gewarnt, während mich die Schwarzen immer vor Wildtieren warnten.

Enugu war noch einige hundert Kilometer entfernt und bis ich in der Region eintraf, machte ich weiterhin durchweg positive Erfahrungen: Da kam in einem kleinen Ort Simon Kwame auf seinem alten Moped angetuckert, lachte mich an und sagte: „Komm, lass uns anhalten, ich will dich zu einem Getränk einladen." Da war Ambrose, der mit mir gemeinsam und umringt von etwa 50 schaulustigen Kindern in einem winzigen Dorf die herausgefallene Spannschraube meines Brooks-Ledersattels wieder zusammensetzte. Es sind nur vier Teile und wenn man weiß, wie sie zusammengehören, ist es auch kein Problem, sie zu montieren. Wenn man es nicht weiß, ist es ein Puzzlespiel. Es dauerte etwa eine Stunde, bis wir die Lösung gefunden hatten. Dann strahlte mich Ambrose an, zog sich zurück und nahm seine kleine Tochter auf den Arm. Und später war da noch „Mama Ikem", bei der ich eine kurze Pause einlegte und einen Liter warmes Plastik-Wasser hinunterspülte. Sie fragte, was ich denn in meinen großen Taschen aus Deutschland für sie mitgebracht hätte. Als ich dagegen hielt, ob sie denn kein Geschenk für mich habe, lachte sie. Als ich aber das Wasser bezahlen wollte, schüttelte sie den Kopf und sagte: „Nein, das ist von mir – für dich!"

Lynchjustiz, Banditen und illegale Organhändler

Der Niger sah träge und müde aus. In Guinea war ich ihm drei Monaten zuvor zum ersten Mal begegnet, in Mali hatte er mich nach Timbuktu gebracht und jetzt stand ich ein letztes Mal vor ihm. Ich musste auf die andere Seite des Ufers und da es keine Brücke gab, ließ ich mich mit einer schmalen Piroge über den sanft dahinfließenden Strom bringen. Dieser abenteuerlustige Fluss hatte eine grandiose Reise hinter sich und einen der gefährlichsten Abschnitte noch vor sich. Er würde sich nach Süden hin in hunderte Flussarme teilen und versuchen, wo immer möglich dem austretenden Öl angezapfter Pipelines zu entgehen, um nicht als schwarze Brühe ins Meer zu fließen.

Mir standen derweil die letzten 400 Kilometer bis Calabar bevor und zumindest eines hatte ich mit dem Fluss gemeinsam: Auch ich musste versuchen, den vielbeschworenen Gefahren auf diesem Streckenabschnitt aus dem Weg zu gehen. Die Warnungen vor der Region waren zuletzt immer häufiger geworden. Mir wurde von der totalen Anarchie berichtet, von ungezügelter Kriminalität, von unberechenbaren Banditen. Im Süden Nigerias gebe es weder Recht noch Gesetz, nur Gewalt und Lynchjustiz. Mutmaßlichen Dieben hacke man ohne Prozess mit der Machete die Hände ab, andere stecke man in Benzinreifen und zünde sie an. Ich solle mich aus allem heraushalten, mich niemals in Streitigkeiten einmischen, nie auffallen. Falls ich an einem Verkehrsunfall vorbeikäme, dürfe ich keinesfalls anhalten und schon gar nicht helfen. Man würde mir später falsche Hilfeleistung unterstellen. Auch solle ich darauf achten, dass mir kein Kind vors Fahrrad lief. Es sei im Süden Nigerias ein beliebter Trick, Kinder vor Autos zu stoßen, um einen Unfall zu verursachen und die Fahrer anschließend auszurauben und zu lynchen. Ein Weißer auf dem Fahrrad sei da ein vergleichsweise leichtes Opfer.

Es war, als wollten sich Klima und Landschaft den düsteren Prognosen anschließen. Östlich des Nigers wurde der Wald tropischer, dunkler und undurchdringlicher. Der Himmel war fast immer mit bedrohlichen, grauschwarzen Wolken bedeckt und es gab kaum noch einen Tag ohne Blitz, Donner und Regenschauer. Darüber hinaus wurden die Straßen schlechter und gingen abschnittsweise wieder in rote, klebrige Lehmpisten über. Selbst die Menschen wirkten schwer zugänglich und eigenartig verschlossen, fast mürrisch. An solch einem tristen Tag fuhr ich auf roter Erde unter dicht bewölktem Himmel durch dunkle Wälder in einen kleinen Ort hinein. Es war noch früher Nachmittag, aber es schien, als hätte die Dämmerung bereits eingesetzt. Am Ortseingang grölten mir ein paar betrunkene Männer zu, in einem alten Ölfass wurde Müll abgefackelt, es stank bestialisch, über die Straße wirbelten kleine Plastiktüten. Die Häuser des Ortes waren überwiegend Holzbaracken und bis auf die grölenden Männer war kaum ein Mensch unterwegs. Ich stoppte vor einem kleinen Laden, denn ich brauchte dringend Trinkwassernachschub. Während ich mein Fahrrad an einen Pfosten anlehnte, sah ich, wie sich aus dem

Straße durchs tropische Nigeria

Nichts drei Jugendliche näherten. Sie waren 16 oder 17 Jahre alt und schlenderten in zerrissenen Shirts und schlotternden Hosen auf mich zu. Ich ließ mich von Äußerlichkeiten zwar nicht mehr so leicht beeinflussen, aber die Stimmung war doch beklemmend. Dort die grölenden Männer, hier die Jugendlichen und kein Mensch auf der Straße. Die Tür zum Krämerladen war mit einem Eisengitter verrammelt. Drinnen hatte ich einen Mann stehen gesehen, doch er rührte sich nicht vom Fleck.

„White man, give me money!“, sagte einer der Jugendlichen. Ich lächelte und hantierte weiter an meiner Lenkertasche. „White man, give me money!“, wiederholte der Halbstarke. Ich sah mich um und begriff, dass mir niemand helfen würde. „White man, what's up?“ Seine Stimme war nicht freundlich, aber auch nicht aggressiv. Sie hatte etwas Belangloses und genau das machte die Situation für mich unberechenbar. Ich konnte die Stimmung der Jungs nicht einschätzen, ihre Augen glitzerten und waren matt zugleich. Standen sie unter Drogen? Ich sagte: „My friends, I'm thirsty, I need water!“ Etwas Besseres fiel mir einfach nicht ein. Mit diesen Worten trat ich mit meiner Lenkertasche über eine Stufe auf die Veranda des Ladens und ging zum Eisengitter, die Jungs in meinem Rücken, gleich neben dem Fahrrad. Der Mann im Laden kam zum Eisengitter und erst da begriff ich, dass er das Gitter aus Sicherheitsgründen nie öffnete, sondern die gewünschte Ware durch eine extra dafür vorhandene Luke hindurchreichen würde. Ich bat um Wasser, um acht Beutel zu jeweils 0,5 Liter. Dann holte ich mein Portemonnaie aus der Lenkertasche und reichte ihm ein paar Scheine. Der Mann lief in den Rückraum seines Ladens und kehrte mit Wasser und Wechselgeld zurück. Ich steckte das Geld ein, drehte mich um und ging beladen mit den acht Wasserbeuteln zurück zu meinem Fahrrad – und zu den Jugendlichen. „White man, give me money!“, sagte wieder der, der offenbar der Wortführer war. Ich lächelte krampfhaft und zuckte mit den Schultern, denn ich wusste nicht, was ich sagen sollte. Danach füllte ich das Wasser aus den Plastikbeuteln in meine Trinkflaschen. Statt jedoch aufs Fahrrad zu steigen und mich umgehend davon zu machen, setzte ich mich anschließend aus unerklärlichen Gründen auf den

Treppenabsatz zur Veranda und trank ein paar Schluck Wasser. Die Jungs schwiegen und sahen mich mit apathischen Augen an. Vier oder fünf Minuten später stand ich auf, schwang mich in den Sattel und fuhr weiter – in der Hoffnung, bis zum Abend eine sichere Unterkunft zu finden und nicht ungeschützt im Freien übernachten zu müssen.

Gegen Abend erreichte ich müde und erschöpft Obolo. Es war ein kleiner, unbedeutender Ort nördlich von Enugu. Allerdings handelte es sich auch um einen Verkehrsknotenpunkt und so fand ich dort wie erhofft eine billige Absteige. Ich schleppte mein Fahrrad in den ersten Stock eines Stundenhotels, kippte einen Eimer Wasser über meinen verdreckten Körper und ging anschließend frisch geduscht wieder auf die Straße, um etwas zwischen die Zähne zu bekommen. Es war schon fast dunkel und wie gewohnt wurden die ersten Feuer in ausgedienten Ölfässern entfacht. Am versandeten Straßenrand waren riesige Lastwagen geparkt, auf denen allseits beliebte Botschaften prangten: „Jesus loves you!" „God bless you!" „Jesus is the answer!" Gemüsehändler schoben ihre Waren in hölzernen Handkarren an mir vorüber, die Flip-Flops an ihren nackten Füßen machten „schlapp, schlapp – schlapp, schlapp". Ich aß an einer Garküche ein Omelett mit Pommes, setzte mich anschließend vor eine kleine Bretterbude auf einen Plastikstuhl mit Blick auf die Straße und bestellte mir ein Bier.

Obolo war – wie für einen Verkehrsknotenpunkt nicht anders zu erwarten – laut, dreckig und verkommen. Die vorbeifahrenden Autos hupten in einem fort und immer wieder knallte ein Auspuff als sei es ein Pistolenschuss. Auf der Ladefläche eines Pickups sah ich mehrere Reihen Plastikstühle, die über zwei Meter hoch gestapelt waren und gefährlich schwankten. Ein anderer Wagen transportierte hunderte Hühner in kleinen Gitterkäfigen. Vor mir liefen schwergewichtige Mike-Tyson-Typen und leichte Mädchen vorüber, Betrunkene und Barfußläufer torkelten vorbei. Irgendwann setzte sich einer der Mike-Tyson-Typen zu mir. Wir tranken ein Bier zusammen und dieser Bär von einem Mann, dieser schwarzafrikanische Straßen-Boxchampion, begann mit ganz sanfter Stimme mir sämtliche Warnungen, die ich schon zig Mal gehört hatte, ein weiteres Mal einzutrichtern. Eine seiner Geschichten war mir allerdings neu. Er berichtete mir von einem Netz krimineller Organhändler. Junge Menschen, insbesondere Kinder, würden von organisierten Banden verschleppt, dann in Kliniken gebracht und in Einzelteile zerlegt. Nieren, Herz, Lunge – alles, was sich gut verkaufen ließe, ginge dann nach Südafrika oder Europa. Während ich noch überlegte, ob er flunkerte, schlug er mir plötzlich laut lachend so feste auf die Schulter, dass mir fast das Bier aus der Hand geflogen wäre. Also doch nur ein kleiner Scherz, was? Doch da säuselte mein Mike-Tyson-Freund schon wieder: Das sei kein Scherz, ich solle mich in Acht nehmen, aber – und da lachte er wieder – eigentlich bräuchte ich mir keine Sorgen zu machen, ich sei viel zu alt für den Organhandel und tränke auch noch zu viel Bier. Ich dankte ihm für die aufmunternden Worte und bestellte uns beiden die nächste Runde.

Die folgenden Tage fuhr ich reichlich angespannt durch das südöstliche Nigeria, gelegentliche Straßensperren und Militärkontrollen konnten wenig an meinem latenten Unsicherheitsgefühl ändern. Die unentwegten Warnungen waren mir an die Nieren gegangen. Ich sah Verbrecher, wo wahrscheinlich keine waren, und jedes Kind am Straßenrand drohte in meiner Fantasie vor mein Fahrrad zu springen. Außerdem ging mir die unfassbare Geschichte über den illegalen Organhandel nicht mehr aus dem Kopf. Später las ich in Medienberichten, dass wenige Wochen vor meiner Ankunft in Nigeria tatsächlich ein Organhändler-Ring ausgehoben worden war – in Enugu! Die Polizei hatte demnach aus einer mutmaßlichen Kinderklinik mehrere Mädchen und junge Frauen befreit, die dort gefangen gehalten worden waren. Wie sich herausstellte, waren die Mädchen regelmäßig vergewaltigt worden, um Kinder in die Welt zu setzten. Diese Kinder wurden dann entweder an Zuhälter und Adoptiveltern verkauft oder ihnen wurden Organe entnommen, um diese an dubiose Zwischenhändler zu verkaufen. Einige Mädchen – so hieß es – seien auch auf Druck ihrer Familien wegen ungewollter Schwangerschaften in die Klinik gegangen. Sie hätten ihre Kinder zur Welt gebracht, etwas Geld bekommen und die Klinik ohne Kinder wieder verlassen.

„Tell me, fuck! What are you looking for?"

Am 19. April legte ich die letzten Kilometer nach Calabar zurück. Etwa 25 Kilometer vor der Stadt kam ich wieder einmal an einen Militärposten vorbei. Die Soldaten hatten kurzerhand einen mächtigen Baumstamm über die Fahrspur gelegt. Sie liefen in Kampfanzügen und mit Maschinenpistolen bewaffnet umher, winkten die meisten Autos und Lastwagen allerdings durch. Als mich ein Soldat in der wartenden Schlange der Fahrzeuge entdeckte, schrie er mich an, ich solle mich gefälligst an den Straßenrand begeben. Fahrradfahrer sind in Afrika in der Hierarchie der Verkehrsteilnehmer so etwas wie lästige Fliegen. Als der Soldat realisierte, dass ich ein Weißer war, rief er mich ungehalten zu sich. Ich hatte an jenem Tag schon über 100 Kilometer hinter mir und war ziemlich müde, doch ich lächelte, um mich zur Selbstbeherrschung zu zwingen. Nach den üblichen W-Fragen forderte mich der Soldat auf, die Taschen auszupacken. Ich fragte: „Hier auf der Straße?" Er nickte. Ich erklärte dem Soldaten, ich sei Tourist und kein Terrorist, ich verstünde nicht, warum ich meine Taschen auspacken sollte, zumal er auch die meisten Autos habe durchfahren lassen. Doch der Mann ließ sich auf keine Diskussion ein, er beharrte darauf, meine Sachen zu sehen.

Das war dann wohl der Augenblick, in dem mir nach über 50 Militärkontrollen der Geduldsfaden riss. Ich entgegnete, in meinen Taschen gebe es nichts, was eine Kontrolle rechtfertige. Aber bitte, er möge sich selbst davon überzeugen. Damit öffnete ich die Tasche hinten links und zog eine Mülltüte hervor, die ausgesprochen streng roch, weil darin auch eine leere Büchse Sardinen auf Entsorgung wartete. Ich öffnete die Tüte, hielt sie dem Soldaten unter die Nase und fragte ihn: „Ist es das, was Sie suchen?" Aber ich ließ den Mann gar nicht antworten, sondern warf die Tüte auf die Fahrbahn und holte sogleich ein Handtuch aus der Tasche, auch das verdreckt und stinkend. Ich fragte: „Tell me, fuck! What are you looking for?" Ich warf das Handtuch wütend zur Tüte auf die Straße und holte eine Packung Plätzchen aus der Tasche. Ich schrie den Mann an: „Wollen Sie die Plätzchen?" Aber ich ließ ihn gar nicht antworten, sondern donnerte auch die Plätzchen auf die Straße. Wer auch immer in der Fahrzeugschlange stand, konnte sehr genau beobachten, was da vor sich ging. Und auch unter den Soldaten regte sich etwas. Einer kam angerannt und fragte mich, was ich da täte, ich solle aufhören. Er erläuterte mir, dass die Kontrollen zur Sicherheit des Landes geschähen, und ich hielt ihm vor, dass die Sicherheit seines Landes ganz sicher nicht durch einen Fahrrad fahrenden Touristen gefährdet werde. Ich sei Gast in seinem Land. Ob es in Nigeria üblich sei, so mit Gästen umzugehen? Ob das die berühmte afrikanische Gastfreundschaft sei, von der man in Europa so viel höre?

Ein Wort gab das andere und es dauerte eine Weile, bis sich die Lage beruhigt hatte. Es folgte der höfliche Austausch gegenseitiger Entschuldigungen, dann ließ man mich unkontrolliert weiterfahren. Auf den letzten Kilometern zur Hafenstadt Calabar nahm ich mir fest vor, mich dort ein paar Tage zu erholen, denn das war nach fast 1200 Kilometern ununterbrochenen Strampelns offensichtlich dringend notwendig. Doch mir blieb kaum Zeit zum Atemholen. Bei der Einfahrt in die Stadt verbreiterte sich die Landstraße zu einer vierspurigen, autobahnähnlichen Schnellstraße. Der Verkehr wurde immer stärker, mein Platz immer enger. Ich fuhr ganz rechts, als ich ein grauenvolles Krachen hörte. Kurz darauf sah ich einen Mann, der mit seinem Motorrad aus der entgegengesetzten Richtung kommend frontal mit einem Auto zusammengestoßen war, von links vorne quer durch die Luft fliegen und etwa 100 Meter vor mir in die Windschutzscheibe eines Kleinwagens knallen. Die Scheibe zerbarst, das Fahrzeug geriet beim Bremsen ins Schleudern und stellte sich quer. Der Wagen dahinter schepperte in seine Flanke. Wenig später brach das totale Chaos aus. Der Verkehr kam zum Stillstand. Ich hörte Schreie und sah blutüberströmte Menschen über die Straße taumeln. Der Motorradfahrer lag reglos vor dem Wagen, in dessen Schutzscheibe er gefallen war. Der Fahrer des Wagens war ausgestiegen und schrie. Die Beifahrerin hielt ihre Hände vor den Kopf. Die Hände waren rot. Das alles spielte sich in wenigen Sekunden ab. Als ich mir der Situation bewusst wurde, überlegte ich, meine Erste-Hilfe-Tasche herauszuholen. Ich hatte zwar nicht viel mit, aber doch einige Mullbinden. Gleichzeitig sah ich wie schon andere Menschen aus den Autos stürmten, um zu helfen. Ich erinnerte mich an die vielen Warnungen, niemals einzugreifen und beobachtete einen Moment lang die Hilfeleistungen der anderen. Danach schob ich mein Fahrrad durch die Menschenmenge am Unfallort vorbei und fuhr weiter.

In Calabar fand ich eine meiner bewährten Unterkünfte mit party-verrückten Kakerlaken. Aber auch dort kam ich kaum zum Durchatmen. Ich erfuhr, dass am Hafen eine Fähre angedockt hatte, die zwei Tagen später nach Kamerun ablegen wollte. Die Fähre würde Tiko ansteuern. Der Ort lag auf dem Meeresweg nicht weit von Calabar entfernt. Zu Land hätte ich dorthin allerdings eine große Schleife fahren müssen und ich hatte absolut keine Lust

Hafen von Calabar

mehr auf neue Militärkontrollen und weitere Gefahrenbeschwörungen. Der Unfall, einschließlich meiner Tatenlosigkeit, hatte mir außerdem den Rest gegeben. Also rannte ich zum Konsulat von Kamerun (um mir für satte 110 US-Dollar mein Visum zu besorgen), sprintete zu DHL (um ein Päckchen mit wieder einmal überflüssig eingekauften Souvenirs nach Deutschland abzuschicken), schrieb eine kurze Mail nach Hause (damit sich niemand Sorgen machen musste) und begab mich schließlich am 21. April auf die Fähre in Richtung Kamerun.

Der Kahn war extrem altersschwach und machte den Eindruck, niemals irgendwo ankommen zu können. Seine Abfahrt war eigentlich für den späten Abend vorgesehen, doch erst morgens um kurz vor sieben war es tatsächlich so weit. Die Schiffssirenen dröhnten, als wolle man vor dem unvermeidlichen Untergang auf hoher See noch ein letztes Mal mit Getöse Abschied nehmen. Anschließend ertönte zur Beruhigung aller Passagiere aus den scheppernden Lautsprechern eine laute Morgenmesse mit choralen Gesängen und „Jesus is the answer"-Botschaften. Ich stand auf Deck an der Reling und blickte aufs Meer hinaus. In der Ferne flackerten die Feuer zahlreicher Öl-Bohrtürme. Dann blickte ich noch einmal zurück in die Bucht von Calabar. Nigeria würde mir in vieler Hinsicht in Erinnerung bleiben: wegen der vielen Militärposten, der jederzeit hilfsbereiten Menschen und der ungezählten Warnungen. Nigeria sollte mir am Ende meiner zweijährigen Reise schließlich aber auch noch aus einem anderen Grund in Erinnerung blieben: Es war das einzige Land, in dem ich keinen Weißen traf – nicht einen einzigen auf über 1000 Fahrrad-Kilometern. So ist das wohl, wenn ein Land einen schlechten Ruf hat. God bless you, Nigeria!

KAMERUN (KM 13.950 – KM 14.860)

Yaoundé, die grünste Hauptstadt Afrikas

Die kleine Hafenstadt Tiko liegt nur etwa 150 Kilometer Luftlinie südöstlich von Calabar. Dennoch hatte ich das Gefühl, als sei das tropische Klima in Kamerun ein komplett anderes als in Nigeria: alles war grüner, üppiger, feuchter, schwüler. Wenn die Sonne die Wolkendecke nach einem Regenschauer durchbrach, dampfte nicht nur der Asphalt. Jede noch so kleine Pflanze begann zu qualmen und aus den Wäldern erhob sich träge ein schwerbeladener, milchiger Nebel. Anfangs fehlte mir bei dieser Luftfeuchtigkeit der Sauerstoff zum Atmen, gleichzeitig konnte ich gar nicht so viel trinken, wie ich ausschwitzte. Die ersten Tage strampelte ich durch die südlichen Ausläufer des Mount Cameroon, mit 4040 m der höchste Berg Westafrikas, und wenn ich einen Anstieg hinaufkeuchte, bekam ich Krämpfe vom Oberschenkel bis in den kleinen Zeh. In der Wirtschaftsmetropole Douala lag ich dann fast 24 Stunden regungslos auf dem Bett meiner Unterkunft, unfähig auch nur einen Schritt weiter zu gehen als bis zur Toilette und wieder zurück. Nach dieser Auszeit wurde es jedoch besser. Ich begann, mich an das schwül-feuchte Klima zu gewöhnen und fand trotz der inzwischen täglich niederprasselnden Tropengüsse immer mehr Gefallen daran. Auf dem Weg in die Hauptstadt Yaoundé passierte ich kilometerlange Bananenplantagen, deren Pflanzen vor Energie regelrecht zu explodieren schienen, und die Wälder entlang der Strecke wirkten selbst unter dem dunkel bewölkten Himmel dank der ständig neu sprießenden Blätter hell und freundlich. Yaoundé war ohne Zweifel die grünste Hauptstadt, die ich in Afrika zu sehen bekam. Sie war nicht nur von sieben üppig bewachsenen Bergen umgeben, auch in der Stadt wucherte das Grün an allen Ecken und verschlang selbst den Müll.

Ich blieb über eine Woche in Yaoundé, wo sich entscheiden sollte, ob ich über Gabun nach Süden oder durch den Kongo weiter nach Osten fahren würde. Die Entscheidung überließ ich mehr oder weniger den Botschaften der zur Auswahl stehenden Länder. Wer mir ein Visum erteilte, würde die Ehre haben, mich empfangen zu dürfen. Dass ich als erstes zur Botschaft der Demokratischen Republik Kongo ging, war reiner Zufall. Nein, das stimmt nicht! Die Wahrheit ist, meine Priorität lag eindeutig darauf, in den Kongo weiterzureisen. Ich befürchtete zwar, man würde mich im fernen Europa für etwas leichtsinnig oder gar verrückt erklären, denn der Kongo war seit Mitte der 1990er Jahre Schauplatz von Kriegen mit unfassbaren Gräueltaten geworden und im Nordosten des Landes hielt das Morden noch an. Doch für mich stellte sich die Situation ein wenig differenzierter dar. Der Kongo ist etwa so groß wie Westeuropa und nicht überall in diesem riesigen Land herrschen Krieg und Gewalt. Es gab Landesteile wie die Provinz Équateur oder die Provinz Katanga, die man im Jahr 2009 weitgehend gefahrlos bereisen konnte – man hörte in Europa nur nie etwas von diesen Regionen. Warum sollte ich also bei aller gebote-

Yaoundé

nen Vorsicht nicht dorthin fahren? Und warum sollte ich mir so ganz nebenbei nicht auch noch einen kleinen Traum erfüllen? Seit ich den Roman „An der Biegung des Großen Flusses“ von Literatur-Nobelpreisträger V.S. Naipaul gelesen hatte, war mir die Vorstellung nie mehr aus dem Kopf gegangen, irgendwann einmal mit einem Boot über den Kongofluss nach Kisangani zu tuckern. Jetzt war ich mehr als 14.000 Kilometer Fahrrad gefahren und der Kongo lag zum Greifen nahe. Ich konnte jeden verstehen, der mich für verrückt erklärte, weil ich in dieses Land reisen wollte. Mir aber erschien es noch viel verrückter, es nicht zu tun. Ich hielt es in jenen Tagen in meiner euphorischen Grundstimmung sogar für möglich, dass ich meine ganze Reise nur deshalb unternommen hatte, um mir diesen kleinen Traum zu erfüllen. Wahrscheinlich trieb mich aber auch wieder einmal meine Neugier an. Wie schon in Sierra Leone, so wollte ich auch jetzt ein Land kennenzulernen, das für gewöhnlich kaum jemand bereiste – wohl wissend, dass ich mir dabei erneut einen gehörigen Afrika-Koller einhandeln konnte.

Als ich nun zur Botschaft der Demokratischen Republik Kongo ging, rechnete ich mit ähnlichen Schwierigkeiten wie bei meinem Visumsantrag für Sierra Leone. Doch das war wieder einmal ein Irrtum und ich begann langsam, Afrika allein dafür zu lieben, dass ich mich immer wieder irren durfte. Für umgerechnet 144 Euro und zwei Passbilder bekam ich anstandslos mein ersehntes dreimonatiges Visum. Und ähnlich unproblematisch war es auch in der Botschaft der Zentralafrikanischen Republik, ein Land, durch das ich hindurchfahren musste, um in den Kongo zu gelangen: drei Passbilder, 187 Euro – fertig!

Nachdem ich beide Einreisegenehmigungen in der Tasche hatte, feierte ich die halbe Nacht in einer verlotterten Bar mit wildfremden Kamerunern, die meine Vorfreude auf den Kongo nicht so recht nachvollziehen konnten. Als ich ihnen erzählte, aus Deutschland zu kommen, lobten sie, wir hätten damals während der Kolonialzeit viel Gutes nach Kamerun gebracht. Wir hätten Krankenstationen errichtet, Eisenbahnlinien gebaut, die ersten Bananen- und Kaffee-Plantagen angelegt und natürlich das gute Bier eingeführt. Das war an jenem Abend ganz nach meinem

Geschmack: „So lasst uns denn nicht über die Verbrechen der Vergangenheit reden, darüber, dass wir zur Kolonialzeit Aufstände blutig niederschlugen! Nein, lasst uns trinken und feiern. Dieser Tag kommt nie wieder!" Ich bestellte eine neue Runde Bier, und erst als ich am nächsten Morgen mit einem Kater im Bett aufwachte, beschloss auch ich, die Dinge wieder etwas nüchterner zu betrachten. Ich verbrachte mehrere Tage damit, meine Tour vorzubereiten. So unterzog ich mein Fahrrad einer Generalinspektion, stockte meine Essensvorräte deutlich auf und verschenkte alles, was ich schon lange nicht mehr brauchte: vom kleinen Handy bis zum dicken, schweren Schlafsack. Die meiste Zeit hielt ich mich allerdings im Internet-Café auf. Sofern nicht gerade wieder einmal der Strom ausfiel, aktualisierte ich meine Website und schrieb Mails nach Hause mit einem beiläufigen Hinweis auf meine geplante Reise durch den Kongo. Im Wesentlichen versuchte ich jedoch stundenlang an neue Informationen über die vor mir liegende Strecke zu gelangen. Ich wusste, dass die Menschen im Kongo arm waren und dass mich katastrophale Straßenverhältnisse sowie eine schlechte Versorgungslage erwarteten. Wonach ich suchte, waren jedoch aktuelle Sicherheitshinweise. Alle Informationen, die ich dazu im Internet fand, betrafen indes nicht meine Route, sondern andere Regionen: In Zentralkongo war das Ebola-Virus wieder ausgebrochen, was Angola veranlasst hatte, die Grenzen in den Kongo zu schließen. Westlich der kongolesischen Hauptstadt Kinshasa waren Reisende von Banditen ausgeraubt worden, und das Auswärtige Amt warnte wie immer vor Reisen in den Nordosten des Kongos. Über meine anvisierte Strecke durch den Nordwesten des Landes fand ich dagegen keine einzige aktuelle Meldung, und so sagte ich mir „keine Nachrichten sind gute Nachrichten!" und machte mich auf den Weg.

Regentropfen wie Feuerkugeln

Tropische Gewitter sind unberechenbar. Man weiß nie, ob sie morgens, mittags, abends oder nachts losbrechen. Und man weiß auch nie so genau, ob sie stark oder schwach ausfallen. Eben noch hat man weit entfernt ein paar Blitze gesehen und leises Donnergrollen gehört. Wenige Minuten später steht man mitten im Chaos. Ein orkanartiger Wind wirbelt Äste durch die Luft, entwurzelt Bäume und deckt Dächer ab. Die Blitze sind so hell, dass man nichts mehr sieht. Die Donner so laut, dass man nichts mehr hört. Und erst wenn dieses Inferno aus Blitz und Donner seinem Höhepunkt zusteuert, kracht plötzlich auch der Regen los. Einmal war ich zu diesem Zeitpunkt noch auf der Straße unterwegs und der peitschende Wind prügelte die Regentropfen wie Feuerkugeln auf mich nieder. Die Einschläge schmerzten nicht nur, sie brannten.

Zwei Tage nachdem ich Yaoundé verlassen hatte, überkam mich eine erste Vorstellung davon, worauf ich mich ab sofort einstellen musste: unberechenbare Wetterkapriolen, kaum zu befahrende Pisten und immer knappe Lebensmittelvorräte. Mit einem Wort: Urwald. Die bis Yaoundé noch guten Asphaltstraßen gingen in rote Lehm- und Schotterpisten über und in den Senken stand das Wasser gelegentlich bis zu einem Meter hoch. Am Wegesrand gab es keine Plantagen mehr, dafür fraß sich der wild wuchernde Wald in die Piste hinein. Die Bäume rechts und links des Weges waren riesig und beugten ihre Dachkronen so weit über die Straße, dass man wie durch einen grünen Tunnel fuhr und den Himmel kaum noch sah. Die Menschen entlang der Strecke waren arm und wenn ich sie mit einem „Bonjour" grüßte, antworteten sie müde mit einem „Merci". Es gab in kleineren Orten keine Garküchen mehr und nachdem mein Zelt nach tropischen Regengüssen nachts mehrmals unter Wasser gestanden war, versuchte ich wann immer möglich abends eine feste Unterkunft zu finden. Meine letzte Nacht in Kamerun verbrachte ich dann auch in einem kleinen Zimmer eines winzigen Gehöfts unweit des Grenzübergangs von Kenzou. Als mitten in der Nacht wieder einmal ein Gewitter losbrach, riss ich das mit Brettern vernagelte Fenster zum Hof auf, um die frische Luft zu genießen. Mit dem ersten Windzug, der durch mein Zimmer fegte, knallte ein Spiegel, der an einer Wand hing, zu Boden und zerbrach.

Am nächsten Morgen schilderte ich mein Malheur und bot an, für den Spiegel zu bezahlen. In der Familie, die mir das Zimmer vermietet hatte, entbrannte daraufhin eine hitzige Diskussion und obwohl ich ihren Bantu-Dialekt nicht verstand, begriff ich, dass Mutter, Sohn und Tochter nicht über den Preis redeten, sondern über etwas ganz anderes. Als ein alter Mann in der Hofeinfahrt auftauchte, wurde auch er in das Gespräch eingebunden. Ich stand da und wollte meine Reise fortsetzen, aber mir war klar, dass ich das Ergebnis der Diskussion abwarten musste. Irgendwann schien man sich geeinigt zu haben. Der vielleicht elfjährige Sohn sprach von allen am besten Französisch. Er trat auf mich zu und sagte

Wenn der Himmel schwarz wird, Schutz suchen!

während die anderen gespannt in mein Gesicht sahen: „Meine Mutter will, dass du weißt, dass ein zerbrochener Spiel Unglück bringt." Ich nickte daraufhin wahrscheinlich so, als ginge mich das nichts an. Im deutschen Aberglauben heißt es schließlich ebenfalls, dass ein zerbrochener Spiegel sieben Jahre Unglück bedeuten kann. Der Junge schien meine Gleichgültigkeit zu sehen und ergänzte, Spiegel seien das Haus der Toten und ein im Sturm zerbrochener Spiegel bedeute eine Begegnung mit dem Tod.

Obwohl die Familie es nicht wollte, bestand ich darauf, für den zerbrochenen Spiegel zu zahlen, erst danach fuhr ich weiter und fragte mich schon nach wenigen Kilometern, ob ich mich mit ein paar Scheinen wohl hatte freikaufen wollen. Trotz aller Verdrängungsversuche ging mir die Geschichte mit dem Spiegel lange Zeit nicht mehr aus dem Kopf. Sie erinnerte mich zu stark an eine andere Begebenheit. Im Jahr 2000 war ich mit dem Fahrrad in den bolivianischen Anden unterwegs gewesen. Im November jenes Jahres kehrte ich von einem Tagesausflug zu meiner Unterkunft zurück. Als ich über einen staubigen Hof zur Veranda meines Zimmers ging, sah ich auf der Tür zu meinem Zimmer einen großen, sehr schönen schwarzen Falter sitzen. Neben mir stand eine Frau und meinte: „In Bolivien sagt man, wenn ein solcher Falter auf der Haustür sitzt, steht in der Familie ein Todesfall bevor." Ich vergaß damals den Vorfall, bis 14 Monate später meine Mutter starb.

ZENTRALAFRIKANISCHE REPUBLIK

(km 14.860 – km 15.400)

Malaria, Gelbfieber, Lepra

Die Pygmäen zählen zu den ältesten Völkern der Welt. Sie leben mit Pfeil und Bogen als Jäger und Sammler in den entferntesten Winkeln der zentralafrikanischen Urwälder. Es heißt, Pygmäen kämen als begnadete Sänger zur Welt, doch sie sind vom Aussterben bedroht. Die fortschreitende Abholzung engt ihren Lebensraum immer mehr ein, und die Begegnung mit der modernen Zivilisation macht sie zunehmend krank: Pocken, Alkohol, Sesshaftigkeit. Wer den letzten noch in der Wildnis lebenden Ureinwohnern des afrikanischen Kontinents begegnen will, muss tief in die Wälder eindringen, nicht auf erdigen Straßen, sondern über schmale Flüsse, begleitet nur von Wind und Wald. Ich tat es nicht. Und dennoch sah ich in der Zentralafrikanischen Republik zum ersten und einzigen Mal auf meiner Reise Pygmäen, allerdings nicht mit Pfeil und Bogen, sondern mit Jeans und T-Shirt. Sie sangen nicht, sie liefen schwankend über die Straße.

Die Zentralafrikanische Republik wird überwiegend von großgewachsenen Bantu-Völkern bewohnt und die meisten von ihnen haben für die kleinwüchsigen Pygmäen nur Verachtung übrig. Doch den Bantu geht es genaugenommen nicht viel besser. Auch sie ernten nichts weiter als Verachtung – und zwar von den noch etwas größeren, den Mächtigen, die in der Hauptstadt Bangui das Sagen haben. Sie stecken sich das Geld aus dem illegalen Diamanten- und Goldhandel in die eigene Tasche, verkaufen die Urwälder und lassen die Bevölkerung auf Bananen-, Baumwoll- oder Kaffeeplantagen für einen Hungerlohn arbeiten. Laut Vereinten Nationen zählte die Zentralafrikanischen Republik im Jahr 2009 (wie Sierra Leone) zu den ärmsten Ländern der Welt, gepeinigt von Korruption, Bürokratie und mangelnder Bildung. Es gab zwar offiziell eine

Straßenszene an der Grenze

allgemeine Schulpflicht und der Unterricht war (wie in Ghana) kostenlos, doch nicht einmal die Hälfte aller Kinder besuchte die Schule – einfach deshalb, weil die Kinder (wie in Mali) zum Überleben der Familien beitragen mussten. Ein flächendeckendes Gesundheitswesen existierte im Land nicht. Die einen starben immer wieder an Malaria, die anderen an Pocken. Lepra und die durch Tse-Tse-Fliegen übertragene Schlafkrankheit waren zwar nicht mehr weitverbreitet, aber noch immer vorhanden.

Am Grenzübergang in die Zentralafrikanische Republik verlangte man dann zum ersten Mal auf meiner Reise durch Afrika meinen Impfausweis. Ich hatte eine abgelegene, kleine Zollstelle gewählt und wurde zur Gesundheitskontrolle in eine separate Holzbaracke gebeten. Dort saßen in einem schwül-heißen Raum zwei Männer. Sie studierten fast eine halbe Stunde lang miteinander flüsternd die vielen kleinen Aufkleber und Stempel, bis einer der beiden sich erkundigte, wo denn meine Gelbfieber-Impfung zu finden sei. Ich zeigte ihm den Eintrag, worauf er und sein Kollege wieder eine halbe Ewigkeit miteinander flüsterten, ehe sie beschlossen, mir meinen Impfausweis zurückzugeben. Abschließend forderten sie für ihre Arbeit 2000 CFA, umgerechnet etwa drei Euro. Ich stand auf, erklärte wie selbstverständlich, dass ich mit dem Fahrrad unterwegs sei, weil ich kaum Geld besäße und verließ grüßend den Raum, um mir in der nächsten Baracke meinen Einreisestempel abzuholen.

Wie bei allen vorangegangenen Grenzübergängen musste ich auch hier zunächst ein kleines Formular mit den gängigen persönlichen Daten ausfüllen. Auf dem Vordruck wurde außerdem die Anschrift meines geplanten Aufenthaltsortes verlangt. Ich schrieb in das freie Feld, dass ich mich in der Hauptstadt Bangui im „Hotel Bangui" einzuquartieren gedachte. Zwar hatte ich keine Ahnung, ob es dieses Hotel überhaupt gab, aber ich hielt es für sehr wahrscheinlich.

Am Anfang meiner Reise hatte ich die Information über meinen geplanten Aufenthaltsort oft ausgelassen und auf Nachfragen erläutert, ich sei mit dem Fahrrad unterwegs und wisse nicht, wo ich demnächst übernachten würde. Diese Aufrichtigkeit führte allerdings nur zu Problemen und mitunter dazu, dass man mir die Einreise zu verweigern drohte. Spätestens als beim Grenzübergang nach Guinea-Bissau der Zollbeamte vom andauernden Hin und Her genervt schließlich eigenhändig irgendein Hotel in das leere Feld schrieb, begriff ich, dass es in Afrika nicht immer darum geht, alles nach bestem Wissen und Gewissen zu beantworten, sondern manchmal nur darum, der Bürokratie zu genügen und einen Zettel vollständig auszufüllen. Der Grenzbeauftragte in der Zentralafrikanischen Republik bestätigte diese Erkenntnis. Er warf einen kurzen Blick auf den Zettel, ruckelte auf seinem Stuhl hin und her, betrachtete die Angaben noch einmal und fragte dann: „Sie wollen also nach Bangui? Wie lange werden Sie mit dem Fahrrad dafür brauchen?" Ich antwortete: „Wahrscheinlich eine Woche!" Wo ich die Nächte während dieser Zeit verbringen würde, war dem Mann völlig gleichgültig. Ganz und gar nicht egal war ihm etwas anderes. Bevor er den Einreisestempel in den Pass drückte, verlangte auch er 2000 CFA. Mir war bekannt, dass solch kleine „Bearbeitungsgebühren" bei der Einreise in die Zentralafrikanische Republik durchaus üblich waren. Dennoch fragte ich der Form halber, wofür ich zahlen müsse, wo ich doch schon mein Visum für viel Geld erworben hätte. Der Grenzbeauftragte sagte: „Für den Stempel!" Ich dachte: „C'est l'Afrique! – Du willst einreisen, also zahl' brav und halt die Klappe!" So schob ich entgegen meines rechtsstaatlichen Empfindens 2000 CFA über den Tisch, überzeugt davon, dass ich noch genug Chancen bekommen würde, einen Aufstand gegen Bakschisch-Zahlungen anzuzetteln. Die Zentralafrikanische Republik war bekannt dafür, dass Militär und Gendarmerie an jeder Ecke standen, um die Hand aufzuhalten und man hatte mir noch in Kamerun mehrmals geraten, ein paar Scheine abzudrücken, um mir unnötigen Ärger zu ersparen. In diesem Zusammenhang war ich auch immer wieder darauf hingewiesen worden, dass Soldaten und Polizisten von solchen Zahlungen lebten, weil der Staat sie nur unzureichend oder gar nicht bezahlte. Selbst wenn das ein nachvollziehbarer Grund für ihre Geldforderungen sein mochte, betrachtete ich die Sache aber natürlich dennoch anders: Wenn sich Präsident und Minister Luxusvillen bauten, aber ihre Beamten samt Bevölkerung hungern ließen, wollte ich das nicht auch noch fördern, nicht einmal mit 2000 CFA. Korruption beginnt mit „Bonbon-Zahlungen" an Staatsbedienstete, und ich sagte mir: „Wehret den Anfängen!" Da ging es mir ums Prinzip, ganz konsequent, ganz schrecklich deutsch und ganz und gar nicht afrikanisch.

„Barrière de Pluie"

Der erste Ort hinter der Grenze hieß Gamboula. Da es noch Vormittag war, hielt ich nur kurz an, um etwas zu trinken. Danach fuhr ich weiter, kam allerdings nicht weit, weil schon am Ortsausgang die Gendarmerie darauf wartete, meine Prinzipientreue zu überprüfen. Man bat mich zu einem Gespräch mit dem diensthabenden Vorgesetzten, der mich mit W-Fragen löcherte und zu guter Letzt für die Erlaubnis zur Weiterfahrt 2000 CFA verlangte. Schon wieder 2000 CFA! Es schien die übliche Bakschisch-Gebühr in diesem Land zu sein. Ich lachte und sagte spontan: „Je suis désolé, mais je ne suis pas capable d'alimenter l'Afrique!" Es täte mir aufrichtig leid, aber ich sei nicht in der Lage, Afrika zu ernähren. Dieser Satz hörte sich einfach fantastisch an und brachte zudem noch alles Wesentliche auf den Punkt. Er wurde in den kommenden Monaten während vieler vergleichbarer Situationen zu einem meiner Lieblings-Sätze, auch wenn er leider nicht immer Wirkung zeigte. Bei der Ausfahrt aus Gamboula war ich allerdings noch auf der Siegerstraße. Da ich schon bei den Impfpass-Kontrolleuren gute Erfahrungen mit meiner unerschrockenen Dreistigkeit gemacht hatte, stand ich auch jetzt nach meinem grandiosen „Je suis désolé ..." einfach auf, wünschte einen schönen Tag und verließ die Stube. Der Gendarm war vermutlich ähnlich konsterniert wie seine beiden Vorgänger eine Stunde zuvor, denn er blieb wie gelähmt auf seinem Stuhl sitzen, sagte kein Wort mehr und ließ mich davonstapfen.

Die Straße, die aus Gamboula hinausführte, machte mir sofort klar, dass die Uhren in der Zentralafrikanischen Republik anders tickten. In Kamerun waren die Straßen zuletzt immer schlechter geworden und auch mal überflutet gewesen, doch jetzt ähnelten die Wege nur noch zerfurchten Schlammlöchern. Lastwagen hatten sich im roten Morast festgefahren und metertiefe Gräben hinterlassen. Rot war die alles dominierende Farbe: die Erde rot, der Schlamm rot, mein Fahrrad rot, ich rot, von Kopf bis Fuß rot. Etwa 30 Kilometer nach dem Grenzübergang kam ich als rotes Erdmännchen in einen kleinen Ort namens Nasoli. Am Ortseingang sah ich einen Schlagbaum mit der handgeschriebenen Aufschrift „Barrière de Pluie", und da die Schranke noch geöffnet war, konnte das nur eines bedeuten: es drohte noch schlimmer zu werden. Kaum war ich als rot-getarnter Weißer erkannt worden, rannten an die 50 aufgeregten Kinder schreiend auf mich zu, Erwachsene drängten herbei und wenig später tauchten auch schon drei Milizionäre auf: „Wer-Wie-Wo? Wieso-Weshalb-Warum?" Ich war mir sicher, dass sie mich zu ihrem Chef bringen würden und

Viel Spaß!

dass dieser alsbald 2000 CFA verlangen dürfte. Tatsächlich wurde ich zum örtlichen Truppen-Chef gebeten, doch der forderte kein Geld. Wieder einer meiner herrlichen Irrtümer! Der Mann saß im zerschundenen Kampfanzug vor mir und klärte mich über die militärische Lage auf: „Wir sind eine Bürgerwehr. Wir haben zwei Jahre lang an der Seite des Militärs gegen die Banditen gekämpft, die die Straßen in unserer Region unsicher machten. Noch vor kurzem wurden Menschen, die zwischen den Dörfern unterwegs waren, überfallen, ausgeraubt und ermordet. Doch jetzt haben wir aufgeräumt. Die Banditen sind tot oder im Gefängnis!"

Ich blieb über Nacht in Nasoli, ein Ort aus niedrigen Lehmhütten und hölzernen Baracken. Die Straßen versanken durch den Regen im Morast, die aus getrockneten Lehmziegeln errichteten Hütten drohten durch die himmlischen Wasserfluten in sich zusammenzufallen und die Menschen liefen mit nackten Füßen schmatzend durch den Schlamm. Zwei Milizionäre brachten mich zu einer einfachen Unterkunft, einer kleinen Lehmhütte mitten im Dorf und abends saß ich mit ihnen sowie einigen anderen Männern bei einem lauwarmen Bier zusammen, um etwas über sie zu erfahren und von mir zu erzählen. Die Männer berichteten vom wiederkehrenden Hunger am Ende jeder Regenzeit und von ihrem Kampf gegen die Räuberbanden, die nach ihren Angaben allesamt aus dem Tschad stammten. Dabei empfahlen sie mir eindringlich, keinesfalls die nördliche Verbindungsstraße nach Bangui zu nutzen, da dort Reisende noch immer von Banditen überfallen und nicht selten ermordet würden – ich versprach, vorsichtig zu bleiben.

Bekiffte Soldaten

Den zweiten Tag in der Zentralafrikanischen Republik ging ich mit großer Zuversicht entgegen, denn ich wollte lediglich bis Berbérati, dieser Ort lag nur knapp 60 Kilometer von Nasoli entfernt. Obwohl die Piste nicht mehr ganz so verschlammt war wie am Tag zuvor, wurden es dennoch 60 anstrengende Kilometer, denn es ging abwechselnd bergauf, bergab. In den Tälern moderten breite Sumpfgebiete vor sich hin und zum ersten Mal auf meiner Reise durch Afrika wurde ich jetzt auch schon mitten am Tag von Mücken attackiert. Hin und wieder torkelten mir kriechend und schnaufend schwere Lastwagen mit den riesigen Baumstämmen gefällter Urwaldriesen entgegen. Ich fragte einen Fahrer, wohin die Hölzer transportiert würden. Er sagte: „Nach Kamerun, dort werden sie verschifft, nach Europa, nach China; ich weiß es nicht!“

Auf dem Weg nach Berbérati kam ich schließlich noch an drei Kontrollposten vorbei. Zweimal fuhr ich einfach weiter als hätte ich die Milizionäre nicht gesehen und war froh, dass mir niemand folgte. Am dritten Posten musste ich wegen eines Schlagbaums stoppen. Zwei Soldaten saßen etwas abseits unter einem Palmblätterdach und konnten sich nicht entscheiden, was sie tun sollten. Als sie merkten, dass ich einfach um die Schranke herumlief, um weiterzufahren, kamen sie dann doch zu mir und forderten 5000 CFA

Abtransport, Ausverkauf

für einen Passierschein. Ich stellte mich bereits auf eine lange, prinzipientreue Debatte ein, als die beiden Männer mir einen Strich durch die Rechnung machten, denn sie waren augenscheinlich bekifft, mussten ständig lachen und vergaßen dabei auch ihre Geldforderung. Einer der beiden fragte mich, ob ich denn keine Angst hätte ganz alleine durch Rebellengebiet zu fahren. Ich erkundigte mich verunsichert: „Was für Rebellen?" Die beiden prusteten los und konnten sich vor Lachen kaum noch auf den Beinen halten.

Die Menschen in den kleinen Dörfern begegneten mir sehr freundlich. Die Kinder waren bei meinem Anblick zwar sehr aufgeregt und manchmal für meinen Geschmack auch etwas zu laut, doch ihr Schreien beruhigte sich meistens nach wenigen Minuten. Wenn ich nach Wasser fragte, rannte immer jemand los, um meine Trinkflaschen zu füllen. Als in einem winzigen Dorf fleischige Mangos zum Kauf angeboten wurden, schlug ich gnadenlos zu und schlabberte vor den Augen aller herbeigeeilten Einwohner sieben köstlich süße Früchte in mich hinein, wobei ich zur Erheiterung aller ein unglaubliches „Geschmodder" veranstaltete und mein T-Shirt komplett mit klebrigem Fruchtsaft bekleckerte.

Am frühen Nachmittag erreichte ich Berbérati, suchte mir eine Unterkunft und wusch meine Klamotten, um sie von den Mango-Resten und vom roten Schlamm zu befreien. Abends ging ich in den Ort, aß eine Portion Fufu und da mein Hunger noch nicht gestillt war, legte ich noch fünf Fleischspieße nach. Die Fleischspieße waren zwar eher „Fett-Spieße", aber sie waren knusprig gegrillt und wurden zudem mit klein geschnittenen Zwiebeln und scharfem Chili serviert. Nachts rumorte mein Verdauungssystem und ich verbrachte mehrere Stunden auf der Latrine. Ich spürte, dass es nichts Schlimmes war: die vielen Mangos und die vielen Fett-Spieße kämpften lediglich um die Vorherrschaft über meine begrenzten Zersetzungssäuren. Zur Sicherheit beschloss ich am nächsten Morgen dennoch einen Ruhetag einzulegen. Ich war seit neun Tagen ununterbrochen unterwegs, da konnte eine Pause nicht schaden. Abends verzichtete ich aus vernünftigen Erwägungen auf weitere Fettspieße, begnügte mich mit einem Fufu und lernte Kamou kennen. Er war Lkw-Fahrer und warnte mich ebenfalls davor, die nördliche Verbindungsstraße nach Bangui zu wählen: „Fahr' besser über die Südroute. Diese Strecke nutzen auch viele Fernfahrer. Die Straße ist zwar schlecht, aber dort gibt es weniger Banditen. „Weniger?", fragte ich. Kamou sagte: „Mon ami, es gibt in diesem Land keine Sicherheit!"

Audienz beim Bürgermeister

Als ich am nächsten Morgen die empfohlene Südroute in Angriff nahm, öffnete der Himmel wieder einmal seine schwarzen Schleusen und die Welt versank im Dauerregen. Ich kam an einem mit Baumstämmen beladenen Lastwagen vorbei, der sich im klebrigen Schlamm eingegraben hatte, ein zweiter war gar umgestürzt. Mir erging es im Vergleich dazu noch gut, denn ich konnte mich am äußersten Rand der Fahrbahn vorwärtsbewegen, wo der Morast noch am geringsten war. Dennoch war es eine Tortur – für mein Fahrrad und für mich. Am frühen Nachmittag erreichte ich einen kleinen Ort namens Bania. Ich hatte gerade einmal 53 Kilometer hinter mir, aber ich war völlig erschöpft und komplett verdreckt. Als ich in einer Seitengasse ein verwittertes Hotelschild entdeckte, beschloss ich zu bleiben und stapfte zu Fuß durch knöcheltiefen Morast in Richtung Hotel, begleitet von vielen neugierigen Kindern und sehr bald auch von einem Gendarmen. Der Mann hatte einen mächtigen Bierbauch und forderte mich auf, ihm zur Regelung der Formalitäten zum Polizeiposten zu folgen. Ich lief weiter auf das Hotel zu und sagte: „Mais oui, Monsieur, plus tard, plus tard! – Aber ja, später, später!"

Das Hotel in Bania hatte seine besten Tage schon lange hinter sich. Ich trat durch ein breites Tor auf einen großen Innenhof, dessen grauer Zementboden breite Risse und tiefe Löcher aufwies. Am rechteckigen Hof waren an drei Seiten unter einer überdachten Veranda kleine Gästezimmer gruppiert. Ein älterer Mann kam herbei, um mir ein Zimmer zu zeigen und während er zunächst einmal die Kinder verjagte, insistierte der Gendarm weiter, ich hätte die Pflicht, mich als Besucher registrieren zu lassen. Ich erklärte ihm, dass ich mich so verdreckt wie ich war nicht weiter öffentlich sehen lassen wolle und bat ihn, mir eine Dusche zu gönnen und in zwei Stunden zurückzukehren, dann würde ich ihn gerne zum Polizeiposten begleiten. Zum Ehrenwort reichte ich ihm meine rotverkrustete Hand, er schüttelte sie und ging. Anschließend bezog ich ein kleines Zimmer im Westflügel des schmucklosen Hofes und räumte einen Plastikstuhl aus dem Zimmer auf die Veranda, damit mein Fahrrad noch irgendwie in die winzige Bude hineinpasste. Der dunkle Raum ähnelte einer Gefängniszelle. Es gab nur ein schmales, vergittertes Fenster von maximal 60 cm Breite und 20 cm Höhe. Das Fensterglas war natürlich zerbrochen und im Bett eine tiefe Kuhle, doch dafür steckte in einer leeren Bierflasche immerhin eine Kerze. Ich setzte mich auf den Plastikstuhl unter das Dach der Veranda, nahm zur Kenntnis, dass es wieder zu regnen begann und holte tief Luft. Erst jetzt bemerkte ich eine junge Frau, die auf der gegenüberliegenden Seite des Innenhofes ebenfalls auf der Veranda vor ihrem Zimmer saß. Sie ließ sich von einer zweiten jungen Frau die glatt gebügelten Haare frisieren, ein etwa zweijähriges Mädchen spielte neben den beiden Frauen auf dem Betonboden mit Steinen. Ich grüßte aus der Entfernung mit einem Winken und fragte mich, was diese hübschen und auf Äußerlichkeiten bedachten Frauen wohl über einen Weißen dachten, der mit dem Fahrrad daherkam und ein derart verschlammtes Erscheinungsbild bot.

Nachdem ich mich bemüht hatte, meinen Körperdreck mit etwas Wasser in ein abseits gelegenes, wenig ansehnliches und von allen Gästen gemeinsam genutztes Latrinenloch zu spülen, zog ich mir halbwegs saubere Klamotten an und wartete auf die Rückkehr des Gendarmen. Die beiden jungen Frauen waren derweil noch immer am Frisieren und ich setzte mich ein zweites Mal in den Plastikstuhl auf die Veranda. Plastikstühle sind in Afrika weit verbreitet und ich hatte schon öfter unangenehme Erfahrungen mit ihnen gemacht. Die meisten stammen aus chinesischer Billigproduktion und sind ziemlich gefährlich, denn ihre Stuhlbeine knicken ausgesprochen gerne ein, wenn man auf die Idee kommt zu kippeln. Ich hatte das unglücklicherweise vergessen und knallte nun vor den Augen der sich noch immer frisierenden jungen Frauen beim Kippeln auf den Beton. Da mein Hunger immer größer wurde und die verabredeten zwei Stunden bis zur Rückkehr des Gendarmen längst vorüber waren, ging ich schließlich in den Ort, um etwas zu essen. Ich lief zufällig an einer Bruchbude vorbei, in der mein Bierbauch-Gendarm sich gerade einen weiteren Gerstensaft genehmigte. Er sagte, der Bürgermeister wolle mich sprechen, er habe einen Termin für den Abend verabredet und käme später vorbei, um mich abzuholen. Wir gaben uns ein zweites Mal die Hand, womit die Verabredung neu besiegelt war. Ich schlenderte noch etwas weiter, setzte mich dann in eine winzige Bretterbude und bestellte mir eine Portion Fufu. Neben mir saßen zwei junge Männer mit großen Taschen. Sie erzählten mir, dass sie als Handelsreisende unterwegs seien und präsentierten mir aus ihren Taschen T-Shirts, Hosen, Kleider und Tücher. Auf einigen T-Shirts war das

Konterfei von Barack Obama abgebildet. Ich hatte schon mehrmals Afrikaner gesehen, die ein solches Shirt trugen und fragte die beiden, ob es sich gut verkaufe. Der ältere antwortete, das Shirt sei am Anfang sehr beliebt gewesen, das Geschäft laufe inzwischen aber nicht mehr ganz so gut. Ich fragte nach dem Grund und er sagte: „Die Menschen haben gehofft, dass Obama Afrika aus der Not befreit. Aber es hat sich bei uns nichts geändert!" Barack Obama war damals gerade erst vier Monate im Amt. War es nicht zu früh, um enttäuscht zu sein? Was erwarteten die Menschen von diesem Mann? Nur einige Monate später wurde Obama der Friedensnobelpreis verliehen. War das nicht auch noch etwas früh? Dass Afrikaner ihre Hoffnungen auf den ersten schwarzen Präsidenten der Vereinigten Staaten setzten, konnte ich noch verstehen. Aber wieso meinte das Nobelkomitee, aus einem einzelnen Mann den Hoffnungsträger für die gesamte Welt machen zu müssen? Obama tat mir leid, bei so hohen Erwartungen konnte er nur scheitern.

Fufu-Zubereitung

Die Audienz beim Bürgermeister fand vor dessen Haus an einem abgelegenen Berghang statt. Alle Honoratioren des Ortes schienen zusammengekommen zu sein, um den Gast aus Deutschland zu begrüßen. Wir saßen unter freiem Himmel auf lebensgefährlichen Plastikstühlen und nachdem ich alle W-Fragen ausgiebig beantwortet hatte, wurde mir über die Sorgen vor Ort berichtet. Dabei schimpfte man angesichts der repressiven Staatsführung erstaunlich ungeschminkt über die katastrophale Regierungsarbeit und die allgegenwärtige Korruption. Der Staat kümmere sich nicht um die Infrastruktur, verscherbele die Rohstoffe des Landes und stecke sich das Geld in die eigene Tasche. Er bezahle nicht einmal seine eigenen Bediensteten, weder Lehrer noch Bürgermeister, weder Polizisten noch Soldaten. Und irgendwann hörte ich: „Wir haben Diamanten, Gold und Holz, aber nichts von diesem Reichtum kommt bei den Menschen auf der Straße an. Was sollen wir tun? Sag' du es uns, du kommst doch aus Europa!"

Estella und die zwei Boxernasen

Die Sonne war bereits untergegangen, als mich mein Bierbauch-Gendarm zu meiner Unterkunft zurückbegleitete. Er sagte, man habe auch ihm seit Monaten kein Gehalt mehr gezahlt und er könne seine Familie kaum ernähren, ob ich nicht etwas Geld für ihn übrig hätte? Ich fragte ihn unumwunden, wie er Bier trinken könne, wenn er kein Geld besäße, auf Pump? Der Gendarm lächelte unschuldig: „Donnez-moi d'argent, mon ami." Wenig später saß ich noch keine fünf Minuten alleine auf der Veranda vor meinem winzigen Zimmer, als zwei Boxernasen auf mich zukamen, großgewachsene Schwergewichtler, von denen einer eine zertrümmerte Nase aufwies. Die beiden waren wie ich im Westflügel unseres Hotelschlosses einquartiert und redeten jetzt in einer Mischung aus Sango und Französisch auf mich ein. Ich verstand kein Wort und zuckte ein ums andere Mal mit den Achseln, bis eine der jungen Frauen vom Ostflügel herüberkam und übersetzte. Sie erklärte, die Männer wollten mir Gold und Diamanten zum Kauf anbieten. Ich brauchte eine halbe Stunde, um klar zu machen, dass ich kein Interesse an einem solchen Geschäft hatte. Die beiden Männer verschwanden schließlich, die junge Frau blieb.

Estella war 18 Jahre alt und die Mutter des knapp zweijährigen Mädchens, das sie inzwischen offenbar zum Schlafen gelegt hatte. Sie erzählte mir, dass sie aus der Hauptstadt Bangui stamme, aber vor ein paar Monaten mit ihrem Kind von zu Hause fortgelaufen sei, da es nach dem Tod ihrer leiblichen Mutter fortwährend Streit mit der zweiten Frau ihres Vaters gegeben habe. Der Vater ihrer eigenen Tochter habe sich noch während der Schwangerschaft aus dem Staub gemacht. Sie habe dann trotzdem noch die Schule beendet und später in Bangui eine Weile in einer Boutique gearbeitet, bis sie wegen der häuslichen Streitereien und wegen eines anderen Mannes nach Bania gekommen sei. Der Mann habe sie nun aber ebenso wie der Vater ihrer Tochter sitzen lassen. Ich fragte sie, ob sie nicht nach Bangui zurückkehren wolle. Dort habe sie sicher Freundinnen und vielleicht könne sie sich auch mit ihrer Stiefmutter aussöhnen. Sie meinte darauf nur: „Je ne sais pas – ich weiß es nicht." Ich bemühte mich, sie von der Idee zu überzeugen und erklärte ihr, dass sie in Bangui ganz gewiss auch wieder einen Job in einer Boutique finden werde, doch sie blieb unentschlossen und als ich mich erkundigte, was sie sich denn wünsche, hörte ich ein weiteres Mal: „Je ne sais pas!" Und die Zukunft? „Je ne sais pas." Fast unvermittelt sagte sie dann: „J'ai faim! – Ich habe Hunger!" Erst in diesem Moment begriff ich, dass auch Estella Geld von mir wollte. Und erst da begriff ich auch, dass die junge Frau als Gegenleistung dafür mit mir auf mein Zimmer gehen würde, ihr Augenaufschlag war plötzlich zu eindeutig. Ich hatte Estella nach ihren Wünschen und Träumen befragt, aber sie dachte nicht an Morgen, sie hatte andere Sorgen: sie hatte eine Tochter und ihrer beider Mägen knurrten. Ich sagte, sie solle nach Bangui zurückzukehren und gab ihr genug Geld, damit sie zwei bis drei Tage etwas zu essen kaufen und sich mit ihrer Tochter bis in die Hauptstadt durchschlagen konnte. Gleichzeitig nahm ich ihr das Versprechen ab, niemandem von meiner Unterstützung zu erzählen, sonst stünden die Menschen demnächst Schlange vor meiner Tür. Sie versprach es, weckte ihre Tochter und ging in den Ort. Wenig später zog ich mich in meine Bettkuhle zurück, denn ich war müde und musste schlafen. Ich lag noch keine zehn Minuten, da klopfte es an meine Tür. Eine ältere Frau trug ein Kind auf dem Arm und flüsterte, ihr Sohn sei krank und sie brauche Geld für Medizin. Nachdem ich ihr ein paar Scheine gegeben hatte, legte ich mich wieder ins Bett, fest entschlossen, die Tür nicht noch einmal zu öffnen, falls es erneut klopfen sollte. Ich schlief ein und hörte kein Klopfen mehr. Nachts musste ich aufs Klo und lief über den Hof zur Latrine. Auf dem Rückweg sah ich, wie Estella aus einem Zimmer der beiden Boxernasen schlich. Sie winkte mir zu und tapste barfuß zum Ostflügel hinüber, wo ihre Tochter schlief.

Mein Kampf um Prinzipien

Ich verließ Bania am nächsten Morgen in aller Frühe und erreichte gegen Mittag Yamandu, ein Ort, der auf meiner Karte nicht eingezeichnet war. Er bestand lediglich aus einigen halb verfallenen Häusern und drei oder vier Bretterbuden, in denen man etwas zu essen und zu trinken kaufen konnte. Wahrscheinlich existierte der Ort nur deshalb, weil sich die Straße hier gabelte. Ein Weg führte nach Süden in den „Dzanga-Sangha-Nationalpark", der andere ging nach Osten in Richtung Kongo. Noch ehe ich den Abzweig erreichte, sprang ein Gendarm auf mich zu und schoss ohne Begrüßung oder sonstige Einleitung wie üblich los: „Wer-Wie-Wo? Wieso-Weshalb-Warum? Woher und Wohin?" Ich grüßte ausgesprochen freundlich mit den Worten „Bonjour Monsieur, comment ça va?" und gab mir die allergrößte Mühe, sämtliche Fragen geduldig zu beantworten. Am Ende stellte ich meinerseits beiläufig die Frage, welcher Weg denn der richtige in Richtung Kongo sei. Ich hoffte, der Gendarm würde nach links zeigen und mich weiterfahren lassen. Er zeigte dann auch tatsächlich nach links, zeigte anschließend aber auch nach rechts und dort stand direkt an der Weggabelung der Militär-Posten, ein schlichtes Holzhaus mit einer kleinen Veranda. Mir blieb also nichts anderes übrig, als mich beim diensthabenden Offizier vorzustellen. Der Mann reichte mir zur Begrüßung die Hand, stellte alle W-Fragen ein weiteres Mal und bat mich um meinen Reisepass. Ich übergab ihm den Pass im vollen Bewusstsein darüber, dass ich ihm damit einen Trumpf in die Hand spielte, denn wer in Afrika seinen Pass abgibt, hat es schwer, ihn wiederzubekommen, wenn er sich weigert, ein Lösegeld in Form irgendeiner Gebühr zu zahlen.

Der diensthabende Offizier fing nun an, in meinem Pass zu blättern, in dem sich bis zur letzten Seite diverse Visa sowie zahlreiche bunte Ein- und Ausreisestempel befanden. Ich wies darauf hin, dass sich das Visum für die Zentralafrikanische Republik auf der vorletzten Seite befände, aber die anderen Seiten fand er auch sehr interessant. Stempel sind einfach überall in Afrika sehr wichtig und deshalb auch sehr aufregend. Nach einer Weile stellte der Soldat trocken fest: „Sie sind also Deutscher!" Ich hatte ihm das zwar schon gesagt, außerdem hielt er meinen deutschen Pass in der Hand, aber ich war in ähnlicher Situation ja auch schon als Franzose identifiziert worden und bestätigte deshalb gerne noch einmal ebenso trocken: „Oui, Monsieur." Der Offizier nahm langsam zur Kenntnis, dass ich durch halb Afrika gereist war, stellte noch die eine oder andere Frage zu meiner Reise und begann dann irgendwann meine Pass-Daten in ein dickes Buch einzutragen. Ganz nebenbei stellte er ein paar weitere vermeintlich unverfängliche Fragen: Welchen Beruf ich ausübte, wo ich die vergangenen Nächte verbracht hätte und ob ich einen Fotoapparat mitführte. Einen Fotoapparat? Alarm, Alarm! Ich wusste, dass Militär und Polizei fürs Fotografieren gerne eine Gebühr erhoben. Also tat ich, als verstünde ich seine Frage nicht. Der Mann sah mich an und formulierte ein wenig anders: „Fotografieren Sie?" Ich war in der Bredouille. Würde ich den Inhalt meiner Taschen präsentieren müssen, könnte ich meinen Fotoapparat kaum verheimlichen. Was tun? Ich wusste es nicht und tat erneut, als hätten wir Verständigungsschwierigkeiten: „Fotografieren?" Da suchte der Offizier eine dritte Formulierung: „Machen Sie Fotos, filmen Sie?" Daraufhin tat ich mit einem breiten Lächeln, als hätte ich endlich verstanden und sagte: „Nein, nein! Ich filme nicht!" Im Fall der Fälle hätte ich jetzt darauf verweisen können, das Filmen verneint zu haben, nicht aber das Fotografieren. Der Mann ließ das Thema glücklicherweise fallen, holte aber schon zum nächsten Schlag aus.

Er hielt meinen Pass in der Hand, sah mir gutmütig in die Augen und erklärte, ich müsse für die Registrierung meiner Daten in sein dickes Buch 5000 CFA zahlen, umgerechnet 7,50 Euro. Ich kämpfte um meine Prinzipien und hielt dagegen: „Entschuldigung, Sie wollen 5000 CFA für die Registrierung? Das ist doch Ihre Arbeit und die Regierung bezahlt Sie für Ihre Arbeit. Warum soll ich etwas zahlen?" Der Offizier erzählte ausnahmsweise mal nicht, dass er seit Monaten kein Gehalt erhalten habe, sondern erläuterte freundlich und geduldig, die Registrierung sei zu meiner Sicherheit. Wenn irgendjemandem auf dem Weg nach Osten etwas zustoße, könne man hier bei ihm nachforschen, um wen es sich handele. Die Zahlung von 5000 CFA sei so üblich. Ich zeigte durch die offene Tür, wo ein Lastwagen stand, auf dessen hochgestapelter Ladefläche etwa 30 Menschen saßen und auf die Weiterfahrt warteten: „So üblich? Der Lastwagen dort mit all den Menschen oben auf – haben Sie die Personen registriert? Hat jeder von denen 5000 CFA gezahlt? Nein! Keiner hat gezahlt, warum also ich?" Nun bemühte sich der Offizier ein weiteres Mal um mein Verständnis. Die Menschen dort draußen seien Einheimische und würden deshalb auch nicht registriert. Ich aber sei Ausländer und es sei seine Pflicht, meine Daten aufzunehmen. Die Zahlung sei, so wiederholte er, zu meiner Sicherheit und deshalb auch von mir zu entrichten.

Der Offizier hatte meinen Pass inzwischen auf den Tisch gelegt, aber ich konnte schlecht danach greifen, zu meinem Fahrrad rennen und davonfahren. Ich zog mein Portemonnaie aus der Tasche, hielt es so vor mich, dass mein Gegenüber die Scheine sehen konnte, fragte noch einmal nach, wie viel denn nun genau zu zahlen sei und griff gleichzeitig über den Tisch nach meinem Pass. Selbst wenn der Offizier das mitbekommen hatte, störte es ihn wohl nicht, denn er dachte, ich würde jetzt bereitwillig zahlen. Nachdem er mir noch einmal die Summe von 5000 CFA genannt hatte, holte ich jedoch keine Geldscheine aus dem Portemonnaie, sondern nahm einen Zettel und einen Kugelschreiber zur Hand und sagte wie aus dem Nichts: „Würden Sie mir bitte Ihren Namen nennen?" Der Offizier war verwirrt und fragte, wofür ich seinen Namen wolle. Ich entgegnete: „Sie wollen 5000 CFA – ich will Ihren Namen!" Aber wofür, hakte er nach. Ich sagte: „Sie haben mich registriert – ich werde Sie registrieren. Das ist alles!" Die Antwort reichte ihm nicht: Was ich mit seinem Namen wolle? Ich erklärte ihm, dass ich mir die Namen aller Gendarmen und Soldaten notierte, die Geld von mir kassierten. Daraufhin forderte er mich auf, mir die Liste mit all den Namen zu zeigen. Ich sagte, es gebe keine Liste, denn er sei der erste, der mir Geld abnehmen wolle. Das glaubte er nicht: „Aber an der Grenze …?" Ich erläuterte ihm, dass ich an der Grenze für meinen Einreisestempel gezahlt hätte und dass die deutsche Regierung mich vor meiner Reise darauf hingewiesen habe, dass dafür eine Gebühr zu entrichten sei. Ansonsten dürfe ich aber nirgendwo zur Kasse gebeten werden, da ich bereits für mein Visum gezahlt hätte. Falls ich doch irgendwo eine Gebühr zahlen müsste, werde man das überprüfen. Ich sah ihm in die Augen: „Monsieur, Ihren Namen bitte!" Ich hatte meinen Reisepass in der Hand und den Offizier durcheinandergebracht. Jetzt ging es darum, nicht überheblich zu werden und dennoch alles auf eine Karte zu setzen. Ich stand auf und sagte: „Monsieur, Sie wollen 5000 CFA – ich will Ihren Namen. Ich gehe jetzt dort draußen, etwas essen. Wenn Sie mir Ihren Namen geben, gebe ich Ihnen 5000 CFA. Sie finden mich draußen!"

Ich setzte mich vor eine Bretterbude, trank und aß etwas, wartete jedoch umsonst darauf, dass irgendjemand käme, um mich in die Offiziersstube zurückzurufen. Nach etwa einer Stunde stieg ich aufs Rad und fuhr davon. In den folgenden Tagen gingen die Militär- und Gendarmerie-Kontrollen ungebremst weiter. Es gab sie in fast jedem Ort, in größeren Orten waren es auch schon mal zwei, einer am Ortseingang und einer am Ortsausgang. Den Diensthabenden am Ortsausgang war es dabei völlig egal, dass ich schon am Ortseingang Rede und Antwort gestanden hatte. Manchmal wurde ich darüber hinaus auch noch zum örtlichen

Kommandeur zitiert. Fast jeder, der mich in die Hände bekam, erfand irgendeine Gebühr, um mir Geld aus der Tasche zu ziehen. Der eine ersann eine Fahrradsteuer, der andere wollte mir eine Strafe auferlegen, weil ich keinen „Fahrzeugschein" präsentieren konnte. Mancher war auch schon sehr fortschrittlich und erzählte mir etwas von einer Straßen-Maut, die zu entrichten sei, und einer war ganz schlau: Er forderte einen Übernachtungs-Aufschlag von mir, eine Art Kurtaxe, und meinte, wenn ich die Nacht im Ort bleiben wolle, seien 1500 CFA fällig. Mein Kommentar dazu: „Ach, dann fahre ich doch einfach weiter!" Für die Erlaubnis weiterzufahren, forderte er dummerweise 3000 CFA. Am Anfang sagte ich mir: „Niemand hat dich je gezwungen, hierher zu fahren, also bleib gelassen und reg dich nicht auf!" Dieses Mantra wurde im Laufe der Zeit allerdings schwächer. Die langwierigen Geld-Diskussionen strengten mich zunehmend an, und ich konnte mich nur damit trösten, dass ich es bis auf die Einreise noch immer irgendwie geschafft hatte, die ungezählten Kontrollposten ohne Geldzahlungen zu passieren. Wie? Manchmal mit Witz, manchmal mit Dickköpfigkeit, manchmal mit Dreistigkeit. Einmal brachte ich es auch fertig, mich komplett unbedarft zu stellen. Ich zeigte breit lächelnd mit dem Finger auf mich selbst, zuckte mit den Schultern und sagte wörtlich: „Ich nix comprendre! Ich nix comprendre!"

Augustin: „Afrika muss sich ändern!"

Wenige Tage bevor ich die Grenze der Demokratischen Republik Kongo erreichte, kam ich abends in ein kleines Dorf namens Batali. Pascal Selewei, der Chef du Village, stellte mir eine kleine Hütte zur Übernachtung zur Verfügung. Später kam der örtliche Dorfschullehrer Augustin vorbei und wir saßen lange beim Gespräch zusammen. Augustin war Mitte 20 und Kongolese, hatte aber in seiner Heimat keine Arbeit gefunden und war deshalb in die Zentralafrikanische Republik gegangen. Er erzählte mir, dass er zu Beginn seiner Lehrertätigkeit viele Diskussionen mit den Eltern hatte und einige seiner Schüler persönlich von zu Hause abholen musste, um sie zum Unterricht zu bringen. Manche von Augustins Sätzen hätten auch vom Chef des UN-Kinderhilfswerks stammen können. So sagte er: „Die Zukunft Afrikas sind die Kinder, Bildung, Gesundheit!" Aber bei alle dem nahm er Afrika in die Verantwortung und meinte: „Die Lösung für Afrikas Probleme kann nur aus Afrika selbst kommen! Afrika muss sich ändern und diese Veränderung muss in den Köpfen stattfinden!" Nötig sei nicht nur eine Emanzipation der afrikanischen Frau, sondern auch eine Veränderung in der Gedankenwelt der Männer. Intellektuelle und gut ausgebildete Afrikaner dürften den Kontinent nicht länger massenhaft verlassen, sondern müssten bleiben, um beim Aufbau einer funktionierenden Justiz und Verwaltung mitzuarbeiten. Nicht die schnelle Revolution sei die Lösung für Afrika, sondern der langsame Mentalitätswandel – nur dann werde man die Missstände überwinden können.

Es waren nur wenige Stunden, die ich mit Augustin sprach. Doch dieser junge Mann, der aus Sicht eines Europäers aus dem finstersten Dschungel Afrikas stammte, hatte in mir eine Hoffnung gesät: Afrika wird sich eines Tages selbst befreien, es wird Unterstützung nötig haben, aber keine weißen Entwicklungs-Prediger. Es muss seinen eigenen Weg finden, statt Bonbons zu lutschen, die Karies verursachen. Afrika braucht keine Heilsbringer von außen, es braucht einen afrikanischen Weg nach außen.

Als ich mich am nächsten Morgen von Augustin verabschiedete, sagte er: „Alles, was du bis jetzt in Afrika erlebt hast, ist nichts gegen das, was du in meiner Heimat erleben wirst. Der Kongo ist das wahre Afrika, du wirst schon sehen!" Knapp zwei Jahre später meldete sich Augustin bei mir und bat mich um 15.000 US-Dollar. Er benötige das Geld, um in Kinshasa Rechtswissenschaften zu studieren.

Großes Theater am Ufer des Ubangui

An meinem letzten Tag in der Zentralafrikanischen Republik fuhr ich von Mbaiki nach Zinga. Obwohl es sich um rund 80 Kilometer handelte, legte ich die Strecke dank besserer Straßenverhältnisse an einem halben Tag zurück. Der Regen hatte aufgehört, die Piste war trocken und es gab kaum noch bergige Anstiege. Zinga war eine winzige Ortschaft mitten im Dschungel und bestand nur aus einigen wenigen Holzbarracken und strohgedeckten Lehmhütten. Als ich dort eintraf, sahen mich die Menschen an, als hätte ich mich verfahren – und ehrlich gesagt wusste ich nicht genau, ob sie nicht vielleicht Recht hatten. Zinga lag am Nordufer des breiten Ubangui-Flusses, der wiederum die natürliche Grenze zur Demokratischen Republik Kongo darstellte. Es gab keine Brücke über den Fluss und wer in den Kongo wollte, musste eine kleine Piroge nehmen. Ich konnte mit meinem Fahrrad ohne weiteres in ein Boot steigen, allerdings hatte ich keine Ahnung ob es in diesem vom Dschungel umgebenen Zinga überhaupt eine offizielle Grenzabfertigung gab. Einige Zentralafrikaner, die ich in den Tagen zuvor danach befragt hatte, erklärten mir, der Grenzübergang sei nur für Einheimische vorgesehen, Ausländer würde man dort nicht abfertigen. Andere sagten: „Pas de problème! Fahr' einfach hin, das regelt sich dann schon!" Nun war ich also da und froh, nach längerer Suche auch so etwas wie ein Zollgebäude zu finden. Es handelte sich um ein Bootshaus und da ich der einzige war, der an jenem Tag auf die Idee kam in den Kongo auszureisen, musste ich etwa zwei Stunden warten bis jemand mit einem Stempelkissen herbeikam, um die Ausreise-Formalitäten vorzunehmen. Der Mann war vermutlich Anfang 50 und schien genervt davon, dass ich seine kostbare Zeit in Anspruch nahm. Er beeilte sich, ergriff wortlos meinen Pass, verschwand im Bootshaus, kam wenig später zurück, reichte mir den Pass mit Ausreisestempel und erklärte, das ganze koste mich 7000 CFA, umgerechnet etwa zehn Euro. Hätte ich sofort bezahlt, wäre die Geschichte wunderbar afrikanisch verlaufen. Aber ich musste ja unbedingt schon wieder um meine Prinzipien kämpfen. Zu dem Theater, das sich nun anschloss, hatten sich mittlerweile etwa 30 bis 50 Schaulustige eingefunden. Es hatte sich schnell herumgesprochen, dass da ein Weißer mit einem Fahrrad in den Kongo reisen wollte und dass er möglicherweise nicht ganz zurechnungsfähig sein könnte. Ich fand, sie sollten nicht umsonst gekommen sein und begann ein auch für meine Verhältnisse nicht ganz gewöhnliches „Tam-Tam". Die Dramaturgie meiner Theatervorstellung entsprach einem Crescendo. Erst bemühte ich mich leise um Verständnis, nicht zahlen zu wollen. Anschließend appellierte ich schon etwas lauter an die Vernunft meines Gegenübers, sich das Geld doch bitte beim Staat abzuholen, statt einen verstaubten Fahrradfahrer auszunehmen. Und dann fluchte ich schon sehr laut über Korruption, illegalen Diamantenhandel und fehlende Rechtsstaatlichkeit.

Lange Zeit glaubte ich mich bei diesem Spektakel auf der Siegerstraße, denn ich hatte ja meinen Reisepass mit Ausreisestempel in der Hand und noch keinen Cent gezahlt. Unglücklicherweise hatte ich jedoch eine Kleinigkeit vergessen. Ich musste mit einer Piroge über den Grenzfluss übersetzen und obwohl ich mit zwei Jugendlichen schon einen Preis ausgehandelt hatte, mischte sich der Zöllner ein und wies die beiden an, mich nicht transportieren zu dürfen, bis ich gezahlt hätte. Ich nahm es ihnen nicht übel, dass sie sich an diesen Befehl hielten, sie mussten schließlich noch etliche Jahre mit diesem kleinen Despoten auskommen. Auch war mir recht schnell klar, dass ich würde zahlen müssen. Und dennoch verlor ich die Contenance. Alles, was ich bei den vorangegangenen Kontrollen noch irgendwie im Griff gehabt hatte, war jetzt nicht mehr zu beherrschen. Alles, was ich an Wut unterdrückt hatte, explodierte. Irgendwann brüllte ich nur noch schwachsinnige Drohungen über unausweichliche diplomatische Verwicklungen und ein unerbittliches Eingreifen von Bundeskanzlerin Merkel. Ich zeterte, dass Afrika an seinem Filz aus Vetternwirtschaft und Bestechlichkeit zugrunde gehen werde und versprach, dass ich der gesamten Welt über die Gastfreundschaft afrikanischer Zollbeamter Bericht erstatten würde. Da mein Theaterstück eine interaktive Dynamik in Kauf nahm, wunderte ich mich nicht, als auch der „Stempel-Fuzzi" irgendwann ebenfalls ausrastete, immerhin untergrub ich mit

Grenzfluss Ubangui

meinem Geplärre fortwährend seine Autorität. Er donnerte plötzlich noch lauter als ich, dass ich die geforderte Ausreisegebühr zahlen müsse und drohte, mich zu verhaften und nach Bangui in ein Gefängnis bringen zu lassen. Dabei ließ er zu meiner endgültigen Entrüstung auch noch erkennen, weder diplomatische Verwicklungen noch Frau Merkel zu fürchten. Ich war aufgebracht ob dieser unverschämten Unerschrockenheit gegenüber meiner Kanzlerin und erklärte, dass diese ungeheuerlichen Vorgänge für ihn persönlich und vermutlich für die gesamte Zentralafrikanische Republik noch ein unrühmliches Nachspiel haben würden. Danach zahlte ich brav 7000 CFA und drehte mich zu den zwei Jungs um, die mich mit ihrem Boot über den Fluss in den Kongo bringen sollten. Als die Piroge ablegte, dachte ich: „Mann, Mann, Mann! Du bist in Afrika, hast du das immer noch nicht kapiert?"

DEMOKRATISCHE REPUBLIK KONGO

(km 15.400 – km 17.876)

Als Soldat und Spion unter Verdacht

Die beiden jungen Männer, die mich mit ihrer Piroge über den Ubangui brachten, führten ihre Paddel lautlos durchs Wasser. Wir glitten sanft über den Fluss, der kaum eine Strömung zu haben schien, dafür aber sehr breit war. Lange Zeit erkannte ich am gegenüberliegenden Ufer nur eine dunkelgrüne Dschungelwand, dann entdeckte ich ein paar bergige Anhöhen mit einigen Hütten und schließlich erschien der helle Streifen eines Sandstrandes, auf den wir zusteuerten. Wenig später setzte die Piroge mit Schwung auf den Strand auf, es knirschte unter dem Boot, ich war in der Demokratischen Republik Kongo, auch Kongo-Kinshasa genannt, einst Zaire. Die Jungs hatten während der Überfahrt geschwiegen. Nach meinem Theater bei der Ausreise aus der Zentralafrikanischen Republik hatten sie es vielleicht für besser gehalten, so einen Verrückten erst gar nicht anzusprechen. Jetzt halfen sie mir, das Fahrrad aus dem Boot zu hieven. Sie lächelten ein wenig verunsichert, doch in ihren Augen meinte ich deutlich eine Bitte zu erkennen: „Weißer Mann, reiß' dich zusammen – dies hier ist der Kongo!"

Der Strand war etwa 30 Meter breit und von feinkörnigem, fast weißem Sand. Der Himmel leuchtete zum ersten Mal seit Tagen tiefblau, es war heiß, an die 40 Grad. Dort, wo der Strand in den Wald überging, erkannte ich ein auf sechs Pfosten errichtetes Palmblätterdach. Im Schatten darunter saßen drei Männer auf Plastikstühlen. Selbst auf die Entfernung sah ich, dass sie staatsmännische Minen aufgesetzt hatten und ich ahnte bereits, was das bedeutete: Sie waren mein Empfangskomitee. Da dieser Grenzübergang offiziell gar nicht genutzt wurde und es deshalb auch kein Zollgebäude gab, hatte man improvisiert und sich unter das Palmblätterdach gesetzt. Außer dem Bürgermeister des nahegelegenen Ortes waren noch der Zollbeauftragte und der Migrations-Chef erschienen, beide aus dem zwölf Kilometer entfernten Libenge. Ich fragte mich, wie sie so schnell von meiner Ankunft erfahren hatten und dann auch noch rechtzeitig erscheinen konnten. War mein Gezeter am anderen Ufer etwa so laut gewesen, dass man es bis nach Libenge gehört hatte? Wie auch immer, die beiden waren auf Mopeds angereist und erwarteten mich jetzt mit bedeutungsschweren Blicken. Abgesehen von den drei Männern auf den Plastikstühlen waren noch etwa 50 andere Menschen gekommen, die wahrscheinlich im Ort oberhalb des Flussufers lebten und mich jetzt in Augenschein nehmen wollten. Sie saßen im Sand oder im Schatten schöner Palmen und beobachteten mich; es war sicher schon lange kein Weißer mehr hier aufgetaucht, schon gar nicht mit einem Fahrrad.

Meine zwei Bootsführer halfen mir, das Fahrrad und die Gepäcktaschen durch den Sand bis zu den Plastikstuhl-Männern zu tragen, danach verabschiedeten sie sich und überließen mich dem Kongo. Ich stand in der prallen Sonne, während die drei Herren meines Empfangskomitees im Schatten saßen, sich meinen Pass hin- und herreichten und die bekannten W-Fragen stellten. Einige ihrer Fragen waren sehr direkt: ob ich von der deutschen Regierung bezahlt würde, ob ich ein Soldat oder Spion sei, welche Waffen ich mitführte. Hin und wieder legten die Herren ihre Fragen an mich auf Eis und besprachen sich untereinander auf Lingála. Ich verstand zwar kein Wort, aber ich hatte den Eindruck, dass sie meinen Angaben nicht den geringsten Glauben schenkten. Die übrigen Anwesenden hatten die ganze Zeit still und aufmerksam meinen Erläuterungen gelauscht.

Da nicht alle Französisch sprachen, gab es in den Besprechungspausen der drei bedeutenden Herren immer jemanden, der meine Ausführungen für sie zusammenfasste und auf Lingála übersetzte. Sah ich mich in der Runde um, hatte ich allerdings ein weiteres Mal das Gefühl, dass mir niemand glaubte: „Er kommt aus Deutschland! Mit dem Fahrrad! Ist seit 15.000 Kilometern unterwegs! Um Afrika kennenzulernen! Ist der verrückt? Oder ist das nur seine Tarnung? Er behauptet, kein Soldat und auch kein Spion zu sein.

Aber hat er am anderen Ufer nicht etwas von diplomatischen Verwicklungen geschrien?!"

Etwa eine Stunde nach Beginn der Einreiseprozedur eröffnete mir der Migrations-Chef, dass er mit meinem Reisepass in sein Büro nach Libenge zurückfahren werde. Er sagte, er erwarte mich dort und forderte mich auf, mich zu beeilen. Damit stand er auf und ging zu seinem Moped, das oberhalb des Ufers an einem Feldweg abgestellt war. Nun wollte ich meine Taschen aufs Fahrrad packen, um ihm zu folgen, doch das war nicht nach dem Geschmack des Zollbeauftragten, der noch immer in seinem Stuhl saß, mich zum Bleiben mahnte und mich anwies, meine Taschen zur Kontrolle auszupacken. Spätestens jetzt wäre ich wohl unter normalen Umständen in inneren Aufruhr geraten und hätte mir überlegt, wie ich dieser Schikane entgehen konnte. Wahrscheinlich hätte ich auch kurz vor einem neuen spektakulären Tam-Tam-Auftritt gestanden. Doch mein theatralisches Geltungsbedürfnis und meine ehrenwerten Prinzipien hatte ich am gegenüberliegenden Ufer zurückgelassen. Ich stand seit über einer Stunde schwitzend in der prallen Sonne, müde, durstig und ausgehungert.

Mir war nur noch danach, diese Situation zur Zufriedenheit aller Kongolesen auf dieser Welt zu beenden. Der Migrations-Chef schrie noch einmal über sein knatterndes Motorrad hinweg, ich solle mich beeilen und verschwand mit meinem Reisepass, während sich der Zollbeauftragte einen Becher mit Wasser bringen ließ und mich mit einer unleidigen Geste anwies, meine Taschen zu öffnen. Die umhersitzenden Menschen kamen nun deutlich näher, um alles zu sehen, was ich mit mir führte und staunten wohl nicht schlecht darüber, was ich alles auspackte. Viele Dinge musste der Zollbeauftragte prüfend in die Hand nehmen: „Was ist das? Rasiercreme? So etwas nutzen wir hier im Kongo nicht! Was ist das? Ein MP3-Player? Musik? Will ich hören! Was ist das? Ein Faltreifen für das Fahrrad? So etwas gibt's?!" Gegen 17 Uhr ließ die Kraft der Sonne endlich merklich nach und ich schwitzte nicht mehr ganz so stark. Zu diesem Zeitpunkt war ich gerade dabei, meine zerschundenen Unterhosen zur Schau zu stellen und der Zollbeauftragte zeigte bereits kaum noch Interesse an meinen

Sachen, so dass ich es auch schaffte, meinen Fotoapparat und mein Netbook geheimzuhalten. Beides hätte den Spionageverdacht gegen mich nur unnötig wieder erhärtet und mit großer Wahrscheinlichkeit auch zu irgendeiner „Nutzungsgebühr" geführt. Als die Kontrolle beendet war, verlangten Bürgermeister und Zollbeauftragter natürlich trotzdem etwas Geld von mir, eine Art Honorar für ihre Arbeit. Ich packte die Taschen aufs Fahrrad und erklärte, dass ich ohne meinen Reisepass keine Zahlungen leisten könne, denn ich bräuchte den Pass, um eine Quittung auszustellen. In Deutschland seien Geldangelegenheiten eine höchst komplizierte Angelegenheit. Manchmal müsse man diverse Formulare beibringen und diese mit diversen Stempeln autorisieren lassen, ehe man an Geld komme. Das Argument mit der Stempel-Bürokratie hatte die erhofft starke Durchschlagskraft. Man ließ mich ziehen, schickte mir aber einen Aufpasser mit auf den Weg. Der etwa 30-jährige Charles war Mitarbeiter des Migrations-Chefs und schwang sich nun auf ein uraltes Fahrrad, um mich die zwölf Kilometer bis Libenge zu begleiten. Da es inzwischen kurz vor 18 Uhr war und der Wald innerhalb von Minuten in tiefschwarze Nacht versinken würde, drückte ich mächtig aufs Tempo, um noch möglichst lange im Dämmerlicht fahren zu können. Charles tat mir dabei ein wenig leid, denn er musste mir keuchend über Stock und Stein auf seinem chinesischen Schrottrad folgen. Auf den letzten Kilometern wurde es dann stockdunkel und ich drosselte das Tempo, um mit dem Rad auf dem schmalen Dschungelpfad nicht in ein Loch zu knallen oder über eine Baumwurzel zu fliegen. Charles holte unter diesen Bedingungen bald auf und so radelten wir gemeinsam in die Stadt hinein.

Dreist, fett und feist

Von Libenge sah ich bei meiner Ankunft aufgrund der Dunkelheit recht wenig. Hie und da flackerte am Straßenrand ein Feuer, Strom gab es nicht und bis auf ein paar Mopeds konnte ich auch keinen motorisierten Verkehr entdecken. Die Stadt war dennoch größer als ich erwartet hatte. Charles fuhr inzwischen voraus, erst über eine halbwegs gut geschotterte Piste, dann durch ein Labyrinth aus Trampelpfaden. Als wir das Migrationsbüro erreichten, ein kleines, freistehendes Haus mit einer ausladenden Veranda, erwartete uns sein Chef bereits. Charles warf sein Fahrrad ziemlich herzlos in den Dreck, vermutlich glücklich darüber, die Strapazen mit mir hinter sich zu haben. Danach lief er umgehend zu seinem Vorgesetzten, um mit ihm zu mauscheln, ganz gewiss über meine ausgebliebenen Honorarzahlungen. Wenig später saß ich bei Kerzenschein im Büro des „Big man". Er war mir schon am Strand nicht sehr sympathisch gewesen, und das bestätigte sich jetzt. Sein Gehabe war selbstgefällig, sein Körper feist, sein Gesicht von Alkohol aufgedunsen. Er blätterte nun erneut ausgedehnt in meinem Pass herum und stellte mir nochmals alle Fragen, die ich am Strand bereits beantwortet hatte. Ich wusste, dass er mich mürbe machen wollte, um mir demnächst seine Rechnung zu präsentieren, doch er hätte sich gar nicht so viel Mühe geben müssen. Ich war längst komplett erschöpft, nicht nur von fast 100 Kilometern im Sattel, sondern auch vom ewigen Protestieren und stundenlangen Diskutieren. Ich war weichgeklopft, meine Widerstandkraft gegen Null gesunken. Es grämte mich zwar, dass ich just dieser fettleibigen Ausgeburt an Korruption gegenüber einknickte, aber mein Magen knurrte lauter als mein Gewissen und ich wusste noch immer nicht, wo ich die Nacht verbringen würde.

Es dauerte eine halbe Ewigkeit, bis der Migrationschef endlich seine Geldforderungen auf den Tisch legte. Die Summe, die er nannte, sah ihm ähnlich: sie war scheußlich aufgedunsen und belief sich auf umgerechnet 70 Euro. Der Betrag war indes so dreist, dass sich doch noch einmal Widerstand in mir regte und ich eine Erläuterung verlangte. Er klärte mich mit sichtlichem Vergnügen über die einzelnen Honorarposten auf seiner Liste auf: 1. Allgemeine Registrierung bei der Einreise! 2. Bestätigung der Einreise durch einen Stempel! 3. Honorare für Zollbeauftragten und Bürgermeister! 4. Honorar für Charles! 5. Honorar für seine Wenigkeit, den Migrationschef! 6. Brennstoff für die Nutzung zweier Mopeds! 7. Zeitaufwand! 8. Allgemeine Dienstleistung! Ich nickte teilnahmsvoll bis wir zu diesem achten Punkt kamen. Allgemeine Dienstleistung? Damit war ich nun doch nicht einverstanden. Der Migrationschef erwies sich ein wenig nachsichtig und verringerte nach zähen Verhandlungen die Zahlungsforderung in Punkt Acht, womit sich die Rechnungssumme auf etwa 65 Euro reduzierte. Er stellte mir frei, mit inländischen „Franc Congolais" oder mit CFA aus der Zentralafrikanischen Republik zu zahlen. Sehr willkommen seien auch US-Dollar, doch bitte keine Euro, denn die ließen sich nirgendwo wechseln. Ein bisschen Protest war angesichts von 65 Euro aus meiner Sicht noch immer erlaubt. Für mehr reichte es bei mir an jenem Abend allerdings nicht mehr. Ich blätterte dem Migrationschef meine gesamten Restbestände an CFA auf den Tisch und bat ihn nachzuzählen, mehr hätte ich nicht. Er kam auf umgerechnet knapp 30 Euro und meinte, das reiche nicht. Ich bedauerte das zutiefst und fragte, ob ihm eigentlich klar sei, dass ich mit meinen begrenzten Dollarvorräten haushalten müsse, weil ich nirgendwo im Kongo an Bargeld käme. Er schien das Dilemma zwar nachvollziehen zu können, hielt die angebotenen 30 Euro aber dennoch für zu wenig. Ich holte schließlich noch einen 20-Dollar-Schein hervor und will es mal so sagen: Auch dieser Mann hatte ein Herz. Er reichte mir meinen Pass und ließ mich gehen, womit er aus den ursprünglich geforderten 70 Euro immerhin noch satte 45 einsackte. Willkommen im Kongo!

„Mundele, Mundele!"

Mein Aufpasser Charles wurde beauftragt, mich zur katholischen Missionsstation zu bringen, wo Gästezimmer vermietet wurden. Als mein Übernachtungsproblem geklärt war, entspannte ich mich derart, dass ich den guten Charles fragte, ob er nicht Lust habe, mit mir noch ein Bier trinken zu gehen. Nachdem ich eine afrikanische Eimerdusche genossen und mir auf der Veranda meiner Unterkunft Spaghetti gekocht hatte, holte mich Charles gegen 21 Uhr ab. Wir liefen in die Stadt, gingen bei einem seiner Bekannten vorbei, der mir 100 US-Dollar wechselte, und setzten uns anschließend in eine Bar. Das Bier wurde in imposanten 0,66-Liter-Flaschen serviert und kostete umgerechnet 80 Eurocent. Obwohl ich es nicht wollte, rechnete ich mir in Windeseile aus, dass ich mir für meine Einreisegebühren etwa 55 solcher Bierflaschen hätte leisten können, was ich plötzlich doch als schmerzlichen Verlust empfand. Der Abend endete dann auch schon nach dem zweiten Bier. Ich war müde und Charles war nicht sehr gut aufgelegt. Außerdem war die Musik in der Bar so laut aufgedreht, dass man zwar den Stromgenerator nicht mehr hörte, sich aber auch nur schreiend unterhalten konnte.

Als ich gegen Mitternacht im Bett lag, beschloss ich, am nächsten Tag auszuschlafen und eine Fahrradpause einzulegen, um in aller Ruhe zum Markt zu gehen und meine Essensvorräte aufzustocken. Libenge liegt in der Provinz Équateur und obwohl die Stadt rund 40.000 Einwohner hatte, gab es auf dem Markt fast nichts zu kaufen. Das Angebot beschränkte sich auf waberndes Weißbrot, geräucherten Fisch, Maniok und Bananen. Nach langer Suche trieb ich in einem kleinen Laden ein paar Sardinenbüchsen auf. Ich mag sie nicht besonders, aber sie waren für Notfälle immer gut geeignet und mit ausreichend Knoblauch und Chili auch irgendwie runterzubekommen. Pasta war nirgendwo zu finden, und so fragte ich mich bereits in Libenge: „Wenn es in dieser Stadt schon kaum etwas zu kaufen gibt, wie wird es erst unterwegs sein?"

Die Provinz Équateur gilt als eine der ärmsten des riesigen Landes und die Versorgungslage ging über weite Strecken tatsächlich gegen Null. Die Menschen hatten – ähnlich wie ich es in Sierra Leone erlebt hatte – fast nichts zu essen und entsprechend wenig zu verkaufen. Wenn ich mit dem Fahrrad durch die Dörfer fuhr, sprangen schon mal erwachsene Männer auf, rieben sich mit der flachen Hand über den Bauch und riefen: „J'ai faim!" In größeren Orten traf ich gelegentlich so etwas wie eine kleine Mittelschicht: Handwerker, Geschäftsinhaber, Restaurantbesitzer. Dort sah ich auch Männer in den Bars vor einem Bier sitzen und mit ihrem Handy spielen. Doch auf dem Land gab es keine Bars, keine

Handys und auch kein Bier. Wenn ich Glück hatte, bekam ich in den Dörfern Bananen zu kaufen, manchmal eine Ananas oder eine Papaya. Nur selten fand ich eine Garküche, an der gegrillte Maiskolben oder frittierte Kochbananen angeboten wurden. Selbst Fufu war hier im Nordwesten selten. Etwas verbreiteter war „Chikwange". Dabei handelt es sich um eine gummiartige, aus Maniok hergestellte Masse, die zu dicken, langen Schlangen geknetet und zur Aufbewahrung in Bananen- oder Palmenblätter eingerollt wird. Im Geschmack ist das Chikwange meist ein wenig säuerlich, in der Wirkung den Erfordernissen der armen Provinz angepasst: es stopft und macht satt. Ich brauchte zwar ein paar Tage, um mich an die Gummi-Schlangen zu gewöhnen, aber mein Magen vertrug sie gut und ich begann das Chikwange zu mögen, vor allem, wenn ich dazu etwas pili-pili ergatterte, eine höllisch scharfe Chili-Soße, die vermutlich ganz nebenbei jeden noch so kleinen Krankheitskeim in meinem Magen vernichtete. Auch bei der Trinkwasserversorgung musste ich mich endgültig umstellen. Wasserflaschen gab es abseits

Köstlich!

größerer Städte nirgendwo zu kaufen, nicht einmal in den kleinen 0,5-Liter-Plastikbeuteln. Die Menschen bezogen ihr Trinkwasser aus den Flüssen – und die wurden dann auch für mich dauerhaft zur Nachschubquelle. Am Anfang reinigte ich das Wasser noch mit Micropur-Tabletten. Später verzichtete ich auf die Tabletten, weil ich nicht mehr viele hatte und mir die letzten für echte Zweifelsfälle aufheben wollte.

Von Libenge fuhr ich in Richtung Gemena, Augustins Heimatstadt. Schon auf den ersten Kilometern wurde mir klar, wie außergewöhnlich für die Menschen im Kongo das Auftauchen eines Weißen war. Wenn ich durch die Dörfer fuhr, nahmen Mütter ihren strampelnden Nachwuchs auf den Arm, deuteten mit dem Finger auf mich und sagten ihren Kleinen: „Sieh nur, dort auf dem Fahrrad, das ist ein Mundele, ein Weißer!" Männer liefen auf die Straße und riefen mir nach, ich solle umdrehen und mich zu ihnen gesellen. Mädchen stimmten ein zweideutiges „Hu-Huh" an. Kinder rannten hunderte von Metern hinter mir her und schrien begeistert: „Mundele, Mundele!" Ich war eine Sensation, Kino und Fernsehen, mehr noch: ich war interaktives Theater. Hielt ich in einem Ort an, kamen alle herbei, um mich und mein Fahrrad zu bestaunen. Baute ich abends in einem Dorf mein Zelt auf, rückten Mann und Frau, Jung und Alt bis auf wenige Zentimeter heran, um jeden meiner Schritte, jeden Handgriff genau zu beobachten und lautstark zu kommentieren. Ein Zelt hatten viele noch nie gesehen und dass man aus Plastikplanen und Klickstangen ein kleines Haus bauen konnte, führte gelegentlich zu erstaunten „Oh"- und „Ah"-Rufen. Das Interesse an mir war so groß, dass mich einige Kinder auch gerne bis aufs Klo verfolgten – und das war häufig der nächste Busch im Wald. War das Zelt aufgebaut, kroch ich für zwei Minuten hinein und wenn ich mit Hemd und langer Hose wieder herauskam, gab es weitere „Oh"- und „Ah"-Rufe, manchmal auch Applaus. Ich machte es mir schon bald zur Angewohnheit, spätestens nach dem Zeltaufbau eine kleine Rede zu halten, um die Neugier der Menschen wenigstens ein bisschen zu stillen. Ich bedankte mich, die Nacht in ihrem Dorf verbringen zu dürfen und berichtete ausführlich von meiner Reise und meinen Erlebnissen.

Manchmal reichte meine kleine Rede aus und die Menschen zogen sich nach Einbruch der Dunkelheit zurück. Manchmal blieben sie aber auch, um dem Gespräch zu lauschen, das ich anschließend noch mit den Honoratioren des Ortes führte. Obwohl ich nach einem Tag im Sattel fast immer sehr müde und erschöpft war, zählten diese Runden im Kongo zu meinen nachhaltigsten Erlebnissen in Afrika. Wie schon bei meinem Treffen mit dem Bürgermeister von Bania oder bei meinem Gespräch mit Augustin in Batali, saß ich auch im Kongo viele Abende unter freiem Himmel mit Dorfältesten oder Grundschullehrern zusammen und hörte von ihren Sorgen und Nöten. Dabei erhoffte man sich immer wieder von mir, dem weißen Europäer, Erklärungen und Lösungen: „Warum ist Europa so reich und Afrika so arm? Warum haben die europäischen Hilfsorganisationen den Kongo verlassen? Warum kehren sie nicht zurück, um beim Aufbau des Landes zu helfen? Und warum haben wir seit drei Jahren eine demokratisch gewählte Regierung, die dennoch nichts für uns tut?" Die Menschen suchten nach Antworten und Auswegen; sie wollten etwas verändern, und sie besaßen die Kraft dazu. Das einzige Problem war: sie wussten nicht, wie sie es anstellen sollten – und ich hatte keine Patentrezepte im Gepäck.

Mobutu statt Lumumba

Unter Mobutu ging es uns früher besser", sagte eines Abends ein älterer Mann. Er erzählte mir, dass es unter dem Diktator einst noch Strom in den Städten gab, dass die Straßen gut ausgebaut waren und dass das Bier nur halb so viel kostete wie heute. Und damals, so ergänzte er auf mich gemünzt, seien auch noch viele Touristen ins Land gekommen. Dass ich im Kongo gelegentlich Gesprächspartner traf, die angesichts der Not die Ära unter Diktator Mobutu hochleben ließen, war im ersten Moment etwas erschreckend. Bei näherer Befragung erfuhr ich jedoch, dass sich die wenigsten die Rückkehr dieses Despoten ernsthaft wünschten.

Fahrradfreunde

Namibia

Guinea-Conakry

Mali

Kongo

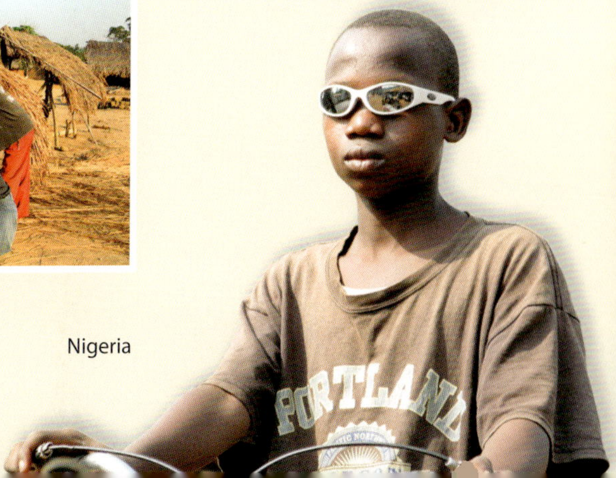

Nigeria

Nordafrika

Marokko

Westsahara

Mauretanien

Krämerladen in Mauretanien

Sahelzone

Lehmmoschee
von Djenné, Mali

Am Ufer des Nigers

Hafen von Mopti,
Mali

Westafrika

SIERRA LEONE

Stadt- und Marktleben

GALERIE AFRICA
Chez Adja Sokho Création

PHARMACOPEE TRADITIONNELLE
NABALOUM ZENABOU CEL: 874-64-51

ALHAMDOULILAH

Essen und Trinken

Fleischspieße,
Burkina Faso

Eingelegter Fisch
mit Chikwange

Zentralafrika

Gesichter

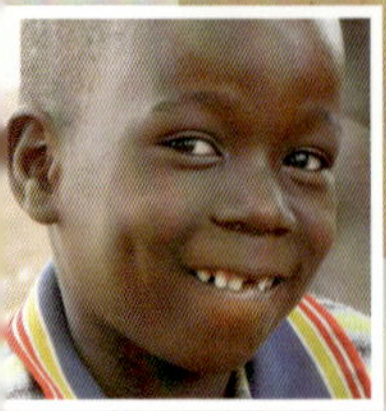

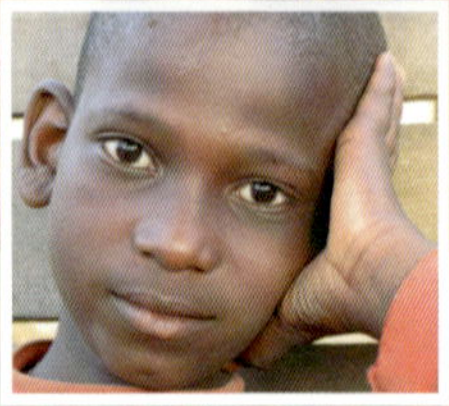
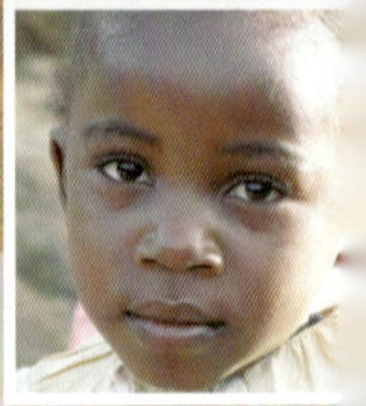

Kinder in Afrika

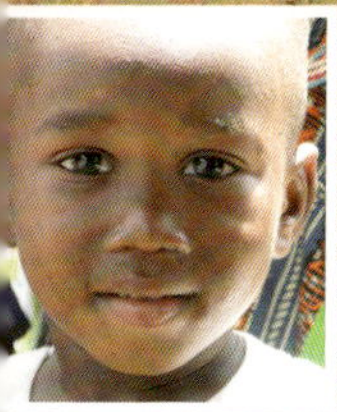

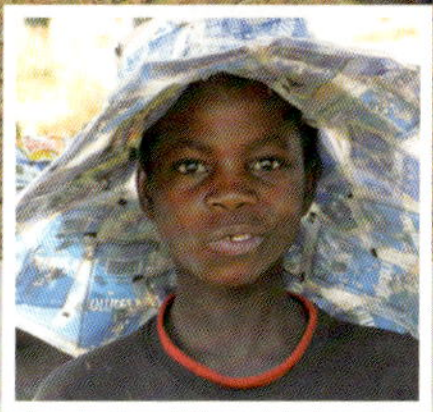

Mit dem Boot nach Kisangani

Nehemie

Unterwegs
im Kongo

Tiere

Von den Victoria-Fällen nach Süden

Sossusvlei, Namibia

Zu Gast bei den Himba, Namibia

Mukarindu

Von Kapstadt wieder nach Norden

Tafelberg, Kapstadt

Malawi-See

Lesotho

Aufstieg zum Kilimanjaro

Bergführer Jackson

Im Hintergrund der Mount Meru

Sonnenaufgang
am Gipfeltag

Sansibar

Auf Wiedersehen, Afrika!

Es war nur ihre Verzweiflung, ihre Wut und Enttäuschung, die ihnen solche Sätze über die Lippen zwang.

Mobutu Sese Seko hatte sich in den 1960er Jahren an die Macht geputscht und das Land in einer über 30-jährigen Alleinherrschaft komplett ruiniert. Er redete seinerzeit gerne von „Authentizität" – davon, dass Afrika die Fesseln der Kolonialherrschaft ablegen, zu seinen Wurzeln zurückkehren und ein neues Selbstbewusstsein entwickeln müsse. Als Zeichen dieser Emanzipation gab er seinem Land 1971 einen neuen Namen: Zaire. Darüber hinaus ließ er die Hauptstadt Léopoldville in Kinshasa umbenennen, Stanleyville in Kisangani, Élisabethville in Lubumbashi, Albertville in Kalemie etc. Im Jahr 1974 fand dann in der Hauptstadt noch der legendäre Boxkampf zwischen Muhammad Ali und George Foreman statt. Doch mehr als „Rumble in the Jungle" hatte Mobutu nicht zu bieten. Der Mann, der gerne eine Leopardenmütze trug, um den Stolz auf seine afrikanische Identität zu demonstrieren, setzte in Wahrheit die koloniale Ausbeutungspolitik der Belgier konsequent fort. Es gab kaum Industrialisierung, keine nachhaltige wirtschaftliche Entwicklung, keine erfolgreiche Bildungspolitik. Mobutu profitierte von dem, was die belgische Kolonialherrschaft hinterlassen hatte und kümmerte sich um nichts weiter als darum, sein privates Vermögen zu vermehren. Straßen- und Schienennetz ließ er verrotten, die Rohstoffe des Landes verscherbelte er ins Ausland, Oppositionelle wurden eingekerkert und der Rest der Bevölkerung sich selbst überlassen.

Die Welt interessierte sich in jenen Jahren nicht sonderlich für die Kleptokratie Mobutus. Es herrschte Kalter Krieg. Der Westen war froh, in dieser postkolonialen Marionette eine Gespielin gefunden zu haben und sich nicht mit Patrice Lumumba auseinandersetzen zu müssen. Lumumba war 1960 nach der Unabhängigkeit und den ersten freien Parlamentswahlen Ministerpräsident des Kongos geworden. Er war aus westlicher Sicht zwar demokratisch gewählt worden, doch wurde er als Gefahr betrachtet, denn man unterstellte ihm, mehr dem Sozialismus als dem Kapitalismus zugetan zu sein. Der politische Einfluss auf den Kongo stand für den Westen auf der Kippe und der Zugriff auf die reichen Rohstoffvorkommen des Landes schien bedroht. Das Uran für die US-Atombomben auf Hiroshima und Nagasaki stammte beispielsweise aus dem Kongo. Die Unabhängigkeit des Landes und seine demokratische Entwicklung waren für die meisten westlichen Regierungen vor diesem Hintergrund zweitranging. So spornten die USA und Belgien hinter den Kulissen Oberst Mobutu zu einem Putsch an, durch den Lumumba nach nicht einmal drei Monaten aus dem Amt des Ministerpräsidenten gestürzt wurde. Er wurde unter Hausarrest gestellt, später gefoltert und ermordet. Seinen Leichnam verscharrte man zunächst unter der Erde, überlegte es sich wenige Tage danach jedoch wieder anders. Aus Angst, Lumumba zu einem Märtyrer gemacht zu haben, und aus Angst, seine Grabstelle könne zu einem Wallfahrtsort seiner Anhänger werden, ließ man den Leichnam exhumieren. Der Körper Lumumbas wurde zerstückelt, zersägt und zerhackt, anschließend warf man die Körperteile in ein Säurebad, um sie vollständig zu zersetzen.

Im Westen drückte man beide Augen zu. Man vermied zwar allzu herzliche Umarmungen mit dem Diktator, doch man ließ ihn gewähren und hielt ihn mit gelegentlichen Donationen bei Laune. 1978 kam Mobutu in die Bundesrepublik Deutschland, wo er eine Reihe wirtschaftlicher Aufbauhilfen zugesagt bekam und von Bundeskanzler Helmut Schmidt persönlich empfangen wurde. Die Richtlinien der deutschen Afrika-Politik beschrieb der damals in der SPD-Regierung mitverantwortliche Entwicklungshilfe-Experte Uwe Holtz in einem Spiegel-Interview mit sehr offenen Worten: „Egal, ob du korrupt oder Diktator bist. Hauptsache du bist prowestlich. Dann werden wir dir beistehen!"

Mitte der 1980er Jahre wurde Mobutus Privatvermögen auf vier bis fünf Milliarden US-Dollar geschätzt, während Zaire zerstört am Boden lag. Die Frage, ob der Kongo unter Lumumba eine bessere Entwicklung genommen hätte, nur weil dieser demokratisch gewählt worden war, ist hypothetisch. Doch jeder weiße Intellektuelle, der heute behauptet, Afrika sei nach über 50 Jahren Unabhängigkeit für seine Probleme langsam selbst verantwortlich, sollte diese These besser überprüfen. Mobutu wurde 1997 gestürzt. Kurz darauf wurde Zaire wieder in „République démocratique du

Congo" umbenannt. Mehr als 30 Jahre Zerstörung ließen sich dagegen nicht so leicht korrigieren – und an dieser Zerstörung hatte der Westen tatkräftig mitgewirkt.

Schlamm und Schmodder

Die Stadt Gemena war im Vergleich zu Libenge etwas größer, aber auch dort war das Angebot auf den Märkten begrenzt. Immerhin entdeckte ich in einem kleinen Laden zum ersten Mal seit Kamerun wieder Trinkwasser in 1,5-Liter- Plastikflaschen. Der Ladenbesitzer reichte mir eine Flasche und teilte mir freudestrahlend mit, dass sie umgerechnet 1,50 Euro kosten sollte. Auf der Flasche war ein Etikett aufgeklebt, auf dem ich das etwas verwitterte blaue WHO-Emblem erkannte. Unter dem Emblem stand: „Not for commercial sale!" Wo auch immer die Flasche herkam

Straße nach Gemena

und was sich die Weltgesundheitsorganisation auch immer bei dem Hilfsprojekt ursprünglich gedacht haben mochte, irgendetwas war schief gelaufen.

Ich fand ein einigermaßen günstiges Hotel. Günstig meint, dass ich für ein winziges Zimmer mit vermoderter Matratze und partyverrückten Kakerlaken 15 US-Dollar zahlte. Den Ausschlag dafür, mich dennoch in das Zimmer einzuquartieren, gab das Versprechen, dass abends mit Hilfe eines Stromgenerators zwei Stunden lang Elektrizität in die Steckdosen fließen sollte. Es war seit Yaoundé das erste Mal, dass ich wieder an Strom kam und ich musste dringend die Akkus meiner Digitalkamera laden und die Fotos von fast drei Wochen in mein Netbook abspeichern. Der Strom kam abends tatsächlich. So konnte ich meine Vorhaben verwirklichen und später zufrieden meinem Glück mit zwei kalten Bierchen zuprosten.

Am nächsten Morgen brach ich in Richtung Lisala auf. Vor mir lagen etwa 300 Kilometer, von denen ich keine Ahnung hatte, wie sie aussehen würden. Auf meiner Michelin-Karte waren entlang der gesamten Strecke nur zwei Orte eingezeichnet, außerdem galt es, den Fluss Mongala zu überqueren. Die ersten 150 Kilometern schienen laut Karte einigermaßen befahrbar zu sein. Die Straßenlinie der folgenden 150 Kilometer war allerdings gestrichelt, was so viel bedeutete wie „kaum passierbar". Ich hatte mein Hotel in Gemena gerade verlassen und noch nicht einmal den Ortsausgang erreicht, da brach wieder einmal eines dieser fürchterlichen Gewitter los. Um 7 Uhr morgens! Der Himmel wurde schwarz und die Welt verwandelte sich in ein tosendes Inferno. Ich sah rechts der Straße ein paar Männer, die an einem kleinen Unterstand Schutz gesucht hatten und gesellte mich zu ihnen. Der Sturm war so laut, dass eine Unterhaltung unmöglich war. Und der Wind peitschte uns die Regentropfen so in den Unterstand, dass keiner trocken blieb. Hinter uns krachte eine Palme zu Boden und vor uns konnte ich beobachten, wie die Straße langsam überflutet und das Rot des eben noch trockenen Lehms immer dunkler wurde. Die Wasser-Rinnsale zogen immer neue und tiefere Furchen in die leicht abschüssige Piste, so dass ich mich fragte, wie es hier wohl zugehen mochte, wenn die Regenzeit im Oktober ihren wahren Höhepunkt erreichte. Nach etwa einer Stunde ließ der Regen nach. Wäre ich klug und vernünftig gewesen, hätte ich kehrt gemacht und wäre zu den Kakerlaken ins Hotel zurückgekrochen. Ich wusste sehr genau, dass in den Tropen roter, nasser Lehm fürs Fahrradfahren eine Katastrophe ist. Aber ich musste mich wohl unbedingt noch einmal dessen vergewissern und fuhr weiter.

Die ersten Kilometer waren noch einigermaßen zu bewältigen. Der rote, klebrige Lehm bemächtigte sich zwar meines Fahrrades und die Schmiere klebte bald überall, doch da es leicht bergab ging, schlitterte ich irgendwie vorwärts, selbst wenn die Räder hin und wieder blockierten. Als der Regen wieder kräftiger wurde und die Straße von der Abfahrt in eine Steigung überging, gestaltete sich das Fahren allerdings zunehmend schwerer. Der Matsch wurde immer tiefer und die Räder hörten endgültig auf, sich zu drehen. Am Anfang versuchte ich noch regelmäßig mit Stöcken den lehmartigen, roten Schlamm unter den Schutzblechen herauszupulen, nur um danach 20 Meter zu fahren und die Prozedur anschließend zu wiederholen. Doch irgendwann gab ich diese sinnlose Arbeit auf und beschloss, zu Fuß weiterzugehen, das Fahrrad neben mir durch den Morast zerrend. Sehr viel einfacher war das angesichts des schwerbepackten Fahrrades indes auch nicht. Ich schmatzte mit meinen Sandalen durch den Schmodder und fand keinen Halt, weil der Lehm wie Schmierseife war und ich ständig neben meinem Fahrrad laufend seitlich wegrutschte. Nach einer Weile zog ich die Sandalen aus und ging barfuß weiter. Der Halt im Schlamm wurde dadurch tatsächlich etwas besser, aber so richtig überzeugend war mein Auftritt trotzdem nicht. In den Dörfern, durch die ich kam, traten die Menschen vor ihre Hütten und sahen still, vielleicht auch entsetzt, zu, wie ich mich durch die rote Erde wühlte. Dreimal ging an jenem Vormittag auf ansteigenden Strecken gar nichts mehr. Ich versuchte das Fahrrad vorwärts zu schieben und schlitterte rückwärts; ich versuchte das Rad aus dem knöcheltiefen Morast heraus zu wuchten, rutschte aus und klatschte in den Morast. Dreimal war ich kurz davor, die Taschen abzupacken, um sie und das Fahrrad einzeln weiterzutragen, doch jedes Mal kam mir genau in diesem Moment einer der stillen Beobachter zur Hilfe. Die Menschen im Kongo wissen ganz genau, wann es einer alleine nicht mehr schafft.

Gegen Mittag hörte der Regen endlich auf und es kam sogar die Sonne heraus. Rechts der Straße tauchte ein kleiner Tümpel auf, in dem einige Kongolesen ihre Fahrräder und sich selbst säuberten. Ich war von Kopf bis Fuß verschlammt und beschloss, es ihnen gleich zu tun. Ich dachte, wenn sie ihre Räder reinigen, dann ist das Schlimmste vermutlich vorbei, was natürlich einer meiner typischen Irrtümer war. Die Putzaktion dauerte fast eine Stunde, aber nur 30 Minuten später war alles wieder rote Grausamkeit. Noch zwei Mal putzte ich an jenem Tag mein Fahrrad und mich in Flüssen, ohne dass es wirklich Sinn gemacht hätte. Gegen Nachmittag war ich völlig erschlagen und nahm mit Schrecken zur Kenntnis, dass ich gerade einmal 40 Kilometer zurückgelegt hatte. Wenn das so weiterging, würde ich über eine Woche für die 300 Kilometer bis Lisala brauchen. „Du hast es ja so gewollt", flüsterte

Radputz

mir mein Besserwisser ins Ohr. Als die Piste abschnittsweise wieder befahrbar wurde, flüsterte ich zurück: „Du kannst mich mal!"

Am frühen Abend rollte ich durch ein winziges Dorf. Ich suchte links und rechts der Straße nach einer Garküche, entdeckte jedoch keine. Dafür kam ich am Ortsausgang an einem Riesen von einem Mann vorbei, der wie ein Baum vor seiner kleinen Hütte stand. Er war etwa 2,10 m groß und grüßte mich freundlich als ich vorbeifuhr. Ich grüßte zurück, radelte erst noch ein Stück weiter und drehte dann – gefangen vom Blickkontakt mit ihm – doch um. Nono hatte die traurigsten, aber auch die warmherzigsten Augen, die man sich vorstellen kann. Später baute ich mein Zelt vor seinem Haus auf. Wie immer kamen viele Dorfbewohner herbei, um dabei zuzusehen, doch als es dunkel wurde, gingen diesmal fast alle nach Hause. Am Ende waren nur noch Nono, der Dorfschullehrer Raphael und ich übrig. Wir drei saßen dann bis Mitternacht unter inzwischen sternenklarem Himmel beisammen und redeten. Wir redeten über uns, über Afrika und Europa. Ja, wir redeten so, als seien wir alte Freunde, die sich nach langer Zeit wiedersehen und viel auszutauschen haben.

„Sieh uns an: Wir leben wie die Wilden!"

Die Straßenverhältnisse waren über Nacht fast unverändert geblieben. Es hatte zwar nicht weiter geregnet, aber die rote Erdpiste war noch immer verschlammt und auf vielen Abschnitten von riesigen Pfützen überflutet. Dennoch kam ich trotz gelegentlichen Schiebens im Vergleich zum Vortag gut voran und erreichte nachmittags Akula, einen kleinen Ort am Ufer des Mongalas. Bevor ich mit einer Piroge den Fluss überqueren durfte, musste ich dem örtlichen Gendarmerie-Chef Rede und Antwort stehen. Er verlangte 2000 Franc Congolais dafür, dass er meine Daten auf einen Schmierzettel kritzelte, der aller Wahrscheinlichkeit schon bald in dem großen Müllkarton enden würde, der neben seinem kleinen Tisch stand. 2000 Franc Congolais entsprachen knapp

1,50 Euro oder auch vier Mahlzeiten an einer kongolesischen Garküche. Ich zahlte dieses Mal ohne einen größeren Aufstand anzuzetteln, da ich fürchtete, andernfalls wie am Ubangui nicht über den Fluss gelassen zu werden.

Es gab keine Brücke und keine Fähre über den Mongala. Die einzige Möglichkeit den Fluss zu überqueren, waren kleine Pirogen. Am anderen Ufer begann dann jene Straße, die auf meiner Karte gestrichelt war – und diese schmale Urwaldpiste war, wie befürchtet, schlimmer als alle zuvor! Bis Akula war mir hin und wieder, wenn auch sehr selten, noch ein Fahrzeug begegnet: mal ein schrottreifer Lastwagen, mal ein knatternder Pickup. Östlich des Mongala-Flusses gab es nun überhaupt keinen motorisierten Verkehr mehr, und daran sollte sich im gesamten Zentralkongo nichts mehr ändern. Abseits der wenigen größeren Städte, durch die ich kam, gab es kein einziges Fahrzeug, das sich auf die Straßen getraut hätte. Die Pisten waren vom Regen so tief ausgewaschen und zerfurcht, dass sich jedes Geländefahrzeug hätte geschlagen geben müssen. Für einen Laster wäre an einem der vielen Flüsse Schluss gewesen. Und selbst ein Traktor wäre nicht weit gekommen, da er an jenen Straßen gescheitert wäre, die bis auf einen schmalen Durchgangspfad vom Wald wieder überwuchert worden waren. Auf den meisten Streckenabschnitten traf ich nicht einmal Mopedfahrer. Größere Flüsse hätten sie zwar – so wie ich – mit Hilfe einer Piroge überqueren können. Und auch durch Matsch und Schmodder hätten sie notfalls schieben können. Das Problem für sie waren jedoch kleinere Flussläufe.

Manchmal waren es nur Bäche, die den Weg kreuzten. Diese hatten sich im Laufe der Jahre jedoch so beständig durch die Pisten gearbeitet, dass metertiefe Gräben entstanden waren. Hie und da hatte man 20 bis 30 Meter lange Baumstämme über die Gräben gelegt. Dann konnte ich meine Taschen einzeln hinübertragen und anschließend mit dem geschulterten Fahrrad über die modrigen und teils sehr glitschigen Hölzer balancieren. Doch mit einem Motorrad war das kaum vorstellbar. Anderswo waren die Holzstämme auch schon morsch in die Tiefe gestürzt. Dann musste ich Fahrrad und Taschen einzeln einen drei Meter hohen Steilhang hinuntertragen, durch den Fluss schleppen und auf der anderen Seite an einem fast senkrechten Erdwall wieder hinaufwuchten. Spätestens das war mit einem Moped absolut undenkbar, selbst zu zweit.

Weil es für Lastwagen, Pickups und Mopeds aufgrund der desolaten Pisten nun kein Durchkommen mehr gab, übernahmen Fahrradfahrer die Aufgabe, abgelegene Dörfer zu versorgen und Alltagsgüter von A nach B zu schaffen. Bei den Radfahrern handelte es sich überwiegend um junge Männer, die keinen anderen Job fanden und sich jetzt als Spediteure und fahrende Händler auf uralten chinesischen Schrottmühlen durch den Dschungel kämpften. Manche von ihnen waren wochenlang von zu Hause weg und legten mit ihren vollbepackten Rädern hunderte von Kilometern auf vermaledeiten Schlamm- und Sandpisten zurück. Aufgrund der unglaublichen Menge, die sie transportierten, nannte ich sie schon bald nur noch „Lastradfahrer“. Einige kauften in größeren Städten Gebrauchs- und Konsumgüter ein (T-Shirts, Kochtöpfe,

Lastradfahrer

Plastikeimer, Flipflops) und klapperten dann ein Dschungeldorf nach dem anderen ab.

Andere waren so etwas wie „fahrende Apotheken" oder „mobile Schönheitssalons" und brachten Medizin, Zahnbürsten, Kondome und diverse Beauty-Utensilien zu den Menschen. Derartige Ladungen schienen noch einigermaßen transportierbar, selbst auf Fahrrädern ohne Gangschaltung und funktionierende Bremsen. Doch die härtesten Jungs hatten auf ihren Rädern Bierkästen, Reis- und Manioksäcke oder lebende Tiere geladen. Viele waren auch mit vier oder fünf großen Kanistern unterwegs, allesamt randvoll mit Palmöl oder Palmwein gefüllt. Bei einer Ladung von weit über 100 Kilogramm war für sie das Fahren durch Matsch und Sand grundsätzlich ausgeschlossen. Also schoben sie ihr Fahrrad tagelang zu Fuß durch den Dschungel und marschierten dabei oft in Gruppen hintereinander weg, eine Hand immer am Lenker, die andere am Gepäck, schräg zum Fahrrad gestemmt, bergauf, bergab, den Körper gekrümmt, den Kopf gesenkt, erschöpft, ausgemergelt, hungrig. Bergab sah ich mehr als einmal, wie die Lastradfahrer ihre hochbepackten Räder plötzlich nicht mehr halten konnten und diese dann alleine den Hang hinunterpurzelten. Bergauf schafften es manche auf den steilsten Abschnitten wiederum nicht, ihr Fahrrad alleine hochzuwuchten. Dann klemmten sich zwei Leidensgefährten erst hinter das eine Rad, um es gemeinsam hochzuschieben, anschließend nahmen sie sich das andere vor. Auch wenn einer der müden Krieger stolperte und samt Fahrrad zu Boden fiel, benötigte er Hilfe, weil er das schwer beladene Rad nicht alleine aufgerichtet bekam.

Obwohl mir das harte Leben dieser Lastradfahrer unter die Haut ging, hatte ihre Existenz für mich doch zwei bedeutende Vorteile. Erstens profitierte ich davon, dass es dort, wo viele von ihnen unterwegs waren, regelmäßig auch Dörfer gab, in denen Frauen an Garküchen etwas zu essen anboten. Zweitens kam ich mit vielen von ihnen in Kontakt und fühlte mich in diesem undurchdringlichen, dunklen Dschungel nicht ganz so verlassen. Einmal sagte einer der jungen Männer zu mir: „Mundele, es ist gut, dass du hier langfährst, jetzt weiß wenigstens einer, wie es uns hier im

Kongo ergeht!" Und ein anderer sagte: „Sieh uns an, Mundele! Die meisten von uns haben die Schule beendet, aber wofür? Für einen Hungerlohn schlafen wir im Freien und trinken Wasser aus den Flüssen. Wir leben wie die Wilden!"

Joseph: „Bleib doch einfach im Kongo!"

Joseph war Anfang 20 und einer der „Wilden". Wie in Afrika üblich, hatte er früh geheiratet und war bereits Vater zweier Kinder. Stolz zeigte er mir ein zerknittertes Familienbild, auf dem er mit seiner Frau und den beiden Kindern abgelichtet war. Ich lernte ihn etwa 110 Kilometer vor Lisala kennen. Ich hatte gegen Nachmittag eine kurze Pause eingelegt, als er mit seinem bepack-

Hauptverkehrsstraße nach Lisala

ten Fahrrad an mir vorbeifuhr und dann etwa 100 Meter weiter stehen blieb. Er drehte sich zu mir um und als er mich angrinste, erkannte ich ihn wieder. Wir waren uns im Laufe des Tages schon zwei Mal begegnet. Beim ersten Mal hatte er mich früh morgens überholt, als ich mir an einem Fluss einen Kaffee zubereitete. Später war ich an ihm vorbeigefahren, als er an einer Garküche etwas aß. Nun deutete er grinsend mit dem Finger die Straße hinab, was so viel bedeuten sollte wie: „Fährst du weiter?" Ich nickte, stieg aufs Rad und folgte ihm. Da er nicht so viel Gepäck geladen hatte wie andere, konnte er sein Rad auch zum Fahren nutzen. Auf seinem Gepäckträger war ein großer TV-Karton festgezurrt, auf dem seinerseits eine Ente angebunden war, die zwar noch lebte, aber vom Transport ein wenig mitgenommen schien und mir von Zeit zu Zeit ziemlich müde entgegenblinzelte.

Es gibt Menschen, mit denen läuft es von Anfang an rund. Da stimmt der Weg, das Tempo, die Einstellung. Solche Menschen trifft man nicht alle Tage. Joseph war so einer. Er teilte das Schicksal vieler junger Menschen im Kongo, für die es trotz erfolgreichem Schulabschluss weder einen Ausbildungsplatz noch eine reguläre Arbeit gab und hielt sich deshalb mit Gelegenheitsjobs über Wasser. Jetzt war er gerade auf dem Rückweg von Gemena, wo er im Auftrag eines Bekannten einen kleinen Fernseher abgeholt hatte. „Und die Ente?", fragte ich. Joseph strahlte: „Die habe ich für meine Familie gekauft, für meine Frau und meine Kinder." Wir fuhren an jenem Nachmittag noch etwa 20 Kilometer weiter, dann stoppten wir in einem kleinen Dorf, wo Joseph den Lehrer der örtlichen Grundschule kannte, der uns ein Klassenzimmer für die Übernachtung zur Verfügung stellte. Nachdem wir unsere Fahrräder abgestellt hatten, gingen wir zu einem nahegelegenen Fluss und wuschen uns. Auf dem Rückweg kaufte ich am Flussufer frischen Fisch und Chikwange für die ganze Familie und als es dunkel war, aßen wir alle gemeinsam mit den Händen aus drei verschiedenen Töpfen. In dem einen Topf war der Fisch, im anderen Chikwange und im dritten hatte die Frau des Dorfschullehrers ein Gemüse zubereitet, das ich bis dahin noch nicht kennengelernt hatte, aber von jenem Abend an über alles zu lieben begann. Das dunkelgrüne

Gemüse nannte sich „Pondu“ und wurde aus den Blättern der Maniokpflanze hergestellt. Die Blätter wurden dazu zerstampft, gekocht und mit Palmöl verfeinert. Es schmeckte besser als Spinat und wenn das Pondu auch noch mit Knoblauch und Zwiebeln angereichert worden war, konnte ich nie genug davon kriegen.

Am nächsten Morgen saßen Joseph und ich um kurz vor 6 Uhr wieder auf den Rädern. Vor uns lagen noch knapp 90 Kilometer bis Lisala. Um 7 Uhr kam einmal mehr der Regen, doch es war nur ein kurzer Schauer und das Wasser weichte den Boden nicht allzu sehr auf. Mühsam war die Etappe bis Lisala dennoch. Wir fuhren viele Kilometer durch tiefen, nassen Sand, außerdem gab es ungezählte Steilstücke, regelrechte Rampen, die wir nur schiebend hinaufkamen. Zwischenzeitlich bekam Joseph mit, was es bedeutet als Weißer durch den Kongo zu radeln. In einigen Dörfern stürmten 20 bis 30 Kinder herbei und schrien: „Mundele, Mundele!“ Joseph schüttelte lachend den Kopf, denn selbst er konnte das aufgeregte Geschrei kaum fassen.

Joseph

Lisala lag zwar am Ufer des breiten Kongoflusses, war aber an einem steilen Berghügel erbaut worden, so dass die letzten Kilometer noch einmal beißend anstrengend wurden. Im Stadtzentrum angekommen, brachte mich Joseph zu einem Hotel, das er meiner würdig hielt. Ich zahlte 20 US-Dollar pro Nacht und hatte dafür sogar eine Dusche im Zimmer, kalt und erfrischend. Abends kam Joseph vorbei und wir gingen in der Stadt ein Bier trinken. Er war mit einer modischen Jeans und einem poppigen Hemd ziemlich schick angezogen und ich fühlte mich in meinen neun Monate alten, immer selben „Ausgehklamotten" vergleichsweise schäbig. Es wurde natürlich dennoch ein lustiger Abend. Irgendwann sagte Joseph zu mir: „Bleib doch einfach bei uns im Kongo!" Zum Abschied versprach er, mich am Tag darauf abends wieder im Hotel abzuholen.

Der nächste Tag begann mit einer kleinen Enttäuschung. Früh morgens erkundigte ich mich am Hafen, ob es ein Boot nach Kisangani gab, doch Fehlanzeige. Es hieß, dass vielleicht in zwei oder drei Tagen ein Boot käme. Meine Erfahrung mit afrikanischen Zeitangaben ließ mich jedoch vermuten, dass es mindestens eine Woche dauern konnte, und so beschloss ich, den Tag noch auszuruhen und am folgenden Morgen mit dem Fahrrad die 150 Kilometer lange Strecke nach Bumba in Angriff zu nehmen. Bumba liegt ebenfalls am Kongofluss und man hatte mir mehrmals versichert, dass von dort fast täglich kleinere Schiffe nach Kisangani ablegen würden. So wie der Tag mit einer kleinen Enttäuschung begonnen hatte, so endete er auch. Joseph tauchte nicht auf. Ich wusste nicht, wo er wohnte, dabei hätte ich mich so gerne noch von ihm verabschiedet, noch einmal sein breites Grinsen gesehen.

Am Tag darauf verließ ich morgens um 7 Uhr Lisala. Die Straße führte zunächst hinab zum Ufer des Kongos. Dort schob ich mein Fahrrad einige Kilometer durch eine tief versandete Piste, ehe es auf halbwegs fahrbarem Untergrund wieder bergauf ging, weg vom Fluss ins bergige Hinterland. Nach etwa einer Stunde Fahrt, hörte ich plötzlich wie jemand hinter mir meinen Namen rief. Ich drehte mich um und sah Joseph lachend auf mich zukommen. Seine Augen glänzten wie die Schweißperlen auf seiner Stirn. Er erläuterte mir, dass er am Tag zuvor einen Job hier draußen auf den Feldern angenommen hatte und deshalb nicht hatte kommen können. Ich erklärte ihm, dass ich nach Bumba weiter wollte, in der Hoffnung, dort ein Boot nach Kisangani zu erwischen. Als es darum ging, Adieu zu sagen, wollte Joseph von mir wissen, ob wir uns wiedersehen, vielleicht auf meinem Rückweg. Nun hätte ich „Ja, vielleicht!" sagen können, aber es war mehr als unwahrscheinlich, dass ich denselben Weg zurückfahren würde und so sagte ich: „Nein, ich glaube nicht!" Ich habe den Menschen auf meiner Reise nie etwas versprochen, was ich nicht auch einzuhalten fähig war. Das gebot mir nicht nur mein Gewissen, sondern auch mein Respekt ihnen gegenüber. Ich konnte ihnen deshalb eigentlich immer nur eines versprechen: dass ich sie nie vergessen würde und dass ich in Deutschland von ihnen und Afrika berichten würde.

Ankunft in Bumba

Der über 4000 Kilometer lange Kongofluss beschreibt einen ähnlich weiten Bogen durch Zentralafrika wie der Niger durch Westafrika, und die Stadt Bumba liegt ziemlich genau am nördlichsten Punkt des weit ausholenden Kongobogens. Als ich in die Stadt kam, radelte ich unglücklicherweise genau am Migrationsbüro vorbei, wo ein Mitarbeiter der Behörde auf die Straße sprang, mich stoppte und umgehend zum Migrationschef bat. Ich hatte in den vorangegangenen Tagen alle Kontrollen „gut weggesteckt" und auch jetzt verhielt ich mich tadellos; ich schaffte es nicht nur, Gebührenzahlungen abzuwehren, sondern den Migrationschef auch davon zu überzeugen, dass mich einer seiner Mitarbeiter doch bitte zu irgendeiner Unterkunft bringen möge. So begleitete mich ein junger Mann zu einer bescheidenen Herberge und als er gegangen war, ließ ich mich erschöpft im Hof vor meinem Zimmer in einen Stuhl fallen. Ich hatte das Gefühl, dringend eine Pause zu benötigen. Seit Yaoundé hatte ich fast 2000 Kilometer auf Dschungelpisten zurückgelegt und mir nur drei Ruhetage gegönnt. Jetzt

Am Hafen von Bumba

merkte ich, dass ich Zeit für mich brauchte, ein bisschen Abstand vom Fahrradfahren, ein wenig Besinnlichkeit. Diesen Gedanken hatte ich noch gar nicht richtig zu Ende gedacht, da tauchte auch schon Ibsa auf. Er war Anfang 30, trug einen zwar nicht mehr ganz neuen, aber dennoch ansehnlichen Anzug und sagte, er käme von der örtlichen Tourismusbehörde und sei angewiesen worden, sich um mich zu kümmern. „Tourismusbehörde in Bumba? Tourismus im Kongo? Sich um mich kümmern?" Das hielt ich zwar alles für frei erfunden, aber wie auch immer: Es war der Beginn einer recht speziellen Freundschaft.

Bumba gilt aufgrund seines Hafens als wichtiger Umschlagplatz, doch solche Attribute muss man mit afrikanischen bzw. kongolesischen Augen betrachten. Der Hafen war nicht unbedingt auf dem modernsten Stand. Ich sah einige Schiffwracks, die am Ufer gestrandet waren und vermutlich nie wieder in See stechen würden. Daneben gab es ein paar rostende Stahlpontons, für die ebenfalls zu hoffen war, dass sie nie wieder auf den Fluss gezogen würden. Die Stadt selbst war auf Sand gebaut und auch nicht gerade mondän. Die meisten Häuser waren windschiefe Holzbretterbuden und sämtliche Ziegelsteingebäude schienen einsturzgefährdet. Es gab keinen Strom, keine Internet-Cafés und fast keinen motorisierten Verkehr. Statt Autos knirschten überall Fahrradtaxis durch die versandeten Straßen. Dass an einer der größten Kreuzungen des Ortes ein Polizist den Verkehr regelte, war angesichts des Fahrzeugaufkommens skurril. Der Mann stand mitten auf der Kreuzung auf einer wackeligen Verkehrskanzel und wies mit weißen Handschuhen die umhersurrenden Fahrradtaxis an, wie sie zu fahren hatten. Ich habe nie feststellen können, dass sich irgendein Radfahrer an seine Anweisungen hielt. Im Vergleich zu Städten wie Libenge oder Gemena bot Bumba dennoch einige Annehmlichkeiten. Ich entdeckte einen großen Markt mit einem reichhaltigen Angebot, außerdem wurde an mehreren Stellen gepanschter Sprit aus verdreckten Plastikflaschen verkauft, so dass ich die Vorräte für meinen Benzinkocher wieder auffüllen konnte. Es verlockten sogar Bars, die dank Stromgeneratoren kaltes Bier servierten – und apropos Stromgeneratoren: entlang der Straßen gab es für alle, die daheim keinen Strom hatten, aber ein Handy besaßen, auch mit Stromgeneratoren betriebene Handy-Ladestationen. Ich hatte zwar inzwischen kein Handy mehr, aber ganz sicher Lust auf ein kaltes Bier.

Ibsa begleitete mich am ersten Abend durch den Ort. Vielleicht wäre ich auch gerne alleine auf Erkundungstour gegangen, aber ich hatte es langsam aufgegeben, in Afrika eine Privatsphäre für mich beanspruchen zu wollen. Die einzige Möglichkeit alleine zu sein, bestand darin, mich in ein Zimmer einzusperren, obwohl auch das keine Garantie für ungestörte Ruhe darstellte. Egal in welcher Stadt ich mich aufhielt, es sprach sich immer schnell herum, dass ein Weißer angekommen war und faszinierenderweise wussten auch alle Menschen, in welcher Unterkunft ich mich befand. Frauen mit kranken Kindern klopften an meine Tür und wollten Geld. Frauen mit kurzen Röcken klopften an und wollten Geld. Männer ohne Arbeit klopften an und wollten Geld. Männer mit Arbeit, aber ohne Lohnauszahlungen, klopften an und wollten

Geld. Eines Abends kam ein alter Mann zu mir, bat mich um Geld und sagte: „Gott hat mich zu dir geführt!" Dagegen war Widerspruch kaum möglich, und als er sagte, er brauche etwas Geld, um seinen Sohn in Kinshasa anzurufen, war auch dagegen nichts einzuwenden, denn Vater-Sohn-Beziehungen sind bekanntlich immens wichtig. Also gab ich ihm etwas Geld und als mich nun Ibsa durch die Stadt begleitete, war klar, dass auch er von mir Geld dafür erwartete. Die ersten Scheine verdiente er sich dadurch, dass er mir eine bessere Unterkunft empfahl und mich zur Katholischen Kirche „Notre Dame" führte. Zur Kirche gehörte ein mit mannshohen Mauern umfriedeter Gebäudekomplex. Wir traten durch ein breites Tor auf einen großen Platz von etwa 30 mal 40 Metern, in dessen Zentrum ein vermutlich jahrhundertealter Mangobaum stand. Links von ihm befand sich das mit roten Backsteinen errichtete Pfarrhaus von Père Carlos, rechts gab es in einem länglichen Flachbau aus Beton Unterkünfte für Gäste, fünf Zimmer mit überdachter Veranda und Blick auf den Mangobaum. Ich brauchte die Zimmer gar nicht zu sehen, um zu wissen, dass dies ein guter Ort war, um zwei oder drei Tage zu entspannen, bis ich ein Boot nach Kisangani nehmen würde. Ibsa stellte mich Père Carlos vor, ein Belgier, den ich auf Mitte sechzig schätzte. Wir sprachen kurz miteinander und verabredeten meinen „Wohnungswechsel" für den nächsten Morgen. Das Zimmer war zwar klein, aber mit einer Dusche und einem Waschbecken ausgestattet. Die Toilette befand sich am Ende des Flachbaus in einem Séparée, was mir nur recht war, da Klos in Afrika fast ausnahmslos dazu neigen, zu stinken. Das wirklich Überragende an der Unterkunft war allerdings, dass es jeden Tag mit Hilfe eines Stromgenerators vier Stunden lang Elektrizität geben sollte, zwei Stunden am Vormittag und zwei Stunden nach Einbruch der Dunkelheit. Das bedeutete für mich, dass ich nahezu ununterbrochen in die Tasten meines Netbooks hacken konnte, und das war auch dringend nötig. Ich musste meine Gedanken und Erlebnisse der vergangenen Wochen irgendwie verarbeiten und hatte die Erfahrung gemacht, sie dazu am besten niederzuschreiben. Ibsa konnte nicht ahnen, wie viel mir diese Kleinigkeit bedeutete, aber er hatte sich spätestens jetzt für eine finanzielle Entschädigung und eine freundschaftliche Einladung empfohlen. So gingen wir nach dem Abschied von Père Carlos gemeinsam in einen Bretterbuden-Biergarten, der drei nennenswerte Vorteile bot: Es gab etwas zu Essen, es gab kaltes Bier und die Beine der Plastikstühle knickten nicht ein.

Wir aßen und tranken, wir redeten und tranken, wir philosophierten und tranken oder wir tranken einfach nur, denn das Bier hieß nicht nur „Primus", sondern schmeckte auch prima. Ibsa verstand es an jenem Abend meine rührselige Bierlaune nachhaltig zu befördern. Er pflanzte mir seine Sorgen ins Herz und berichtete, er würde zwar für die Tourismusbehörde arbeiten, aber nur ein unregelmäßiges und zu niedriges Gehalt bekommen. Da er Frau und drei Kinder durchbringen müsse, sei er auf die Unterstützung der Touristen angewiesen – mit dem großen Problem, dass es eigentlich gar keine gäbe. Nach dem dritten Bier erklärte mich Ibsa zum Patron seiner Familie, der ab sofort für ihn, seine Frau und seine Kinder verantwortlich war. Ich hatte ihm bereits etwas Geld gegeben, doch ich war so ergriffen von seinen Worten, dass ich ihm noch ein paar weitere Scheine in die Hand drückte. Er versprach im Gegenzug hoch und heilig, mir ein Boot nach Kisangani zu besorgen und legte gleich noch einmal nach: „Mon ami, gib mir noch etwas mehr Geld!" Wie hatten dieser Mann, seine Frau und seine Kinder eigentlich jemals ohne mich überleben können?

Ibsa hieß eigentlich gar nicht Ibsa. Doch nach diesem Selbstportrait, das er mir von sich gegeben hatte, nannte ich ihn so, weil es keinen treffenderen Namen für ihn gab. „Ibsa" stand für die Aussage: „Ich bin so arm!!!" Auch wenn dieser Spitzname etwas böswillig anmutet, ich mochte den Mann und respektierte sein Werben um mein Geld. Ich selbst hatte mir im Übrigen zwischenzeitlich auch einen neuen Namen zugelegt. „Joachim" konnte kaum ein Afrikaner aussprechen und so hatte ich eines Tages beschlossen, mich Henry zu nennen, was den Menschen sowohl auf Französisch als auch auf Englisch leicht über die Lippen ging. Auf diese Idee war ich im April 2009 in Benin gekommen, als ich das Champions-League-Spiel zwischen Bayern München und Barcelona im Fernsehen sah. Die Katalanen gewannen das Match gegen völlig überforderte, von Jürgen Klinsmann trainierte Bayern mit 4:0. Zwei Tore schoss Lionel Messi, eines Samuel Eto'o und eines der Franzose Thierry Henry. Der Fernseh-Kommentator war völlig aus dem Häuschen und bejubelte das „Trio infernale: Messi – Eto'o – Henry". In der Spelunke, in der ich saß, war nun niemand in der Lage, das zu überprüfen. Erstens krachten gelegentlich tropische Blitze über die Mattscheibe, wonach das Bild wie in einem Paternoster nach oben oder unten davon zu laufen begann, zweitens war die Bildübertragung völlig verpixelt und drittens auch noch schwarz-weiß; die beiden Mannschaften konnte man kaum unterscheiden und man rätselte eigentlich immer nur, wo denn der Ball war. Weil aber nichtsdestotrotz alle gebannt auf den kleinen Bildschirm starrten und ich ein ums andere Mal hörte, wie die Männer um mich herum die Namen Messi, Eto'o und Henry wiederholten, entschied ich mich an jenem Abend für Henry, was ich angesichts der Tatsache, dass einer meiner drei Vornamen „Heinrich" ist, absolut naheliegend fand.

Warten auf ein Boot nach Kisangani

Die Information, dass zwischen Bumba und Kisangani regelmäßig Boote fuhren, erwies sich als falsch. Am Hafen erklärte man mir, es gebe keinen regional begrenzten Schiffsverkehr. Die Boote kämen alle von weit her, meist aus der Hauptstadt Kinshasa. Auf meine Frage, wann das nächste Boot zu erwarten sei, sagte man: „Vielleicht morgen!", was übersetzt „Keine Ahnung!" bedeutete. In den ersten drei Tagen lief ich noch regelmäßig zum Hafen, um mich nach einem Schiff zu erkundigen und wenn ich etwas niedergeschlagen zu meiner Unterkunft zurückkehrte, tauchte zumeist Ibsa auf, um mir mitzuteilen, was ich schon wusste: „Nichts Neues am Hafen!" Er bat mich fast jedes Mal um Geld und manchmal gab ich ihm etwas. Manchmal sagte ich aber auch, er solle vor seinen Honorarforderungen erst einmal seine Arbeit machen und mir wie versprochen endlich ein Boot besorgen.

Markt in Bumba

Ibsa erwiderte, kein Boot herbeizaubern zu können, worauf ich ihm schamlos erklärte, wenn er nicht zaubern könne, sei das sein Problem.

Nach drei Tagen gab ich meine Spaziergänge zum Hafen auf. Inzwischen kannte mich fast jeder im Stadtviertel von Notre Dame, und jeder wusste, dass ich auf ein Boot wartete. Irgendeiner – wenn nicht Ibsa – würde mich schon informieren, falls tatsächlich ein Schiff auftauchte. Nach fünf Tagen hatte ich mich komplett in Bumba eingewöhnt und nach etwa zehn Tagen war ich mir plötzlich gar nicht mehr sicher, ob ich überhaupt noch weg wollte. Mir fehlte zwar eine zündende Idee, was ich den Rest meines Lebens in Bumba anstellen sollte, aber ich war überzeugt, dass sich alles schon irgendwie finden würde. Meine Tage vergingen vor diesem Hintergrund im unbeschwerten Müßiggang. Morgens lief ich in aller Frühe zum Markt, um bei meiner „Mama Marché" einen Kaffee zu trinken. Sie war eine der ersten, die um 6 Uhr ihren Stand aufbaute und da zu dieser Stunde kaum etwas los war, herrschte auf dem sonst so lebhaften Markt noch eine wunderbare Stille. So saß ich mit einigen Männern schweigend beim Kaffee beisammen, hörte nur ihr Schlürfen aus den heißen Bechern und von Zeit zu Zeit irgendeinen Hahn, der in den Tag hineinkrähte. Auf dem Rückweg vom Markt zu meiner Unterkunft waren die Menschen dann schon wacher. Viele saßen bereits vor ihren Buden und grüßten mich freundlich: „Bonjour Monsieur Henry! Comment ça va?" Obwohl alle wussten, dass noch immer kein Schiff angelegt hatte, gehörte es zum Small-Talk, dass sie mich danach befragten, was denn nun mit dem Boot sei. Ich grüßte zurück und sagte nahezu täglich „Pas de bateau, mes amis – c'est l'Afrique!", was jedes Mal zu allgemeiner Erheiterung beitrug.

Vormittags stellte ich einen kleinen Tisch auf die Veranda vor mein Zimmer und widmete mich den Tasten meines Netbooks. Oder ich kümmerte mich um das Wohlergehen meines Fahrrades, das ich „Molly" genannt hatte, ein von Anfang an passender Name. Molly hörte sich nach klein und kräftig an, nach treu und unverwüstlich. Der Name war außerdem meinen geliebten Kinderbüchern über „Jim Knopf und Lukas der Lokomotivführer" entnommen. Als Jim Knopf eine kleine Lokomotive erhält, wird sie Molly getauft. Sie geht während der Abenteuer der beiden Freunde verloren, gerät in die Hände der „Wilden 13" und versinkt im Meer. Doch am Ende taucht sie, da mit dem „Kristall der Ewigkeit" versehen, wieder auf – unzerstörbar. Da meine Molly noch nicht in den Händen der Wilden 13 gewesen war, musste ich mich um ihre Widerstandskraft ein wenig selbst kümmern und zog nun jede noch so kleine Schraube nach, wechselte die völlig zerschlissene Kette und die abgefahrenen Bremsklötze, justierte die Schaltzüge neu und nahm das rechte Pedal auseinander, um das Kugellager nachzuschmieren. Ich putzte und polierte, kontrollierte und streichelte, wienerte und ölte, tätschelte und schmierte meine treue Reisegefährtin so lange bis sie aussah, als käme sie von einer zweiwöchigen Reha mit anschließendem dreiwöchigen Spa-Urlaub. Dass wir beide demnächst gar nicht auf die Straße wollten, sondern möglichst auf ein Boot nach Kisangani, war unwichtig. Nachmittags spielte ich einige Male mit ein paar Jungs Fußball oder ich genoss beim Spaziergang die kokettierenden Blicke junger Frauen. Eines Tages legte ein Mädchen, das immer wieder auf dem Kirchengelände auftauchte, ein ärmelloses Träger-Shirt vor meine Tür. Ich fühlte mich geschmeichelt, hob das Oberteil auf und hing es über die Veranda. Das Mädchen stand mit einer Freundin unter dem riesigen Mangobaum und beobachtete mich kichernd. Ein Afrikaner, der die Szene beobachtete, sagte zu mir: „Mon ami, du musst das Oberteil mit aufs Zimmer nehmen und das Mädchen zu deiner Frau machen!" Das Mädchen war höchstens 15 Jahre alt.

Abends sprach ich gelegentlich mit Père Carlos. Er saß oft kurz vor Anbruch der Dunkelheit auf seiner Veranda und las ein Buch oder hing seinen Gedanken nach. Er berichtete mir, dass er seit 1963 im Kongo war, seit 1967 in Bumba. Er hatte die über 30-jährige Ära Mobutu miterlebt, die Kriege danach und auch das Chaos, das seither kein Ende nahm. Eine Rückkehr nach Belgien war für ihn dennoch völlig ausgeschlossen und dabei argumentierte er ähnlich wie Alice in Togo: „Ich bin hier zu Hause, hier in Bumba, hier im Kongo!" Zur Kirchengemeinde gehörte eine Schule und Père Carlos bemühte sich, den Jugendlichen nach Schulabschluss eine weiterführende Ausbildung zu vermitteln. Über seine christliche Missionarstätigkeit machte er sich wenige Illusionen: „Für die Menschen ist jeder Gottesdienst ein Fest. Sie kommen raus aus dem Alltag. Sie machen sich schön, um zu feiern und einander zu begegnen. Wenn aber jemand stirbt, sagen dennoch alle: die bösen Geister waren's."

„Du kommst wieder!"

Zwei Wochen nach meiner Ankunft in Bumba, traf schließlich doch noch ein Boot nach Kisangani ein. Ibsa begleitete mich zum Hafen. Wir liefen über zwei nebeneinander vertäute Stahlpontons, die nicht nur halb verrostet, sondern auch mit Menschen und Gepäck komplett überladen waren. Am Ende der Pontons gelangten wir zu einem kleinen, alten Schubschiff. Es war keine

15 Meter lang und höchstens vier Meter breit. Wir kletterten über eine fast senkrechte Stahlleiter an Deck, um mit dem Bootseigner zu sprechen, einem freundlichen, schwergewichtigen Schwarzafrikaner von etwa Mitte fünfzig. Die Preisverhandlungen für mein Ticket nach Kisangani zogen sich indes nicht lange hin, denn er verlangte nur 15 US-Dollar, was er damit begründete, dass wir beide Christen seien und er nicht an einem christlichen Gast aus Deutschland verdienen wolle. Er teilte mir mit, die Fahrt werde in zwei Tagen fortgesetzt und dass wir für die etwa 500 Flusskilometer bis Kisangani aller Voraussicht nach vier bis fünf Tage brauchen würden. Es gebe keine Küche an Bord, jeder koche sich sein Essen selbst, ich solle daher ausreichend Vorräte mitbringen. Ich fragte, ob das Boot auch nachts fahre, denn ich wusste, dass mit einer höllischen Mückenplage zu rechnen war, sobald das Boot abends irgendwo ankerte. Die Antwort lautete zu meiner Beruhigung: „Wir fahren Tag und Nacht, nonstop bis Kisangani!" Ich hatte nun

Das ersehnte Boot

zwei Tage Zeit, um meine Lebensmittelvorräte aufzustocken und mich bei den Menschen im Viertel von Notre Dame zu verabschieden. Auf den Straßen hielten manche wortlos den Daumen nach oben, andere sagten: „Bleib doch noch und nimm das nächste Boot!" Auf dem Markt behauptete meine frühmorgendliche Mama Marché: „Du kommst wieder, du kommst zu uns zurück!" Als ich zu Père Carlos ging, um mich zu verabschieden und die Rechnung zu bezahlen, sagte er: „Nein, du bist unser Gast gewesen! Pass gut auf dich auf und schreib' ein Buch über das Afrika, wie du es erlebt hast!" Er hatte mich wohl dabei beobachtet, wie ich auf der Veranda stundenlang auf mein Netbook eingehämmert hatte. Ibsa sah mich beim Abschied wiederum an, als würde er einen guten Freund zu Grabe tragen, oder zumindest einen guten Finanzier.

Ich kletterte am angekündigten Abfahrtstag morgens um 5.30 Uhr aufs Boot. Man hatte mir gesagt, das Schiff würde pünktlich um 6 Uhr ablegen, doch zehn Stunden später hatte sich der Kahn noch kein Stück vom Fleck bewegt. „Frag doch mal vorsichtig nach, was eigentlich los ist", dachte ich, und traf José, der mir geholfen hatte, Molly und mein Gepäck an Bord zu schleppen. Er sagte, es gebe einen kleinen Motorschaden, den man zu reparieren versuche. Als ich mich erkundigte, ob ich noch einmal an Land gehen könne, antwortete José: „Monsieur Henry! Mon ami! Pas de problème!" Die Aussage „Pas de problème" ließ mich ahnen, dass es sich wohl um ernsthaftere Probleme handelte und dass die Reparatur wohl etwas länger dauern dürfte. Ich schlenderte daher sorglos durch Bumba und kam versehentlich wieder einmal am Migrationsbüro vorbei, wo man mich umgehend einlud, ein paar aktuelle W-Fragen zu beantworten: „Immer noch in Bumba? Wieso denn das? Motorschaden? Ach ja, c'est l'Afrique!" Später ging ich auf dem Markt etwas essen, um meine Fünftages-Vorräte nicht anzutasten. Meine Mama Marché meinte: „Ich habe doch gesagt, du kommst wieder!"

Bei Einbruch der Dunkelheit war ich zurück auf dem Boot. Man hatte mir angeboten, auf dem Oberdeck des Schubschiffs zu schlafen und obwohl ich erklärte, keine Bevorzugung gegenüber den afrikanischen Passagieren auf den Stahlpontons zu wünschen, war ich am Ende doch froh, das Angebot angenommen zu haben. Neben der Reling gab es am überdachten Gang eine kleine, in das Deckhaus hineinreichende Einbuchtung. Sie war etwa 80 cm breit und 1,50 m tief. Das reichte, um meine Taschen unterzubringen und nachts meine Isomatte auszurollen. Vier oder fünf Nächte würde ich problemlos in Embryo-Stellung schlafen können und tagsüber war in dieser Einbuchtung genug Platz, um einen Plastikstuhl hineinzustellen und die vorüberziehende Landschaft zu bewundern. Im Prinzip handelte es sich also um einen Logenplatz, wie ich ihn mir besser nicht hätte vorstellen können. Erstens war ich an der frischen Luft, hatte freien Blick auf den Fluss und bei Regen ein Dach über dem Kopf. Zweitens war ich zwar ein wenig eingezwängt, aber diese überdachte Freiluft-Loge war mein Reich. Ich konnte mich ungestört darin zurückziehen und störte auch niemanden, der auf dem schmalen Gang an der Reling an mir vorbei musste, um zum Ruderhaus oder zur Kabine des Eigners zu kommen. Molly stand darüber hinaus nur einige Meter entfernt an der Reling, wo sie ebenfalls niemanden störte, sondern im Gegenteil von jedem bewundert und getätschelt wurde. Wie ich im Laufe der Reise feststellte, nutzte nämlich fast jeder, der vorbeikam, ihren Rückspiegel, um sein Erscheinungsbild zu überprüfen – nicht aus Eitelkeit, sondern weil Afrikaner grundsätzlich Wert auf ein gepflegtes Äußeres legen. Eigentlich hatte ich den Spiegel abmontieren wollen, aber die Schraube war so verrostet, dass ich sie nicht mehr freibekam – und nun wusste ich, dass auch das so seinen Sinn hatte.

Die erste Nacht in meiner Loge schlief ich ausgezeichnet, auch wenn mir eine kleine Erkältung zu schaffen machte, die ich mir wenige Tage zuvor zugezogen hatte. Am nächsten Morgen wartete ich eine Weile auf die Schiffs-Sirene, die zur Abfahrt rief. Nachdem allerdings drei Stunden vergangen waren, beschloss ich dann doch erneut vorsichtig nachzufragen und ging wieder auf die Suche nach José. Ich mochte ihn von Anfang an, denn er war immer gut gelaunt und hatte stets einen Spaß parat. José war so etwas wie „das Mädchen für alles“. Ohne sein Einverständnis kam

Logenplatz

niemand an Bord. Er kümmerte sich darum, dass die Passagiere auf den Stahlpontons einen Platz bekamen und kassierte mit großer Geduld und Gelassenheit das Geld von ihnen. José teilte mir nun ähnlich freimütig wie am Vortag mit, dass wir für den defekten Motor ein Ersatzteil brauchten, das aus Kinshasa eingeflogen werden musste. Da das nächste Flugzeug aus Kinshasa erst am Sonntag lande, hätte ich daher noch zwei Tage Zeit, mich in Bumba ungezwungen zu vergnügen.

Ich kann mich nicht genau erinnern, wie ich diese zwei Tage im Einzelnen verbrachte. Ich hielt mich viele Stunden auf dem Boot auf, lief ziellos durch die Stadt und besuchte regelmäßig meine Mama Marché. Am Samstagnachmittag sprach mich ein Reporter von „Radio Liberté" an und fragte, ob ich zu einem Interview über meine Reise bereit wäre. Ähnliche Anfragen hatte ich bereits in Marokko, im Senegal, in Ghana und Kamerun erhalten, doch jedes Mal dankend abgelehnt, da ich mich und meine Reise nun wahrlich für nicht wichtig genug hielt, um kostbare Sendezeit zu verplaudern. Doch in Bumba war das unerwartet anders. Ich war in Plauderlaune und sah die Chance, mich endlich einmal bei Afrika zu bedanken. So gestand ich den Menschen im Kongo über den Äther meine Liebe, uneingeschränkt und aufrichtig. Ich sagte, dass der Kongo das bisher schönste und aufregendste Land meiner Reise gewesen sei und dass ich niemals vergessen würde, wie hilfsbereit und herzlich mir die Menschen begegnet seien. Ich hätte viel über ihre Probleme erfahren und sei umso beeindruckter von ihrem Kampf für eine bessere Zukunft. Doch so wie ihre Not, werde mir auch immer ihr Lachen und ihre Lebensfreude in Erinnerung bleiben. Ich versprach, in Deutschland von ihnen zu erzählen und wünschte am Ende meines kleinen Interviews, Gott möge den Kongo und alle Menschen in diesem außergewöhnlichen Land segnen und beschützen.

Am Sonntagvormittag vertrat ich mir noch einmal die Beine an Land und traf Ibsa, der sehr überschwänglich auf mich zukam: „Mon ami, wir haben gestern Abend im Radio dein Interview gehört. Ich habe zu meiner Frau und den Kindern gesagt: Das ist er! Das ist mein Freund aus Deutschland, mein Bruder, der Patron unserer Familie!" Ich wartete auf die Bitte um etwas Geld, doch sie kam nicht. Na so was! Andere hatten das Interview am Abend offenbar auch gehört, denn sie nickten mir freundlich zu oder sprachen mich gleichfalls an. Das aus Kinshasa versprochene Ersatzteil für den Schiffsmotor traf dann gegen 11 Uhr tatsächlich ein und es war gegen 16 Uhr auch eingebaut. Die Abreise wurde schließlich aber dennoch um einen weiteren Tag verschoben, weil viele Passagiere an Land gegangen waren, um Gottesdienste zu besuchen. Da Gottesdienste in Afrika manchmal den ganzen Tag dauern, würden die meisten erst abends wiederkommen, und dann noch zu starten, brachte nach all den Verzögerungen keinen bedeutenden Gewinn mehr. Es zeigte sich wieder einmal, dass man in Afrika nicht mit überfüllten Terminkalendern reist, sondern mit viel Zeit und Gottvertrauen.

Am Montag, den 22. Juni 2009, fast drei Wochen nach meiner Ankunft in Bumba, legte das Boot schließlich ab und als sich das Schiff vom Ufer entfernte, bekam ich plötzlich sentimentale Abschiedsgefühle. Die Zeit in Bumba würde mir als eine der schönsten meiner ganzen Reise in Erinnerung bleiben, das wusste ich schon damals. Ich war während meines Aufenthalts dort innerlich ausgeglichen und entspannt und fühlte mich eingebunden in den Alltag des Stadtviertels. Die Begegnungen mit den Menschen waren von humorvoller Offenheit, von gegenseitigem Respekt und aufrechtem Vertrauen geprägt gewesen. Bumba war auf diese Art und Weise meine Stadt „An der Biegung des Großen Flusses" geworden.

Als die Sonne unterging, waren wir schon viele Meilen flussaufwärts getuckert und ich schrieb in mein Tagebuch: „Mein Herz brennt. Es brennt wie der Abendhimmel über dem Kongo. Die Welt leuchtet noch einmal kurz auf. Selbst der braune Strom beginnt zu glänzen. Seicht dahinfließend wird er zum Spiegel des Lebens. Zum Spiegel von Leben und Tod. Ich hatte einen heimlichen Traum, damals, als ich aufbrach in eine andere Welt. Ich träumte davon, mit einem Boot über den Kongo nach Kisangani zu tuckern. Die Anreise war weit, mehr als 16.000 Kilometer weit, zehn Monate weit. Und doch: Es hat sich gelohnt, diesen Traum zu verwirklichen. Es hat sich gelohnt für diesen Abendhimmel. Es hat sich gelohnt, das Feuer in meinem Herzen zu spüren."

Stromaufwärts

Das kleine Schubschiff mit dem Namen „M/B Schilo" war ein wahres Kraftpaket. Es schob die zwei riesigen Stahlpontons langsam, aber beständig gegen die Flussströmung in Richtung Osten. Die Pontons waren jetzt, da wir den Hafen von Bumba verlassen hatten, nicht mehr nebeneinander, sondern hintereinander vertäut. Jeder Ponton war etwa 80 Meter lang und etwa 15 Meter breit; wenn ich vom Schubschiff die 160 Meter bis an die Spitze des vorderen Pontons wollte, war das durchaus abenteuerlich, denn die Pontons waren kaum begehbar, jeder Zentimeter war belegt. Die Menschen standen oder saßen dicht gedrängt zwischen Frachtcontainern, ihrem eigenem Gepäck und ungezählten Tieren: Ziegen, Schweine, Hühner, Affen, Schildkröten. Und obwohl José behauptete, es seien etwa 300 Menschen an Bord, war ich sicher, dass es an die 800 sein mussten. Darauf angesprochen, grinste José und meinte, da wären einige doch glatt ohne sein Wissen an Bord gekommen, was – wie wir beide wussten – komplett unmöglich war.

Viele Passagiere erzählten mir, dass sie seit Kinshasa auf dem Boot seien, seit über einem Monat. Das Leben auf den beiden Pontons ähnelte dann auch schon jenem in einer Kleinstadt. Jeder kannte jeden, man kochte und aß Seite an Seite; man putzte sich die Zähne, wusch seine dreckige Wäsche in Eimern und schrubbte die protestierenden Kleinkinder in Bottichen blank. Es gab Tratsch und Klatsch – und wie fast überall gab es auch einige geschäftstüchtige Frauen, die morgens Kaffee zubereiteten und diesen zum Kauf anboten. Zum Kaffee wurden entweder Beignets oder frittierter Maniok serviert, und diese Frühstücksangebote waren für mich Grund genug, nahezu jeden Morgen einen Ausflug bis an die Spitze des vorderen Pontons zu unternehmen. Ich stieg über brennende Holzkohleöfen und brutzelnde Töpfe hinweg, zwängte mich zwischen Menschen und Tieren hindurch, kroch gebückt unter Regenplanen entlang und balancierte am geländefreien, glitschigen Bootsrand an Eimern mit lebenden Fischen vorüber, um mir nach 160 nicht ganz ungefährlichen Metern zur Belohnung ein Frühstück zu genehmigen. Ich war der einzige Weiße an Bord und die Menschen waren sehr rührend zu mir. Sie grüßten mich herzlich, wenn ich an ihnen vorbeistieg und freuten sich jedes Mal, wenn es zu einem kleinen Plausch kam. Ich benötigte für die 160 Meter deshalb fast immer eine halbe Stunde. Dann saß ich ein bis zwei Stunden an der Spitze des Pontons, wo man die Dieselmaschinen des Schubschiffs schon nicht mehr hörte, schlürfte meinen Kaffee und unterhielt mich mit dem einen oder anderen, ehe ich die ganze Strecke wieder zurücklief. Der Abschieds-Kommentar meiner schwergewichtigen Kaffee-Fee lautete bereits nach dem ersten Frühstück: „À demain – bis morgen." Nachdem ich einmal bei ihr gefrühstückt hatte, wäre es unmöglich gewesen, dies am nächsten Tag bei einer ihrer Konkurrentinnen zu tun, denn sie hätte es in Erfahrung gebracht, wäre sicher beleidigt gewesen und hätte für mich beim schiffsansässigen Schamanen womöglich noch einen bösen Geist beschwören lassen, was ich offen gestanden ganz und gar nicht riskieren wollte.

Auf dem Rückweg zum Schubschiff kam dann eines Tages ein kleiner Junge auf mich zu. Er hielt mir wortlos und schüchtern, aber mit großen Augen in Bananenblätter eingerolltes Chikwange entgegen. Ich nahm ihm eine der Gummischlangen ab, was unter den Passagieren zu aufgeregten Diskussionen führte. Einige riefen: „Seht nur, Mundele hat sich Chikwange gekauft!" Andere wollten wissen, ob ich es tatsächlich zu essen beabsichtige. Die Überraschung, die ich unter den Menschen verursacht hatte, erfüllte mich – wie ich zugeben muss – mit Stolz: „Ja, seht nur: Ich bin zwar ein Weißer, aber ich liebe Chikwange, euer Arme-Leute-Essen!" Einen kleinen Nachteil hatte der Vorfall dennoch: Der kleine Junge passte mich fortan fast jeden Tag auf dem Rückweg von meiner Kaffee-Fee ab, und weil er so verschämt war und diese wunderschönen schwarzen Kulleraugen hatte, konnte ich gar nicht anders als ihm jedes Mal eine Schlange abzukaufen, selbst wenn mir mal gar nicht danach war. Er rannte dann strahlend zu seiner grinsenden Mutter zurück, die geschäftstüchtig und schlau genug gewesen war, mich mit ihrem niedlichen Sohn zu betören – und die meinen Beobachtungen zufolge fortan auch nicht mehr aufhörte zu grinsen.

So wie es morgens Tradition wurde, über die beiden Pontons zu wandern, so wurde es abends Tradition, dass José vorbeikam und wir beide an der Reling standen, um gemeinsam eine Zigarette zu rauchen. Manchmal redeten wir, manchmal schwiegen wir. Einmal sagte José: „Weißt du, warum ich diesen Fluss liebe? Weil er voller Geheimnisse und immer in Bewegung ist. Kein Tag auf diesem Fluss ist wie der andere!" Ich nickte: „Ja, so ist es auch mit meiner Reise!"

Bei meinen Ausflügen über die Pontons ließ ich, nebenbei bemerkt, bis auf Reisepass und Portemonnaie meine gesamten Habseligkeiten unbeaufsichtigt an meinem für jedermann zugänglichen

Logenplatz zurück. Wäre mir während meiner Abwesenheit etwas gestohlen worden, hätte ich mir sicher vorgeworfen, selbst schuld daran zu sein, doch mir wurde nie etwas gestohlen. Vielleicht war mein Verhalten dennoch leichtsinnig, aber genau genommen blieb mir ohnehin keine andere Wahl. Ich konnte ja beispielsweise schlecht meine gesamten Habseligkeiten mit zur Toilette schleppen. Toilette? Zum Duschen schüttete man sich in bewährter Manier einen Eimer Kongowasser über den Kopf und das „kleine Bedürfnis" erledigten wir Männer ähnlich wie auf dem Niger: wir pinkelten einfach in den Fluss, wofür uns bestimmte Bereiche auf dem 160 Meter langen Schiff vorbehalten waren. Frauen hatten es da etwas schwerer. Für sie gab es auf jedem Ponton ein stählernes Latrinen-Häuschen, also zwei Stück für etwa 400 Frauen, was gelegentlich zu längeren Warteschlangen führte. Männer stellten sich dort höchstens an, wenn sie ein größeres Geschäft erledigen mussten, doch die meisten bevorzugten auch dann eine andere Methode: sie gingen nach hinten zum tiefgelegenen Maschinendeck, kletterten unmittelbar an der Stelle, wo die Motorschraube den Fluss aufwirbelte, rückwärts über Bord, hielten sich mit einer Hand am Schiffsrumpf fest, zogen mit der anderen Hand ihre Hosen runter und ließen dann ihr „grand besoin" im aufschäumenden Wasser versinken. Ich stand dann doch lieber in der Schlange, und auch in einem anderen Punkt verhielt ich mich doch eher so, wie man es von einem Mundele erwartete: Während die meisten Passagiere nämlich das Wasser des Kongos selbstverständlich auch zum Trinken nutzten, war ich – vom allmorgendlichen abgekochten Kaffee abgesehen – deutlich vorsichtiger; dabei profitierte ich davon, dass es auf dem Achterdeck eine große Kühlbox gab mit Trinkwasser in 0,5-Liter-Plastikbeuteln, die man kaufen konnte.

Für den Verkauf der Trinkbeutel war Nehemie verantwortlich. Er war der Neffe des Bootseigners und kümmerte sich um alle anfallenden bürokratischen Aufgaben, von den Frachtpapieren bis zum Trinkwasser-Nachschub. So wie ich José von Anfang an mochte, so war mir auch Nehemie vom ersten Moment an sehr sympathisch. Er war ein äußerst smarter Typ, groß gewachsen und schmal, insgesamt eher zurückhaltend und still. Dessen ungeachtet war er allerdings der Einzige, der mitbekam, dass ich in den ersten zwei Tagen an Bord krank war. Ich bemühte mich, es niemanden merken zu lassen, aber kaum hatte unser Boot den Hafen von Bumba verlassen, fiel ich in ein fiebriges Delirium. Mein Kopf drohte zu platzen, meine Nase lief ununterbrochen, alle Glieder schmerzten und ich bekam Gänsehaut bei 30 Grad Celsius. Ich vermutete, dass sich meine bis dahin leichte Erkältung explosionsartig ausgebreitet hatte. Oder war es doch Malaria? Ich hatte schon seit Wochen keine Prophylaxe-Tabletten mehr eingenommen. Die Tabletten, die ich mir in Gambia besorgt hatte, waren aufgebraucht. In Togo hatte ich mir zwar neue Pillen gekauft, diese dienten aber der akuten Krankheitsbehandlung, vorbeugend sollte man sie höchstens drei Wochen lang einnehmen. Andernfalls drohten gesundheitliche Schäden. Erst hatte ich beschlossen, das Medikament dennoch so lange einzunehmen bis ich die Tropen wieder verließ, und mir deshalb entsprechend viele Tabletten gekauft. Doch dann hörte ich mit dem Tabletten-Schlucken auf und verteilte meine Pillen fortan an jeden, der an Malaria erkrankt war oder es zumindest glaubte. Obwohl ich noch immer genug dieser Pillen hatte, verhielt ich mich nun nach dem Motto: „Ich will jetzt keine Malaria, also habe ich keine Malaria und nehme auch kein Malaria-Mittel!" Stattdessen schluckte ich zum ersten und einzigen Mal auf meiner Reise ein Antibiotikum, und als es mir am Abend des zweiten Tages wieder besser ging, wusste ich, dass ich glücklicherweise die richtige Entscheidung getroffen hatte. Nehemie war in jenen zwei Tagen jedoch fast regelmäßig zu mir gekommen, um mich zu fragen, ob alles in Ordnung sei. Daraufhin hatte ich jedes Mal geantwortet: „Alles bestens – pas de problème!" Ich wollte niemandem Sorgen bereiten. Ein Weißer, der nach Afrika fährt und den Menschen dann auch noch zur Last fällt, war nicht nach meinem Geschmack. Außerdem war ohnehin klar, dass mitten auf dem Kongofluss nicht mehr Gegenmittel als meine Tabletten verfügbar sein würden.

Als ich mich wieder gesunder fühlte, wurde ich dann Nehemie gegenüber allerdings redseliger. Wir sprachen abends viele Stunden miteinander. Er erzählte mir, dass er mit 18 Jahren von seinen Eltern verheiratet wurde, inzwischen 31 Jahre alt war und vier Kinder hatte. Heiraten ist in weiten Teilen Afrikas noch immer ein Arrangement. Es geht nicht um Liebe, es geht um Absprachen zwischen den beteiligten Familien, um Vorteile, die sich aus der Verbindung für beide Seiten ergeben. Wenn ich unterwegs kundtat, nicht verheiratet zu sein, wollte man mir das zumeist nicht glauben – einfach deshalb, weil man sich nicht vorstellen konnte, dass meine Familie keine Frau für mich hatte finden können. Die Ehe wird in Afrika deshalb auch weithin pragmatisch betrachtet. Nehemie fasste es so in Worte: „Nein, Liebe war es am Anfang nicht. Jetzt vielleicht schon, zumindest ist sie ein gemeinsames Anliegen, etwas, das sich entwickelt!" Eines Abends berichtete mir Nehemie auch, dass er einige Jahre beim Militär gedient hatte. Dabei deutete er an, im Nordosten des Landes stationiert gewesen zu sein und dass seine Truppe mehrmals in Kampfhandlungen mit Rebellen geraten war. Ich bohrte nicht nach Einzelheiten, aber so viel erfuhr ich dann doch: „Die Regierung in Kinshasa hat uns nicht bezahlt. Wir mussten zusehen, wie wir überleben. Wir hatten nicht genug Waffen und nie genug Munition; wir mussten die Tiere des Dschungels jagen, um etwas zu Essen zu haben; wir waren komplett auf uns allein gestellt!" Als Nehemies Dienstvertrag beim Militär auslief, wurden ihm Karrieremöglichkeiten in Aussicht gestellt, doch er verließ die Armee, um Jura und internationales Handelswesen zu studieren. Das Geld, das er jetzt auf dem Schiff verdiente, war für dieses Studium gedacht. Sein Ziel war, ein Import-Export-Geschäft mit Europa oder den USA aufzubauen.

Kopfsprung in den Kongo

Dass die Bootsfahrt nach Kisangani nicht die erwarteten vier bis fünf Tage, sondern insgesamt fast zwei Wochen dauerte, hatte viele Gründe. Einer davon war der Motorschaden gleich zu Beginn, ein anderer waren die Sandbänke im Kongo. Sie waren offenbar durch den für die Jahreszeit ungewöhnlich niedrigen

Wasserstand des Flusses so unberechenbar, dass der Kapitän entschied, nachts nun doch nicht zu fahren. Außerdem sorgten sie dafür, dass wir uns sieben Mal festfuhren. Die Befreiung eines riesigen, schweren Pontons aus dem Sand des Kongos erwies sich dabei weit aufwendiger als die Befreiung einer vergleichsweise kleinen Pinasse aus dem Sand des Nigers. Meinen Aufzeichnungen zufolge dauerte das längste Manöver auf dem Niger etwa drei Stunden, auf dem Kongo waren drei Stunden das Minimum, normalerweise nahmen die Aktionen vier bis sechs Stunden in Anspruch. Der Ablauf war immer ähnlich. Nachdem der vordere Ponton auf die Sandbank aufgelaufen war, musste man erst einmal die hintereinander vertäuten Stahlkolosse voneinander trennen. Der hintere wurde zum Ufer gebracht und verankert. Anschließend kehrte das Schubschiff zum festgefahrenen Ponton zurück und begann ihn samt der darauf befindlichen Passagiere mit

Stillstand

aller Kraft nach links und rechts zu zerren, um den Sand darunter zu lockern. Irgendwann wurde dann der erste Versuch gestartet, ihn rückwärts aus der Sandbank herauszuziehen. Wenn das beim ersten Mal klappte, waren schon über zwei Stunden vorbei, doch das klappte nur einmal. In allen anderen Fällen begann die Prozedur von vorne: nach links ruckeln, nach rechts ruckeln und rückwärts ziehen – links, rechts, ziehen; links, rechts, ziehen. Wenn der Ponton endlich befreit war, brach jedes Mal lauter Jubel unter den Passagieren aus. Man brachte die zwei Stahlkolosse wieder hintereinander und fuhr weiter – bis zur nächsten Sandbank.

Am fünften Tag unserer Reise – unter normalen Umständen wären wir an jenem Tag in Kisangani eingetroffen – schob der Kapitän den vorderen Ponton wieder einmal auf eine Sandbank. Es war ein schöner Tag und gerade einmal 9 Uhr, als die Befreiungs-Manöver begannen. Doch es klappte nicht beim ersten, nicht beim zweiten und auch nicht beim dritten Mal. Um 15 Uhr wurde eine Pause eingelegt. Der Ponton hatte sich kein bisschen gerührt und die Mannschaft war total erschöpft, da sie die schweren Stahlseile zwischen Ponton und Schubschiff fortwährend von einer Seite zur anderen hatte wuchten und vertäuen müssen. Um 17 Uhr wurden die Manöver fortgesetzt, und als man um 21 Uhr die Arbeit einstellte, war noch immer keine Bewegung in Sicht. Am nächsten Morgen wurde die Arbeit um 6 Uhr wieder aufgenommen: links, rechts, hin und her, vor und zurück, es passierte nichts. Um 10 Uhr war erneut Stillstand. Der Motor wurde abgestellt, denn er war heiß gelaufen und musste vom aufgewühlten Sand befreit werden. Während sich die Maschinisten um den Motor kümmerten, sprangen rund zehn Arbeiter ins Wasser, um sich zu erfrischen. Es war ein extrem heißer Tag und das Schubschiff befand sich mitten auf dem breiten Kongostrom. Wegen der Sandbank konnten die Männer im Wasser jedoch an einigen Stellen stehen. Sie seiften sich ein, wuschen sich und alberten wie kleine Kinder. José kam auf dem Weg zum Ruderhaus an mir vorbei und fragte lachend, warum ich nicht auch ins Wasser sprang. Ich vermute, er wollte einen kleinen Scherz machen. Jedenfalls hatte er wohl nicht damit gerechnet, dass ich es tun würde. Ich hüpfte zur Freude aller und unter enthusiastischen „Mundele-Mundele"-Rufen in den Kongo. Die Begeisterung für meinen Kongo-Kopfsprung ließ selbst die Menschen auf dem am Ufer geparkten, etwa 100 Meter entfernten zweiten Ponton in brüllendes Geschrei ausbrechen: „Mundele, Mundele!" Sie konnten sich kaum noch einkriegen und ich vermute, dass ich spätestens ab diesem Zeitpunkt bei allen einen Stein im Brett hatte.

Das Wasser des Kongos war erfrischend, aber nicht kalt. Dafür war die Strömung des Flusses unerwartet stark. Von außen sah der Kongo träge aus, doch im Wasser merkte ich jetzt, wie viel Kraft in ihm steckte. Zwei der jüngeren Matrosen wollten unbedingt ein Wettschwimmen mit mir machen. Sie paddelten wie Hunde und mussten das Rennen deshalb zwangsläufig verlieren, aber es war dennoch auch für sie ein Riesenspaß. Nach dem Rennen schlugen mir die beiden vor, auf Grund zu tauchen und im Sand zu graben: „Der Kongo ist voller Gold! Vielleicht hast du Glück!"

Als der Ponton um 14.30 Uhr, nach über 29 Stunden, freikam, stand ich wieder an der Reling vor meiner Loge. Die Menschen jubelten ob der gelungenen Aktion, schrien und freuten sich. Sie winkten mir zu und hielten begeistert die Daumen hoch: endlich würde es weitergehen. Niemand ahnte, dass die Fahrt schon bald wieder unterbrochen werden würde. Grund war dieses Mal der Tod einer Frau an Bord. Sie war zunächst schwer krank in die Kabine des Eigners gebracht worden, die sich nur wenige Meter neben meinem Logenplatz befand. Ein Arzt, der zufälligerweise auch auf dem Boot war, fragte mich, ob ich Medizin dabei hätte. Ich zeigte ihm alle meine Medikamente, doch er schüttelte den Kopf. Er erzählte mir, dass die Frau an Herzproblemen litt. Sie war vor Monaten mit einem Boot in die Hauptstadt Kinshasa gereist, um sich dort in einem Spezialkrankenhaus behandeln zu lassen. Da sie jedoch kein Geld hatte, um die notwendige Operation zu bezahlen, hatte sie schließlich beschlossen, zu ihrer Familie nach Kisangani zurückzukehren. In der zweiten Nacht, nachdem man die Frau aufs Schubschiff gebracht hatte, starb sie. Ich lag zusammengekauert in meiner Loge und wurde von schreienden Wehklagen geweckt. Sie kamen von der Tochter der Frau, die ihre Mutter während der gesamten mehrmonatigen, strapaziösen Reise begleitet hatte. Nehemie erklärte mir am nächsten Morgen, dass wir einen nahegelegenen Ort ansteuern und dort vermutlich zwei oder drei Tage bleiben würden, bis die Frau beerdigt sei. Für die Beerdigung wurde auf dem Schiff Geld gesammelt. Diese Aufgabe übernahm José, der bei allen Respekt und Vertrauen genoss.

Die Bestattung fand zwei Tage später in einem kleinen Ort namens Bumbongo statt. Die Frau wurde im Freien auf einem großen Tisch unter einem Palmblätterdach aufgebahrt. Etwa fünf Meter vom Tisch entfernt waren gut 20 Stühle aufgestellt worden. Sie waren für die Honoratioren des Ortes reserviert, außerdem für die Tochter der Toten, für den Bootseigner und den Kapitän. Ich wurde aufgefordert, mich ebenfalls auf einen der Stühle zu setzten. Obwohl mir die exponierte Stellung unangenehm war, begriff ich doch, dass die Menschen Wert darauf legten, dass ich – der einzige Weiße weit und breit – der Frau meinen Respekt zollte und mich zu den Honoratioren gesellte. Zunächst sprachen der Chef du Village und der Bootseigner einige Worte. Danach stand die Tochter der Toten auf, beugte sich über das Gesicht ihrer Mutter und begann ein weiteres Mal ihre Wehklagen anzustimmen. Außer mir waren noch viele andere Passagiere zur Beerdigung gekommen. Sie begannen nun zu singen, bildeten einen großen Kreis um die auf dem Tisch aufgebahrte Tote und setzten sich anschließend mit stampfenden Tippelschritten in Bewegung. Trommeln und Rasseln setzten zu Gesang und Tanz ein. Die Füße schlugen Runde um Runde immer schwerer auf den staubigen Boden, die Trommeln gaben den Rhythmus vor und wurden lauter. Die Erde bebte und um die Tote stieg langsam eine dichte Aschewolke auf. Die Menschen streckten ihre Arme zum Himmel und ließen sie wieder fallen, streckten sie und ließen sie fallen, hoch und runter, hoch und runter. Die Köpfe schleuderten sie dabei abwechselnd nach hinten und wieder nach vorne, nach hinten und wieder nach vorne, stundenlang.

Solidarität mit Mundele

Als am Tag nach der Beerdigung unser Kapitän gerade ablegen wollte, kam der örtliche Polizeichef an Bord, lief schnurstracks auf mich zu und baute sich mit zwei Adjutanten vor mir auf, um irgendeine Gebühr einzuklagen. Er hatte schon am Tag zuvor am Rande der Bestattungszeremonie einen Obolus von mir verlangt, doch da hatte ich ihm noch Pietätlosigkeit vorgeworfen und ihn abwimmeln können. Auch jetzt weigerte ich mich zu zahlen und fast alle 800 Menschen an Bord bekamen diesen Vorgang mit. Der Kapitän ahnte wohl, dass er so bald nicht würde ablegen können und schaltete den Motor wieder aus. Nun war also auch noch ich, der Mundele, schuld an einer weiteren Verzögerung der Reise.

Während ich mit dem Polizeichef diskutierte, sah ich wie José und Nehemie auf dem Achterdeck miteinander mauschelten. Kurz darauf kam José herbei und verwickelte den Polizeichef in einen Smalltalk, während Nehemie an uns vorbeilief und in der Kabine seines Onkels verschwand. Wenig später kam er zurück und bat den Polizeichef zu einem Gespräch mit dem Bootseigner, während José die zurückgebliebenen Adjutanten mit belanglosen Gesprächen weiterbeschäftigte. Zwei Stunden später verließ der Polizeichef mit seinen Gehilfen das Boot und wir legten ab. Ich hatte nichts gezahlt, erfuhr von Nehemie aber auch nie, ob sein Onkel an meiner Stelle etwas über den Tisch geschoben hatte. Nehemie verneinte das, aber ich war mir da nicht ganz sicher. Später kam José zu mir und sagte, es sei richtig gewesen, dass ich mich geweigert hätte zu zahlen. Soldaten, Miliz und Polizei hätten das Recht, mich zu kontrollieren, aber kein Recht irgendeine beliebige Geldzahlung zu fordern. Andere auf dem Boot äußerten sich ähnlich. Es war das erste Mal auf meiner Reise, dass ich das Gefühl hatte, mit meinem Widerstand gegen willkürliche Zahlungsaufforderungen nicht alleine da zu stehen. Und damit schien noch etwas anderes klar: Das allgegenwärtige Bakschisch-System war auch unter Afrikanern verhasst und wer auch immer dieses System in Afrika für unabänderlich und systemimmanent hält, irrt sich. Um es zu

Auf Stelzen erbaut

ändern, würde es allerdings Zeit und Geduld brauchen, dazu viel Hartnäckigkeit und zahllose Rückschläge.

Das Boot tuckerte weiter flussaufwärts, mitten durch dunkelgrünes, undurchdringliches Dschungel-Land. Hin und wieder kamen wir an einem kleinen Dorf vorbei. Am Ufer sah ich zwischen meterhohem Schilfgras Häuser auf Stelzen. Fischer zogen in ihren Pirogen vorbei, Kinder paddelten in schmalen Einbäumen umher, veranstalteten Wettrennen miteinander, tollten und lachten. Wenn wir größere Ortschaften passierten, sprinteten uns vom Ufer Pirogen nach. Männer führten die Paddel im Höchsttempo durchs Wasser, holten auf, erreichten die Flanken der Stahlpontons und warfen den Passagieren ein Seil zu, mit dem ihre Boote vertäut wurden. Manchmal waren es 30, 40 oder 50 Pirogen, die da festmachten und diverse Handelsgüter zu uns brachten, vor allem Nahrungsmittel: Fisch, Maniok, Chikwange und nicht zuletzt große Blätterbündel des köstlichen Pondu. Gelegentlich hatten die Uferbewohner auch Handwerkswaren bei sich: Holzmasken, Korbstühle, Schemel. Mehrmals tauchten zudem Pirogen mit kleinen, vierbeinigen Hockern auf. Die Beine der Hocker waren aus Holz, die runde Sitzflächen aus Bast geflochten. Ich überlegte, mir einen der kleinsten zu kaufen. Er würde noch problemlos auf meinem Gepäckträger festzuzurren sein. Wie oft hatte ich mich im Dschungel oder in der Wüste bei Pausen einfach in den Dreck oder Sand gesetzt, Ameisen und Skorpionen zum Trotz. Und wie oft hatte man mir unterwegs in noch so kleinen Dörfern einen Stuhl gebracht, damit ich mich setzen konnte, wofür sich auch gegen meinen Widerstand nicht selten manch alter Mann lächelnd erhob. Damit würde jetzt Schluss ein. Die Alten konnten sitzen bleiben und ich würde mich guten Gewissens mit meinem kleinen Hocker zu ihnen setzen. Sie würden mich fragen, was das für ein schöner Hocker sei und ich würde stolz antworten: „Das ist ein Hocker, den ich am Mittellauf des Kongos gekauft habe!" Die Alten würden große Augen machen, die Jungen würden sich wundern und dann würden wir alle loslachen – ja, so war es später wirklich. Schon hinter Kisangani kannte kaum noch jemand diese Hocker, die offenbar tatsächlich nur am Mittellauf des Kongos hergestellt wurden. Ich erzählte Nehemie von meinem Wunsch nach einem der Stühle und er wies mich an, die Angelegenheit ihm zu überlassen. Wenig später kam er mit einem süßen, kleinen Hocker zurück, der umgerechnet 30 Eurocent gekostet hatte. Ich erklärte Nehemie feierlich, dass ich diesen Hocker jetzt bis nach Deutschland heimschleppen würde und dass er mich immer an den Kongo und an meinen Freund Nehemie erinnern würde. Ein Versprechen, das ich hielt.

Drei Eier und ein Omelett

Die weiteren Tage vergingen ohne größere Zwischenfälle. Morgens spazierte ich zu meiner Kaffee-Fee, tagsüber gab es gelegentlich Sandbankmanöver und abends rauchte ich mit José eine Zigarette oder fantasierte mit Nehemie darüber, was man tun müsste, damit es den Menschen in Afrika eines Tages besser ginge. Einmal tuckerten wir mitten im grünen Dschungel an einer rußgeschwärzten Fabrikruine vorüber. Am Ufer thronte ein rostender Kran und Nehemie informierte mich, dass es sich um eine ehemalige Zuckerfabrik handelte. Sie gehörte einem reichen Chinesen, der die Produktion aber wegen der Kongo-Kriege aufgegeben hatte und die Anlage jetzt verkaufen wollte. Die Menschen hofften nun auf einen Investor aus Europa, sagte er. „Warum aus Europa?", wollte ich wissen. Antwort: „Weil die Europäer zuverlässig sind. Sie zahlen die versprochenen Löhne pünktlich aus. Bei Chinesen kann man sich da nicht sicher sein und bei kongolesischen Unternehmern noch weniger!"

Chinesen haben in Afrika einen höchst umstrittenen Ruf. Sie bauen Flughäfen, Hochhäuser oder Fernstraßen und transportieren im Gegenzug afrikanische Rohstoffe nach China, die sie dort für ihr ungebremstes Wirtschaftswachstum benötigen (Öl, Holz, Kupfer etc.). Die einen sagen: „Solange die Chinesen Arbeitsplätze schaffen und sich nicht in unsere inneren Angelegenheiten einmischen, sind sie willkommen!" Andere aber sagen: „Sie beuten uns aus, korrumpieren unsere Politiker und verhindern jedes Bemühen um eine nachhaltige Wirtschaftsentwicklung in Afrika!" Mir wurden unterwegs viele Geschichten erzählt, die eher kritisch als tief begeistert waren. Im Senegal hörte ich, die Chinesen hätten ein einziges Fußballstadion gebaut und sich damit für 20 Jahre die Fischereirechte vor der Küste gesichert. Und in Mali wurde mir berichtet, die Chinesen hätten in der Hauptstadt Bamako mehrere Hochhäuser errichtet und dazu ihre eigenen Arbeitskolonnen mitgebracht, so dass für Einheimische kaum Arbeitsplätze geschaffen worden seien. Wie auch immer. Ich selbst sah später in Sambia Chinesen, die eine Straße erneuerten: Es gab einige Schwarze, die mit Schaufeln am Straßenbau beteiligt waren; die meiste Arbeit wurde allerdings mit Baggern, Lastwagen und Planierraupen erledigt – und an den Lenkrädern dieser Fahrzeuge saßen ausnahmslos Chinesen. Ein deutscher Geschäftsmann, den ich im April 2010 in Mozambique traf, sagte nach ähnlichen Erfahrungen: „Die Afrikaner machen die Drecksarbeit, die Chinesen den Profit!" Nehemie äußerte seine Bedenken etwas zurückhaltender und meinte: „Die

Omelett

Chinesen sind inzwischen überall; sie sind wie Ameisen im Urwald: Du nimmst sie kaum wahr, aber ohne sie würde der Wald sterben!"

Eines Nachmittags legten zwei Jungs mit einer kleinen Piroge an unserem Boot an. Einer von ihnen kletterte an Bord und bot Krokodileier zum Kauf an. Nehemie hatte mir erzählt, dass er sich während seiner Jahre beim Militär im Nordosten des Kongos fast nur von Krokodilen und Krokodileiern ernährt hatte und nun fragte er mich, was ich von einem Omelett hielte. Ich kaufte drei der recht großen Eier und Nehemie ließ es sich nicht nehmen, das massige Omelett für uns selbst zuzubereiten. Es schmeckte ein bisschen nach Fisch und war mehr als delikat, wirklich ausgezeichnet.

Am 29. Juni teilte mir Nehemie morgens mit, dass es nicht mehr weit bis Kisangani sei, höchstens ein bis zwei Tage. Er konnte nicht voraussehen, dass wir noch vier Tage brauchen würden. Erst drohte uns der Sprit auszugehen, so dass wir zum Nachtanken auf einem Seitenarm des Kongos einen gewaltigen Abstecher zu einem

Dieseldepot unternehmen mussten. Danach erwischte uns ein weiterer „kleiner Motorschaden". Ich nahm die neuerlichen Verzögerungen ziemlich gelassen hin, obwohl ich mir so langsam meine Gedanken machte. Fast die Hälfte meines Drei-Monats-Visums war inzwischen schon abgelaufen und eigentlich wollte ich von Kisangani aus nicht über die kürzere Strecke ins östliche Uganda fahren, sondern gen Süden nach Sambia. Diese angedachte Südroute war rund 2500 Kilometer lang und die Zeit dafür lief mir angesichts der schwer zu fahrenden Dschungelpisten ein wenig davon. Nebenbei machte ich mir langsam auch Sorgen über die Sorgen, die man sich vielleicht zu Hause machte. Ich hatte nach großzügigen Berechnungen angekündigt, dass ich mich spätestens Ende Juni aus Kisangani wieder melden würde – und inzwischen war es Ende Juni.

Während der letzten zwei Tage auf dem Kongo wurde es plötzlich wieder regnerischer. Die tropischen Gewitter häuften sich und der Wind peitschte den Regen selbst in meine überdachte Freiluft-Loge. Dennoch ging es mir im Vergleich zu den meisten anderen Passagieren wirklich gut. Auf den Pontons wurden zahlreiche aufgespannte Regenplanen vom Sturm fortgerissen und in den Pirogen, die am Boot seitlich vertäut waren und sich bis Kisangani mitziehen ließen, kämpften die Insassen mit kleinen Bechern unentwegt gegen die eindringenden Wassermassen. Manch imposanten Regenbogen, der sich über den Urwald legte, konnte vermutlich nur ich bewundern. Die Stimmung an Bord war weiterhin sehr familiär, doch es war kaum noch zu leugnen, dass sich alle langsam wünschten, endlich in Kisangani anzukommen. Auch ich freute mich darauf. Meine Essensvorräte waren komplett aufgebraucht, mein Klopapier neigte sich dem Ende zu, die Zahnpasta war fast leer und die Zahnbürste sah aus, als hätte sie sich einem Tropensturm entgegengestemmt. Außerdem sehnte ich mich danach, endlich wieder in den Sattel zu steigen und mich aus eigener Kraft fortzubewegen. Am 2. Juli 2009 tauchte vormittags hinter einer Biegung des großen Flusses Kisangani auf. Die Passagiere begannen sofort, ihre Habseligkeiten zusammenzupacken und auf den beiden Stahlpontons entwickelte sich plötzlich ein noch nie dagewesener Aufruhr. Ich hatte nicht viel zu packen und auch nicht vor, als Erster vom Boot zu stürzen. So stand ich lieber an der Reling, blickte in den Hafen von Kisangani und genoss die letzten Minuten einer Bootsreise, von der ich nie gedacht hatte, dass ich sie tatsächlich einmal erleben würde.

Zwei Norweger im Gefängnis

Kisangani ist die Hauptstadt der Provinz Orientale, und während in Bumba noch Lingála gesprochen wird, redet man in Kisangani bereits Swahili. Ich war daher ab sofort nicht mehr Mundele, sondern „Mzungu". Die Militärkontrollen in der Provinz Orientale wurden, kaum dass unser Boot Kisangani erreichte, noch schärfer als die bisherigen, zumindest für mich. Noch auf dem Hafengelände musste ich mein komplettes Gepäck in bekannter Manier präsentieren: unter freiem Himmel sowie vor den Augen aller, die Interesse daran hatten zuzuschauen. Die rund 800 Passagiere, die mich kannten und das Boot wie ich verließen, gehörten nicht dazu. Sie warfen mir einen teils aufmunternden, teils mitleidsvollen Blick zu und manche riefen zum Abschied: „Bonne chance, Monsieur Henry. Bonne chance!" Wahrscheinlich half mir das, die Demütigung zu ertragen, ein weiteres Mal meine inzwischen völlig zerfetzten Unterhosen vor fremden Schaulustigen in den Himmel halten zu müssen. Nehemie stand an meiner Seite und bemühte sich, meine aufflammende Entrüstung zu dämpfen. Ich fragte die Migrationsbeauftragten dennoch mehrmals, ob das alles wirklich nötig sei und bekam zur Antwort, es handele sich um ein übliches Verfahren. Da meine kongolesischen Mitpassagiere ohne irgendwelche Kontrollen durch das Hafengelände marschierten, lamentierte ich weiter – solange, bis ein Soldat irgendwann zu mir meinte: „Wir haben hier zwei Norweger im Gefängnis, die einen Kongolesen erschossen haben. Wer bist du, Mzungu, dass du dich beschwerst?" Ich sah zu Nehemie, aber er wusste auch nichts über die Geschichte. Mein erster Gedanke war, dass – sofern tatsächlich zwei Norweger in Kisangani inhaftiert worden waren – der Vorwurf gegen sie frei erfunden sein dürfte. Norweger hielt ich für friedliebende Menschen und ich empfand ganz automatisch Solidarität mit jedem Weißen, der in die Fänge der afrikanischen Justiz geriet. Meinem Gefühl nach waren die beiden Norweger daher garantiert unschuldig. Später erfuhr ich aus Medienberichten, dass ihre Geschichte doch zahlreiche Fragen aufwarf.

Die beiden waren nur wenige Wochen vor meiner Ankunft in Kisangani festgenommen worden. Man warf ihnen erstens vor, sie hätten versucht, mit Rebellen illegale Gold- und Diamantengeschäfte auszuhandeln. Zweitens wurden sie beschuldigt, bei einer Erkundungsfahrt ins Rebellengebiet ihren kongolesischen Fahrer mit einem Kopfschuss getötet zu haben. Als Beweis für ihren kaltblütigen Mord wurde der Öffentlichkeit ein Foto präsentiert, das die beiden mit ihrem Handy selbst gemacht hatten. Das Foto zeigt einen der Norweger, wie er gerade das Blut des erschossenen Fahrers vom Autositz wischt und dabei in die Kamera lächelt. Die Norweger, beide Ende 20, erklärten den Tod ihres Fahrers anders. Sie gaben an, naive Abenteurer gewesen zu sein und auf dem Weg von Kisangani nach Osten mit ihrem Motorrad liegengeblieben zu sein. Sie hätten daraufhin einen Pickup-Fahrer angeheuert, um das Motorrad in eine Werkstatt zu bringen. Als sie mit dem Fahrer unterwegs gewesen seien und anhielten um eine Pinkelpause zu machen, seien Schüsse gefallen. Die beiden hätten sich im Busch versteckt und später ihren Fahrer erschossen hinter dem Lenkrad gefunden. Sie hätten den Toten vom Fahrersitz genommen und den Sitz gesäubert, der voller Blut gewesen sei. Dabei sei zwar das Foto entstanden, das Lächeln auf dem Bild habe allerdings nichts mit Kaltblütigkeit zu tun, sondern mit ihrer Erleichterung, nicht selbst getötet worden zu sein.

Im Verlauf ihrer Vernehmungen ergaben sich indes viele Ungereimtheiten. Warum waren die beiden nach den tödlichen Schüssen weiter in Richtung Dschungel gefahren, statt nach Kisangani zurückzukehren und den Tod ihres Fahrers zu melden? Warum hatten sie erst angegeben „naive Abenteurer" gewesen zu sein und später behauptet, sie hätten die Möglichkeiten für „Abenteuer-Tourismus" im Kongo erkunden wollen? Warum hatten beide bei ihrer Festnahme norwegische Militärausweise und militärische Karten bei sich? Waren sie norwegische Spione? Die Regierung in Oslo bestritt derartige Vorwürfe und erklärte, beide Männer seien einmal Soldaten gewesen, aber unehrenhaft aus der Armee entlassen worden, weil sie versucht hätten, ihre Kameraden für private Sicherheitsfirmen abzuwerben. Tatsächlich stellte sich heraus, dass die beiden nach ihrer Entlassung mehrmals für private Sicherheitsfirmen in Afrika tätig geworden waren – unter anderem um Frachtschiffe vor somalischen Piraten zu schützen. Außerdem ließen sie im Jahr 2007 in Uganda eine eigene Sicherheitsfirma registrieren. Der ugandische Militärgeheimdienst erklärte einem Medienbericht zufolge, ihm lägen eindeutige Beweise vor, dass die Norweger versucht hätten, Kontakt zu Laurent Nkunda aufzunehmen. Nkunda war damals Chef der Rebellenarmee CNDP, die weite Teile der Provinz Nordkivu im Ostkongo kontrollierte. Ziel der

Hafen von Kisangani

Kontaktaufnahme sei es gewesen, Nkunda die militärischen Dienste der neu gegründeten Sicherheitsfirma anzubieten. Ob sich die beiden Norweger im Gegenzug einen Zugang zum Gold- und Diamantenhandel erhofft hätten, könne man nicht beweisen, sei aber naheliegend.

Von alledem wusste ich bei meiner Ankunft in Kisangani Anfang Juli noch nichts. Allerdings verfolgte mich die Geschichte eine ganze Weile, denn bei fast allen Kontrollen in der Provinz Orientale bezog man sich auf die beiden Norweger und befragte mich sehr direkt nach meinen Geldgebern, nach meiner militärischen Ausbildung, nach Waffen und Spionageabsichten. Die meisten dieser Verhöre ertrug ich mit größtmöglichem Verständnis und größtmöglicher Selbstbeherrschung. Mir platzte zwar gelegentlich der Kragen, wenn man Geld von mir forderte, aber ansonsten sagte ich mir auch immer wieder: „Wir Weiße haben in Afrika so viele Verbrechen begangen, dass etwas Misstrauen uns gegenüber – unabhängig von den inhaftierten Norwegern – durchaus berechtigt ist."

Im September 2009 wurden die beiden Norweger schuldig gesprochen und zum Tode verurteilt. Wegen Prozessfehlern wurde das Verfahren zwar neu aufgerollt, doch im Juni 2010 wurde das Todesurteil bestätigt. Im Jahr 2011 scheiterten die beiden mit einem Fluchtversuch, sie hatten einen Tunnel aus dem Gefängnis graben wollen. Bei Redaktionsschluss dieses Buches saßen sie noch immer in Kisangani in Haft.

„Herz der Finsternis"

Die Demokratische Republik Kongo liegt geografisch in der Mitte Afrikas. Wer eine Linie von Marokko nach Madagaskar zieht und eine zweite von Kairo nach Kapstadt, der landet am Kreuzungspunkt nicht nur im Kongo, sondern ziemlich genau in Kisangani. Augustin hatte zu mir gesagt, der Kongo sei das „Herz Afrikas" und weiter: „Wenn du den Kongo nicht gesehen hast,

hast du Afrika nicht gesehen!" Ich bin mir bis heute nicht sicher, ob das in dieser absoluten Form richtig ist, nur eines weiß ich: In fast jedem Bericht über den Kongo taucht die Metapher vom „Herz der Finsternis" auf, und wer nicht zufällig die gleichnamige Novelle von Joseph Conrad aus dem Jahr 1899 kennt, glaubt möglicherweise, die Metapher sei eine Anspielung darauf, dass der Kongo selbst das Herz der Finsternis sei. Conrad schildert in seiner Geschichte jedoch keine kongolesische oder gar afrikanische Finsternis, sondern er beschreibt die Finsternis der weißen Kolonialzeit. Es ist nicht ein weißer Abenteurer, der laut Novelle im Urwald des Kongos stirbt; es ist die Kultur der Weißen, die dort untergeht. Es ist nicht Afrika, das in Finsternis versinkt; es ist Europa, das Finsternis verbreitet. Noch heute ist im Kongo, wie in kaum einem anderen afrikanischen Land, diese koloniale Finsternis bis in die Gegenwart sichtbar, und Kisangani, diese Stadt im Zentrum des Kontinents, ist eines der besten Beispiele dafür. Vor der Kolonialzeit existierte der Ort noch gar nicht, heute ist er unrühmliches Zeugnis für das Konglomerat fortdauernder Verbrechen.

Kisangani wurde zu belgischen Kolonialzeiten als kleiner Handelsposten gegründet und hieß seinerzeit noch Stanleyville, benannt nach Henry Morton Stanley. Dieser britisch-amerikanische Journalist wird gelegentlich als Afrikaforscher bezeichnet, doch das ist sehr wohlwollend. Stanley hasste Afrika, ließ seine schwarzen Träger auspeitschen und verscherzte es sich auch mit allen weißen Teilnehmern seiner Expeditionen. Er hatte kein Interesse an Menschen und Kulturen, sondern schoss sich den Weg durch Afrika mit Gewehrsalven frei. Stanley ging auch nur deshalb nach Afrika, weil er berühmt werden wollte. Bekannt wurde er zunächst dadurch, dass er im November 1871 in der Nähe des Tanganjika-Sees den lange verschollenen und schon damals weltberühmten Afrikaforscher David Livingstone fand. Da ihm das noch nicht zum Ruhm gereichte, zog er 1875 erneut los und bereiste als erster Weißer fast den kompletten Kongofluss. Nachdem er diese bis dahin völlig unbekannte Landmasse durchquert hatte, erhielt er vom belgischen König Leopold II. den Auftrag, dieses riesige Territorium im Herzen Afrikas zu „erschließen". Stanley kehrte in den

Kongo zurück und errichtete zahlreiche Handelsposten, von denen einer auch nach ihm benannt wurde, das heutige Kisangani. Damit wurde er, gewollt oder ungewollt, zum Wegbereiter einer der grausamsten europäischen Kolonial-Diktaturen. Leopold II. betrachtete den Kongo als seinen Privatbesitz. Er versklavte die komplette Bevölkerung, erklärte sie für rechtlos und ließ Widerstand oder Aufstände mit unvorstellbarer Brutalität niederschlagen. Wissenschaftler gehen heute davon aus, dass die Bevölkerung des Kongos unter der Herrschaft Leopold II. um etwa die Hälfte dezimiert wurde, was in absoluten Zahlen etwa 10 Millionen Tote bedeuten würde. Doch was sind schon Zahlen?!

Im Jahr 2009 hatte sich die Bevölkerungszahl des Kongos „erholt". Man schätzte, dass etwa 65 Millionen Menschen in diesem riesigen Land lebten. Kisangani galt mit knapp 600.000 Einwohnern als die fünftgrößte Stadt des Landes. Ich hegte keine großen Erwartungen, war dann aber doch erschüttert vom „Trümmerhaufen Kisangani". Der Krieg im Osten des Landes war hier so präsent wie in keiner Stadt zuvor. Kisangani war fast zehn Jahre lang in diesen Krieg involviert gewesen und wiederholt Schauplatz von Plünderungen, Vergewaltigungen und Massakern geworden.

Nur einige Beispiele: Im März 1997 überfielen Rebellentruppen des späteren kongolesischen Präsidenten Laurent-Désiré Kabila die Stadt. Im August 1998 besetzten von Ruanda unterstützte Kontra-Revolutionäre Kisangani. Wenig später übernahmen aus Uganda gesteuerte Guerillas die Kontrolle. Danach gab es eine Phase, in der die Stadt in ruandische und ugandische Sektoren geteilt war. Am 16. Juni 2000 verabschiedeten die Vereinten Nationen erstmals aufgrund der Gräueltaten in einer einzigen Stadt, nämlich in Kisangani, die Resolution 1304, in der ruandische und ugandische Rebellen aufgefordert wurden, ihre Kämpfe einzustellen und sich bedingungslos aus der Stadt zurückzuziehen. Mord und Totschlag gingen weiter. Im Mai 2002 kam es zu einem Massaker an Zivilisten mit bis zu 200 Toten. Erst 2003 wurde es etwas ruhiger in Kisangani, doch nur wenige hundert Kilometer entfernt ging das Morden weiter.

Als ich im Juli 2009 in Kisangani ankam, wurden aus dem nahegelegenen Nordosten gerade neue Verbrechen gemeldet. Dörfer waren von Rebellen überfallen, Männer getötet, Frauen und Mädchen vergewaltigt worden. Kisangani war zwar unter Kontrolle der kongolesischen Armee, doch niemand in der Stadt schien dem Frieden zu trauen. Die Geschäfte wurden nachts verbarrikadiert und machten tagsüber den Eindruck, als würde man sie nur ungern öffnen, weil man fürchtete, dass die nächste Plünderung drohen könnte. Die Infrastruktur war von den zurückliegenden Kämpfen weitgehend zerstört, die Stromversorgung reine Glückssache. Die Gebäude waren zerschossen, die Straßen verwüstet. Mit etwas Optimismus könnte ich behaupten, dass Kisangani dabei war, sich wieder aufzurichten. Es gab ein paar Internet-Cafés, Bars und kleine Restaurants, aber die Wunden der Vergangenheit waren unübersehbar. Viele Häuser waren rußgeschwärzte und einsturzgefährdete Ruinen. Selbstverständlich lebten Menschen in diesen Ruinen: sie lebten ohne Türen, ohne Fenster und ohne

Zerbombt, zerfallen und bewohnt

Dach; sie kochten auf kleinen Holzkohleöfen und holten das Wasser zum Kochen aus dem Fluss, in dem sie auch ihre Notdurft verrichteten.

Die Vereinten Nationen und der Kongo

Aufgrund meines zeitlich begrenzten Visums hatte ich nicht vor, lange in Kisangani zu bleiben. Genau genommen hatte ich ein sehr straffes Programm. Ich wollte mich zu Hause melden, meine Lebensmittelvorräte wieder auffüllen und Geld wechseln. Vor allem aber wollte ich das örtliche UN-Stabsquartier aufsuchen. Ich hoffte mit UN-Mitarbeitern zu sprechen, um etwas über die neueste Sicherheitslage im Osten und im Süden des Landes zu erfahren. Erst danach wollte ich endgültig entscheiden, welchen Weg ich weiter einschlug: entweder nach Uganda oder nach Sambia. Die Südroute nach Sambia war von Anfang an meine bevorzugte Variante gewesen und nach den jüngsten Meldungen über neue Massaker im Nordosten des Kongos war sie es mehr denn je.

Über die Vereinten Nationen sind schon viele Aufsätze und Bücher geschrieben worden. Meine Ausführungen will ich als persönlich verstanden wissen. Als Jugendlicher hielt ich die Vereinten Nationen für eine übergeordnete Instanz im Ost-West-Konflikt, für einen Garant des Friedens. UN-Generalsekretär Boutros Boutros Ghali war in meinen Augen so etwas wie die personifizierte Unabhängigkeit. Anschließend beeindruckte mich auch Kofi Annan mit seinem aristokratischen und stets besonnenen Auftreten. Als bekannt wurde, dass er 1994 vorzeitig über den drohenden Völkermord in Ruanda informiert worden war, aber nichts Entscheidendes dagegen veranlasst hatte (oder veranlassen konnte), erlitt mein Vertrauen in die Vereinten Nationen einen Rückschlag. 1995 kam es zum Massaker von Srebrenica und in Sierra Leone ließ man den Rebellen freien Lauf. Seit 2003 schaut die Weltgemeinschaft nun mehr oder minder tatenlos zu, wie im sudanesischen Westdarfur ein Völkermord stattfindet, in dem bisher etwa 300.000 Menschen getötet wurden. Und ähnlich tatenlos verhalten sich die Vereinten Nationen auch im Kongo; seit Mitte der 1990er Jahre wurden dort bis zu drei Millionen Menschen ermordet, und dieses Morden hat noch immer kein Ende gefunden.

Die Hintergründe des Terrors sind für Außenstehende so undurchsichtig wie der Dschungel selbst. Die einen sagen, es handele sich um einen ethnischen Konflikt zwischen Hutu und Tutsi. Sie verweisen darauf, dass sich der Völkermord aus Ruanda in den Osten des Kongos verlagert habe. Andere erklären, dass die Nachbarländer Uganda, Ruanda und Burundi die Vorherrschaft über die immensen Bodenschätze im Osten des Kongos erlangen wollten und deshalb die unterschiedlichsten Rebellengruppen unterstützten. Außerdem gibt es, wie immer in solchen Fällen, Verschwörungstheoretiker, die behaupten, dass keine der großen Vetomächte im UN-Sicherheitsrat ein ernsthaftes Interesse an Ausgleich und Frieden im Ostkongo hat. Die begehrten Rohstoffe der Region könnten sie nämlich weit günstiger erwerben solange Chaos herrsche und die kongolesische Regierung keine Monopolstellung über die reichen Rohstoffvorkommen erhalte. Zu den Bodenschätzen der Region zählen nicht nur Gold und Diamanten, sondern auch das seltene Coltan, das unter anderem zur Herstellung von Mobiltelefonen und Laptops benötigt wird, ein boomender Wirtschaftszweig.

Die Vereinten Nationen, in denen die USA, Europa, Russland und China das Sagen haben, konnten bedauerlicherweise bis heute nicht dazu beitragen, diese Verschwörungstheorie zu widerlegen. Ende 1999 wurde eine Friedensmission für den Kongo ins Leben gerufen und die Zahl der Blauhelmsoldaten wurde kontinuierlich erhöht, doch was sind schon Zahlen?! Im Jahr 2004 befanden sich mehr als 10.000 UN-Soldaten im Kongo. Sie verfügten über ein sogenanntes „robustes Mandat“, um aktiv einzugreifen und Zivilisten vor Rebellenübergriffen zu schützen. Die Blauhelmsoldaten sahen jedoch zu, wie Milizen aus Ruanda die Stadt Bukavu einnahmen, Männer ermordeten, Frauen vergewaltigten sowie Häuser und Geschäfte plünderten. Mitte 2006 fand im Kongo die erste Präsidenten- und Parlamentswahl seit über 40 Jahren statt. Um einen friedlichen Verlauf zu sichern, wurden zur Unterstützung der Blauhelmsoldaten auch Bundeswehrsoldaten aus Deutschland entsandt. Die Wahl gewann Präsident Joseph Kabila, der die Unterstützung der USA genoss und schon seit 2001 an der Macht war, seit sein Vater Laurent-Désiré Kabila unter bis heute nicht restlos aufgeklärten Umständen ermordet worden war. Die Vereinten Nationen sprachen damals von einer weitgehend regulären Wahl, doch wen ich auch immer während meiner Reise nach der Wahl von 2006 befragte, der sprach von Wahlbetrug, gekauften Stimmen und gefälschten Auszählungsergebnissen. Während die Bundeswehrsoldaten nach „erfolgreicher Mission" den Kongo wieder verließen, blieben noch immer etwa 17.000 Blauhelmsoldaten im Land, um mögliche neu aufflammende Konflikte zu befrieden. Doch was sind schon Zahlen?!

Im Nordosten des Landes setzte der Terror trotz 17.000 Blauhelmsoldaten wieder ein. Der UN-Sondergesandte für den Kongo, Roger Meece, bilanzierte Anfang des Jahres 2010, dass allein im Jahr 2009, jenem Jahr meines Aufenthaltes im Kongo, etwa 15.000 Mädchen und Frauen vergewaltigt worden waren. Die Menschenrechtsorganisation „Human Rights Watch" veröffentlichte einen Bericht, der detailliert dokumentiert, dass 2009 mehr als 1400 Zivilisten im Ostkongo von Rebellen ermordet wurden, wobei viele mit Macheten zu Tode gehackt worden seien. Ähnliche Berichte gab es vom Hilfswerk „Heal Africa" und von „Amnesty International". Zahllose Dörfer seien niedergebrannt worden, tausende Menschen traumatisiert, verstümmelt oder tot. Im Januar 2010 traf ich in Südafrika einen Mann namens Frankie, einen ehemaligen südafrikanischen Elite-Soldaten, der unter anderem auch im Kongo eingesetzt worden war. Er behauptete, der Kongo sei nicht Afghanistan. Man könne dort den Guerilla-Terror schnell und gründlich aus der Welt schaffen, sofern man das ernsthaft wolle. Es sei jedoch Schwachsinn Milliarden US-Dollar für eine UN-Mission auszugeben und dem Morden zuzuschauen.

Im UN-Stabsquartier: „Wir sind kein Tourismusbüro!"

Trotz meiner Vorbehalte gegenüber den Vereinten Nationen suchte ich noch am Tag meiner Ankunft in Kisangani das örtliche UN-Stabsquartier auf. Niemand sollte mir nachsagen können, ich hätte fahrlässig gehandelt und naheliegende Informationsquellen zur Sicherheitslage im Kongo ignoriert. Die UN-Niederlassung befand sich in einem mehrstöckigen und halbwegs modernen Bürogebäude, im Hof parkten diverse weißglänzende Geländewagen mit leuchtend blauer UN-Aufschrift.

Die zwei „Empfangsdamen" des UN-Quartiers wiesen mich zunächst widerwillig ab und meinten, die Vereinten Nationen seien kein Tourismusbüro. Wenn ich mit dem Fahrrad durch den Kongo fahren wolle, sei das meine Privatangelegenheit. Das Argument war ohne Zweifel richtig, dennoch versuchte ich zu erläutern, dass man mir vielleicht dabei helfen könne, an ein paar Informationen zu kommen, um nicht direkt in die Arme der Mayi-Mayi-Krieger zu radeln. Zu meiner Verwunderung erklärten mir die beiden Damen, dass man keine Informationen über die Sicherheitslage im Kongo habe. Da ich dies nicht glauben wollte, insistierte ich weiter. Nachdem mir allerdings auf alle noch so vernünftigen Argumente eine Abfuhr nach der anderen erteilt worden war, verlor ich dann doch die Geduld. Ich erkundigte mich lauthals, was die Vereinten Nationen denn eigentlich im Kongo täten, wenn sie nicht einmal Informationen über die Sicherheitslage sammelten. Anschließend wies ich darauf hin, dass ich aus Deutschland käme und die Bundesrepublik Deutschland eines der größten Geberländer der UNO sei, wobei ich wieder einmal völlig schamlos und dafür umso aufgebrachter behauptete, dass ich von der Bundesregierung aufgefordert worden sei, Informationen einzuholen sowie unkooperatives Verhalten der UNO nach Berlin weiterzuleiten, was ich nun auch zu tun gedächte. Zwar wusste ich längst, dass solch ein „Ausraster" nicht immer half, doch in diesem Fall half er. Eine der beiden Empfangsdamen griff sichtlich genervt von mir, zum Telefon und führte mehrere Gespräche. Wenig später lief ich zu einem der im Hinterhof des UN-Stabsquartiers provisorisch aufgestellten weißen Büro-Container und sprach mit drei schwarzen UN-Mitarbeitern.

Ich berichtete von meiner Reise und breitete meine Landkarte auf einem Tisch vor ihnen aus. Sie beugten sich über die Karte und waren sehr hilfsbereit. Wir redeten auf Englisch miteinander, da alle drei aus Nigeria stammten und kein Französisch konnten. Als erstes erkundigte ich mich über die Sicherheitslage auf dem Weg in Richtung Osten nach Uganda. „No problem!", sagten sie und erklärten, dass es auf der Strecke von Kisangani bis nach Beni an der Grenze zu Uganda keine Rebellen gebe und dass die Piste außerdem gut zu befahren sei, da sie erst vor kurzem von einem chinesischen Bautrupp präpariert worden war. Anschließend erkundigte ich mich nach meiner favorisierten Strecke gen Süden nach Sambia. Alle drei rieten mir von der Tour ab und meinten, ich solle besser die Straße nach Uganda nehmen. Auf meine Frage nach dem Warum, antworteten sie, weil ich so schneller aus dem Kongo rauskäme. Ich erklärte ihnen, dass es mir nicht darum ginge, möglichst schnell aus dem Kongo rauszukommen, sondern darum eine möglichst sichere Strecke nach Sambia zu finden. Anschließend zeigte ich ihnen mit dem Finger auf der Landkarte die Straßen, die ich mir nach Süden zum Tanganjika-See ausgesucht hatte und befragte sie, was sie über die Sicherheitslage entlang der Strecke wüssten. Ihre Antwort lautete: „No problem, es dauert nur viel länger, also fahr' besser nach Uganda." Es schien wenig Sinn zu machen, aber ich fragte weiter und verdeutlichte ihnen noch einmal mit dem Finger auf der Landkarte, das sich meine anvisierte Route zwischen zwei mutmaßlichen Krisengebieten des Kongos hindurchschlängelte. Westlich befand sich die Provinz Kasai, von der ich wusste, dass man eine Sondergenehmigung benötigte, um sie zu bereisen. Östlich führte meine geplante Strecke bis auf wenige Kilometer in die Nähe der Provinz Süd-Kivu, wo Rebellen und Mayi-Mayi-Milizen fast regelmäßig von sich Reden machten. Kommentar der drei UN-Mitarbeiter: „No problem!" Zum Abschluss gaben sie mir trotzdem noch zwei Tipps: Erstens sollte ich genug Geld und Zigaretten für die Soldaten an den Straßensperren mitnehmen. Zweitens empfahlen sie mir, auf dem ersten Teilstück nach Kindu nicht die östlich gelegene Hauptstraße zu wählen, sondern eine kleinere Piste am Westufer des Kongos, dort sei ich durch den Fluss auch besser vor Übergriffen aus den östlichen Krisenprovinzen geschützt. So viel also zum Thema „No problem". Meinen eher sachlich orientierten Einwand, die von ihnen empfohlene Straße würde laut meiner Karte in Ubundu enden und nicht nach Kindu weiterführen, ließen sie nicht gelten. „Doch, doch", meinten sie, „die Straße gibt es inzwischen und sie ist auch gut zu fahren!" Nun ja, vielleicht irrte sich meine sonst sehr zuverlässige Michelin-Karte dann eben doch einmal.

Als ich abends auf meinem Bett lag, dachte ich über all die „No-problem"-Informationen nach und ertappte mich bei dem nicht ganz fairen Gedanken, dass meine drei nigerianischen Gesprächspartner möglicherweise ganz afrikanisch nur das gesagt hatten, was ich hatte hören wollen und ihnen Ruhe verschaffte. Sie hatten sich bei ihren Angaben immer auf zuverlässige Quellen berufen, aber sie waren nie selbst im Osten oder im Süden des Kongos gewesen. Mir wurde einmal mehr klar, dass ich zwar viele Informationen einholen konnte, die Entscheidung aber alleine treffen und die Konsequenzen auch alleine tragen musste. Die Verantwortung lag bei mir und so beschloss ich, in den Süden weiterzufahren.

„Pas praticable!"

Am 6. Juli 2009 hatte ich alles Notwendige erledigt, um Kisangani zu verlassen. In meinen Taschen waren wieder einmal bündelweise Geldscheine verteilt. Der größte Schein, den ich im Kongo beim Geldwechseln in die Hand bekam, war ein 500er und da 500 Franc Congolais knapp 40 Eurocent entsprachen, musste ich eine ganze Menge unterbringen, zumal ich keine Ahnung hatte, wo ich wieder Geld würde wechseln können. Abends lief ich

Viele Scheine, wenig Wert

noch einmal an den Hafen, um mich von José und Nehemie zu verabschieden. José sagte: „Monsieur Henry, du musst irgendwann wiederkommen und dann fährst du mit uns umgekehrt von Kisangani bis Kinshasa!" Anschließend beugte er sich mit dem Kopf zu mir und verabschiedete sich auf traditionelle Art, indem er seine Schläfen an meine rieb: erst rechts, dann links und wieder rechts. Nehemie und ich umarmten uns. Als ich ging, rief er mir nach, ich solle auf mich achtgeben und nur ja auf den kleinen Hocker aufpassen. Ich drehte mich noch einmal um, hob die geballte Faust gen Himmel und rief meinerseits: „Je vous adore, mes amis!"

Am 7. Juli nahm ich morgens um kurz vor 7 Uhr eine Piroge über den Kongo, um meine Reise – wie empfohlen – am westlichen Flussufer über Ubundu nach Kindu fortzusetzen. Mein Visum war noch 44 Tage gültig und bis Sambia lagen rund 2500 Kilometer vor mir. Ich musste also im Durchschnitt knapp 60 Kilometer pro Tag zurücklegen, im Kongo ein durchaus ambitioniertes Vorhaben. Das erste Hindernis tauchte dann auch sehr schnell auf. Ich war noch nicht einmal zwei Kilometer gefahren, da musste ich schon unfreiwillig stoppen. Migration und Polizei hielten mich fast drei Stunden fest, um die Personalien aufzunehmen, mir die „Norweger-Fragen" zu stellen und am Ende noch Geld zu fordern. Ich erteilte brav alle Auskünfte, weigerte mich aber standhaft zu zahlen, was meinen Aufenthalt bei den gewissenhaften Herren zwangsläufig ein wenig verlängerte. Um 10 Uhr war ich endlich wieder auf der Piste, doch da war mir erst einmal nach Frühstück. Also stoppte ich am Ortausgang an einer kleinen Garküche, um einen Kaffee zu trinken und frittierten Maniok zu essen. So würde das kaum etwas werden mit den anvisierten 60 Kilometern pro Tag, es sei denn die Straßen waren gut. Die ersten 35 Kilometer nach meinem Frühstück machten Hoffnung, doch dann begannen wieder Matsch und Sand. Irgendwo überquerte ich an jenem 7. Juli den Äquator und das einzige, was mir dabei in meiner europäischen Vorstellungswelt vielleicht fehlte, war ein Hinweisschild für ein Erinnerungsfoto. Abends erreichte ich einen größeren Ort namens Obilo und hatte immerhin 85 Kilometer hinter mir, so dass ich selbst die anschließende zweistündige Militärkontrolle in diesem unbedeutenden Kaff relativ gelassen nahm – bis die Geldforderung kam. Die Nacht verbrachte ich beim Chef du Village. Er litt nach eigenen Angaben unter Malaria, so dass ich ihm einige meiner Tabletten gab. Als wir auf meine weitere Reiseroute zu sprechen kamen, sagte er, es gebe keine Straße von Ubundu nach Kindu; die Informationen, die man mir gegeben habe, seien falsch. Es gebe zwar einen Buschpfad, aber der sei aufgrund der jüngsten Regenfälle unpassierbar – „Pas praticable!". Na prima!

Am nächsten Tag fuhr ich die restlichen 50 Kilometer bis Ubundu – und schon diese 50 Kilometer erschienen mir kaum machbar. Nach weiteren Militärkontrollen, Gesprächen und Recherchen kam ich in Ubundu zum Ergebnis, dass es das Klügste war, mit einer Piroge nach Kirundu ans Ostufer des Kongos weiterzureisen, wo es angeblich wieder eine befahrbare Straße gab. Meine Suche nach einer Piroge begann damit, dass ich das Angebot erhielt, für 250 US-Dollar ein Boot zu chartern, und sie endete damit, dass ich am nächsten Tag in eine völlig überladene

Piroge stieg und 20 Dollar zahlte, ein noch immer sehr stolzer Preis. Meine Piroge war eine von dreien, die nebeneinander vertäut worden waren und mit einem kleinen Außenbordmotor angetrieben wurden. Insgesamt befanden sich in den drei schmalen, höchstens sechs Meter langen Booten zwölf Erwachsene und fünf Kinder, außerdem gab es stapelweise Gepäck und ein bulliges, kleines Benzinfass. Wir starteten am späten Vormittag bei kaltem Nieselwetter. Ich saß in unserem Dreiergespann ganz vorne in der linken Piroge, neben mir im mittleren Boot lag mein Fahrrad. Der Bootsführer hatte mir gegenüber behauptet, innerhalb von vier bis fünf Stunden in Kirundu zu sein. Dass daraus 22 Stunden wurden, wunderte mich nicht und störte mich auch wenig, da ich eingemummelt in meinen Regenponcho ausgesprochen bequem auf meinem wunderschönen kleinen Hocker saß, der damit seine erste Bewährungsprobe bestand. Am frühen Abend hörte das nasskalte Nieseln endlich auf und über Nacht stoppten wir in einem kleinen Dorf am Ufer des Kongos, wo ich sogar eine Portion Fufu erstehen konnte. Später schlief ich neben Molly in der Piroge und war froh, dass es vermutlich aufgrund der kühlen Temperaturen kaum Mücken gab. Am nächsten Vormittag erreichten wir Kirundu. Es war ein winziges Dorf inmitten des Urwaldes und ich wunderte mich, dass der Ort auf meiner Michelin-Karte überhaupt eingezeichnet worden war. Ein Mitreisender erklärte mir dann, dass der Ort früher als Umschlagplatz für den Warenverkehr auf dem Kongo einigermaßen bedeutend gewesen sei. Früher? „Ja, vor 20 bis 30 Jahren, bevor der Krieg kam und bevor Kleinflugzeuge den Warentransport zwischen größeren Städten übernahmen."

Dass Kirundu einst eine wirtschaftliche Blüte erlebt haben könnte, ließ sich erahnen. Viele Häuser waren aus Stein erbaut und machten den Eindruck, vor 30 Jahren sehr schöne, kleine Villen gewesen zu sein. Inzwischen waren die meisten Häuser verlassen, im Krieg zerstört und nie wieder aufgebaut worden. Überall kletterten grüne Schlingpflanzen an den schwarzen Mauerwänden empor, manche Häuser waren kaum noch zu erkennen, die Gärten komplett verwildert. Wie in Kisangani so hatte ich auch in Kirundu das Gefühl, dass die Menschen dem Frieden nicht trauten. Sie

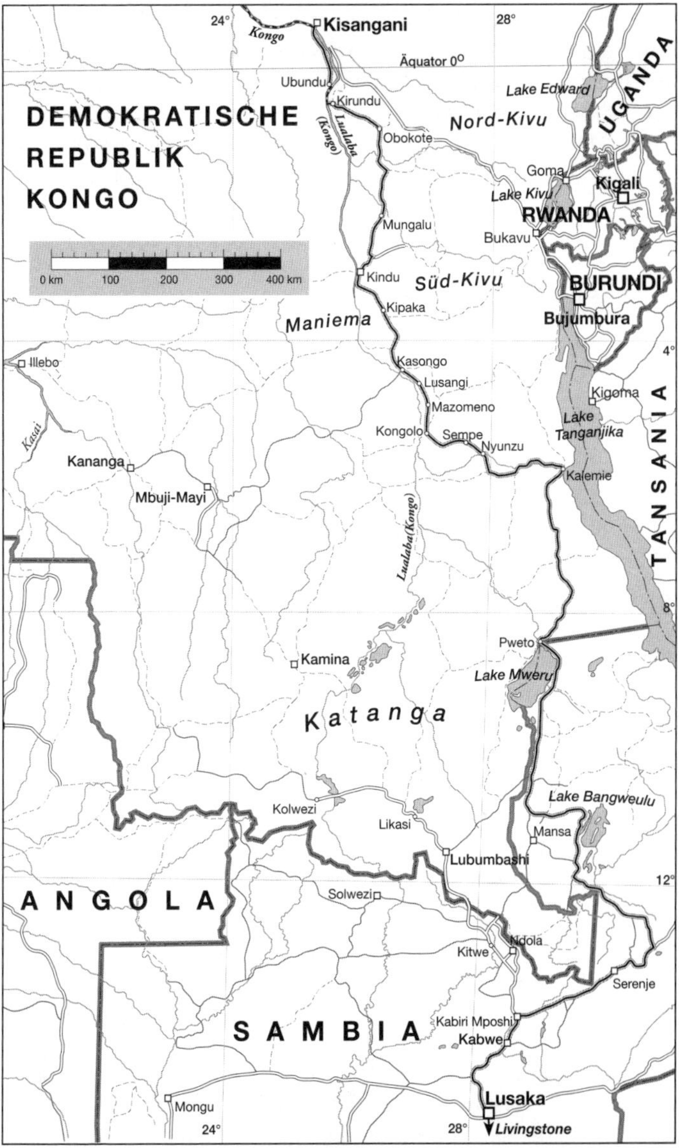
DEMOKRATISCHE REPUBLIK KONGO
0 km
100
200
300
400 km
24°
28°
Kisangani
Kongo
Äquator 0°
Ubundu
Kirundu
Lualaba (Kongo)
Obokote
Mungalu
Kindu
Kipaka
Maniema
Süd-Kivu
Nord-Kivu
Lake Edward
UGANDA
Goma
Lake Kivu
Kigali
RWANDA
Bukavu
BURUNDI
Bujumbura
4°
Illebo
Kasai
Kasongo
Lusangi
Mazomeno
Kongolo
Sempe
Nyunzu
Kigoma
Lake Tanganjika
Kalemie
TANSANIA
Kananga
Mbuji-Mayi
Lualaba(Kongo)
8°
Pweto
Kamina
Lake Mweru
Katanga
Lake Bangweulu
Kolwezi
Likasi
Mansa
Lubumbashi
12°
ANGOLA
Solwezi
Ndola
Kitwe
Serenje
Kabiri Mposhi
SAMBIA
Kabwe
Lusaka
Mongu
24°
28°
Livingstone

lebten in provisorisch anmutenden Hütten. Wozu sollten sie Häuser instand setzen, wenn sie fürchteten, demnächst wieder in den Busch fliehen zu müssen? In Berichten las ich später, dass es Ende der 1990er Jahre in der Region schreckliche Massaker gegeben hatte. Der Fluss habe damals täglich neue Leichen an die Ufer geschwemmt, und er habe eher rot als braun ausgesehen.

Stilles Afrika

Meine „Dreier-Piroge" ließ mich in Kirundu von Bord und legte bald wieder ab. Ich blieb am verschlammten Ufer zurück und sah noch eine Weile über den Kongo, der hier an seinem Oberlauf eigentlich Lualaba heißt. Der Himmel war wie am Vortag stark bewölkt, es nieselte wieder und es war erneut bitterkalt. Ich fragte eine Frau, vor der ein kleiner Holzkohleofen glühte, ob sie mir ein wenig Wasser heiß machen könnte. Sie nickte, holte Wasser aus dem Fluss und begann es in einem ihrer Töpfe zu erhitzen. Ich nahm derweil meinen kleinen Stuhl und hockte mich zu ihr ans wärmende Feuer. Wenig später gesellten sich fünf oder sechs ältere Männer zu uns, die bis dahin etwas abseits gesessen hatten. Einige brachten ihre Plastikstühle mit, andere setzten sich auf wahllos umherliegende Steine. Die Stimmung war außergewöhnlich, denn die Männer redeten weder untereinander noch stellten sie mir Fragen. Sie saßen einfach nur schweigend bei mir. Schweigend! Ein solches Afrika, ein so stilles Afrika hatte ich noch nie erlebt und mit einem Mal fiel mir auch auf, dass selbst aus dem Wald, der uns umgab, kein Ton zu vernehmen war. Ich hörte weder Vögel zwitschern noch Affen schreien. Als das Wasser heiß war, bat ich die Frau meine Thermoskanne zu füllen, womit ich mir abends eine heiße Brühe zubereiten wollte. Danach gab ich der Frau für den Rest des heißen Wassers Kaffee und Zucker. Sie bereitete den Kaffee zu und schüttete ihn in meinen Becher. Als ich ihr vorschlug, den ersten Schluck zu nehmen, lehnte sie lächelnd ab. Die Männer waren in dieser Hinsicht etwas zugänglicher. So machte der Becher die Runde und sie stellten mir schließlich doch noch ein paar Fragen. Die ganze Stimmung blieb dennoch ungewöhnlich still. Selbst die Kinder, die ich bis dahin im Kongo fast nur mit aufgeregten „Mundele"- oder „Mzungu"-Rufen erlebt hatte, schlichen lautlos umher. Als ich aufbrach, brachte mir die Frau – ohne dass ich sie darum gebeten hätte – drei Bananen und als ich die Bananen und ihre Arbeit bezahlen wollte, lehnte sie ein weiteres Mal ab. Sie wolle kein Geld, sagte sie und so gab ich ihr einen Armreif, den ich noch aus Senegal bei mir hatte.

Von Kirundu musste ich laut meiner Karte etwa 100 Kilometer nach Osten fahren, um dann in der Ortschaft Obokote auf die Straße zu stoßen, die wieder nach Süden führte. Diese 100 Kilometer lehrten mich, dass ich bis dahin trotz aller Katastrophenpisten noch nie eine wirkliche Vorstellung vom Dschungel des Kongos gehabt hatte. Der dichte Wald war nicht nur nahezu undurchdringlich und er wirkte nicht nur wie ein schwer atmendes Ungeheuer, er war eines. Ich hatte das Gefühl durch die Gedärme eines grünen Monsters zu fahren. Es war dunkel, wabernd, feucht und trüb. Die Bäume reichten bis zu 40 Meter in die Höhe und ihre Kronen waren so zugewachsen, dass kaum Licht zu Boden drang. Die Straße, die auf meiner Karte eingezeichnet war, stellte sich als Trampelpfad heraus, auf vielen Abschnitten gerade einmal 30 Zentimeter breit. Der Boden war vom Regen aufgeweicht, versandet und vermatscht, die Hindernisse kaum zu erkennen. Die Möglichkeiten in diesem herbstlich kalten Dämmerlicht zu stürzen waren vielfältig und eigentlich hätte ich sechs Augen gebraucht: Zwei um den Boden abzutasten und all die schmalen Stöcke und wuchtigen Wurzeln rechtzeitig zu entdecken. Zwei um das Gesträuch links und rechts des Weges abzumessen, da meine Vorderrad-Taschen regelmäßig darin hängen blieben und mir dabei den Lenker aus der Hand zu reißen drohten. Und zwei, um den Luftraum bis Kopfhöhe abzusichern, denn von oben beugen sich immer wieder bullige Bambushölzer hinab, unter die es durchzutauchen galt.

Meine Arme und Beine waren schon nach wenigen Kilometern von all den Büschen und Bäumen, die nach dem Weg griffen, verschrammt. Immer wieder musste ich über morsche Baumstämme balancieren oder durch schwarze, knietiefe Flüsse waten. Das Unheimlichste in diesem feucht-trüben Dschungel-Gedärm war allerdings, dass ich nach wie vor keine Tiere hörte. Hatten die Menschen den Dschungel so wie in Sierra Leone aus lauter Hunger leergejagt? Doch wo waren diese Menschen? Ganz selten kam ich an Dörfern vorbei, in denen auch nur wenige Menschen lebten und zwischen den Dörfern traf ich kaum eine Menschenseele, schon gar keinen Lastradfahrer. Einmal kamen mir in einem dunklen Waldstück zwei Kinder entgegen. Sie waren auf dem Rückweg in ihr Dorf, durch das ich gerade hindurchgefahren war und trugen große, mit Wasser gefüllte Eimer auf ihren kleinen Köpfen. Bei meinem Anblick erschraken sie, ließen aus Angst vor mir ihre schweren Eimer zu Boden fallen und rannten panisch in den Dschungel. Ein anderes Mal näherte ich mich von hinten drei jungen Frauen und ahnte bereits, dass ich auch sie verängstigen würde. Ich wollte ihnen gerade etwas zurufen, um ihren Schreck zu

Dschungelpfad nach Obokote

überwinden, da drehten sie sich um, blieben wie gelähmt stehen und sahen mich mit bangem Entsetzen an. Die lähmende Furcht in ihren Augen werde ich nie vergessen. In diesem Waldstück zwischen Kirundu und Obokote muss der Horror gewütet haben. Die Tiere waren verschwunden und jeder Fremde war eine mögliche Gefahr, ein potentieller Vergewaltiger und Mörder. Dass mir der Wald selbst unheimlich war, dass es nur mühselig bergauf und bergab ging und dass ich mein Fahrrad immer wieder vom klebrigen Schmodder befreien musste, wurde zur Nebensache. Zwei Tage war ich in diesem dunklen Dschungel unterwegs und als ich am zweiten Tag kurz vor Obokote plötzlich wieder Affen in den Bäumen umhertoben sah, atmete ich erleichtert auf.

Grünes Paradies, grüne Hölle

Der tropische Regenwald in Zentral-Kongo ist riesig. Frankreich und Deutschland würden gemeinsam darin versinken. Dieser feucht-grüne Forst ist einer der letzten großen Urwälder unserer Erde, in weiten Teilen noch unberührt. Trotz der überwältigenden Natur konnte ich mich nie entscheiden, ob ich mich nun im Paradies oder in der Hölle befand. Wenn ich morgens um 6 Uhr in der Frühdämmerung losfuhr, dampfte der ganze Wald und die ersten Kilometer musste ich mir unentwegt hunderte tropfender Spinnweben aus dem Gesicht wischen. Diese fabelhaften Geschöpfe spannten jede Nacht ihre Fäden über den engen Dschungelpfad, von links nach rechts, von rechts nach links – ganz so, als wollten sie das Urwalddickicht aus vergangenen Zeiten wiederbeleben. Tagsüber kämpfte ich mich Meter um Meter vorwärts, balancierte über Baumstämme und pulte den Morast vom Fahrrad. Ich wusch mich regelmäßig in Flüssen und trank das Wasser aus Bächen. Eines Tages fuhr ich durch einen Waldabschnitt, in dem sich tausende Schmetterlinge tummelten. Schwarze, gelbe, weiße und rote Schmetterlinge, einfarbig und gemustert. Überall flogen sie durch die Luft und unsere Zusammenstöße waren so unvermeidlich, dass ich den Mund schließen musste, um sie nicht auch noch zu verschlucken. Wenn ich irgendwo eine kleine Pause einlegte, kamen Millionen Ameisen auf mich zugerannt. Ihre Neugier war so groß, dass sie an meinen Beinen hochkrabbelten und nach einem Schleudertrauma auf dem Waldboden landend gleich die nächste Erkundungstour in meine Richtung starteten. Spätestens abends überfielen mich dann wie immer die Mücken, doch es waren insgesamt weit weniger als ich befürchtet hatte. Vielleicht hatte ich mich an sie schon gewöhnt oder ich hatte einfach wieder einmal Glück und war nicht zur Moskito-Hochzeit im Kongo unterwegs. Meine Begegnungen mit Schlangen hielten sich ebenfalls in Grenzen. Es heißt, Schlangen würden sich verkriechen, wenn sie Menschen kommen hören, man dürfe sie nur nicht da stören, wo sie gerade ihr Nickerchen halten. Einmal musste ich ein „größeres Geschäft" erledigen und balancierte auf der Suche nach einem geeigneten Platz über Bambushölzer ins Urwald-Dickicht hinein. Ich rutschte auf einem der Hölzer ab und landete mit dem rechten Bein bis zum Knie in einem sumpfigen Morast. Ich zog das grün-braun verdreckte Bein schnell wieder aus der Brühe und fantasierte später, was wohl gewesen wäre, hätte ich eine schlafende Sumpf-Schlange gestört.

In den meisten Dörfern, durch die ich kam, überraschten mich die Bewohner mit einer unaufgeregten Anteilnahme. Die Menschen riefen mir freundlich „Jambo" („Hallo") oder „Karibu" („Willkommen") zu, doch es gab kein allzu großes Tohuwabohu. Garküchen waren zwar auf der Strecke nach Kindu selten. Wenn ich aber abends in den Dörfern mein Zelt aufbaute und nach etwas Essbarem fragte, wurde manchmal extra für mich ein großer Topf Reis mit meinem geliebten Pondu gekocht. Da Reis und Maniok in der Region zur Selbstversorgung angebaut wurden und reichlich vorhanden waren, aß ich ohne schlechtes Gewissen, honorierte die Arbeit der Köchin fürstlich und lud die Familie selbstverständlich ein, mit mir zu essen.

Eines der Dörfer, das auf diese Weise mein Herz eroberte, war Mungalu, etwa 120 Kilometer nördlich von Kindu. Ich saß bis spät abends mit den Männern unter einem mit Palmblättern über-

Ankunft in Mungalu

dachten Versammlungsplatz im Freien, berichtete von meiner Reise und hörte ihren Problemen zu. Der Himmel war sternenklar, im Wald stimmten Frösche ihr imposantes Nachtkonzert an und ein Becher mit selbstgebranntem Reisschnaps wurde ein ums andere Mal durch die traute Runde gereicht. Ich erfuhr, dass eine der größten Sorge der Menschen nicht die Armut oder der Hunger war, sondern die katastrophale Piste vor ihrer Haustür. Die Männer erzählten, sie könnten immens viele landwirtschaftliche Erzeugnisse produzieren und tonnenweise Früchte ernten, nur sei es praktisch unmöglich, die Güter auf der Straße wegzutransportieren und zu vermarkten. Man hoffe, dass endlich jemand auftauche, um ihre Straße zu erneuern. Ja, man habe bei meiner Ankunft sogar angenommen, dass ich Straßenbau-Ingenieur sei und käme, um ihre Piste zu inspizieren und anschließend wieder befahrbar zu machen. Ich fragte die Männer, wieso sie geglaubt hätten, dass einer wie ich, der verdreckt auf einem Fahrrad reiste, ein Straßenbau-Ingenieur sei? Sie antworteten, man habe ihnen vor Jahren versprochen, dass Weiße kommen würden, um den Weg auszubessern. Vor Jahren? Wie lange das her sei, wollte ich wissen. Darüber waren sie sich nicht ganz einig und während der Schnaps-Becher einmal mehr bei mir landete, hörte ich, wie einer sagte, das sei vor der Wahl 2006 gewesen, während ein anderer erklärte, nein, das sei schon mindestens zehn Jahre her. Ich polterte los: „Drei Jahre, sieben Jahre, zehn Jahre? Ihr wartet seit Jahren, dass jemand eure Straße erneuert? Warum unternehmt ihr denn nichts?" Da meinte einer der Männer: „Aber was sollen wir denn tun? Sollen wir nach Kinshasa marschieren und Präsident Kabila um ein Gespräch bitten?" Ich war begeistert! Angefeuert vom Reisschnaps sagte ich: „Ja, warum denn nicht? Schickt aus eurem Dorf drei Männer und drei Frauen los. Und in jedem Dorf, durch das sie kommen, sollen sie drei weitere Frauen und Männer auflesen. Bis ihr Kinshasa erreicht, seid ihr Tausende. Die kann man nicht ignorieren. Hörfunk, Zeitungen und Fernsehen werden sich für euch interessieren und irgendwann wird auch im Ausland über euch berichtet, selbst in Europa wird man auf euch schauen!" Doch die Männer lachten nur und gaben mir zu verstehen: „Nein, nein – so geht das nicht!" Ich hielt noch eine Weile dagegen, inspiriert von dieser Idee, die nicht von mir, sondern von ihnen stammte. Aber es half nichts. Es würde zu keinem Protestmarsch nach Kinshasa kommen.

Weil ich trotzdem noch nicht aufgeben wollte, schlug ich den Männern vor, die Verbesserung ihrer Straße selbst in die Hand zu nehmen. Sie sollten ein Treffen mit allen Dorfvorstehern entlang der Strecke organisieren und den Ausbau der Piste besprechen. Jedes Dorf müsse die Verantwortung für den Straßenabschnitt vor der eigenen Haustür übernehmen. Sei man sich darüber einig, gelte es den Distrikt-Chef einzubeziehen. Er müsse die nötigen Baumaterialien besorgen und jemanden auftreiben, der die Arbeiten fachmännisch begleite. In ein bis zwei Jahren könne die Piste gut genug sein, um Reis, Maniok und Früchte sicher und schnell nach Kisangani oder Kindu zu bringen. Dann könne man im Übrigen auch von jedem Fremden, der die Piste befahren wolle, eine Straßengebühr verlangen. Die Idee, mitten im kongolesischen Dschungel eine Maut zu erheben, fand ich fantastisch, auch wenn sie auf jenen dreisten Gendarmen zurückging, der mir in der Zentralafrikanischen Republik einen kleinen Obolus hatte abnehmen wollen. All meinem Enthusiasmus zum Trotz, schienen die Männer an jenem Abend jedoch nicht sehr überzeugt von meinem Vorschlag. Allerdings bin ich mir bis heute sicher, dass sie mich und meine Idee nicht vergessen haben. Wer bis zu zehn Jahre auf einen weißen Straßenbau-Ingenieur wartet, der redet auch bis zu zehn Jahre über einen verrückten Fahrradfahrer, der beim Reisschnaps etwas von einer Dschungel-Maut faselte. Und vielleicht packen sie's dann irgendwann tatsächlich an.

„Mzungu, Mzungu!"

Am nächsten Morgen stand ich mit einem dicken „Schnapskopf" auf und verließ um 6 Uhr Mungalu in Richtung Kindu. Über Nacht waren neue Wolken herangezogen und in der Ferne hörte ich Donnergrollen. Die Piste war auf den ersten 30 Kilometern noch ziemlich gut und das nährte die Hoffnung in mir, bis zum Abend die noch vor mir liegenden 120 Kilometer nach Kindu zu schaffen. Nach einer Weile wurde es allerdings wieder bergig und ich quälte mich einige sehr steile und glitschige Felsrampen hinauf; links und rechts dunkler Wald, der Himmel düster, kein Mensch weit und breit. Die Hoffnung Kindu zu erreichen, gab ich mehr oder minder auf. Gegen Mittag erreichte ich einen größeren Ort namens Kailo. Dort erzählte man mir, dass die letzten 35 Kilometer nach Kindu asphaltiert seien. Ich konnte mir dies im Kongo beim besten Willen nicht vorstellen, rechnete mir aber aus, dass ich es vielleicht doch noch bis Kindu schaffen könnte. Ich stärkte mich an einer Garküche mit Reis und Pondu, danach setzte ich mich wieder in den Sattel. Als ich die Asphaltstraße gegen 16 Uhr erreichte, konnte ich es nicht fassen. Es war die erste asphaltierte Fernstraße, die ich im Kongo erlebte, die erste seit Kamerun, die erste seit über zwei Monaten. Obwohl es weiter auf und ab ging, fuhr es sich jetzt fast wie von selbst und so kam ich kurz vor

Einbruch der Dunkelheit tatsächlich noch in Kindu an. Kindu ist die Hauptstadt der Provinz Maniema. Obwohl die meisten Häuser baufällig und die Straßen versandet waren, obwohl Müll und Staub durch die Gassen wirbelten und ich nur wenige Autos oder Lastwagen entdeckte, wirkten die Menschen hier im Vergleich zu Kisangani zuversichtlicher und geschäftiger. Es gab einen großen Markt, außerdem diverse Krämerläden, in denen ich sogar Spaghetti auftrieb. Die Menschen waren umtriebig, was auch dazu führte, dass ich weit mehr als in Kisangani Nachstellungen ausgesetzt war. Mzungu hier, Mzungu da. Ich wurde entweder um Geld angegangen oder sollte gleich das ganze Geschäft leerkaufen. Auf dem Markt verlangte eine Frau für ein paar Bananen einen zehnfach überhöhten Preis. Ich winkte ab und ging zu einem anderen Stand. Später kamen zwei Polizisten mitten auf der Straße auf mich zu und forderten Geld von mir. Ich fragte „wofür?", worauf sie meinten fürs Fotografieren. Ich sagte, ich hätte keinen Fotoapparat dabei und ließ sie einfach stehen. Tatsächlich hatte ich es mir abgewöhnt mit einem Fotoapparat durch die Gegend zu laufen, weil das fast immer Ärger nach sich zog, den man mit einer kleinen „Ausgleichszahlung" verringern sollte. Man könnte annehmen, dass mich all das inzwischen hätte kalt lassen müssen. Das tat es manchmal auch. Doch die Dreistigkeit von Militär und Polizei sowie die fortgesetzten Geldforderungen, konnten mir auch von einem Moment auf den anderen wieder zu viel werden und dann drohte ein neuer Afrika-Koller, das Ergebnis körperlicher Überanstrengung, emotionaler Überforderung, fehlender Geduld und mangelhafter Empathie. In Kindu hatte ich meine Gefühle noch einigermaßen unter Kontrolle, doch die darauffolgenden Tage sollten beweisen, wie angeschlagen ich inzwischen wieder war.

Die Straße, die von Kindu nach Südosten führte, war zwar nicht mehr asphaltiert und auch nicht geschottert, aber sie war weit besser als alle, die ich zuvor im Kongo kennengelernt hatte. Es war eine holprige Erdpiste, manchmal noch ein wenig vermatscht, aber zunehmend trocken und breit genug, dass auch ein Auto darauf hätte fahren können. Mir begegneten zwar keine Fahrzeuge, doch dafür war ich wieder mit zahllosen Lastradfahrern unterwegs – und das bedeutete, dass ich auch in kleinen Dörfern wieder regelmäßig auf Garküchen traf. Am ersten Tag hatte ich noch manchen Berg hochstrampeln müssen, doch schon am zweiten Tag wurde die Landschaft flacher und es fuhr sich immer besser. Auch der Wald war nicht mehr so dicht und undurchdringlich wie in den Wochen zuvor. Zwischen Kipaka und Kongolo änderte sich die Vegetation dann schlagartig. Innerhalb von nur knapp 300 Kilometern ging der tropische Wald in eine hügelige Auenlandschaft über und mündete anschließend in eine zwar wildwüchsige, aber doch trockene Gras- und Baumsteppe. Aus Grün wurde Gelb, aus Mangobäumen wurden Kakteen. Der Regen hörte endgültig auf und es wurde tagsüber wieder richtig heiß. Die verschlammten Dschungelpisten lagen hinter mir, dafür kämpfte ich mich jetzt bergauf und bergab durch tief versandete Feldwege. Von mancher Anhöhe reichte der Blick weit übers Land und erst da merkte ich, wie eng und bedrückend der dunkle Dschungel gewesen war, wie sehr ich diese Weite vermisst hatte. Mit der Vegetation änderten sich auch die kulinarischen Angebote an den Garküchen. Es gab Bohnen und gelegentlich sogar Fleisch. An manchen Tagen aß ich drei oder vier Mal einen großen Teller Reis mit schwarzen Bohnen, was mir so viel Auftrieb gab, dass ich es schaffte, in fünf Tagen fast 500 Kilometer zurückzulegen.

Begleitet wurde diese Leistungsexplosion leider von einem bereits befürchteten neuen Afrika-Koller. Die Dörfer entlang der Strecke häuften sich und fuhr ich durch einen Ort, rannten wie einst im Nordwesten des Kongos die Kinder hinter mir her und kreischten aufgebracht: „Mzungu, Mzungu, Mzungu!" Hielt ich irgendwo an, wurde ich umgehend belagert. Während die Lastradfahrer im Schatten der Bäume saßen, etwas aßen und sich in Ruhe regenerierten, blieb mir fast jede Möglichkeit einer Erholungsphase verwehrt. Kinder, Männer und Frauen umringten mich, schlossen mich in einen immer enger werdenden Kreis ein und ließen mir kaum noch Bewegungsfreiheit. In größeren Orten waren es manchmal bis zu 100 Menschen, die im Abstand von höchstens 20 Zentimetern um mich herum standen und unglaublich laut über mich zu diskutieren begannen. Wollte einer die berühmten

Belagert ...

W-Fragen stellen, brüllte er mich an, um sich im allgemeinen Diskurs Gehör zu verschaffen. Setzte ich zur Antwort an, wurde es ein wenig stiller. Die Menschen lauschten meinen Worten und hatte ich fertig geredet, wurde wieder laut diskutiert, bis die nächste Frage kam. Hatte ich es irgendwann geschafft, mich zu einer Garküche durchzuschlagen, waren die Nachstellungen noch nicht zu Ende, denn die halbe Meute schlich mir nach. Hatte ich meinen Teller Reis in der Hand, stand die Menge wieder um mich herum, wieder laut redend, wieder keine 20 Zentimeter entfernt. Man beobachtete aufmerksam, wie ich aß – fast so, als wollte man wissen, ob Weiße eine andere Art der Ernährungsaufnahme haben als Schwarze. Ich kam mir vor wie ausgestellt im Zoo. Ging einer aus der Runde fort, konnte ich sicher sein, dass ein anderer an seine Stelle trat. Einer, der meine Antworten zuvor nicht mitbekommen hatte und nun die W-Fragen ein weiteres Mal stellte. Dass ich am Essen war, störte ihn nicht im Geringsten. Und war ich mit dem Essen fertig, tauchte wieder einer auf und stellte die schon zweimal beantworteten Fragen ein drittes Mal. Höhepunkt solcher Begegnungen war oft die Bitte um eine Sach- oder Geldspende. „Gib mir etwas Geld, gib mir deine Schuhe, gib mir dein Fahrrad!" Hatte ich dies alles hinter mir, wurde ich wie etwa in Kasongo, Lusangi oder Mazomeno zum örtlichen Polizeichef befohlen, der alle Fragen ein viertes Mal stellte und selbstverständlich auch etwas Geld haben wollte. Erholung fühlt sich dann doch anders an und tausendmal dachte ich in jenen Tagen nur noch: „Ich kann nicht mehr!"

Je erschöpfter ich war, desto schwieriger wurde es für mich, Verständnis für die Menschen aufzubringen. Ich hatte seit Kisangani weit über 1000 Kilometer zurückgelegt und mir nur einen Ruhetag in Kindu gegönnt. Selbst schuld? Vielleicht! Andererseits liefen die Tage meines Visums langsam ab. Ich wusste nicht, wo ich meine Aufenthaltserlaubnis hätte verlängern können und wahrscheinlich hätte mir dafür auch das Geld gefehlt, denn meine Dollar-Reserven waren nahezu erschöpft. So kam eines zum anderen. Ich bewegte mich körperlich an meinen Grenzen und empfand die Nachstellungen als zunehmend rücksichtslos und unverschämt. Gleichzeitig unterdrückte ich meine Aggressionen und zwang mich zur Selbstbeherrschung. Das betraf nicht nur die hunderttausend Fragen und die regelmäßigen Bitten um Geld, es betraf auch manches Verhalten. Ich ertrug es, beim Essen wie ein Außerirdischer angestarrt zu werden. Ich protestierte nicht, wenn Erwachsene an meinen Fahrradtaschen herumfuchtelten und sie auch öffneten, während ich zehn Meter entfernt etwas aß. Auch bemühte ich mich weiterhin, mit den Kindern herumzualbern, wenn sie mich schreiend in Scharen überall hin begleiteten: zum Markt, zur Latrine oder in die Büsche.

Aber so sehr ich die unersättliche Neugier der Menschen auch nachvollziehen wollte, sie strengte mich auch unbeschreiblich an. Immer wieder musste ich mir in Erinnerung rufen, dass ich ein radreisender Weißer war und damit ein Exot in diesem Land. Mehr noch: Ich war auch ein Vorbild. Wenn ich gegenüber den Menschen in den Dörfern die Nerven verlöre, würden sie sagen: „Die Weißen sind arrogante Schnösel! Sie kommen hierher, interessieren sich aber gar nicht für uns, warum kommen sie dann überhaupt?"

Ich musste davon ausgehen, dass mein Verhalten für geraume Zeit ihr Bild der Weißen prägen würde, denn wahrscheinlich würde so bald kein anderer Mzungu mehr vorbeikommen. Ich riss mich folglich zusammen, wurde allerdings auch wieder menschenscheu. So hielt ich in den Dörfern nur noch an, wenn ich etwas essen wollte. Brauchte ich tagsüber mal Erholung, suchte ich mir einen schattigen Platz abseits der Orte, fern von W-Fragen und Kindergeschrei, aß Bananen oder trank einen kalten Kaffee. Einmal fuhr bei einer solchen Rast ein Lastradfahrer an mir vorbei und fragte, warum ich in der Wildnis pausiere, das nächste Dorf sei nicht weit und man halte für gewöhnlich doch da, wo auch andere Menschen sind. Ich antwortete ihm nicht und er war auch schon vorüber gefahren, aber bei mir dachte ich: „Ich bin hier bei euch kein Mensch, ich bin ein Mzungu! Und ich will nicht mehr!"

Zum Glück wusste ich, dass auch dieser Afrika-Koller wieder verschwinden würde. Ich benötigte lediglich eine längere Auszeit, ich musste runter von der Straße, runter vom Fahrrad. Ich brauchte Ruhe, um Kraft zu tanken und wieder zur Besinnung zu kommen. Eines Abends warf ich einen Blick auf meine Landkarte. Die nächste Gelegenheit für eine solche Auszeit war das noch gut 300 Kilometer entfernte Kalemie. Die Stadt lag am berühmten Tanganjika-See und ich stellte mir schon vor, wie ich mich dort ein paar Tage in irgendein Hotelzimmer einschließen würde. Tagsüber würde ich ein wenig schreiben und bei Einbruch der Dunkelheit etwas essen und ein paar kalte Bier trinken.

Warnung vor Rebellen

Ich hatte gehofft, die gut 300 Kilometer bis Kalemie in drei Tagen zu schaffen, brauchte dann aber doch vier. Die Gegend wurde wieder einsamer und bergiger, die Straßen schlechter. Am ersten Tag traf ich einen etwa 60-jährigen Belgier namens Jacques in einem uralten Landrover. Es war der erste Wagen, den ich seit Überquerung des Mongala-Flusses auf den desolaten Überlandpisten zu sehen bekam. Jacques war noch zu Kolonialzeiten im Kongo geboren und hatte bis auf ein paar Jahre sein gesamtes Leben dort verbracht. Er warnte mich eindringlich vor den Rebellen, die es nach seinen Angaben auf der vor mir liegenden Strecke noch immer gab und empfahl mir deshalb, nur in Dörfern zu übernachten, zumal in den Wäldern und auf den Feldern noch zahllose nicht entschärfte Minen lägen. Doch auch in den Dörfern sollte ich vorsichtig sein und niemandem erzählen, wann ich aufzubrechen gedachte oder wohin ich wollte. Die Straße bis Kalemie beschrieb er als eine Katastrophe aus Sand und steilen Bergen, nur die letzten 40 bis 60 Kilometer seien gut befahrbar. Zum Abschied schenkte er mir eine eisgekühlte Dose Latte macchiato, wo auch immer er die her hatte. Das Getränk tröstete mich ein wenig darüber hinweg, dass ich an den Informationen der UN-Mitarbeiter bezüglich der Rebellengefahr zweifeln musste. Und sie tröstete mich auch ein wenig darüber hinweg, dass ich angesichts der bevorstehenden Straßenverhältnisse wohl noch einmal alle Kraft-Reserven aus mir würde herausholen müssen. Wie Jacques sich das vorstellte, dass ich den Menschen verschweigen könnte, wohin ich wollte, blieb mir allerdings ein Rätsel, nicht nur aufgrund der vielen Fragen, die ich mehrmals täglich zu beantworten hatte. Nein, das lag auch an der Straße, auf der ich fuhr. Sie kannte kaum einen Abzweig, sondern hatte eigentlich nur ein Ziel, nämlich Kalemie. Und wie ich verheimlichen könnte, wann ich aus einem Ort aufbrach, war ein noch größeres Rätsel, da ich in den Dörfern prinzipiell unter Beobachtung stand, vom Augenblick meiner Ankunft bis zum Augenblick meiner Abfahrt. Egal wie viel Erfahrung Jacques im Kongo hatte, er hatte ganz offensichtlich keine Vorstellung von den Gesetzen, denen ein weißer Radreisender ausgesetzt war.

So setzte ich mich wieder in Bewegung und wartete fortan Kilometer um Kilometer auf den angekündigten Rebellen-Überfall, der zum Glück ausblieb, was man aber bedauerlicherweise erst danach weiß. Abends erreichte ich ein winziges Dorf namens Sempe. Der Ort bestand nur aus etwa zehn Hütten und die wenigen Menschen, die dort lebten, reagierten überraschend zurückhaltend auf meine Ankunft. Als ich am Straßenrand zwei Töpfe aufgestellt sah, die eindeutig vorbeikommende Lastradfahrer zum Essen einladen sollten, stoppte ich, um etwas in den Magen zu bekommen. In einem Topf befand sich noch ein wenig Reis, im zweiten waren die Reste eines Fleisch-Gulaschs. Mein Hunger war so groß und das Fleisch so zart und würzig, dass ich beide Töpfe leerlöffelte. Anschließend erkundigte ich mich, ob ich irgendwo über Nacht mein Zelt aufschlagen dürfe. Der Chef du Village wies mir einen Bereich neben zwei Bäumen zu. Später unterhielt ich mich eine Weile mit ihm, während die Kinder des Ortes still um uns herumsaßen. Als es dunkel geworden war, ließ man mich alleine. Ich saß auf meinem kleinen Kongo-Stuhl, angelehnt an einen Baum und beobachtete die rauchenden Feuer vor den Hütten. Gegen 21 Uhr kroch ich ins Zelt und schlief begleitet vom Zirpen und Sirren der Zikaden und Grillen ein.

Am zweiten Tag erreichte ich Nyunzu, eine kleine Stadt, in der ich einmal mehr in die Hände „kontrollwütiger Wichtigtuer" geriet. Erst musste ich einer Mitarbeiterin der Migration meinen Pass

Übernachtung in Sempe

vorlegen und nebenbei alle W-Fragen beantworten, dann wurde ich zum Migrations-Chef gerufen, um ein zweites Mal den Pass zu präsentieren und mich den W-Fragen zu stellen, und schließlich verlangte auch der Polizeichef mich zu sehen. Als ich mich bei ihm erkundigte, warum eigentlich alles dreifach zu Protokoll genommen würde, antwortete er barsch: „Hier ist Afrika! Da hast du Auskunft zu geben, wenn gefordert auch tausend Mal!" Da hatte er verdammt Recht. Wenig später erläuterte er mir etwas freundlicher, dass die ganzen Kontrollen zu meiner Sicherheit seien. Ob die Gegend denn unsicher sei, fragte ich. Nein, natürlich nicht. Zum Abschied ging mich der Polizeichef, wie nicht anders erwartet, um eine kleine Geldspende an. Ich lachte ihn aus: „Monsieur, ich bin zu Besuch in Ihrem Land. Ich bin hier der Gast, Sie müssten mich einladen! Wie wäre es mit einem Glas Wasser oder einer Flasche Bier?"

Ich blieb keine Sekunde länger als nötig in Nyunzu und fuhr auf einer versandeten Buschpiste weiter gen Osten. Die Dörfer wurden immer seltener und Menschen traf ich kaum noch. Nachmittags fuhr ich an einem ausgebrannten Militärlastwagen vorbei, der umgestürzt im Straßengraben lag, vermutlich ein Überbleibsel aus Kriegszeiten. Kurz vor Sonnenuntergang entdeckte ich dann einen von der Straße nicht einsehbaren Platz hinter einer breiten Baumgruppe und schlug dort mein Nachtlager auf. Die Minengefahr hielt ich an diesem Ort für gering, zumal ein kleiner Trampelpfad zur Baumgruppe führte und das komplette Areal vor nicht allzu langer Zeit bei einer Brandrodung abgefackelt worden war. Ich legte nur meine Isomatte aus und da ich keine Aufmerksamkeit erregen wollte, verzichtete ich nicht nur auf ein Lagerfeuer, sondern auch darauf, meinen Kocher anzuschmeißen, denn der Benzinbrenner war höllisch laut.

Die letzten zwei Tage bis Kalemie durfte ich mich nochmal richtig anstrengen. Die Straße war völlig versandet und führte steil durch die Berge. Ich musste regelmäßig absteigen und schieben, und wie zu schlimmsten Sahara-Zeiten machten mich tausende von Fliegen halb wahnsinnig. Abends schlug ich mein Nachtlager in der Wildnis auf und am nächsten Morgen hoffte ich inständig, dass die

Piste – wie von Jacques angekündigt – endlich besser werden würde. Doch statt auf eine schöne, gewalzte Schotter-Piste zu treffen, geriet ich mit einem Mal auf einen im Bau befindlichen Streckenabschnitt. Schwere Traktoren schoben ein Gemisch aus Erde, Sand und Steinen von links nach rechts und von vorne nach hinten. Die Bauarbeiten waren zwar ein Hinweis auf die nahende Zivilisation, aber die Straße war eine Qual. Ich konnte dem tiefen Erd-Sand-Schotter-Gemisch nicht ausweichen und musste schieben, schon wieder nur schieben: bergauf, bergab und wieder bergauf, bergab. Ich schob fast zwei Stunden am Stück bis sich plötzlich die lang ersehnte, sauber präparierte Schotterpiste vor mir ausbreitete.

Es war schon dunkel, als ich eine Anhöhe erreichte, von der es hinab nach Kalemie ging, hinab zum Tanganjika-See. Der See war wegen der Dunkelheit leider nicht zu erkennen und selbst die Stadt konnte ich kaum ausmachen. Ich sah nur ein paar wenige flackernde Lichter und ahnte schon, was sich bestätigen sollte: es waren kleine Feuer, denn es gab auch in Kalemie keine Stromversorgung. Ich schaltete mein Fahrradlicht ein und kroch vorsichtig im Schneckentempo den Berg hinab. Die Piste war zwar geschottert, aber ich wusste, dass auch auf den besten Pisten plötzlich Felsbrocken liegen oder tiefe Schlaglöcher auftauchen konnten. Ich war so konzentriert, in der pechschwarzen Nacht nicht zu stürzen, dass ich lange Zeit gar nicht bemerkte schon die Vororte von Kalemie erreicht zu haben. Erst als immer mehr Feuer in großen Ölfässern am Straßenrand aufflackerten, begriff ich, dass ich schon fast im Stadtzentrum war. Ich fuhr auf einer eisernen Brücke über den Fluss Lukula und fand unter Einsatz meiner allerletzten Kräfte ein schäbiges Hotel. Es gab kein fließendes Wasser und mein Zimmer war bei den party-verrückten Kakerlaken augenscheinlich sehr beliebt. Als ich dem Manager erklären wollte, dass 30 US-Dollar für ein solches Zimmer nun wirklich zu viel seien, antwortete er: „Mzungu, was machst du hier in Afrika? Wenn es dir nicht passt, bleib doch in Europa!“

Kalemie, die Perle des Tanganjika-Sees

Der Tanganjika-See liegt im ostafrikanischen Graben und ist bis zu 1500 Meter tief. Er ist fast 700 Kilometer lang und im Durchschnitt 50 Kilometer breit und damit das größte Süßwasservorkommen Afrikas. Zudem ist der See einer der artenreichsten der Welt. Wissenschaftler haben herausgefunden, dass neben zahlreichen Krokodilen etwa 300 Fischarten (Buntbarsche, Hechte, Karpfen, Aale etc.) im See leben. Die Stadt Kalemie galt zu Kolonialzeiten als die „Perle des Tanganjika-Sees“. Es gab einen Handelshafen und eine Eisenbahnlinie, die ins Landesinnere führte, außerdem gehobene Restaurants und Fünf-Sterne-Hotels. Von der einstigen Perle war Mitte 2009 nicht mehr viel zu sehen. Der Hafen verrostete, die Bahnlinie schien stillgelegt, die Häuserfassaden bröckelten und metertiefe Schlaglöcher „zierten“ die Straßen. Dennoch konnte ich mir gut vorstellen, dass Kalemie irgendwann wieder erblühen und sich zu einem Anziehungspunkt für Urlauber

Tanganjika-See bei Kalemie

zusetzen. Da es auch in Kalemie keine Bank gab, die meine Visa-Karte akzeptiert hätte, musste ich jemanden finden, der mir meine Euro wechselte. Nun waren Euro im Kongo des Jahres 2009 etwa so beliebt wie der kongolesische Franc in Deutschland. Niemand wusste so recht, wo ich sie hätte eintauschen können und so fuhr ich jedem Ratschlag folgend einen halben Tag lang auf dem Rücksitz eines Moto-Taxis kreuz und quer durch Kalemie. Der erste Tipp lautete: „Versuchs mal beim UN-Stabsquartier!" In Kisangani hatte man mich bei den Vereinten Nationen nicht ganz zu Unrecht darauf hingewiesen, kein Tourismus-Büro zu sein. Jetzt erklärte man mir ebenfalls nicht ganz zu Unrecht, keine Wechselstube zu sein. Vielen Dank auch, vielen Dank für die Hilfe. Vom Stabsquartier, das weit außerhalb der Stadt lag, ging es also zurück ins Stadtzentrum und hinein ins Gewusel der Geldwechsler. Der fünfte, den ich befragte, sagte, ich solle zur Zentralbank gehen, die würde Euro wechseln. Wieder auf dem Rücksitz einer 125er hin- und herrutschend holperte ich folglich zur Zentralbank. Dort hielt man mir leider keine US-Dollar entgegen, sondern nur ein bedauerndes Kopfschütteln. Ich solle es bei „Soficom" versuchen, einem privaten Finanz-Unternehmen. Soficom hatte seinen Sitz nur 500 Meter von meinem Hotel entfernt und ich fragte mich, warum ich nicht gleich hier meine Geldtausch-Odyssee begonnen hatte. Ich wurde in ein Hinterzimmer zu einem Libanesen geführt und gab mir die größte Mühe ihm zu verdeutlichen, dass mein Schicksal in seinen Händen lag. Der Libanese führte zwei Telefonate, tippte in seinem Taschenrechner herum und fragte schließlich, wie viel ich wechseln wollte. Nun hatte ich den großen Fehler begangen aus Sicherheitsgründen nur 140 Euro mitgenommen zu haben. Diese 140 Euro wechselte er anstandslos in Dollar, wenn auch zu einem grauenhaften 1:1- Kurs, aber das war mir egal. Als ich am nächsten Vormittag weitere 200 Euro umtauschen wollte, ließ mich der Libanese abblitzen. Die Zentrale in Kinshasa habe ihn angewiesen, keine weiteren Euro anzunehmen. Alles Bitten und Betteln, alles Heulen und Händefalten half nichts. Ich beschwor die Solidarität unter weißen Mitbürgern, doch der Mann blieb hart, so sind halt Banker.

Um über mein weiteres Vorgehen nachzudenken, zog ich mich in ein Restaurant zurück und bestellte mir um 10 Uhr vormittags einen frisch gegrillten Fisch aus dem Tanganjika-See – und ein Bier. Die Fakten blieben allerdings auch nach dem zweiten Bier ernüchternd. Ich hatte noch 357 US-Dollar und die bevorstehenden Fixkosten beliefen sich auf etwa 270 Dollar: 120 Dollar für vier Nächte im Hotel, geschätzte 50 Dollar für den kongolesischen Ausreisestempel und bis zu 100 Dollar für das sambische Visum. Mir blieben also 87 US-Dollar, um die eigentlich geplante rund 1000 Kilometer lange Route über Lubumbashi nach Sambia zurückzulegen. Angesichts der kongolesischen Katastrophenpisten rechnete ich für diese Strecke mit zwei bis drei Wochen. Vielleicht hätte ich es mit großem Elan und Enthusiasmus geschafft, doch ich fühlte mich zu erschöpft, um jetzt auch noch mit dem Geldknausern anzufangen. Infolge dieser Selbsteinschätzung beschloss ich, nur noch bis in das gut 400 Kilometer entfernte Pweto zu radeln und bereits dort die Grenze nach Sambia überqueren. Die Straßen im Nachbarland konnten nur besser sein als die im Kongo, und sie würden mich folglich auch schneller an einen Geldautomaten bringen.

Schieben, schieben, schieben …

Ich hatte mich in Kalemie nicht wirklich erholt, andererseits war ich überzeugt, das Schlimmste hinter mir zu haben. Die letzten Kilometer durch den Kongo konnten ja kaum härter werden als die zurückliegenden, dachte ich und irrte. Am ersten Tag war noch so etwas wie Verkehr auf der Straße. Ein paar Fußgänger waren zwischen dem Stadtzentrum und den Vororten von Kalemie unterwegs, außerdem ein paar Lastradfahrer, auch sie meist zu Fuß, denn sie mussten ihre Fahrräder aufgrund der tief versandeten Wege schieben – und genau das tat auch ich. Um Kalemie zu verlassen, galt es einen steilen Bergausläufer zu erklimmen; ich versuchte erst gar nicht zu fahren. Nach gut vier Kilometern Fußmarsch hatte ich jedoch eine Anhöhe erreicht und traute mich endlich, in den Sattel zu steigen. Ich fuhr vielleicht zehn Kilometer, ehe das nächste Steilstück auftauchte und mir dieses Mal fünf Kilometer Schieben abverlangte. So ging es nun Tag für Tag durch die Berge am Rande des ostafrikanischen Grabens. Wie viele Höhenmeter ich in jenen Tagen bewältigte, kann ich nicht zuverlässig sagen, da mein Höhenmesser seinen Geist aufgab. Kahle Hochebenen wechselten sich mit dunklen Wäldern und kleinen Feldern in den Tälern ab. Die Farben reichten von grün über gelb bis zu rot und braun. Die bergige Landschaft war wild und wunderschön anzusehen, aber die Piste blieb unverändert grausam. In den Ebenen schob ich Molly etliche Kilometer durch tiefen Sand. Hörte der Sand mal auf, ging es über losen Schotter und brüchigen Kies steile Rampen hinauf. Waren diese Passagen bewältigt,

Von Kalemie nach Pweto

folgten auf den Anhöhen die felsigen Abschnitte: fette Brummer, tiefe Krater, rutschige Abbruchkanten. Ich wuchtete das Fahrrad über Felsbrocken und schleppte es irgendwie aufwärts. Manchmal war es aufgrund der sehr steilen und mit riesigen Steinen übersäten Straßen allerdings nicht nur bergauf unmöglich zu fahren, sondern auch bergab. An einem Tag marschierte ich zu Fuß eine etwa acht Kilometer lange Abfahrt hinunter, die Hände unentwegt an den Bremsen, um die Kontrolle über das schwerbepackte Rad nicht zu verlieren. Ich brauchte rund zwei Stunden für diese Strecke, auf Asphalt wären es höchstens zehn Minuten gewesen. Radfahren stellte ich mir anders vor.

Schon am zweiten Tag nach meinem Aufbruch in Kalemie wurde es einsam. Auf der Straße traf ich fast keine Menschen mehr an und die Entfernungen zwischen den wenigen Dörfern wurden immer größer. Auch Lastradfahrer waren keine mehr unterwegs, und inzwischen wusste ich, dass das nichts Gutes für mich bedeutete. Ich musste davon ausgehen, dass es keine Garküchen entlang der Strecke geben würde und so war es dann tatsächlich. Ich war froh, in Kalemie zwei 500-Gramm-Packungen Spaghetti und drei Büchsen Sardinen gekauft zu haben, aber mir wurde schnell klar, dass das nicht reichen würde. Ich hatte mit fünf Tagen für die gut 400 Kilometer lange Strecke nach Pweto gerechnet, doch schon nach zwei Tagen wusste ich, dass ich das niemals schaffen würde. Am vierten Abend hatte ich dann auch erst etwas über die Hälfte der Strecke zurückgelegt und meine Vorräte bis auf 250 Gramm Spaghetti restlos aufgebraucht. Dafür fand ich an jenem Abend einen außergewöhnlich schönen Schlafplatz. Er lag einsam in den Bergen, direkt an einem kleinen Bach, der glasklar aus den umliegenden Höhen herabplätscherte. Der Himmel war in sein herrlich dunkles „Kongoblau" getaucht und ich sammelte in der Umgebung einige Hölzer zusammen, um im frühen Dämmerlicht ein Lagerfeuer anzuzünden. Während die Hölzer flackerten und in aller Ruhe zu glühen begannen, wusch ich im eisigen Bach zuerst meine Fahrrad-Klamotten und danach mich selbst. Als es dunkel wurde, war genug tiefrote Glut vorhanden, um Wasser für die Thermoskanne zu erhitzen und anschließend meine letzten Spaghetti zuzubereiten. Nach dem Essen fachte ich das Feuer mit neuen Hölzern an, trank eine Tasse heißen Kaffee und setzte mich auf meinem kleinen Hocker nah an die Flammen, da es auf den Berghöhen entlang des ostafrikanischen Grabens nachts ziemlich kalt wurde. Irgendwann übermannte mich aber doch die Müdigkeit und so legte ich meine Isomatte neben dem kleinen Bach aus, mummelte mich unweit der noch knisternden Hölzer in den Schlafsack, hörte das Gurgeln des Wassers und blickte wieder einmal in einen herrlich leuchtenden Nachthimmel. Nachdem sich der Mond fast kugelrund ins Firmament gehoben hatte, schloss ich die Augen. Ich musste Energie tanken, denn ich befürchtete, dass die kommenden Tage nicht besser würden als die zurückliegenden – und dieses Mal irrte ich mich nicht.

Ich brauchte noch dreieinhalb Tage, bis ich Pweto erreichte. Es waren dreieinhalb Tage durch Sand und über Felsgestein, dreieinhalb Tage nur hoch und runter, dreieinhalb Tage ohne ausreichend Nahrung. In den wenigen Dörfern, durch die ich kam, gab es keine Geschäfte und die Menschen hatten selbst kaum etwas zu essen. In den Wäldern sah ich Männer mit Steinschleuder oder Pfeil und Bogen auf die Jagd gehen. Beliebte Beute waren Vögel, denn abgesehen von Vögeln gab es wohl nichts mehr zu jagen. Anderswo kauten die Menschen Zuckerrohr oder knabberten an winzigen Maiskolben. Einmal entdeckte ich in einer kleinen Ortschaft Bananen und kaufte welche, ein anderes Mal waren es Süßkartoffeln. Doch das reichte kaum, um meinen Energiebedarf zu decken. Die Kraft ließ nach, und manchmal torkelte ich nach einem schweren Anstieg benommen zu Fuß weiter, obwohl ich auch längst wieder hätte fahren können. Als ich die kleine Grenzstadt Pweto am Nordufer des Mweru-Sees erreichte, hatte ich insgesamt siebeneinhalb Tage für die 432 Kilometer seit Kalemie gebraucht und etwa 50 Kilometer lang mein Fahrrad nur geschoben, getragen oder durch den Sand gezerrt. Meine Reserven waren komplett aufgebraucht. Der Kopf war leer, der Bauch ein Loch. Die Beine wollten nicht mehr, die Arme schmerzten, beim Anheben des Fahrrades hatte ich mir den Rücken gezerrt und die Hände waren von den vielen Erschütterungen fast taub. Meine Ausrüstung hatte schon vor dem Kongo gelitten; nach dem Kongo war vieles nur noch provisorisch und manches unbrauchbar geworden. Mein Höhenmesser und mein Weltempfänger waren defekt. Meine linke Sandale war halb eingerissen und schlabberte am Fuß. An meinem Netbook hatten die A- und die Y-Taste ihren Geist aufgegeben. Die Reißverschlüsse an meinem Zelt waren inzwischen alle hinüber, eine der Zeltstangen war gebrochen und mit einer Hülse notdürftig repariert. Von vier „unverwüstlichen" Ortlieb-Taschen war nur noch eine voll funktionstüchtig. Die anderen hatten Löcher oder ihre Verschlüsse waren kaputt und an einer Tasche war auch die Gepäckträger-Aufhängung gebrochen. Aber damit nicht genug: Am Flansch meiner Hinterradnabe entdeckte ich einen kleinen Riss, die erst in Bumba neu aufgezogene Fahrradkette war bereits wieder zerschlissen und schließlich brach auch noch eine der beiden Aluminiumstreben am Gestell meines Brooks-Ledersattels, den ich mir ja gerade erst nach Togo hatte schicken lassen. Um trotzdem weiterfahren zu können, schob ich die Strebe an ihrer gebrochenen Stelle in die Klemme der Sattelstütze hinein. So war der Bruch einigermaßen fixiert, doch das Ganze hatte den Nachteil, dass der Sattel um einige Zentimeter nach vorne versetzt wurde und ich aufgrund der ungewohnten Sitzstellung Knieschmerzen bekam.

Am 5. August 2009 verließ ich den Kongo am Grenzübergang Pweto und reiste nach Sambia ein. Die Grenzformalitäten bei der Ausreise dauerten zwar ziemlich lange, doch ich erlebte wieder einmal eine Überraschung: Anders als bei der Einreise verlangte niemand Geld von mir. Ich musste einige Kilometer durch Niemandsland bis zum sambischen Grenzposten fahren und war unbeschreiblich froh. Froh, aus dem Kongo raus zu sein. Froh, die Strapazen hinter mir zu haben. Froh, dass mir entgegen aller Kassandra-Rufe nichts passiert war. Gleichzeitig spürte ich, dass mich der Kongo mehr bewegt hatte als jedes Land zuvor. Ich spürte eine ungebrochene Faszination für die Menschen. Und ich spürte, dass ich eines Tages das Bedürfnis haben würde zurückzukehren.

SAMBIA & BOTSWANA

(km 17.876 – km 21.761)

Linksverkehr, Geldautomaten und Shoprite

In Afrika haben viele Menschen weder einen Reisepass noch so etwas wie einen Personalausweis. Nachdem man mich zwischen der Westsahara und dem Kongo immer wieder für eine zwielichtige Gestalt gehalten hatte, fragte ich mich, was man wohl jetzt über einen denken würde, der auch noch mit zwei Reisepässen daherkam. Da mein regulärer Reisepass mit Stempeln und Visa gänzlich ausgefüllt war, musste ich bei der Einreise nach Sambia meinen Ersatz-Reisepass hervorholen. Entgegen meiner Befürchtungen, sollte dies kein Problem werden. Als ich um 10 Uhr den winzigen sambischen Grenzposten erreichte, traf ich auf einen sehr ausgelassenen und vermutlich noch vom Vorabend deutlich angetrunkenen Zollbeauftragten. Nachdem ich ihm meinen blütenweißen Pass überreicht und den Sachverhalt geschildert hatte, nickte er verständnisvoll und wollte den alten Pass nicht einmal mehr sehen. Ich bat ihn, mir ein Visum für 90 Tage auszustellen, doch er meinte, er dürfe mir nur 30 Tage geben und dafür seien 50 US-Dollar zu zahlen. Ich zog die 50 Dollar aus meinem Portemonnaie und erklärte, dass mir 30 Tage nicht reichten. Ich sei erstens mit dem Fahrrad unterwegs und wolle zweitens möglichst lange in Sambia bleiben, da ich gehört habe, dass es ein sehr schönes Land sei. Der Grenzer sah mich mit meinem Portemonnaie in der Hand an und meinte, er habe möglicherweise doch ein wenig Spielraum bei der Vergabe des Visums und würde gerne davon Gebrauch machen, wenn auch ich mich erkenntlich zeigte. Ich verstand und schob zu den 50 Dollar, die bereits auf seinem Tisch lagen, noch 20 dazu. Kaum war der Einreisestempel mit meinem ersehnten 90-Tage-Visum im Pass, betrat ein weiterer Zollbeamter den Raum und wies mich darauf hin, dass er alle meine Taschen kontrollieren müsse. Ich sagte „No problem" und noch während wir zum Fahrrad liefen, das ich vor dem winzigen Grenzhäuschen abgestellt hatte, berichtete ich dem Mann von meiner Reise durch halb Afrika, von den herzlichen Begegnungen und den regelmäßigen, sehr gewissenhaften Kontrollen, die mich davon überzeugt hätten, dass Afrika sehr viel sicherer sei, als man in Europa für gewöhnlich annehme. Am Fahrrad erzählte ich weiter, deutete mit dem Finger auf meine Packtaschen und erläuterte ausschweifend, was ich so alles in den einzelnen Taschen zum Überleben mitführte. Mein Begleiter war sichtlich beeindruckt, verzichtete auf eine Kontrolle und wünschte mir per Handschlag eine gute Reise.

Sambia, das ehemalige Nordrhodesien, war bis 1964 britische Kronkolonie und das erste Land auf meiner Reise mit Linksverkehr. Ich brauchte einige Tage, um mich daran zu gewöhnen auf der „falschen Seite" zu fahren. Dabei bestand mein eigentliches Problem eher darin, dass nach knapp 4000 Fahrrad-Kilometern zum ersten Mal überhaupt wieder Verkehr auf den Straßen war: Privatwagen, Überlandtaxis, Geländewagen, Fahrzeuge privater und staatlicher Hilfsorganisationen, Reisebusse, Lastwagen. Über den Zustand der asphaltierten (!) Hauptverbindungsstraßen mochte sich der eine oder andere Minibus-Fahrer beschweren, aber niemand, der gerade aus dem Kongo kam.

Rund 400 Kilometer nach meiner Einreise hatte ich mich an den Linksverkehr schon einigermaßen gewöhnt und erreichte die kleine Provinzhauptstadt Mansa, wo ich zum ersten Mal nach über drei Monaten wieder einen Geldautomaten vorfand, der meine Visa-Karte akzeptierte. Mit den Taschen voller Geld machte ich mich sogleich ans Einkaufen und ging zu einem riesigen Supermarkt, der zu einer südafrikanischen Handelskette namens „Shoprite" gehörte, die – wie ich noch feststellen sollte – im ganzen südlichen Afrika weit verbreitet war. Der Supermarkt war für mich so etwas wie eine Mischung aus Konsumparadies und Kulturschock. Es gab in hunderten von Regalen eine riesige Auswahl an Lebensmitteln, Haushaltsbedarf und Kosmetik, dazu diverse Kühlbereiche mit frischem Salat und Gemüse. Im Vergleich zu diesem Shoprite schien mir jeder deutsche Supermarkt ein Krämerladen. Anders gesagt: Ich konnte mir alles besorgen, was ich in den vorangegangenen Monaten schon gar nicht mehr vermisst hatte, darunter frische Milch in 2-Liter-Kanistern, Schokolade in 500-g-Verpackungen, Joghurt in 1-kg-Bechern und Käse in Familiengröße. Es war mir unmöglich zu widerstehen und so häufte ich ohne Scham alle erdenklichen Köstlichkeiten in meinen Einkaufswagen. Am Abend trank ich auf der Veranda meiner Unterkunft kein Bier, sondern frische Vollmilch, in meiner Begeisterung gleich vier Liter. Mein Magen hielt das wohl für ein wenig übertrieben, denn am nächsten Morgen hatte ich Durchfall, der sich jedoch mit einem Kilogramm Schokolade wieder beheben ließ. Als ich am Tag darauf wieder zu Shoprite fuhr, war der Supermarkt geschlossen. Die Mitarbeiter streikten für höhere Löhne. Bei allem Respekt vor diesem für mich in Afrika unerwarteten gewerkschaftlich organisierten Aufstand, musste das denn gerade jetzt sein?

Am Ufer des Bangweulusees

Von Mansa waren es noch gut 800 Kilometer bis nach Lusaka, der Hauptstadt Sambias. Ich machte einen kleinen Abstecher zum Bangweulu-See, an dessen Südufer 1873 David Livingstone gestorben war und radelte anschließend ohne weitere Umschweife gen Süden. Ich rollte durch schier endlose Savannen, kam an zahllosen Flüssen oder Seen vorbei und keuchte einige Berge mit ausgedehnten Waldgebieten hinauf. Auf der gesamten Strecke fragte ich mich immer wieder, warum Sambia nach Angaben der Vereinten Nationen als extrem unterentwickelt galt. Der „Human Development Index" war nur wenig höher als der des Kongos. Dabei gab es nicht nur Shoprite, Geldautomaten und asphaltierte Straßen. Es gab auch Schulen, Universitäten, Strom in den Städten, Internetcafés, Tankstellen, Eisenbahnen, Restaurants. Selbst in abgelegenen Dörfern entdeckte ich Sonnenkollektoren, die entweder eine Kühlbox oder eine Musikbox mit Energie versorgten. Die Menschen hatten fast immer ein Lächeln im Gesicht und wirkten auf mich fröhlich, freundlich und höflich.

Als ich in Lusaka ankam, verstand ich Sambias schlechten Ruf noch immer nicht. Weitläufig mit Stacheldraht gesicherte Grundstücke, glitzernde Glasbauten, frisch polierte Geländewagen, riesige Shopping-Malls. Das alles sah mehr nach Reichtum als nach Armut aus. Natürlich waren mir in Sambia gelegentlich Kinder in zerrissenen Kleidern begegnet, vor allem im Norden am Mweru-See. Ich hatte Lastradfahrer gesehen, Esels- und Ochsenkarren, Steineklopfer für den Straßenbau, Marktfrauen vor einem Häufchen Tomaten und junge Mädchen, die eine einzelne Avocado zum Kauf anboten. Und natürlich war mir aufgefallen, dass manche Schlaglöcher im Asphalt fast so tief wie Friedhofsgräber waren, dass gelegentlich der Strom ausfiel und dass viele Kinder nicht zur Schule gingen. Im Internet hatte ich zudem gelesen, dass fast 90 Prozent der sambischen Bevölkerung von weniger als zwei US-Dollar am Tag lebten, doch im Vergleich zum Kongo und zur Zentralafrikanischen Republik, im Vergleich zu Sierra Leone und zu Guinea-Conakry war die Armut in Sambia weit weniger sichtbar, weit weniger allgegenwärtig. Erst während meines Aufenthalts in Lusaka erfuhr ich dann den Grund für Sambias Probleme. Der

„Human Development Index" berücksichtigt nämlich nicht nur das Bruttoinlandsprodukt und das Bildungsniveau, sondern auch die Lebenserwartung der Bevölkerung – und die war in Sambia innerhalb weniger Jahre dramatisch gesunken. Noch in den 1980ern lag die statistische Lebenserwartung dort bei über 50 Jahren, im Jahr 2009 betrug sie nur noch 38 Jahre. Der Grund? Aids! Eine ganze Generation lag auf dem Friedhof, fast eine Million Kinder hatten Mutter oder Vater verloren, nicht selten auch beide.

Ruhe und Erholung in Lusaka

Bevor ich in Lusaka ankam, dachte ich, vielleicht zwei Wochen in der Stadt zu bleiben, doch es wurden fast zwei Monate – und das lag ganz sicher auch an Brigitte und Peter. Die beiden waren entfernte Verwandte von mir, zumindest so entfernt, dass wir uns nie zuvor begegnet waren. Bis kurz vor meiner Abreise aus Deutschland wusste ich offen gestanden nicht einmal, dass es sie gab, und ihnen war es nicht viel anders ergangen. Sie hatten irgendwann von meiner Radreise erfahren und mich per E-Mail eingeladen bei ihnen vorbeizuschauen, falls ich nach Lusaka käme.

Ich weiß nicht, wie sie über mich dachten, als ich bei ihnen auftauchte. Vielleicht hatten sie einen abgedrehten Asketen erwartet oder einen ausgehungerten Löwen, nach dem ersten Abendessen waren sie vermutlich von Letzterem überzeugt. Ich weiß auch nicht mehr, was ich dachte, als ich beschloss, bei Verwandten aufzutauchen, die ich nicht kannte. Ich wusste damals nur, dass ich eine längere Auszeit brauchte. Zum einen benötigte ich Ersatzteile für mein Fahrrad, zum anderen war ich noch immer körperlich und mental erschöpft vom Kongo. Ich wollte wieder frei werden, frei für neue Begegnungen und neue Erlebnisse. Ich brauchte ein wenig intellektuellen Austausch, neue geistige Nahrung, Anregungen, Ideen, Querdenker. Brigitte und Peter kamen da wie gerufen. Sie nahmen mich auf wie einen Sohn. Und ich fühlte mich bei ihnen wie zu Hause. Tagsüber gingen die beiden arbeiten und ich schrieb meine zurückliegenden Erlebnisse in mein Netbook. Abends kochten wir gemeinsam, spielten Skat, lachten und redeten. Oft kamen Gäste zu Besuch und dann wurde manch lebhafte Diskussion über die ungelösten Probleme Afrikas geführt. Über Brigitte, die halbtags beim Deutschen Entwicklungsdienst arbeitete, lernte ich einige nette DED-Mitarbeiter kennen und bekam einen Einblick in deren Arbeit. Peter, der zusammen mit Brigitte die „Gossner-Mission" in Lusaka leitete, fuhr mit mir hinaus aufs Land zu einem Hilfsprojekt seiner Organisation: Schule, Brunnen, Krankenhaus, Jugendclub, Aids-Aufklärung. All das, was mir die beiden gaben, war weit mehr als ich erhofft hatte und doch genau das, was ich brauchte.

Peter drückte mir eines Tages das damals gerade erschienene Buch „Dead Aid" der sambischen Wirtschaftswissenschaftlerin Dambisa Moyo in die Hand. Die These ihrer Abhandlung lautet kurzgefasst: Entwicklungshilfe ist tödlich und sollte innerhalb von fünf Jahren abgeschafft werden. Dambisa Moyo vertritt die Auffassung, dass die Finanzhilfen aus dem Westen Korruption und Abhängigkeit fördern und ein verantwortungsbewusstes Handeln der afrikanischen Regierungen untergraben, weil diese sich nur allzu leicht auf den Standpunkt zurückziehen könnten: „Notfalls hilft uns eben der Westen!" Afrika müsse endlich begreifen, dass es nichts umsonst gibt, meint Moyo und fordert, afrikanische Regierungen sollten sich das Geld für Staatshaushalt und Investitionen künftig an den internationalen Finanzmärkten beschaffen, im vollen Bewusstsein darüber, dass sie es eines Tages zurückzuzahlen hätten. Auch im Bereich der wirtschaftlichen Zusammenarbeit müsse Afrika klar werden, dass jede Hilfe eine Gegenleistung verlange. Als gelungene Beispiele für solche „Geschäfte auf Augenhöhe" bezeichnet sie Kooperationsabkommen mit China.

Obwohl das Buch in seiner Entwicklungshilfe-Kritik mit zahlreichen nachdenklich stimmenden Fakten aufwartet, muss Dambisa Moyo wohl entfallen sein, dass die Chinesen trotz ihrer „Politik auf Augenhöhe" (auch „gegenseitige Nichteinmischung" genannt) die größten Bakschisch-Zahler Afrikas sind und sich genau dadurch den Abtransport übermäßiger Mengen an Rohstoffen sichern.

Außerdem wirkt der Vorschlag einer Wirtschaftswissenschaftlerin, der Staat müsse sich Geld auf internationalen Finanzmärkten beschaffen, um ein Bewusstsein für mehr Haushaltsdisziplin zu entwickeln, äußerst theoretisch, wenn nicht gar naiv. Da Dambisa Moyo 1969 in Sambia geboren wurde, wollte ich am Anfang gerne glauben, dass ihr Blick aus dem Inneren des Kontinents kommt. Doch Geburtsort und Hautfarbe können täuschen. In Wahrheit lebte und studierte Moyo die meiste Zeit ihres Lebens in den USA. Ihre Ansichten stammen aus elitären Universitätszirkeln und einer langjährigen Praxis bei Weltbank und Goldman Sachs in den Bereichen Schuldkapitalmärkte, Hedgefonds und Weltwirtschaft. Ihre Thesen waren in gewisser Weise genauso abgehoben und fern vom afrikanischen Alltag wie die erhobenen Zeigefinger weißer Intellektueller. Und ihre fundamentale Kritik an der Entwicklungshilfe war im Prinzip auch altbekannt: In den 1980er Jahren schrieb Brigitte Erler die Streitschrift „Tödliche Hilfe" und in den 1990er Jahren meinte die Ökonomin Axelle Kabou aus Kamerun, Afrika sei „weder arm noch ohnmächtig". Alles richtig. Nur die meisten Menschen, die ich in Afrika traf, würden das wohl kaum unterschreiben, denn sie fühlten sich sehr wohl arm und hilflos, dazu vom Rest der Welt verlassen und von den eigenen Politikern verraten.

Mein Aufenthalt bei Brigitte und Peter war indes nicht nur mit Bücherlesen und hitzigen Entwicklungshilfe-Debatten ausgefüllt. Ich begann auch, meine diversen Fahrrad-Probleme zu lösen. Andrea, eine ehemalige Kollegin, hatte mir per E-Mail geschrieben, dass sie mit ihrem Mann Norbert Anfang Oktober auf Afrika-Urlaub sei und dabei auch zu den Victoria-Falls im Süden Sambias reisen wollte. Sie schlug vor, uns dort zu treffen. Als ich anfragte, ob sie vielleicht „ein paar Kleinigkeiten" für mich mitbringen könnte, sagte sie wie selbstverständlich zu. Meine Wünsche wurden dann angesichts der Chance, die sich mir bot, immer mehr. Erst wollte ich nur ein neues Nabengehäuse für meine Rohloff-Schaltung, dann kamen neue Kette, neues Ritzel und neues Kettenblatt hinzu. Selbstverständlich musste auch ein neuer Sattel her und plötzlich war mir auch noch nach zwei neuen Radtaschen. So ging

Andrea und Norbert

es schamlos weiter: Sandalen, USB-Sticks, ein neuer Höhenmesser, ein Ersatzteil für meinen Benzinkocher etc. Die Firma Rohloff und mein Frankfurter Fahrradladen „Radschlag" halfen wo sie konnten und stellten mir am Ende sogar ein komplettes neues Hinterrad zur Verfügung, während Freunde allerorten für mich durch die Gegend rannten, um meine Wunschliste abzuarbeiten. Das einzige, worauf ich bei meiner dreisten Bestellaktion am Ende verzichtete, war ein neues Zelt, denn das schien mir doch etwas zu viel Gepäck für Andrea und Norbert zu werden. Wir trafen uns dann wie verabredet Anfang Oktober an den Victoria-Falls und verbrachten einen sehr ausgelassenen und vergnügten Abend zusammen. Da sie alle ersehnten Ersatzteile dabei hatten, war es für mich wie Geburtstag und Weihnachten in einem.

Die Victoria-Falls liegen rund 500 Kilometer südwestlich von Lusaka bei Livingstone, direkt an der Grenze zwischen Sambia und Simbabwe. Ich war mit einem gewöhnlichen Linienbus dorthin gefahren und fuhr nun auch mit einem Bus und sämtlichen Ersatzteilen auf dem Schoß wieder zurück. Zuvor besichtigte ich allerdings noch die weltberühmten Wasserfälle. Da Trockenzeit herrschte, waren die Fälle auf sambischer Seite nur ein kleines Rinnsal. Auf der Seite von Simbabwe waren die Kaskaden zwar etwas beeindruckender, doch auch dort konnte ich mich einer kleinen Enttäuschung nicht erwehren. Ich war als Kind und später auf meiner Radreise durch Südamerika an den spektakulären Iguazú-Wasserfällen zwischen Argentinien und Brasilien gewesen – die Victoria-Falls konnten da einfach nicht mithalten. Am 11. Oktober war ich zurück in Lusaka. Das Fahrrad war im Nu wieder zusammengebaut, geölt, gefettet und geschmiert. Eine kleine Probefahrt ergab, dass es sich wie neu fuhr und damit stand auch endgültig fest, dass ich wieder aufbrechen würde. Brigitte und Peter wollten das nicht so recht glauben und unternahmen einige sympathische Versuche, mich noch zum Bleiben zu bewegen. Doch dieses Mal gab es kein Zurück mehr. Ich war fast zwei Monate bei ihnen gewesen und jeder Tag, den ich länger blieb, machte den Abschied nur noch schwerer.

Durch die rote Kalahari

Als ich Lusaka verließ, blühten die Jacaranda-Bäume in einem herrlichen Violett und die scharlachroten Knospen der Flamboyants begannen Feuer zu fangen. Mit dem Bus hatte ich sieben Stunden zu den Victoria-Falls gebraucht, mit dem Fahrrad benötigte ich fünf Tage. Obwohl ich bereits in der kleinen Stadt Livingstone am Rande der Wasserfälle gewesen war, blieb ich jetzt bei meinem zweiten Aufenthalt länger als geplant, da ein Problem mit meiner Website auftauchte. Der Internet-Anbieter, über den ich meine Homepage gestaltete, kündigte an, sein Portal schließen zu müssen. Da ich keine Ahnung hatte, wie ich meine Seite retten konnte, war ich wieder einmal auf Hilfe angewiesen – und wieder einmal sprang ein ehemaliger Kollege für mich in die Bresche. Martin nahm sich des Problems an und kreierte innerhalb kürzester

Zeit eine neue Homepage für mich, wofür ich ihm mindestens genauso dankbar bin wie all jenen, die mich mit Fahrrad-Ersatzteilen versorgt hatten.

Von Livingstone war es nicht mehr weit bis Botswana. Ich fuhr zunächst knapp 300 Kilometer durch Namibias Caprivi-Zipfel und bog dann links ab, hinein nach Botswana, wo ich am Okavango-Delta entlang gen Süden radelte. Am Anfang war es noch fast tropisch und nachts hörte ich beim Campen am Delta Frösche quaken und Flusspferde grunzen. Doch der Okavango-Fluss versickerte schon bald in der Kalahari-Wüste, was Einheimische mit dem Satz kommentieren: „Er hat halt den Weg zum Meer nicht gefunden!" Die Landschaft wurde trockener. Nach einigen Tagen gab es kaum noch Dörfer entlang der Strecke und der Straßenverkehr in Richtung Namibia reduzierte sich auf wenige Fahrzeuge

pro Tag. Die Temperaturen stiegen derweil wieder unbarmherzig an und erreichten wie einst in Mauretanien weit über 50 Grad Celsius. In der Hitze und Einsamkeit der Kalahari verfiel ich erneut in einen Fahrrad-Rausch. Ich spulte gedankenverloren Kilometer um Kilometer herunter und achtete nur noch darauf, meine Wasservorräte in den seltenen Ortschaften aufzufüllen sowie meine Reifen vor den winzigen Dornen der Wüstensträucher zu schützen. Meine Beine kurbelten auf und ab, fast so als gehörten sie nicht zu mir, der Himmel war blau, der Sand rot, das Gestrüpp grün – und wenn der Durst kam und ich Geier über mir kreisen sah, riss ich den Arm vom Lenker, ballte die Faust gen Himmel und schrie: „Jahaaaaaah!"

Die Nächte verbrachte ich oft einige hundert Meter abseits der Straße im roten Sand der Kalahari. Aufgrund fortgesetzter Warnungen vor Wildhunden baute ich sicherheitshalber mein Zelt auf und hielt mich noch an zwei andere Regeln, die ich mir eingebläut hatte, in wildtierreichen Gebieten einzuhalten. Erstens: „Bewahre niemals Früchte oder Essensreste im Zelt auf!" Zweitens: „Komm niemals auf die Idee, das Zelt nachts zu verlassen!" Hintergrund waren Berichte, wonach die meisten Tiere ein Zelt als menschliche Behausung „anerkannten" und sich ihrerseits lieber fern hielten. Löwen, so wurde mir erzählt, würden einen Bogen um das Zelt machen und Elefanten ihre schweren Hufen freundlicherweise sogar über die Abspannleinen heben. Dieses rücksichtsvolle Verhalten ändere sich allerdings, wenn die Tiere verlockende Düfte witterten. Ein Apfel sei für einen Elefanten in etwa so unwiderstehlich wie Kekskrümel für eine Ameise. Noch gefährlicher werde es, wenn man nachts das Zelt verließe, da jedes Tier, das sich ungeahnt in der Nähe aufhalte, dies als Bedrohung empfinden und zum Angriff übergehen könnte. Ich hatte es mir deshalb angewöhnt, eine leere Plastikflasche im Zelt zu deponieren – für den Fall, aufzuwachen und pinkeln zu müssen. Gruselgeschichten hatte man mir natürlich dennoch immer wieder liebend gern erzählt. In Sambia hörte ich von einem jüngeren Pärchen, das nachts in der Wildnis übernachtet hatte. Die Frau wachte irgendwann auf und wunderte sich im Halbschlaf, dass ihr Mann im engen Zelt die Seite gewechselt hatte und jetzt halb auf ihr lag. Als sie die Augen öffnete, bemerkte sie, dass es nicht ihr Mann war, der auf ihr lag, sondern dass sich von außen ein Löwe auf die Zeltwand gelegt hatte und sie mehr oder weniger unter sich begrub. Neben länger anhaltenden Angstzuständen kamen die beiden mit dem Schrecken davon. In Namibia erzählte man mir später von erfahrenen Wildhütern, die nachts unter freien Himmel geschlafen hatten und von Hyänen angegriffen wurden, wobei einer von ihnen getötet würde. Und in Tansania hörte ich die Geschichte von einem Massai, der abends vor seiner Hütte von einem Löwen überrascht wurde. Der Löwe packte den Mann am Arm und begann, ihn in die Steppe zu schleifen. Der Massai hatte mit der freien Hand im letzten Moment nach seiner Machete gegriffen, verhielt sich ansonsten aber äußerst ruhig und tat, als sei er schwerverletzt und wehrlos. Als der Löwe vom Schleppen müde geworden war und sich unter einem Baum ausruhen wollte, ließ er vom Massai ab, der daraufhin den erschöpften und unachtsam gewordenen Löwen mit der Machete tötete.

Mir blieben derartige Vorfälle zum Glück erspart und ich hatte auch kein gesteigertes Bedürfnis danach. Neben meinem Tête-à-Tête mit der Elefantenmutter in Burkina Faso hatte ich noch einige Erfahrungen am South-Luangwa-Nationalpark gesammelt, die meinen Bedarf an Begegnungen mit Großwild ausreichend abdeckten. Der Nationalpark liegt rund 600 Kilometer nordöstlich von Lusaka und ich war dorthin gefahren, um die Zeit bis zur Ankunft meiner Fahrrad-Ersatzteile nicht nur mit Faulenzen zu überbrücken. Als ich ankam, suchte ich mir aus Sicherheitsgründen einen Campingplatz, von denen es aufgrund des zunehmenden Tourismus einige gab. Die Anlage mit dem harmlosen Namen „Croc Valley Camp" lag direkt am Luangwa-Fluss, der die natürliche Grenze zum Tierreservat bildet. Was das bedeutet, wurde mir ziemlich schnell klar. Der Fluss führte aufgrund der Trockenzeit nicht viel Wasser und kaum hatte ich mein Zelt aufgebaut, spazierten auch schon mehrere Elefanten die Uferböschung herauf, um meine Behausung zu inspizieren. Später klauten mir Affen beim Kochen die Tomaten für die Spaghetti-Soße und nachts wurde ich wach, weil vor meinem Zelt ausgesprochen laute Geräusche zu vernehmen waren: Ruabsch-rabsch-rabsch, Ruabsch-rabsch-rabsch …

Ich hatte mich im Laufe meiner Reise an viele fremdartige Nachtlaute gewöhnt und es irgendwann fertig gebracht, knackende Unterhölzer oder ein Rascheln an der Zeltplane zu ignorieren. Dieses merkwürdige „Ruabsch-rabsch-rabsch" war allerdings ein Geräusch, das ich auf meiner ganzen Reise noch nie vernommen hatte und mich neugierig machte. So hob ich meinen Kopf langsam zum Zelteingang, der aufgrund der zerschlissenen Reißverschlüsse offen stand und sah im Mondlicht keinen halben Meter von mir entfernt ein fettes Flusspferd friedlich vor sich hingrasend. Trotz seiner imposanten Masse wirkte das Hippo alles andere als furchterregend. Seine vier kleinen, stämmigen Beine wollten so gar nicht zu seinem tonnenschweren Körper passen und verliehen ihm etwas Unbeholfenes, fast Trotteliges. Auch der schmunzelnde Mund und die winzigen Ohren auf dem breitkantigen Kopf ließen das mächtige Tier eher niedlich als gefährlich aussehen. Allerdings wusste ich spätestens seit Sierra Leone, dass man Hippos nicht unterschätzen darf. Sie sind zwar Pflanzenfresser und sehen träge aus, aber sie haben mächtige Eck-Zähne und können noch schneller laufen als Elefanten, auf kurzer Distanz bis zu 50 km/h. Ein Hippo, das sich bedroht fühlt, ist dem Vernehmen nach auch mindestens so gefährlich wie ein Elefant. Es heißt sogar, dass in Afrika mehr Menschen durch Hippos ums Leben kommen als durch Löwen, Elefanten oder Krokodile. So verhielt ich mich nun äußerst still und beobachtete fasziniert das Flusspferd, bis es aus dem Blickwinkel meines Zelteingangs verschwunden war. Am nächsten Morgen sprach ich mit dem Nachtwächter des Campingplatzes, dessen Anwesenheit mich hatte glauben lassen, einigermaßen sicher zu sein. Er erzählte mir, dass es sich bei dem Hippo, um ein Muttertier gehandelt habe, das mit seinem Nachwuchs über das Gelände getippelt sei; er habe selbstverständlich ein Auge darauf gehabt, dass sich keines der Tiere beim Grasen in meinen Zelteingang verirrte. Ich fragte ihn, was er denn gemacht hätte, falls ein Flusspferd dennoch in mein Schlafgemach hineingegrast wäre. Er grinste und zeigte mir seine Steinschleuder. In meiner letzten Nacht im Camp liefen nach seinen Angaben auch noch zwei ausgewachsene Leoparden an meinem Zelt entlang. Falls das stimmte, mussten sie sehr leise umhergepirscht sein, denn dieses Mal wachte ich nicht auf – und wahrscheinlich war das auch besser, denn bei ihrem Anblick vor meinem ungeschützten Zelteingang hätte ich mich wohl weit mehr erschrocken als beim Anblick des gutmütig wirkenden Hippos. Auf dem Rückweg vom South-Luangwa-Nationalpark nach Lusaka hatte ich schließlich noch mehrere fast hautnahe Begegnungen mit Elefanten. Einmal stand eines dieser grandiosen Tiere höchsten zehn Meter von mir entfernt, in Burkina Faso waren es etwa 30 Meter gewesen. Spätestens nach diesem Treffen hatte ich endgültig so viel Angst vor diesen riesigen Geschöpfen gesammelt, dass ich ihnen nie wieder in freier Wildbahn begegnen wollte, zumal es ein ungeschriebenes Gesetz zu sein schien, dass überall dort, wo Elefanten sind, auch blutgierige Tse-Tse-Fliegen umherschwirren.

Begegnung im Busch

NAMIBIA (km 21.761 – km 25.479)

Gummibärchen und Lebkuchen

Lange hatte ich darüber nachgedacht, ob ich mich auf die Suche nach Mukarindu machen sollte. Ich hatte die junge Himba-Frau im November 2003 im äußersten Nordwesten Namibias getroffen. Auch damals war ich mit dem Fahrrad durch das wunderschöne, wüste Land gefahren, allerdings der Einfachheit halber mit einem Flugzeug angereist. Jetzt kam ich aus eigener Kraft angerollt, nach über einem Jahr und mehr als 20.000 Kilometern kreuz und quer durch Afrika. Dieses Gefühl war so euphorisierend, dass ich nun davon träumte, Mukarindu wiederzusehen und ihr ein paar Fotos zu überreichen, die ich sechs Jahre zuvor von ihr gemacht hatte. Ich war neugierig, wie sehr sie sich verändert haben würde und gespannt, wie viele Kinder sie inzwischen hatte. Mir war klar, dass es schwierig werden konnte, sie wiederzufinden, denn die Himba sind eines der letzten Nomadenvölker Afrikas und selbst diejenigen, die inzwischen sesshaft geworden sind, ziehen gelegentlich noch immer von einem Ort in den anderen um. Dieser Siedlungswechsel betrifft dabei vor allem Frauen, weil sie in jungen Jahren bei ihren Eltern leben, zur Schulzeit unter Umständen zu Verwandten in die Nähe eines größeren Ortes ziehen, nach der Hochzeit in der Siedlung des Mannes wohnen und irgendwann wieder zur eigenen Familie zurückkehren. Einige, denen ich von meiner Idee erzählt hatte, warnten mich deshalb wohl auch nicht ganz zu Unrecht: „Vergiss es! Du wirst sie niemals wiederfinden!"

Als ich Mitte November in der Hauptstadt Windhoek ankam, entschied ich, den gut 2000 Kilometer langen Abstecher in den Nordwesten Namibias trotz aller Skepsis dennoch zu machen. Ich hätte es auf immer und ewig bereut, wenn ich nicht wenigstens versucht hätte, Mukarindu wiederzusehen und ich sagte mir: „Was sind schon 2000 Kilometer, wenn man 20.000 hinter sich hat? Und selbst wenn ich sie nicht treffe, dann möglicherweise Kapupupiza, Hiyenenisa oder Kamuhewa. Und vielleicht sogar Wello Chambiru!" Bei ihm handelte es sich um jenen alten Herero, der mir die Halskette vermacht hatte, die seit Reisebeginn als Glücksbringer an meinem Fahrrad baumelte. Insgeheim ging es mir aber vor allem um Mukarindu. Die Begegnung mit ihr war 2003 der Höhepunkt meiner wachsenden Faszination für das Volk der Himba gewesen. Ich war beeindruckt, wie die Himba an alten Traditionen festhielten, obwohl mit der „anrückenden Zivilisation" alles um sie herum in Frage gestellt wurde und sich veränderte. Ich empfand großen Respekt davor, dass sie zwar bereit waren, sich den Veränderungen wo nötig anzupassen, ihrer Lebensweise aber so gut wie irgend möglich treu blieben, getragen von einem unerschütterlichen Selbstbewusstsein und einer ungewöhnlichen Offenheit. Und ohne Zweifel war ich auch bezaubert von der Attraktivität der Frauen. Erstens verfügten sie über eine bestechende Anmut, und zweitens sahen sie aus, als seien sie von Kopf bis Fuß in mein so geliebtes, erdfarbenes Lateritrot getaucht worden.

Himba-Frauen tragen in unseren Augen lediglich einen Lendenschurz aus Leder, doch das ist eben nur unsere Sicht. In den Augen der Himba ist die Kleiderordnung deutlich umfassender. Es beginnt damit, dass die Frauen ihre Körper komplett mit einer dunkelroten Creme aus Fett und Eisenoxid bedecken, die ihnen ihre faszinierende Hautfarbe verleiht und sie darüber hinaus vor Sonne und Trockenheit schützt. Daneben verzieren die Frauen ihre Körper aber auch noch mit diversem Schmuck. Sie tragen zahlreiche mit Blei und Eisenperlen behängte Lederstreifen an Knöcheln und Handgelenken, Amulette über der Brust sowie Ketten und Ringe um Hals und Hüften. Ihre Haare flechten sie mit Erde vermischt zu dicken Zöpfen und frisieren diese anschließend so, wie es ihrem sozialen Status entspricht. Wer sich auskennt, kann an der Haartracht einer Himba sofort erkennen, ob sie verheiratet ist, verwitwet oder auf der Suche nach einem Mann.

Bevor ich ins Land der Himba aufbrach, ruhte ich mich allerdings ein paar Tage in Windhoek aus. In den Supermärkten sah ich Gummibärchen von Haribo und wegen der anbrechenden Weihnachtszeit gab es sogar Lebkuchen und Stollen zu kaufen. Unter dem

Namen „Deutsch-Südwestafrika" war Namibia bis 1915 Kolonialgebiet des deutschen Kaiserreichs gewesen und der Einfluss deutscher Auswanderer war auch nach fast 100 Jahren noch mehr als spürbar. Es gab deutsche Buchhandlungen, deutsche Gaststätten und eine deutsche Tageszeitung, in der ich neben vielen landesspezifischen Themen auch die Ergebnisse der Fußball-Bundesliga nachlesen konnte. Zu guter Letzt entdeckte ich sogar Weizenbier der Brauerei Camelthorn, nach deutschem Reinheitsgebot im Land selbst hergestellt. Allein die Tatsache, dass dieses Bier nicht wie Haribo und Lebkuchen importiert, sondern vor Ort produziert wurde, machte seinen Konsum zur Ankurbelung der Wirtschaft Namibias für mich absolut zwingend, mal abgesehen davon, dass es ausgezeichnet schmeckte. Auch wenn manche Leute in Namibia heute behaupten, die deutsche Kolonialzeit sei besser und wirtschaftlich nachhaltiger gewesen als das später folgende südafrikanische Apartheid-System, und auch wenn manche Herero und Nama zum Abschied „Tschüss" zu mir sagten, so ändert das wenig an den Verbrechen, die wir Deutschen in Namibia begangen haben. Zur blutigen Kolonialgeschichte zählt, dass Aufstände der Herero und Nama Anfang des 20. Jahrhunderts so vernichtend niedergeschlagen wurden, dass seriöse internationale Wissenschaftler angesichts von etwa 80.000 Toten und weniger als 20.000 Überlebenden von einem Völkermord sprechen.

Abstecher zu den Himba

Ich verließ Windhoek auf der gut asphaltierten B1 in Richtung Norden und erreichte nach fünf Tagen und gut 700 Kilometern Opuwo, die heimliche Hauptstadt des Himba-Reiches. Obwohl Opuwo mit wenigen tausend Einwohnern ein staubiges Nest zwischen kahlen Bergen ist und Windhosen den Sand so durch die Straßen wirbeln, dass einem die Augen tränen, mochte ich den Ort, denn er war einer der „afrikanischsten" im ganzen Land. Es gab Garküchen und Marktstände, außerdem tummelten sich auf den

Straßen nicht nur Himba, sondern auch Herero, Ovambo und Damara. Diesem bunten Vielvölker-Charme der Stadt standen allerdings auch die Schattenseiten der modernen Zivilisation sichtbar gegenüber. Alkoholismus und Armut gaben sich in Opuwo die Hand. Vor den Bars saßen oder lagen betrunkene bis komatöse Himba und neben ihnen sah ich selbst Mädchen von höchstens elf Jahren an Bierflaschen hängen oder ein Gesöff aus Rotwein, Cola und Schnaps schlürfen. In den Bars herrschte wiederum ein zumeist fast unerträglicher Gestank. In einer Spelunke entdeckte ich, dass am Rande des Tresens unentgeltlich Kondome auslagen, ordentlich aufgereiht in einer kleinen Pappschachtel mit dem Schriftzug einer westlichen Hilfsorganisation. Die Schachtel war jedoch nahezu voll und auch noch reichlich eingestaubt, was darauf hindeutete, dass sich schon lange niemand mehr bedient hatte. Das machte leider die traurige Schätzung glaubwürdiger, wonach im Norden Namibias fast jeder Dritte das Aids-Virus in sich trägt.

Nördlich von Opuwo begann dann endgültig das Land der Himba. Die Straßen wurden zu holprigen Schotterpisten und entlang der Strecke tauchten immer öfter die kleinen typischen Rundhütten der Himba auf. In Okangwati, einer der wenigen kleinen Ortschaften mit einem Ladengeschäft, kaufte ich Zucker, Reis und Mehl, um sie als Gastgeschenk im Gepäck zu haben. Anschließend fuhr ich ein ganzes Stück aus dem Ort hinaus auf einen Himba-Kraal zu, in dem ich 2003 einige Fotos gemacht hatte, unter anderem auch von Mukarindu. Ein Kraal ist ein kreisförmiges Gehöft, das von einem palisadenartigen Schutzwall aus Holzstämmen und Dornengestrüpp umgeben ist. Die Himba nutzen die Anlage, um ihre Herden vor Wildtieren zu schützen. Gleichzeitig gibt es ein paar Wohn- und Kochhütten, die dem Sippenoberhaupt nebst Familie vorbehalten sind. Tagsüber halten sich meist nur Frauen, Kinder und Alte im Kraal auf, da Männer und Jugendliche entweder mit den Rinderherden im Buschland unterwegs sind oder sich vorübergehend komplett aus dem Dorfleben verabschiedet haben, um in den Städten Geld zu verdienen. So traf ich nun tatsächlich nur einige Frauen und Kinder an. Ich überreichte ihnen einige Gastgeschenke und wurde in eine winzige Hütte gebeten, in der beißender Rauch lag, weil man gerade ein Feuer entzündet hatte, um Maisbrei zu kochen. Nachdem ich eine ganze Weile mit kleinen Gesten meine Freude an der gemeinsamen Begegnung zum Ausdruck gebracht hatte, zeigte ich den anwesenden Frauen und Kindern meine mitgebrachten Fotos und gab ihnen zu verstehen, dass ich auf der Suche nach den darauf abgebildeten Himba war. Trotz einiger Verständigungsschwierigkeiten erfuhr ich, dass Kapupupiza inzwischen in einem anderen Kraal lebte, etwa 50 Kilometer entfernt. Auch Wendy, die 2003 noch ein achtjähriges Kind war und dennoch zu den wenigen zählte, die ein paar Brocken Englisch sprechen konnten, war an einen anderen Ort gezogen. Die einzige, die noch in der Region lebte, war Mukarindu, wenn auch in einer Siedlung etwa zehn Kilometer weiter nördlich. Die Frauen luden mich ein, zu bleiben und mit ihnen zu essen, doch meine Spannung und Vorfreude auf Mukarindu war so groß, dass ich dann doch nicht mehr lange still sitzen bleiben konnte und wieder aufbrach. Nach einigen Mühen fand ich den von den Frauen beschriebenen Weg zum Kraal Mukarindus, doch der Ort schien völlig verlassen. Das Eingangstor war mit Holzstämmen verbarrikadiert und es waren weder Menschen noch Tiere im Inneren des Gehöfts zu sehen. Ich rief mehrmals in die Stille hinein, bis zu meiner Erleichterung zwei etwa 14-jährige Jungs auftauchten. Einer von ihnen sprach ein wenig Englisch und bestätigte mir, dass Mukarindu im Kraal lebte. Er berichtete mir allerdings, dass sie zurzeit mit ihrem Sohn in der Kranken-Station in Okangwati sei und voraussichtlich erst in zwei oder drei Tagen wiederkäme. Ich dachte kurz daran, nach Okangwati zurückzukehren und in der Krankenstation nach Mukarindu zu suchen, doch mit einem Mal beschloss ich, mir die Freude auf ein Wiedersehen mit ihr zu erhalten und zuerst weiter nach Norden zu den Epupa-Falls zu radeln, denn auch dort hatte ich 2003 einige Fotos gemacht, unter anderem von Wello Chambiru. Auf dem Rückweg von den Wasserfällen würde ich dann ja ohnehin wieder am Kraal vorbeikommen.

Die Straße zu den Epupa-Falls hatte ich aus dem Jahr 2003 als eine sehr enge Buschpiste in Erinnerung: bergig, tief versandet und schwer zu fahren. Dennoch hatte sie mir damals so sehr gefallen, dass sie zu einer meiner Lieblingsstrecken in ganz Namibia geworden war, und das hatte vor allem an den leuchtenden Farben gelegen: rot der Sand, grün die Bäume, blau der Himmel. Viel war von diesem Farbenspektakel Ende 2009 nicht mehr übrig. Die Straße war für den wachsenden Tourismus verbreitert und mit grauem Schotter belegt worden, so dass die rote Erde nur noch am Rande durchschimmerte. Im Zuge der Straßenbauarbeiten waren außerdem zahlreiche Bäume gefällt worden, unter ihnen auch wunderschöne, alte Baobabs. Der Himmel war zwar noch blau, aber der Landschaft fehlte nun das kräftige Grün und das herrliche Rot.

Die kleinen Epupa-Falls liegen am Kunene-River, der die Grenze zu Angola bildet. Sie sind zwar weder mit den Victoria-Falls noch mit den Iguazú-Wasserfällen zu vergleichen, aber sie haben ihren eigenen Charme, zumal sich trotz verbesserter Straßenverhältnisse nur wenige Touristen an diese abgelegenen Kaskaden verirren. Nachdem ich in einem vor Krokodilen mutmaßlich sicheren Flussbecken gebadet hatte, lief ich noch am Abend mit meinen mitgebrachten Fotos durch die Gegend und fragte alle, die ich traf: „Kennt ihr den, kennt ihr die?" Ich erfuhr, dass Hiyenenisa und Kamuhewa, die 2003 Himba-Mädchen von etwa neun Jahren gewesen waren, inzwischen im Landesinneren lebten. Nein, sie seien noch nicht verheiratet; sie hätten auch noch keine Kinder und gingen weiter zur Schule. Die Fotos der Mädchen gab ich einer Frau, die mir versprach, sie an die beiden weiterzuleiten. Ähnlich gespannt wie auf das Wiedersehen mit Mukarindu war ich auch auf das Wiedersehen mit Wello Chambiru. Ich hätte ihm gerne erzählt, dass mir seine Korallenbaum-Kette das versprochene Glück gebracht hatte, doch ich konnte ihn trotz intensiver Suche nicht finden. Erst am nächsten Tag fand ich nach längerer Suche seine Schwester, die mir berichtete, dass Wello vor zwei Jahren gestorben war. Als sie das Bild ihres Bruders sah, brach sie in Tränen aus, hielt das Foto an ihre Brust und wippte mit dem Körper lange Zeit wehklagend vor und zurück, bis sie sich wieder gefasst hatte und darum bat, das Bild behalten zu dürfen. Am Ende meiner Suche traf ich immerhin Fernanda. Sie stammte aus dem nahen Angola und hatte 2003 in dem winzigen Ort unweit der Wasserfälle mitten im Sand einen Backofen errichtet, um die Menschheit mit den köstlichsten Brötchen der Welt zu erfreuen. Ich war damals jeden Tag zum Einkauf zu ihr gegangen und fand sie jetzt tatsächlich wieder. Sie erzählte mir, dass sie das Geschäft mit den Brötchen aufgegeben habe und inzwischen im „Epupa-Camp“ arbeite, wo sie wenigstens ein geregeltes Einkommen habe. Als ich das sechs Jahre alte Bild von ihr und dem Backofen aus der Tasche zog, war sie sichtlich gerührt. Sie wollte dann extra für mich den alten Ofen noch einmal anschmeißen, doch das konnte ich ihr mit einiger Müh und Not gerade noch rechtzeitig ausreden.

Ich blieb insgesamt drei Tage an den Epupa-Falls. Nachdem sich herumgesprochen hatte, dass ein Weißer mit sechs Jahre alten Fotos angekommen war, suchten mich viele Einheimische auf und fragten, ob ich damals nicht auch ein Bild von ihnen gemacht hätte. Ich musste sie enttäuschen, aber sehr enttäuscht waren sie eigentlich gar nicht. Sie lachten und forderten mich auf, doch bitte jetzt ein Foto von ihnen machen. Das solle ich dann mitzubringen, wenn ich in sechs Jahren wieder vorbeikäme.

Wiedersehen mit Mukarindu

Auf dem Weg von den Epupa-Falls fuhr ich durch das rund 50.000 Quadratkilometer große Kaokoland zurück nach Okangwati und stoppte ein zweites Mal in dem Kraal, in dem Mukarindu lebte. Vor dem Kraal stand eine große Akazie, in deren Schatten fünf Himba-Frauen und ein kleiner Junge saßen. Alle schienen inzwischen informiert darüber, dass ich Mukarindu suchte und so kam auch gleich Kapika, eine junge Himba, auf mich zu und gab mir zu verstehen, dass Mukarindu noch immer auf der Krankenstation in Okangwati sei. Sie schlug mir vor, das Foto an sich zu nehmen und es Mukarindu zu geben, aber ich erklärte ihr, dass ich das gerne selbst tun wollte. Ich setzte mich eine Weile zu den

Frauen in den Schatten der Akazie und obwohl wir aufgrund unserer Verständigungsschwierigkeiten mehr lachten als redeten, fand ich doch heraus, dass sich unter ihnen auch die Mutter von Kapupupiza befand. Ich überließ ihr das Bild ihrer Tochter, wobei sie mir verschmitzt und in diesem Fall unmissverständlich vorschlug, ein Himba zu werden und Kapupupiza zu meiner Frau zu machen. Am frühen Abend kehrte ich nach Okangwati zurück und fragte mich zur Krankenstation durch.

Da Okangwati nur aus wenigen versandeten Straßen bestand, war es nicht sehr schwer, den kleinen aus Ziegelsteinen errichteten Flachbau zu finden. Mukarindu fand ich dort allerdings immer noch nicht. Eine andere Himba sagte mir, sie müsse irgendwo im Ort sein. So lief ich in gewohnter Strategie mit meinem Bild in der Hand durch die Gegend und sprach fast jeden an, der mir begegnete: „Hast du Mukarindu gesehen? Weißt du, wo sie ist?" Einige kannten sie nicht; andere behaupteten, sie sei in ihren Kraal zurückgekehrt.

Mutter von Kapupupiza

In Okangwati gab es keine wie auch immer geartete Unterkunft, allerdings hatte am nördlichen Ortsausgang nach der Durchquerung eines breiten, versandeten Flussbettes ein Schild mein Interesse geweckt. Auf Deutsch stand darauf mit Hand geschrieben: „Wir bauen ein Waisenhaus". Daneben war ein umgestürzter Baumstamm auf zwei mächtige Astgabeln gelegt und mit schwarzer Farbe auf weißem Grund ebenfalls beschriftet worden, und zwar mit „Ku'damm". Ich hatte mehr als zehn Jahre in Berlin gelebt, hatte dort studiert, den Mauerfall miterlebt und meine ersten beruflichen Erfahrungen gesammelt. So konnte ich jetzt gar nicht anders, als mal anzuklopfen. Gisela und Andreas nahmen mich sehr herzlich und familiär auf. Auch sie hatten jahrelang in Berlin gelebt und erzählten mir nun viel über ihr „Projekt Kaokoland e.V.", das aus Privat-Spenden finanziert wird und vielen Kindern eine Schulbildung ermöglicht, ein Zuhause und einen vollen Magen gibt. „Wir wollen den Kindern später auch den Weg zu Ausbildung und Studium ebnen, vielleicht sogar in Deutschland, dann mit Hilfe unserer dortigen Unterstützer", sagte Gisela, während sich Andreas am stotternden Motor seines uralten Pickups zu schaffen machte. Sehr viele Unterstützer hatten die beiden allerdings nicht. Sie wurden von Geldsorgen geplagt und versetzten zur Finanzierung ihres Projektes sämtliche privaten Besitztümer, bis hin zum eigenen Schmuck.

Gisela hatte aus Leidenschaft und wohl auch aus Sparsamkeitsgründen einen riesigen Garten angelegt, um die Kinderküche zu versorgen. Sie zog Tomaten, erntete Paprika, Kohlpflanzen, Mangold und vieles mehr. Manches entsprach nicht gerade den Essgewohnheiten der Himba und Herero, aber erste Tests hatten ergeben, dass sich diese durchaus aufgeschlossen zeigten. Nebenbei verfolgte Gisela mit ihrem Ernährungskonzept aber noch etwas anderes: „Kohlrüben enthalten beispielsweise das im Mais fehlende B-Vitamin Niacin und tragen so wunderbar nebst der Eigelbe zur Substitution bei!" Außer den vielen Pflanzen im großen Garten hielten sich die beiden auch noch ungezählte Haustiere, allen voran Hühner, von denen ihnen allerdings immer wieder welche gestohlen wurden.

Am Tag darauf fuhr ich zum dritten Mal hinaus in den Kraal und fragte mich langsam, ob ich wohl jemals einer Frau so nachgelaufen war wie Mukarindu. Im Kraal hieß es, sie sei zwar aus der Stadt zurück, aber irgendwo im Busch unterwegs. Da inzwischen jeder begriffen hatte, dass ich sie persönlich wiedersehen wollte, kam der Vorschlag, ich solle doch einfach warten, Mukarindu käme sicher am Abend wieder. In diesem Moment zeigte sich jedoch wieder einmal, dass ich zwar schon über ein Jahr in Afrika unterwegs sein mochte, aber deswegen noch lange kein Himba werden konnte. Der hätte sich jetzt nämlich möglicherweise fünf Stunden oder länger unter die Akazie gesetzt und gewartet. Für mich – als einem auf Bewegung getrimmten Radfahrer – war das schlicht unmöglich. Ich beschloss kurzerhand, einen Drei-Tages-Ausflug zum Van Zyl's Pass zu starten. Ich hatte das halbe „Himba-Reich" mit meinen Recherchen nach Mukarindu verrückt gemacht und ich würde nicht aufgeben, sie zu suchen. Nur unter einem Baum sitzen und warten – das konnte ich nicht.

Die Piste zum Van Zyl's Pass war teils tief versandet, teils führte sie steil die Berge hoch und runter. Es ging durch ausgetrocknete Fluss-Furten, über Felsen und Steine, vorbei an Akazien, Baobabs und grünen Wüstensträuchern. Immer wieder musste ich mein Rad schieben und war dennoch begeistert, denn diese Strecke war so schön wie vor sechs Jahren jene zu den Epupa-Falls: rot-grün-blau, leuchtend, strahlend, atemberaubend. In einem kleinen Ort namens Etengwa füllte ich meine Wasserflaschen auf, fuhr noch etwas weiter und schlug dann am Rande eines Berghangs mein Nachtlager auf. Am Morgen darauf ließ ich mir Zeit mit dem Aufbruch, denn bis zum nächsten Ort Otjitanda, wo der Abzweig zum Van Zyl's Pass auf mich wartete, waren es nur noch rund 30 Kilometer. Dummerweise führte die Straße schon nach wenigen Kilometern von den Bergen in ein breites Buschland hinab, in dem ich ständig auf Weggabelungen stieß. Da ich keine Menschenseele traf, die ich nach dem richtigen Weg hätte fragen können, entschied ich mich jedes Mal für den mutmaßlich größten Trampelpfad. Mittags um 13 Uhr, nach über 40 Kilometern, war Otjitanda noch immer nicht in Sicht, es gab keinen Zweifel mehr, dass ich irgendeine falsche Abzweigung genommen haben musste. Nun hatte ich mich allerdings nicht nur verfahren, sondern auch kaum noch Wasser. Die Sonne stand direkt über mir und es waren satte 49 Grad Celsius. Dass man sich in einer kahlen Wüste verirren kann, war mir bewusst. Dass aber ein Buschland mit Gesträuch und gedrungenen Akazien wie ein Labyrinth sein kann, begriff ich erst, als ich mein Fahrrad am Wegrand stehen ließ und querfeldein einen kleinen Berghang hinaufkletterte. Ich hoffte, von der Anhöhe einen Blick ins seitliche Tal werfen zu können, um dort eventuell ein Dorf zu entdecken. Oben angekommen sah ich jedoch nichts weiter als eine endlose Ebene voller Sand und Büsche. In der Ferne erkannte ich einen Berg, vielleicht war dort der Van Zyl's Pass, vielleicht auch nicht. Auf dem Rückweg zum Fahrrad nahm ich beim Abstieg vom Hügel eine vermeintliche Abkürzung und fand weder die Straße noch mein Rad wieder. Mit einem Mal sah alles gleich aus: die Büsche, die Akazien, der Sand; alles nur rot, gelb, grün. So stapfte ich meinen eigenen Fußspuren folgend den Berg wieder hinauf und lief dann dort, wo ich beim ersten Mal hochgekraxelt war, wieder hinunter. Mit großer Erleichterung fand ich die Straße und mein Fahrrad wieder.

Da ich mich im wüsten Buschland nicht ein weiteres Mal verirren und schon gar nicht verdursten wollte, beschloss ich, den Weg zurückzufahren, den ich gekommen war. Vielleicht traf ich ja doch noch auf einen Menschen, der mir den richtigen Weg zeigen konnte. Kurz nachdem ich umgedreht war, kamen mir tatsächlich drei Himba-Mädchen entgegen, die aber leider kein Englisch sprachen und auf meine Frage, wo Otjitanda liege, lachend in verschiedene Richtungen deuteten. Die Mädchen baten um etwas von meinem Wasser, danach blieb mir nur noch ein knapper Liter, um die noch verbleibenden 30 Kilometer zurück nach Etengwa zu schaffen. Erst auf diesem Rückweg bemerkte ich, an wie vielen Abzweigungen ich tatsächlich vorbeigekommen war. Hätte ich meinen eigenen Spuren nicht folgen können, die ich bei der Hinfahrt mit dem Fahrrad in den Sand gegraben hatte, hätte ich mich mit großer Sicherheit völlig verfahren. Als ich abends halb verdurstet in Etengwa ankam, fragte man mich, was denn geschehen sei. Niemand lachte mich aus, weil ich mich verfahren hatte. Die Einheimischen wissen, dass dieses Malheur Fremden immer wieder passiert. Eine britische Touristin – so erzählte man mir – war vor nicht allzu langer Zeit im Busch verdurstet. Außerdem wurde mir berichtet, dass drei deutsche Motorrad-Urlauber mit ihren Maschinen bei der Abfahrt vom Van Zyl's Pass im Sand stecken geblieben waren. Obwohl zu dritt, konnten sie ihre schweren Maschinen nicht mehr zum Fahren bringen. Die drei wurden schließlich völlig dehydriert von einem Himba entdeckt und gerettet. Nun versuchte mir ein Mann in Etengwa noch einmal den richtigen Weg nach Otjitanda zu erklären. Doch der Van Zyl's Pass war mir inzwischen ziemlich egal geworden; ich wollte Mukarindu wiedersehen.

Am nächsten Tag war ich gegen Mittag zurück in Okangwati und am Nachmittag wieder im Kraal. Niemand saß unter dem schattigen Baum am Eingang, aber man hatte mich längst kommen sehen. Mukarindu trat aus einer Hütte und kam auf mich zu. Mein Herz pochte. Sie war noch immer so schön wie vor sechs Jahren.

Mukarindu

Nein, schöner! Ihre großen, dunklen Augen glänzten wie damals, ihr Lächeln war so bezaubernd wie damals, ihr Körper genauso grazil. Sicher, sie war sechs Jahre älter geworden. Die Unschuld des einst 17-jährigen Mädchens war aus den Augen verschwunden. Sie hatte zwei Söhne groß gezogen und in manchen Momenten war mir, als blicke sie mich nicht nur ernst, sondern auch traurig an. Doch all das berührte nicht ihre natürliche Anmut, all das machte sie in meinen Augen nur noch schöner.

„Hallo Landsleute"

Als ich Anfang Dezember das Land der Himba verließ, fühlte ich mich beflügelt, unbeschwert und unbekümmert. Ich war glücklich, einigen Menschen die sechs Jahre alten Fotos überreicht zu haben und mir war, als hätte ich ihnen nicht nur durch die Bilder eine Freude bereitet, sondern auch weil ich ihnen vermittelt konnte, sie nicht vergessen zu haben und sie auch in Zukunft nicht vergessen zu werden. Dies war für mich ein zutiefst erfüllendes Gefühl angesichts der Tatsache, dass sich die Menschen meiner nie sicher sein konnten. Ich war in ihren Augen ein Weißer und dazu noch ein durchreisender Fahrradfahrer, der eines Tages nach Deutschland zurückkehren würde. Da lag es für sie nahe zu glauben, ich würde mich schon bald nicht mehr an sie erinnern. Dabei war genau dies oft das einzige, was sie sich von mir wünschten: „Vergiss uns nicht und erzähl in Deutschland von uns!" Diesen Satz hatte ich überall und immer wieder gehört. Ich hatte es regelmäßig versprochen, ohne es je beweisen zu können. Gegenüber den Himba war es mir gelungen.

So nahm ich beseelt und mit ungebremstem Elan die nächste große Etappe nach Kapstadt in Angriff. Anders als bei der Fahrt von Windhoek nach Norden wählte ich jetzt auf dem Weg zurück nach Süden eine Strecke, die näher an der Küste entlangführte. Ich kannte die Straße schon aus dem Jahr 2003 und wusste, dass sie eine zum Teil üble Schotterpiste war, die aber durch wunderschöne

Landschaften führte. Ich fuhr auf einsamen Pfaden durch pastellfarbene Berge, kam an den roten Dünen von Sossusvlei vorbei und schlängelte mich an der Namib-Wüste entlang in Richtung Fish River Canyon. Morgens sah ich den Küstennebel des Atlantiks über die Berge ziehen, tagsüber hüpften gelegentlich Springböcke über die Piste und abends beobachtete ich, wie Zebras und Kudus auf versandeten Ebenen auf Futtersuche gingen. Mein einziges Problem in jenen Tagen bestand darin, angesichts der seltenen Ortschaften bei Temperaturen von 40 bis 50 Grad Celsius genug Trinkwasser aufzutreiben und mitzuschleppen. Nebenbei musste ich mich auch daran gewöhnen, nach Süden hin immer mehr deutsche Urlauber zu treffen.

Namibia ist zwischen Weihnachten und Neujahr ein beliebtes Reiseziel für Deutsche und obwohl ich nichts dagegen hatte, Landsleute zu treffen, waren unsere Begegnungen zumeist doch ein wenig befremdlich, zumindest für mich. Die Urlauber fotografierten oder filmten mich im Vorbeifahren aus ihren gemieteten Geländewagen, winkten mir kurz hinter geschlossenen Fensterscheiben aus dem vollklimatisierten Innenraum ihres Wagens zu und gaben anschließend wieder Vollgas, um mich in einer Staubwolke zurückzulassen. Wenn doch mal ein Pärchen anhielt – es waren eigentlich fast nur Pärchen unterwegs – hörte ich zwar durchaus nachvollziehbare Fragen wie: „Ist das hier in Namibia mit dem Fahrrad nicht unglaublich heiß und anstrengend?" Allerdings kam kaum jemand auf die Idee, mir etwas zu trinken aus seiner Kühlbox anzubieten. Südafrikanische Urlauber waren da anders: Sie bremsten nicht, um ein Foto zu machen, sondern um mir ein kaltes Wasser zu reichen, manchmal auch ein Bier.

Erreichte ich abends erschöpft irgendein Touristen-Camp, bekam ich es wieder mit meinen Landsleuten zu tun, mit den üblichen W-Fragen, aber manchmal auch mit recht eigenwilligen Kommentaren: „Hey Mann, wir haben dich vorhin überholt, da hast du aber lange gebraucht, bis du hier angekommen bist!" Oder: „Sag mal, wie viele Kilometer fährst du denn so im Durchschnitt am Tag? 200? 300?" Bis dahin war alles noch irgendwie akzeptabel und vielleicht erträglich. Doch dann kamen die Möchtegern-

Abenteurer und Besserwisser, allesamt Männer: „Also, ich würde hier in Namibia mehr Luft aus den Reifen lassen, da fährt es sich im Sand besser. Außerdem würde ich nachts fahren, da ist es nicht so heiß." Oder: „Du spinnst doch, was du da alles mitschleppst. Ich würde mein Gepäck total reduzieren, kein Zelt und so, da schläft man notfalls halt unter freiem Himmel. Und dein Netbook zum Beispiel, das ist doch totaler Schwachsinn!" Sehr beliebt war auch die Frage der Männer: „Warum bist du denn nicht über die Ost-Route durch Afrika gefahren? Die Strecke von Kairo nach Kapstadt ist erstens kürzer und zweitens weniger gefährlich. Da hättest du dir den Kongo sparen können!"

Deutsche Frauen hielt ich lange Zeit für etwas einfühlsamer. Ihre erste Frage lautete meist: „Hast du keine Angst, so alleine durch Afrika zu fahren?" Oder: „Bist du denn nie schwer krank geworden?" Oder: Wie kannst du es so lange ohne Freunde und Familie aushalten?" Doch dann gab es ein paar Vorkommnisse, die meinen Glauben an weibliches Einfühlungsvermögen erschütterten. Eine junge Frau fragte: „Darf ich mal deine Oberschenkel anfassen?" Das ging gerade noch! Eine andere meinte unvermittelt: „In Wahrheit bist du doch krank! Deine ganze Tour ist eine einzige Flucht vor deinen Problemen!" Sie war vermutlich Hobby-Psychologin. Höhepunkt war allerdings eine etwa 40-jährige Frau aus dem Süddeutschen. Ich war gerade völlig erschlagen, durstig und hungrig in einem Camp nahe des Fish River Canyons angekommen und hatte mir wie immer als erstes meine versifften Fahrrad-Klamotten vom Leib gerissen. Nun stand ich in Boxer-Shorts und halbwegs frischem T-Shirt da und wollte mein Zelt aufbauen, als sie zu mir kam und fragte, ob sie von mir und meinem Fahrrad ein Bild machen dürfe. Als ich einwilligte, bat sie mich, noch einmal die verdreckten, schweißnassen, stinkenden Fahrrad-Klamotten anzuziehen: „Das sieht irgendwie echter aus!"

Manchmal – so wie in diesem Fall – fehlten mir schlicht die Worte und manchmal ließ ich meine Landsleute einfach reden und sagte nichts, weil ich schlicht zu erschöpft war. Ich will allerdings nicht unfair sein, denn ich traf in Namibia einige sehr sympathische deutsche Urlauber: Janine und Maik aus Berlin, Chris auf dem

Motorrad, Yassin aus Frankfurt, Netti aus Leipzig. Dazu kamen sehr kurzweilige Begegnungen mit Deutschen, die in Namibia lebten, zum Beispiel Gisela und Andreas in Okangwati oder Carla und Arthur nördlich von Okahandja. Fast herzlich war auch das Wiedersehen mit Marius, der zwischen Opuwo und Sesfontein das ökologisch ausgerichtete „Camp Aussicht" aufgebaut hat und bei dem ich schon 2003 übernachtet hatte. Als ich jetzt wieder bei ihm auftauchte, sagte er: „Doch, doch! Ich erinnere mich an dich! Aber damals hattest du einen Bart." All diese Begegnungen änderten jedoch nichts daran, dass die meisten Treffen mit deutschen Urlaubern für mich persönlich deprimierend verliefen. Ich fühlte mich fremd unter meinen eigenen Leuten. Das stimmte mich einsam – mehr als je zuvor auf meiner Reise. Wie dünnhäutig ich manchmal war, merkte ich, wenn sie höhnisch über meinen geliebten, kleinen Hocker aus dem Kongo lachten. Ja, das war fast das Schlimmste.

Richtung Süden

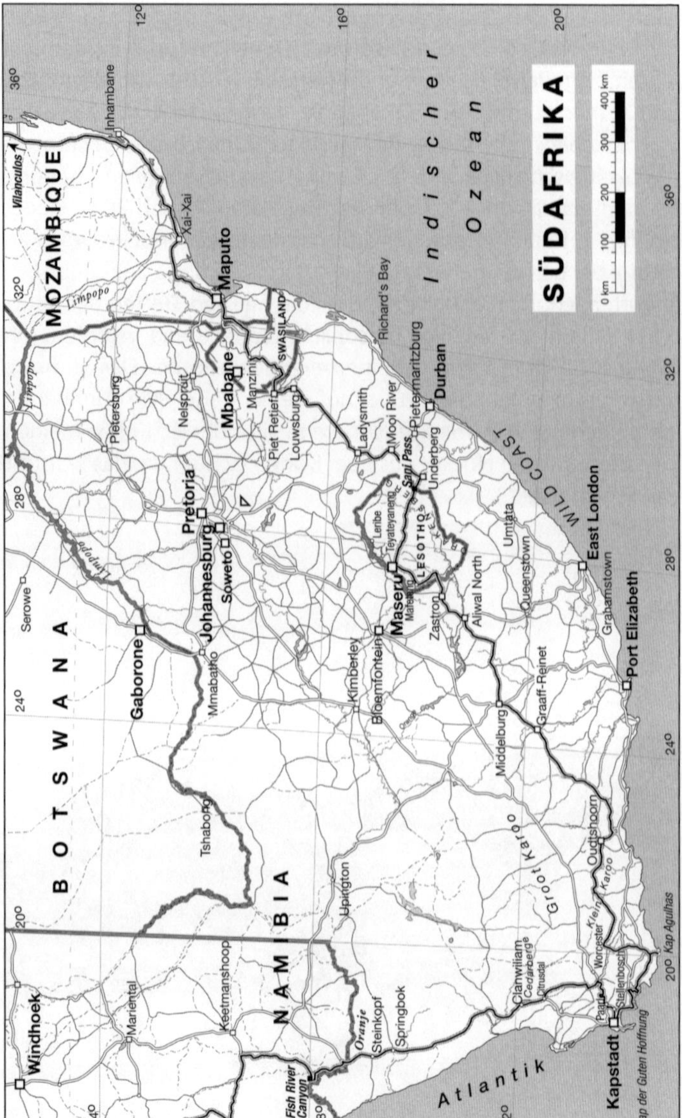
SÜDAFRIKA
0 km 100 200 300 400 km
Indischer Ozean
Atlantik
BOTSWANA
NAMIBIA
MOZAMBIQUE
SWASILAND
LESOTHO
WILD COAST
Windhoek
Mariental
Keetmanshoop
Fish River Canyon
Oranje
Steinkopf
Springbok
Upington
Tshabong
Gaborone
Serowe
Mmabatho
Limpopo
Johannesburg
Soweto
Pretoria
Pietersburg
Nelspruit
Mbabane
Manzini
Maputo
Xai-Xai
Inhambane
Vilanculos
Piet Retief
Louwsburg
Ladysmith
Mooi River
Richard's Bay
Pietermaritzburg
Durban
Sani Pass
Underberg
Teyateyaneng
Leribe
Maseru
Mafeteng
Kimberley
Bloemfontein
Zastron
Aliwal North
Umtata
Queenstown
East London
Grahamstown
Port Elizabeth
Graaff-Reinet
Middelburg
Groot Karoo
Klein Karoo
Oudtshoorn
Worcester
Stellenbosch
Paarl
Clanwilliam
Cedarberge
Citrusdal
Kapstadt
Kap der Guten Hoffnung
20° Kap Agulhas

SÜDAFRIKA & LESOTHO

(km 25.479 – km 29.277)

Frankie, ein Mann wie ein Flusspferd

Frankie war höchstens 1,70 Meter groß und sah nicht gerade wie ein ehemaliger südafrikanischer Elite-Soldat aus. Der Mittvierziger ähnelte eher einem kleinen Flusspferd: sein tonnenschwerer Körper klebte auf Stoppelbeinen und sein vierkantiger Kopf kam ohne Hals und ohne Haarwuchs aus. Frankie liebte es „oben ohne" herumzulaufen und was andere über den Anblick seines nackten Oberkörpers dachten, schien ihm völlig egal zu sein. Sein Bauch war ein praller Ballon, der so viel Nachschub verlangte, dass selbst ich blass wurde.

Ich lernte Frankie Mitte Januar 2010 in einer Backpacker-Unterkunft in Stellenbosch kennen, das nicht weit von Kapstadt entfernt liegt. Unsere Zelte standen im kleinen Garten der Unterkunft nebeneinander und nachts bebte die Erde, weil Frankie in etwa so laut schnarchte wie er breit war. Nachdem ich in der ersten Nacht kaum ein Auge zugemacht hatte, trank ich am zweiten Abend so viel Bier, dass ich das Schnarchen nicht mehr hörte. Da auch Frankie gerne Bier trank, kamen wir in Kontakt und leerten sieben Abende in Folge ungezählte Flaschen zusammen. Wir spielten dabei jedes Mal die nächste Runde am hauseigenen Billardtisch aus und da unser Können etwa gleichwertig war, hielten sich unsere Ausgaben die Waage. Auch sonst kamen wir gut miteinander klar. Als Frankie mich fragte, wo ich Billard spielen gelernt hätte, antwortete ich: „In Berlin, zu meinen wilden Zeiten als Student!" Und als ich die Gegenfrage stellte, antwortete er: „Billard? Im Kongo, in Sierra Leone, in Angola, zu meinen Zeiten als Soldat bei den Special Forces!" Ich konnte mir die Frage nicht verkneifen, wieso man als Soldat Billard spiele und ob es nicht der Job eines Soldaten sei, zu töten? Seine Antwort: „Manchmal muss man töten, manchmal nur aufpassen, dass nicht getötet wird; es kommt auf den Befehl an!" Als er hörte, dass ich mit dem Fahrrad quer durch den Kongo gefahren war, ließ er nur ein trockenes „mad boy" hören. Ich erzählte ihm von meinen Erlebnissen mit den Blauhelmsoldaten und davon, dass ich außerhalb der UN-Stützpunkte fast nie einen Soldaten getroffen hatte. Darauf er: „Was glaubst du denn, was die UN-Soldaten im Kongo tun? Sie kommen aus aller Welt, von Uruguay bis Pakistan. Die werden auf irgendwelche Stützpunkte entsandt und sitzen dort ihre Zeit ab. Die verlassen ihre Stellungen selten und machen fast gar nichts außer Billard spielen und Videos schauen. Ein paar Leute kümmern sich um die Bürokratie, andere treten vor die Presse und erzählen Unsinn. Die einzige Herausforderung der Blauhelmsoldaten besteht darin, sich nicht tot zu saufen!" Vielleicht sprach Frankie aus eigener Erfahrung; es hätte immerhin erklärt, warum er sich zu einem kleinen Flusspferd entwickelt hatte und ansprechend Billard spielte. Angesichts seiner Körpermasse konnte ich mir jedenfalls nicht vorstellen, dass Frankie jemals an verdeckten Operationen teilgenommen und in Büschen geschlafen hatte; sein Schnarchen hätte jeden Feind angelockt. Vielleicht war Frankie früher aber auch ein durchtrainierter Soldat gewesen – und einer, der nicht schnarchte. Wie auch immer: einige Jahre nach dem Ende der Apartheid verließ er die südafrikanische Armee. Er sagte: „Ich hatte nie Probleme mit den Schwarzen, nicht in der Armee, nicht privat; nicht früher, nicht heute. Aber schau: Seit wir schwarze Präsidenten und Minister haben, seit in Südafrika schwarze Politik gemacht wird, geht es mit diesem Land von Tag zu Tag mehr bergab." Frankie verdingte sich inzwischen als Guide für Urlauber aus aller Welt, die zur Wildtierjagd ins südliche Afrika kamen. Angesichts der Tatsache, dass er in einer Backpacker-Unterkunft im Zelt übernachtete, vermutete ich, dass es kein sehr einträglicher Job für ihn war. Gut, für ein paar Flaschen Bier reichte es noch – so wie bei mir.

Von Stellenbosch fuhr ich Ende Januar in Richtung Kapstadt. Mein Freund Martin hatte sich zu einem überraschenden Kurzbesuch angesagt, was für mich eine riesige Freude und für ihn ziemlich verrückt war. Wir kannten uns seit über 25 Jahren und so wurde es – wie unter alten Freunden nicht anders zu erwarten – eine sehr intensive Zeit. Zwar unternahmen wir ein paar „touristische Expeditionen", unter anderem zum Tafelberg, zur Pinguin-Kolonie am Boulder's Beach oder in die Weinberge Richtung Garden Route. Doch im Wesentlichen verbrachten wir die gemeinsamen Tage mit Strandspaziergängen, mit gutem Essen und viel, viel reden. Als Martin ins Flugzeug stieg und heimwärts flog, dauerte es eine Weile bis ich die Kraft fand, mich wieder in den Sattel zu setzen. Es ist leichter selbst fortzugehen, als einen guten Freund fortgehen zu lassen.

Kapstadt wäre sicher ein geeigneter Ort gewesen, um meine Reise durch Afrika zu beenden, aber mir war noch nicht danach. Ich radelte zum nicht weit entfernten Cape Agulhas, dem südlichsten Punkt des afrikanischen Kontinents. Dort blieb ich ein paar Tage und drehte das Fahrrad dann wieder nach Norden. Ich hielt es zwar für unwahrscheinlich, dass ich durch ganz Ostafrika bis nach Deutschland zurückradeln würde, aber das nordöstlich gele-

Martin zu Besuch

gene Königreich Lesotho wollte ich unbedingt noch „mitnehmen". Frankie hatte gesagt: „Wenn du die Berge liebst, musst du nach Lesotho, und dort unbedingt zum Sani-Pass. So einen Pass hast du noch nie erlebt!" Um nach Lesotho zu kommen, musste ich allerdings erst einmal quer durch Südafrika radeln. Ich fuhr eine Weile auf der legendären Route 62 entlang der Karoo-Berge und bog dann durch ausgedehnte Farmländereien nach Nordosten ab.

„Wir sind keine Rassisten!"

Südafrika ist ein schönes und über weite Strecken touristisch gut erschlossenes Land. So ist es auch für einen Fahrradfahrer auf den ersten Blick angenehm zu bereisen. Es gibt Backpacker-Unterkünfte, Campingplätze, Supermärkte. Die meisten Straßen sind nicht nur asphaltiert, sondern verfügen auch über einen ordentlichen Standstreifen, auf dem man sich als Radfahrer ausbreiten kann. Außerdem herrscht auf abseits gelegenen Strecken kein übermäßig hohes Verkehrsaufkommen. Dennoch war Südafrika für mich ein schwieriges Reiseland. Das lag nicht am Gegenwind und auch nicht an der bergigen Landschaft. Die Schwierigkeit war die, dass ich diesem Land gegenüber von Anfang an voreingenommen war. Meine Befangenheit hatte mit den fortgesetzten Warnungen vor der allgegenwärtigen Kriminalität begonnen. Schon in Sambia und Namibia hatten mir weiße Südafrikaner die schauerlichsten Horrorgeschichten erzählt. Vom Überfall an Geldautomaten bis zum Carjacking an einer roten Ampel. Die einen wurden mit Pistolen bedroht, die anderen bis auf die Unterhose ausgezogen. Als ich dann Südafrika erreicht hatte, nahmen die Warnhinweise noch einmal so massiv zu, dass ich berechtigte Zweifel haben musste, dieses Land jemals wieder lebend verlassen zu können. Fast jeder weiße Südafrikaner erzählte mir davon, wie er selbst Opfer eines Überfalls geworden war. Ich hörte zahllose Ratschläge, wie ich mich zu verhalten hätte, auch wenn wohlweislich immer hinzugefügt wurde, dass ich als Weißer mit dem Fahrrad vermutlich niemals unbeschadet durch Südafrika kommen würde. So wurde mir beispielsweise empfohlen, niemals wild zu campen und selbst auf Campingplätzen mein Fahrrad über Nacht mit ins Zelt zu nehmen: „Wenn es nicht ins Zelt passt, dann must du es halt auseinanderbauen!" Außerdem wurde ich ständig aufgefordert, mich darauf gefasst zu machen, mitten am Tag angegriffen oder überfallen zu werden. Egal ob man mich mit Messern, mit Pistolen oder nur mit Worten bedrohte, ich solle mich keinesfalls wehren, ich dürfe nicht einmal verbal Protest andeuten.

Meine Reise durch Südafrika war insofern mit Warnungen nur so zugepflastert. Morgens Warnungen, mittags Warnungen, abends Warnungen. Mich von irgendwelchen Vorbehalten zu befreien, war angesichts dessen fast unmöglich. Selbst wenn ich auf abgelegenen Landstraßen unterwegs war, hielten immer wieder Pickups neben mir an, in denen Weiße saßen und mir anboten, mich mitzunehmen. Wenn ich dankend ablehnte, hörte ich fast jedes Mal: „Dann pass auf, die Gegend hier ist nicht sicher." Entspanntes Fahrradfahren fühlte sich irgendwie anders an. Wo immer ich längere Gespräche mit Weißen führte, spürte ich eine große Verunsicherung unter ihnen. Egal ob Farmer, Bauunternehmer oder Spediteure, sie schienen Angst zu haben: Angst vor Enteignungen wie in Simbabwe, Angst vor der wachsenden Kriminalität, Angst vor dem wirtschaftlichen Ruin Südafrikas. Die Weißen schütteten mir ihr Herz aus, als hätten sie nur darauf gewartet, einen wie mich zu treffen: einen, der ihnen zuhört und ihnen damit ihre Verzweiflung erleichtert: „Südafrika ist ein reiches Land, aber unsere Minister richten alles zugrunde. Sie sind unfähig, ihren Job zu tun. Sie haben ihren Job bekommen, weil sie schwarz sind, nicht weil sie dafür qualifiziert wären." Oder: „Wir Weißen haben keine Chance, Südafrikas Zukunft mitzugestalten. Uns werden wegen der Hautfarbe alle verantwortungsvollen Stellungen im Staatsdienst vorenthalten. Der Rassismus geht heute von den Schwarzen aus. Selbst in der Fußballnationalmannschaft spielt die Hautfarbe inzwischen eine Rolle!" Oder: „Südafrika ist korrupt. Mehr als ein Politiker ist erwischt worden, weil er sich hat bestechen lassen. Und was passiert? Man hört nie wieder etwas. Es gibt keinen Prozess.

Nichts. Die Polizisten stecken mit den Verbrechern unter einer Decke – das ist Südafrika heute. Die jungen Leute verlassen das Land und die Unfähigen machen ungestört weiter." Nelson Mandela habe es vielleicht noch gut gemeint mit der Idee einer Regenbogennation, mit der Idee, dass alle Menschen dieselben Rechte und Chancen haben sollten. Doch seine Nachfolger? Thabo Mbeki (Präsident von 1999 bis 2008) habe nur damit Schlagzeilen gemacht, dass er die Ursachen der Immunschwäche-Krankheit Aids verharmloste und seine Gesundheitsministerin darin unterstützte, als diese Aids-Kranken empfahl, zur Genesung Olivenöl, Knoblauch und Rote Beete zu sich zu nehmen. Und Mbekis Nachfolger Jacob Zuma sei ein geschickter Populist, der die Schwarzen mit Sozialhilfeleistungen ruhig stelle, um sich selbst zu bereichern. Was solle eigentlich aus einem Land werden, wenn ein Präsident namens Zuma seine ungezählten Sex-Affären damit erkläre, man müsse auch ihm, dem Präsidenten, ein Privatleben zugestehen.

Zu den meisten Beschwerden konnte ich nicht viel sagen, denn ich hatte keine Ahnung, was in Südafrika hinter den Kulissen tatsächlich vor sich ging. Bei manchen Argumenten hielt ich trotzdem behutsam dagegen, etwa wenn ich hörte, dass die Schwarzen in Südafrika gar nicht arbeiten wollten, weil der Staat ihnen genug Sozialhilfe zum Überleben zur Verfügung stelle: „Schwarze wollen nicht arbeiten? Das glaube ich nicht! Sie haben Fuhrunternehmen aufgebaut und fahren all die Minibusse im Land; sie schuften im Straßenbau, arbeiten in Supermärkten und ernten als Tagelöhner für weiße Farmer Zwiebeln, Obst und Weintrauben. Schwarze verdingen sich in Sicherheitsdiensten, Restaurants und Hotels: 365 Tage im Jahr. Sie laufen mit Bauchläden umher und versuchen Sonnenbrillen, Schmuck und Krimskrams zu verkaufen. Schwarze Südafrikaner wollen nicht arbeiten? Das habe ich anders beobachtet!"

Die Gespräche mit weißen Südafrikanern dauerten oft bis in die tiefe Nacht und nahezu regelmäßig hörte ich dann irgendwann auch den Satz: „Wir sind keine Rassisten! Aber es muss doch möglich sein, über Tatsachen zu sprechen, ohne gleich als Rassist bezeichnet zu werden." Den meisten Gesprächspartnern nahm ich dieses Bekenntnis ab und ich war überzeugt, dass es ihnen egal war, ob ein Weißer oder ein Schwarzer die Geschicke des Landes leitete, Hauptsache er tat es gut. Allerdings gab es hin und wieder auch sehr rassistische Untertöne: „Eines Tages werden wir Weißen wieder die Macht übernehmen. Anders geht es nicht. Die Schwarzen sind Parasiten, die den Staat aussaugen!" Oder: „Wenn Euer Hitler den Krieg gewonnen hätte, dann gäbe es heute all die weltweiten Probleme nicht – und Südafrika wäre noch immer reich und groß."

Sichtbare und unsichtbare Barrieren

So aufwühlend meine Gespräche mit weißen Südafrikanern waren, so ernüchternd waren meine Erlebnisse mit schwarzen Südafrikanern. Dass ich meine Begegnungen mit Weißen und Schwarzen so rigoros trennen kann, ist kümmerlich, aber es entspricht den Gegebenheiten, die ich Anfang 2010 in Südafrika antraf. Schwarze und Weiße lebten noch immer voneinander getrennt. Regenbogennation? Die Schwarzen hausten abgekoppelt in zum Teil riesigen Townships, die nachts mit Flutlichtern beleuchtet wurden als seien es Konzentrationslager, während sich die Weißen von Sicherheitsdiensten bewacht in Stacheldraht gesicherten Ghettos verbarrikadierten und nachts nicht mehr auf die Straße gingen. Die einen wohlhabend, die anderen arm; die einen weiß, die anderen schwarz. Südafrika bediente gnadenlos alle Vorurteile, die ich mitgebracht hatte und ich fand nur selten die Möglichkeit, meine Klischees in Frage zu stellen. Natürlich gab es einige Schwarze, die mit einem eigenen Unternehmen zu Reichtum gekommen waren. Sie fuhren edle Mercedes-Limousinen oder große, neue Gelände-Wagen. Auch traf ich Bo, einen etwa 25-jährigen Weißen, der mir berichtete, gemeinsam mit Schwarzen und bei gleicher Gewinnbeteiligung eine Automobilwerkstatt in Johannesburg zu betreiben. Aber sonst? Die meisten Schwarzen, die ich sah, waren entweder arbeitslos oder billige Tagelöhner.

Unvergessen ist mir ein Tag in den Cederbergen nördlich von Kapstadt. Ich fuhr durch eine wunderschöne Landschaft an kilometerlangen Feldern vorbei, auf denen ausschließlich Schwarze arbeiteten. Abends überholten mich mehrere Lastwagen. Auf den Ladeflächen standen dicht gedrängt wie bei einem Gefangenentransport die Feldarbeiter; sie wurden über Nacht zurück in ihre Schwarzen-Ghettos gekarrt. Unvergessen sind mir auch meine Gefühle, als ich die ersten Male in die Nähe von Townships geriet. Ich dachte an mein persönliches Überleben, nicht an die Armut der Menschen in ihren baufälligen Baracken. Zweimal fuhr ich direkt am südwestlich von Kapstadt gelegenen Township-Moloch Khayelitsha vorüber. Beim ersten Mal nieselte es und über der Küste hing ein so dichter Nebel, dass ich die Ausmaße des Townships nicht ermessen konnte. Jugendliche standen grölend auf der Straße und ich war froh, als ich den Ort hinter mir hatte. Beim

Südafrika, ein schönes und schwieriges Land

zweiten Mal herrschten klare Sichtverhältnisse und ich erkannte von einer kleinen Anhöhe aus die Größe dieses Townships. Da standen bis zum Horizont auf Sand erbaute Wellblechhütten, schief und krumm, kilometerweit. Schätzungen zufolge lebten Anfang 2010 in Khayelitsha mehr als eineinhalb Millionen Menschen, d.h. es war kein Township, es war eine Millionenstadt. Auch bei Sonnenschein wollte ich nur möglichst rasch am Ort vorbei, doch ich knallte unaufmerksam in ein Schlagloch, wodurch wieder einmal die Gepäckträgeraufhängung einer meiner Taschen brach und mich zum Stopp zwang. Kinder und Jugendliche kamen herbei und beobachteten, wie ich die Tasche notdürftig mit Spannriemen fixierte. Ich war innerlich angespannt und unfähig, irgendwelche launigen Späße zu machen. Aber auch die Kinder und Jugendlichen verhielten sich merkwürdig. Sie stellten mir keine einzige Frage, sondern bauten sich still im Halbkreis um mich auf, wobei sie aber anders als ich es je zuvor in Afrika erlebt hatte, so etwas wie einen vagen Sicherheitsabstand einhielten – so, als gebe es eine unsichtbare Barriere, die zu überschreiten ihnen nicht erlaubt sei.

Ähnlich rätselhaft wie in Khayelitsha erging es mir oft in Südafrika. Überall sonst hatten mich Schwarze bisher mit W-Fragen bestürmt, nicht so in Südafrika. Fast überall war ich freundlich bis überschwänglich gegrüßt worden, nicht so in Südafrika. Auch die Ausstrahlung der meisten südafrikanischen Schwarzen war eine komplett andere als die all der Afrikaner, die mir in den Monaten zuvor begegnet waren. Vor allem in ländlichen Gebieten wirkten die Menschen auf mich extrem distanziert und teilnahmslos. Vielleicht waren sie ähnlich verunsichert wie ich, aber Tatsache war: Das sonst so offenherzige Lachen und die unerschütterliche Lebensfreude der Schwarzafrikaner erlebte ich in Südafrika selten. Man betrachtete mich wie einen, der aus einer Welt kam, mit der man nichts zu tun hatte. Ich bemühte mich gelegentlich, die Kluft zu überwinden, doch es gelang mir nur begrenzt. Als ich einmal in einer kleinen Ortschaft in eine „schwarze Bar" ging, herrschte bei meinem Eintritt in den dunklen, verstaubten Raum für einen Moment Totenstille. Es lief keine Musik, alle drehten sich nach mir um, und ich kam mir vor wie in einem schlechten Western: Ein

Fremder tritt auf knarrenden Holzdielen in eine Spelunke und jeder sich fragt: „Was will der hier?" Ich bestellte ein Bier und die Männer wandten sich wieder ihren Gesprächsrunden zu. Sie saßen an ihren Tischen wie in geschlossenen Zirkeln, ich blieb außen vor. Niemand sprach mich an, und ich selbst brachte es nicht fertig, mich irgendwo dazu zu setzten. Ich trank mein Bier und ging. Zwar muss ich einräumen, dass ich vor allem durch das ländliche Südafrika fuhr und dass dort die noch immer vorhandene Trennung von Schwarz und Weiß weit stärker zu spüren war als in Metropolen wie Kapstadt. Dennoch: Die Kluft zwischen Schwarz und Weiß war ein unumstößlicher Fakt, und wer auch immer eine Brücke bauen wollte, musste ein verflixt guter Architekt sein.

Lesotho, ein Königreich im Himmel

Die Tage wurden kürzer, die Nächte kälter. Morgens waren es manchmal nur noch drei Grad Celsius, die Füße im Schlafsack kalt. Es war März geworden, als ich Lesotho erreichte, und das bedeutete, dass im südlichen Afrika der Herbst begann. In Lesotho bekommt man Jahreswechsel und fallende Temperaturen wiederum früher als anderswo zu spüren, denn Lesotho beginnt da, wo andere Länder nie hinreichen: es beginnt bei etwa 1400 Meter über Null. Was Bhutan in Asien ist oder Bolivien in Südamerika, das ist Lesotho in Afrika: ein Land der Berge, ein Königreich im Himmel. Zum Fahrradfahren ist Lesotho vielleicht nicht ganz so himmlisch, denn die Straßen führen eigentlich nur bergauf oder bergab; eine Ebene sah ich nirgendwo. Ging es bergauf, dann mit etwas Glück bei nur sechs bis acht Prozent Steigung, meist waren es aber um die zehn, nicht selten bis zu 20 Prozent. Spätestens ab 15 Prozent war für mich mit meinem schwer bepackten Fahrrad nur noch Schieben angesagt. Ging es bergab, kam ich auch nicht sehr viel schneller vorwärts, denn die meisten Straßen, auf denen ich fuhr, waren nicht asphaltiert. Sie waren entweder mit so losem Schotter bedeckt, dass die Räder in zu schnell gefahrenen Kurven keinen

Halt mehr fanden oder es handelte sich um Lehmpisten, die sich bei der geringsten Feuchtigkeit zu Schmierseife entwickelten. Nebenbei waren fast alle Pisten nicht nur sehr kurvig, sondern auch extrem schmal und führten mit Vorliebe an rutschigen Steilhängen entlang, an denen man in bis zu 400 Meter tiefe Schluchten stürzen konnte. An den Abhängen bezeugten ein paar rostende Autowracks, dass dies wohl regelmäßig geschah.

Ich kam von Süden nach Lesotho und kämpfte mich zunächst über Malealea zur Hauptstadt Maseru hinauf. Von dort durchquerte ich das Land dann einmal von West nach Ost, was ich freiwillig vermutlich nicht ein zweites Mal machen würde. Die ersten Kilometer waren noch asphaltiert, aber auch so schon anstrengend genug: Hoch auf 2263 m, runter auf 1950 m. Hoch auf 2635 m, runter auf 1850 m. Dann hörte der Asphalt auf und es begannen jene steilen Schotter- und Erdpisten, die ich bergauf oft nur zu Fuß und bergab immer nur im Schleichtempo bewältigen konnte:

Immer nur hoch und runter

Jackals-Pass (2692 m), Mokhoabong-Pass (2880 m), Menoaneng-Pass (3045 m), Kolisephola-Pass (3240 m), und zu guter Letzt wartete dann noch der 2865 Meter hohe Sani-Pass auf mich.

Am sechsten Tag auf dieser höllischen Tour durch das himmlische Lesotho, hielt ein Pickup neben mir. Der schwarze Fahrer fragte, ob er mich den bevorstehenden Anstieg zum Menoaneng-Pass mitnehmen solle und ich kam mir vor, als wäre bei der Tour de France der „Besenwagen" neben mir aufgetaucht. Ich schwächelte zu diesem Zeitpunkt nicht einfach nur, ich war längst über dem Limit. In Mauretanien hatte ich es fertiggebracht während eines Sandsturms das Angebot eines Lastwagenfahrers auszuschlagen, der mich hatte mitnehmen wollen. Und jetzt? Zum ersten Mal auf meiner Reise hob ich mein Fahrrad auf die Ladefläche eines Wagens und ließ mich knapp zehn Kilometer bergauf chauffieren. Ich hatte mir damit zehn Kilometer Qualen erspart, aber gestärkt hatte mich das nicht. Ich sah meine „Fahrradfahrer-Ehre" verletzt und fühlte mich von meiner eigenen Schwäche gedemütigt. Radfahren spielt sich im Kopf ab – vor allem, wenn es anstrengend wird. Wer sich nur einmal eine Schwäche erlaubt, kann die Tour de France unter normalen Umständen nicht mehr gewinnen. Und wer anfängt, an sich zu zweifeln, gerät schnell an seine Grenzen. Es ist wie beim „Hungerast": Man kämpft gegen die Auflösungserscheinungen und gegen den Kräfteschwund an, aber man hat kaum eine Chance diesen Kampf zu gewinnen. Den Beweis für diese unwissenschaftliche Theorie erhielt ich am nächsten Tag. In meinem Kopf schwirrten Gedanken einer nie wieder gut zu machenden Niederlage umher und meine Beine dankten es mir mit Ungehorsam. Sie wollten nicht mehr wie ich ihnen befahl. Meine Muskeln waren zu Stein verhärtet und ich bewegte mich in etwa so schwerfällig wie ein fahrradfahrendes Nilpferd. Um mich nicht weiter selbst zu erniedrigen, beendete ich meine Tagesetappe schon am frühen Nachmittag. Ich schlug mein Zelt in einem Tal am Rande eines einsam gelegenen Flusses auf und übertrug die Daten meines Fahrrad-Computers in mein Logbuch. Ich hatte lächerliche 35 Kilometer zurückgelegt, bei einer Durchschnitts-Geschwindigkeit von 7,70 km/h, neuer Minusrekord! Abends aß ich eine große Portion Pasta und vor dem Einschlafen sagte ich mir: „Junge, du bist ein Anti-Held – das ist doch auch was!"

Am nächsten Morgen ging es mir erstaunlicherweise wieder gut. Ich ließ meine Niederlage ruhen und dachte auch nicht mehr darüber nach, die Tour de France gewinnen zu wollen. Fortan genoss ich die Einsamkeit in den Bergen und die wilde Schönheit der Landschaft, woran auch das herbstliche Wetter nichts zu ändern vermochte. Regen? Herrlich! Stürmischer Wind? Herrlich! Und kam die Sonne einmal heraus, war es noch herrlicher. Der Nebel kroch aus den Tälern die Berghänge hinauf und gab den Blick in tief eingeschnittene Schluchten frei. Unter mir sah ich Flüsse mäandern, grüne Wiesen blühen, kleine Mais- und Weizenfelder leuchten. Und wenn gegen Abend nach gestiegenen Temperaturen ein Gewitter losbrach, wurde es noch überwältigender. Ein Regenbogen spannte sich von den Berggipfeln bis in die Täler. Das Licht war warm, die Lehmpisten hatten sich in mein geliebtes, dunkles Lateritrot verfärbt und dann gab es nichts mehr, was hätte schöner sein können, als mit dem Fahrrad durch Lesotho zu fahren. Zu diesem losgelösten Gefühl trugen auch die Begegnungen mit den Menschen bei. Zum ersten Mal seit langem blickte ich wieder in offenherzige Gesichter. Da waren mir selbst die vereinzelten „Give-me-money"-Rufe egal. Als ein vielleicht 13-jähriger Junge seine sechs Kühe über die Straße führte und mich um Geld bat mit dem Argument, er habe Hunger, grinste ich und meinte: „Ich habe auch Hunger, lass uns eine deiner Kühe schlachten!" Der Junge lachte, winkte ab und lief weiter. Er trug wie fast alle Menschen in Lesotho wegen der Kälte in den Bergen eine Strick-Mütze auf dem Kopf und eine schwere Wolldecke um die Schulter. Auch Msane wappnete sich mit Strickmütze und Wolldecke gegen das frostige Wetter. Ich traf ihn auf einer einsamen und ziemlich übel zugerichteten Schotterpiste, die steil die Berge hinaufführte und vom Regen völlig ausgewaschen war. Die abfließenden Wassermassen hatten tiefe Furchen in die Straße gegraben, abschnittsweise war der Schotter komplett weggespült worden, da und dort klafften tiefe Löcher im Weg. Msane lebte in einer kleinen Rundhütte unweit der Straße und da er keine Arbeit fand, hatte er sich selbst eine aus-

Msane

gedacht und besserte jetzt die malträtierte Straße aus. Er donnerte einen größeren Felsbrocken auf eine Ansammlung kleiner Steine, die unter der Wucht des Aufpralls zerbarsten und legte die Bruchstücke der Steine anschließend in die Löcher und Furchen der Straße. Ob die seltenen Autos und Minibusse den Berg nun besser hoch- und runterkamen, sei dahingestellt. Msane hoffte jedenfalls, dass die Fahrer anhielten und ihm etwas Geld gaben. Als ich ihm zehn Maloti reichte, umgerechnet ein Euro, war er außer sich vor Freude, was mich vermuten ließ, dass nicht viele Autofahrer seinetwegen stoppten. Er rannte den Berg 50 Meter hinauf und wieder hinunter, jauchzte, lachte und schrie vor lauter Begeisterung so, als hätte er eine lebenslange Monatsrente gewonnen. Anschließend griff er nach meiner Hand und ließ sie nicht mehr los; er schüttelte sie, bis mir fast der Arm abfiel.

Zum Abschluss meiner „Tour de Lesotho" erreichte ich schließlich den berüchtigten Sani-Pass. Ich hatte knapp 600 Kilometer durch die Berge Lesothos in den Beinen und dabei 16 Pässe mit über

13.000 Höhenmetern bewältigt. Hätte ich den Sani-Pass bergauf fahren müssen, hätte ich möglicherweise kapituliert, zumindest hätte ich die meiste Strecke zu Fuß laufen müssen und sicherlich einen ganzen Tag benötigt. Da ich jedoch aus den umliegenden Berghöhen kam, musste ich nur einen kleinen Anstieg erklimmen und erlebte den außergewöhnlichen Pass dann glücklicherweise nur noch als Downhill-Spektakel. Allerdings war der Sani-Pass auch bergab durchaus furchteinflößend. Die Straße stürzte über eine Abbruchkante so steil in die Tiefe, dass einem beim Anblick auf die unter einem liegenden Serpentinen schwindelig wurde. Allein auf den ersten fünf Kilometern fiel die Straße im engen Zick-Zack 1200 Höhenmeter in die Schlucht. Vom Tal zogen immer wieder dicke, feuchte Nebelschwaden den Berghang hinauf und machten die ohnehin schon glitschige Erdpiste noch gefährlicher. Ich ließ die Bremsgriffe nicht einmal los, sondern zog und zog, um nur ja nicht schneller als 15 km/h zu werden. Später, als der steilste Abschnitt vorbei war, kreuzten Flüsse und Bäche den Weg. Sie hatten die Piste entweder unterspült oder mit Fels- und Gesteinsbrocken übersät. Nach etwa zwei Stunden erreichte ich den südafrikanischen Grenzposten. Da Lesotho geografisch betrachtet komplett von Südafrika umgeben ist, dachte ich kurz darüber nach, in Richtung Durban oder Johannesburg zu fahren, um dort in ein Flugzeug zu steigen und heimzufliegen. Lesotho und der Sani-Pass wären so wie Kapstadt ein würdiger Abschluss meiner Reise gewesen. Doch dann beschloss ich, noch einen kurzen Blick nach Mozambique zu werfen, das lag schließlich auch nicht mehr weit entfernt. Also fuhr ich noch einmal rund 800 Kilometer durch Südafrika und Swasiland, um Mozambique zu erreichen. Dort – so viel war sicher – würde ich ganz sicher auch noch einen Flieger nach Deutschland erwischen.

MOZAMBIQUE & MALAWI

(km 29.277 – km 31.602)

Am Indischen Ozean

Wenn du in Mozambique bist, willst du nie wieder weg!" Diese Aussage hatte ich während meiner letzten Tage in Südafrika immer wieder gehört. Weiße Südafrikaner schwärmten von ihren vergangenen Ferien an unberührten Meeresbuchten und erzählten immer wieder von dem befreienden Gefühl, an den Stränden spazieren gehen zu können, ohne Gefahr zu laufen, überfallen zu werden. Einsame Strandspaziergänge waren für mich zwar kein Grund in Euphorie zu geraten, doch schon unmittelbar nach meiner Einreise nach Mozambique fühlte auch ich mich plötzlich wie befreit. Die vielen Warnungen, die mich selbst noch auf den letzten Kilometern durch Südafrika begleitet hatten, lagen hinter mir und meine innere Anspannung, die ich in Lesotho nur vorübergehend hatte abstreifen können, löste sich endgültig auf. Fast schlagartig war ich zurück in den Tropen und es war, als hätte die wild wuchernde Vegetation Einfluss auf die Menschen genommen. Sie waren freizügig, ausgelassen, herzlich. Wenn ich durch ihre kleinen Dörfer fuhr, hielten sie den Daumen hoch, winkten mir zu und machten Späße. Die Mädchen jaulten so aufreizend wie im Kongo und die Jungs sprangen wie im Senegal grinsend auf ihre Räder und sprinteten mir wild kurbelnd nach. In Mozambique erreichte ich zum ersten Mal in meinem Leben den Indischen Ozean und die Küste war über weite Strecken tatsächlich noch nahezu unberührt. Abends baute ich mein Zelt an weißen Sandstränden unter Kokospalmen auf, sprang ins türkisblaue Wasser, spielte mit den Wellen, plantschte wie ein Kind. Die freundlichen Menschen, die tropische Vegetation und die einsamen Strände entspannten und begeisterten mich derart, dass ich die Idee heimzufliegen, schon wenige Tage nach meiner Einreise wieder ver-

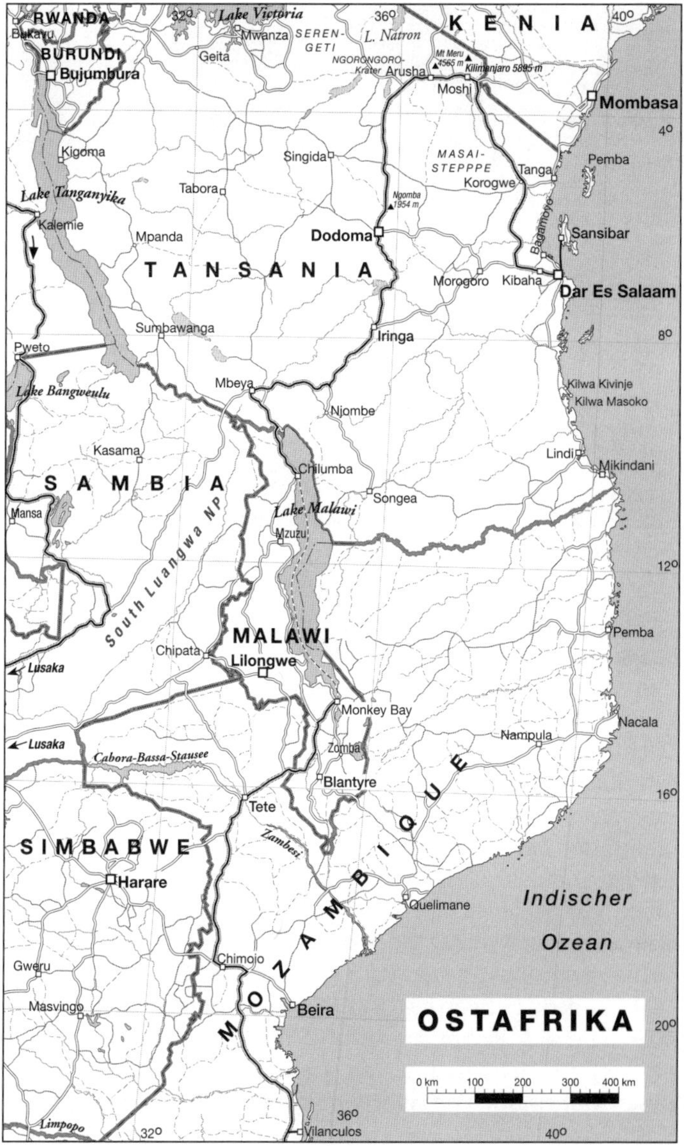
OSTAFRIKA
RWANDA
BURUNDI
Bujumbura
Bukavu
Lake Victoria
Mwanza
SERENGETI
L. Natron
KENIA
NGORONGORO-Krater
Arusha
Mt Meru 4565 m
Kilimanjaro 5895 m
Moshi
Mombasa
Geita
Kigoma
Lake Tanganyika
Kalemie
Singida
Tabora
MASAI-STEPPPE
Tanga
Korogwe
Pemba
Ngomba 1954 m
Dodoma
Mpanda
Bagamoyo
Sansibar
TANSANIA
Morogoro
Kibaha
Dar Es Salaam
Sumbawanga
Iringa
Pweto
Lake Bangweulu
Mbeya
Kilwa Kivinje
Kilwa Masoko
Njombe
Kasama
Lindi
Mikindani
Chilumba
SAMBIA
Songea
Mansa
Lake Malawi
Mzuzu
South Luangwa NP
MALAWI
Chipata
Lilongwe
Lusaka
Monkey Bay
Nacala
Nampula
Zomba
Cabora-Bassa-Stausee
Blantyre
Tete
MOZAMBIQUE
Zambesi
SIMBABWE
Harare
Quelimane
Indischer Ozean
Chimojo
Gweru
Masvingo
Beira
Limpopo
Vilanculos
32°
36°
40°
4°
8°
12°
16°
20°
0 km
100
200
300
400 km

Indischer Ozean

schob. Ich warf einen Blick auf die Landkarte und dachte: „Naja, bis Malawi ist es jetzt auch nicht mehr weit!"

In Maputo, der Hauptstadt von Mozambique, wollte ich nur kurz bleiben, um Geld abzuheben und mein Visum zu verlängern. Doch Maputo war für mich wie Ouagadougou in Burkina Faso, eine Stadt mit außergewöhnlichem Flair. Einerseits war die Armut vieler Menschen nicht zu übersehen, andererseits versprühten auch die ärmsten Bewohner dieser Millionenmetropole eine ungeheure Energie und Lebensfreude. Die Stadt war quirlig, bunt und eng. Junge Männer liefen durch die Straßen und boten Sonnenbrillen, Schmuck, Handys oder Video-Kassetten zum Kauf an. Auf den Gehsteigen saßen Frauen vor Obst und Gemüse oder frischem Fisch. In den Stadtparks gab es tagsüber Flohmärkte, auf denen man so ziemlich alles bekam: vom T-Shirt aus zweiter Hand bis zum neuwertigen Herrenanzug, vom grellen Minirock bis zum monströsen Möbelstück, von indischen Stoffbahnen bis zu chinesischen Plastikwaren. Maputo war unverkennbar eine afrikanische Stadt, aber es war auch ein Schmelztiegel der Kulturen, ein Treffpunkt von Nord und Süd, von Ost und West. Kirchen standen neben Moscheen, arabische Händler konkurrierten mit afrikanischen Marktfrauen, portugiesische Kolonialbauten behaupteten sich gegen sozialistische Betonblöcke. Die Namen der Straßen verrieten einiges über die politische Geschichte dieses Landes. Sie waren benannt nach Karl Marx, Mao Zedong, Ho Chi Min, Salvador Allende, Patrice Lumumba, Julius Nyerere oder Kenneth Kaunda. Mozambique suchte nach sozialistischer Vergangenheit und jahrelangem Bürgerkrieg seinen Weg in die Zukunft. Manche Ecke in Maputo sah so grau und trist aus, wie ich es aus Ost-Berlin Ende der 1980er Jahre kannte. Anderswo erhoben sich moderne Glasbauten, es gab Bars, Restaurants und Diskotheken. Dazwischen tauchten immer wieder die bröckelnden Reste kolonialer Stadtarchitektur auf: schmale Gassen, in denen sich ein baufälliges Haus so neben das andere quetschte, als ginge es darum, sich gegenseitig vor dem Einsturz zu bewahren. Die Fassaden der mehrstöckigen Gebäude blätterten unerbittlich dem Zusammenbruch entgegen, doch das sah man kaum, weil aus den Fenstern hunderte, bunt geschmückte Wäscheleinen hervorbaumelten.

„Manni, manni, manni!"

Mitte April 2010 verließ ich Maputo und fuhr an der Küste entlang gen Norden. In den Dörfern sah ich Handwerker und Schneider, die vor ihren Häusern in die Arbeit vertieft waren. Die einen zimmerten unter freiem Himmel neue Möbel, die anderen saßen mit fußbetriebenen Nähmaschinen vor der Tür und entwarfen neue Kleider. Bauern arbeiteten auf ihren kleinen Mais- oder Zuckerrohrfeldern. Männer transportierten Holz und Palmöl auf chinesischen Schrott-Rädern in die nächstgrößere Stadt. Auf den lokalen Märkten kaufte ich Avocados, Ananas, Melonen, Bananen, Papaya und große Tüten voller Cashew-Kerne. Am liebsten ließ ich mich allerdings von den Kochkünsten der Frauen bezaubern. Ich aß Hähnchen in zarter Knoblauch-Soße und immer wieder gegrillten Fisch, der jeden Gourmet verzückt hätte. Eines Tages traf ich Maria, sie hatte zwar nur Omeletts und Kaffee im Angebot, aber dafür war sie aufreizend frech und stellte mir unverblümt drei Fragen: „Wie heißt du? Woher kommst du? Willst du mich heiraten?" Es war zwar nicht der erste Antrag, den ich von einer afrikanischen Frau bekam, aber er brachte mich wie beim ersten Mal in Verlegenheit.

Die gute Küche und die gute Laune trugen dazu bei, dass ich an manchen Tagen regelrecht über die Straßen flog. Am 24. April übersprang mein Fahrrad-Computer die 30.000-Kilometer-Marke und am Tag darauf erreichte ich Vilanculos, wo ich ein paar Tage blieb und mich mit einem Boot zum Schnorcheln auf den Bazaruto-Archipel bringen ließ. Zurück auf dem Festland, bog ich ins Landesinnere ab und radelte durch bergige Landschaften nach Malawi. Noch ehe ich die Grenze erreichte, riefen mir die Menschen plötzlich wieder „Mzungu" entgegen. Im Kongo waren mir die Rufe manchmal zu viel gewesen, jetzt ging mir das Herz auf – zumindest für ein paar Tage. Dann ereilte mich unerwartet ein neuer Afrika-Koller. Kaum hatte ich die Grenze nach Malawi überschritten, wurde ich urplötzlich wieder mit tausendfachen „Give-me-money"-Rufen bombardiert.

Sobald ich morgens auf dem Fahrrad saß und durch die Dörfer fuhr, ging das Geschrei los, den ganzen Tag, von allen Seiten, von Jung und Alt, immer nur ein Ruf: „Manni, manni, manni!" Am Anfang schmerzte es nur in den Ohren, danach tat es in den Beinen weh und schließlich auch im Herzen. Mir verging erst der Spaß am Fahrradfahren, irgendwann aber auch die Freude an den Begegnungen mit den Menschen. Ich war müde von diesem Geschrei, hatte keine Kraft mehr, es zu ertragen – und auch keine Lust mehr, nach Verständnis zu suchen. Mein Nerven- und Geduldskostüm war so angeschlagen, dass ich kaum noch in der Lage war, mich zusammenzureißen und meine Aggressionen zu beherrschen. In Balaka wimmelte ich mehrere Halbstarke, die mit einem „White man, give me money" auf mich zukamen, so brüsk ab, dass es fast zu einer Schlägerei gekommen wäre. Wenn ich durch die Dörfer fuhr und die Kinder mir schreiend mit „Manni, manni, manni" nachrannten, drehte ich mich um und brüllte ihnen auf Deutsch Schimpf und Schande ins Gesicht. Wenn Erwachsene „Give me money" gellten, zeigte ich ihnen den Mittelfinger. Ja, ich war ekelhaft – so ekelhaft, dass ich mich alsbald vor mir selbst ekelte: Ich konnte eines Tages meinen eigenen Schweiß nicht mehr riechen und beim Gestank meiner versifften Klamotten wurde mir übel. Zwischenzeitlich verfluchte ich sogar Unabänderliches: Wenn ich einen Berg hinaufschnaufen musste, empfand ich das als eine topografische Unverschämtheit, Regen betrachtete ich als meteorologische Provokation und Gegenwind als afrikanische Verschwörung.

Dass mir die Menschen in Malawi auch freundlich begegneten, änderte nichts an meiner explosiven Grundstimmung und dass ich mich meiner schämte, half mir ebenso wenig. Selbst längere Ruhephasen vom Fahrradfahren führten kaum zu Entlastung; sie führten höchstens dazu, dass es mir immer schwerer fiel, wieder in den Sattel zu steigen. Zu guter Letzt musste ich auch noch einsehen, dass mir selbst Gespräche mit Weißen keine neuen Impulse mehr schenkten. Es war immer ähnlich: Entwicklungshelfer klagten zumeist tief ernüchtert über bürokratische Hemmnisse und ineffiziente Strukturen. Touristen sprachen ständig von „so poor, so kind, so nice, so beautiful!"

Als ich das Südufer des Malawi-Sees erreichte, wusste ich von einem Tag auf den anderen, dass meine Reise zu Ende war. Ich war komplett ausgebrannt, oder anders gesagt: Ich war nach fast zwei Jahren so vollgepumpt mit Afrika wie ein Luftballon, in den nichts mehr hineinpasste und der bei der kleinsten Berührung zu platzen drohte. Ich dachte noch einmal darüber nach, mit dem Flugzeug nach Asien zu fliegen und meine Reise dort fortzusetzen. Aber das wäre für mich nicht stimmig gewesen. Ich war zu müde. Vielleicht würde ich eines Tages noch durch Asien radeln, aber jetzt war es an der Zeit ein Kapitel abzuschließen, ehe ich das nächste begann. So beschloss ich, in einem letzten Kraftakt bis zum Kilimanjaro zu radeln. Ich wollte den höchsten Berggipfel Afrikas besteigen und meine Reise danach beenden.

Um mir weitere „Manni, manni, manni"-Rufe zu ersparen, bestieg ich ein kleines Schiff namens „Ilala", das mich über den Malawi-See nach Norden brachte. Im Vergleich zu meinen Bootsreisen auf dem Niger und dem Kongo war der dreitägige Ausflug über den Malawi-See ausgesprochen luxuriös. Es gab ein kleines Bord-Restaurant, in dem ich mir abends eine warme Mahlzeit gönnte. Und es gab eine kleine Bar, an der ich mir das eine oder andere kalte Bier abholte, vielleicht waren es auch drei oder vier. Ich saß stundenlang auf Deck und stierte über das glitzernde Wasser in Richtung Küste. Wir kamen an ungezählten Dörfern vorüber. An den Ufern sah ich Kinder in Einbäumen, Frauen beim Wäsche waschen und Männer, die mit kleinen Booten auf Fischfang gingen. Es war so idyllisch, dass ich meine Entscheidung die Reise zu beenden ein ums andere Mal hinterfragte. Eine kleiner Mann im Ohr flüsterte dann immer: „Ja, ja. Aus der Ferne sieht vieles idyllisch aus!"

Am Malawi-See

TANSANIA (km 31.602 – km 33.726)

Handys statt Buschtrommeln

Vom Norden Malawis waren es knapp 1500 Kilometer bis zum Kilimanjaro. Mich packte ein neuer Fahrrad-Rausch. Ich hatte meine Reise innerlich beendet und nur noch das Ziel vor Augen, den höchsten Berg Afrikas zu erreichen. Von morgens bis abends „fraß" ich die Kilometer in mich hinein und legte kaum einen Ruhetag ein. Ging es bergauf (und das ging es oft), sagte ich mir: „Das ist dein Training für den Kilimanjaro!" Blies mir irgendwo ein fürchterlicher Gegenwind entgegen (auch das gab es oft) war es: „Training für den Kilimanjaro!" Eisige Kälte? „Training!" Holprige Schotterpisten? „Training!" Hitze und Sand? „Training!"

Die „Give-me-money"-Rufe ließen in Tansania nach, aber es gab sie weiterhin, oft wurden sie jedoch nicht mehr direkt vorgetragen. Eines Tages kamen beispielsweise drei junge Massai in traditionellen Gewändern auf mich zu und fragten, ob ich nicht ein Foto von ihnen machen wolle, das würde mich auch nur fünf US-Dollar kosten. Ich saß gerade an einer Garküche und antwortete: „Danke, nein! Kein Interesse!" Die drei schlenderten weiter und setzten sich an einen kleinen Nebentisch. Zwei von ihnen begannen gelangweilt, mit ihren Handys zu spielen und hätten sie nicht diese traditionellen Gewänder getragen, hätte die Szene ohne weiteres in Berlin, Paris oder Madrid spielen können.

Handys statt Buschtrommeln – auch das war ein Teil der afrikanischen Wirklichkeit im angehenden 21. Jahrhundert. Man kann den Teufel an die Wand malen und darüber schimpfen, dass die Mobilfunk-Unternehmen Afrika inzwischen so fest in der Hand haben wie es die einstigen Kolonialmächte mit tausenden Soldaten nie schafften. Und man mag sich darüber aufregen, dass diese Unternehmen den Menschen mehr Geld aus den Taschen ziehen als es die schlimmsten Heilsprediger fertigbringen. Doch wie sagte der Soldat in Kisangani zu mir: „Wer bist du Mzungu, dass du dich beschwerst?" Recht hat er: In Deutschland haben schon Sechsjährige ein Handy und es gibt kaum noch einen Haushalt ohne Computer und Internet-Flatrate. Und die Wahrheit ist auch: Wir haben im fernen Europa nie die afrikanischen Buschtrommeln Alarm schlagen hören, aber wir haben die Handybilder des arabischen Frühlings gesehen. Die Verbreitung des Mobilfunkmarktes in Afrika darf deshalb auch zuversichtlich stimmen. Die Welt rückt enger zusammen, Informationen gelangen schneller von A nach B, es kommt zu mehr Kommunikation und Transparenz, und vielleicht auch zu einem besseren Verstehen und voneinander Lernen. Nicht zuletzt ist der Mobilfunkmarkt auch ein Indikator für eine wie auch immer geartete wirtschaftliche Entwicklung. Handys sorgen für Arbeitsplätze und Einkommen, nicht nur beim geschulten Personal in den Außenstellen der großen Mobilfunkunternehmen, sondern auch auf Afrikas Straßen. Fliegende Händler bieten überall in größeren und kleineren Städten neue oder alte Geräte zum Kauf an; es gibt Handy-Reparatur-Werkstätten und selbst in entlegenen Gebieten garantieren die mit Stromgeneratoren betriebenen Handy-Ladestationen den Besitzern ein wenig Geld. Dazu kommt das ausgefeilte Prepaid-Karten-System. Ich sah tausende Kleinstunternehmer, die für die verschiedenen Mobilfunk-Anbieter Gutscheine für neue Gesprächsminuten verkauften. Ihr Geschäft brachte ihnen nicht mehr als einen Hungerlohn ein, aber darauf angesprochen, sagte eine Frau zu mir: „Ich habe keine Wahl, denn ich habe keine Ausbildung. Aber meine Kinder gehen zur Schule, eines Tages wird es ihnen besser gehen!"

In einer überspitzten Schlussfolgerung bedeutete das alles: Ein Land ohne Handys ist ein Land ohne wirtschaftliche Entwicklung, ohne Perspektive und ohne Hoffnung; es ist ein Land, abgekoppelt von der Welt. Meinen Beobachtungen zufolge waren die meisten Staaten in Afrika dabei, diese Isolation zu überwinden. Dass ich Länder wie Guinea, Sierra Leone oder den Kongo kennenlernte, auf die das jedoch nicht zutraf, ist möglicherweise das eigentlich Erschreckende. Doch die Geschwindigkeit, mit der sich der Mobilfunkmarkt in den vergangenen Jahren entwickelt und verbreitet hat, wird auch diese Länder ergreifen. Und vielleicht gibt es dann irgendwann kein Halten mehr und mit den Handys fließen plötzlich auch die Investitionen nach Afrika, zum Wohle aller, in einem auf Ausgleich orientierten Wirtschafts- und Sozialsystem. Sicher, es hört sich mehr nach einem Traum an, aber dann ist es wenigstens ein schöner Traum: Afrika, der schlafende Riese, erwacht! Und wer ihm jemals wieder Bonbons anbieten will, den lacht er aus!

Jackson und sein Team

Ende Mai 2010 erreichte ich die kleine Stadt Moshi, die am Fuße des Kilimanjaro liegt. Die Bergsteiger-Saison hatte noch nicht begonnen und so wirkte die Stadt trotz einiger Touristen noch recht ruhig und beschaulich. Für gewöhnlich wird der Kilimanjaro als der höchste Berg Afrikas bezeichnet. Doch genau genommen steht der Begriff Kilimanjaro nicht für einen einzelnen Berg, sondern für ein vulkanisches Hochgebirgsmassiv mit drei nebeneinander aufragenden Bergkegeln. Der mittlere dieser drei ist der höchste und heißt Kibo. Wer also den höchsten Berg Afrikas besteigt, klettert dem Namen nach nicht auf den Kilimanjaro, sondern auf den 5895 Meter hohen Kibo. Seine Erstbesteigung fand nach diversen Fehlversuchen Ende des 19. Jahrhunderts während der deutschen Kolonialzeit statt. Tansania, ehemals Tanganjika, war damals Teil von „Deutsch-Ostafrika“. Gemeinsam mit dem Österreicher Ludwig Purtscheller und dem einheimischen Bergführer Yohani Kinyala Lauwo erreichte der aus Thüringen stammende Afrikaforscher Hans Meyer am 6. Oktober 1889 den Gipfel und taufte ihn im patriotischen Überschwang „Kaiser-Wilhelm-Spitze“. Daheim im Kaiserreich herrschte Begeisterung. Die Lehrbücher an den Schulen wurden kurzerhand umgeschrieben, und im Unterricht wurde fortan verkündet, der höchste Gipfel auf „deutschem Territorium“ sei nicht die Zugspitze, sondern die Kaiser-Wilhelm-Spitze in Afrika. Tansania ging im Ersten Weltkrieg in britische Kolonialherrschaft über und nach der Unabhängigkeit im Jahr 1961 wurde die Kaiser-Wilhelm-Spitze in „Uhuru Peak“ umbenannt, „Gipfel der Freiheit“. Heute ist dieser Freiheits-Gipfel Anziehungspunkt für tausende Bergsteiger aus aller Welt, von denen die meisten so daherkommen wie ich: Sie haben keine ernstzunehmende Erfahrung mit dem Bergsteigen, glauben aber, den höchsten Gipfel Afrikas könne man ja mal versuchen.

Am Tag nach meiner Ankunft in Moshi klapperte ich diverse Bergsteiger-Agenturen ab, um mich darüber zu informieren, wie ich meinen angedachten Aufstieg zum Uhuru Peak in Angriff nehmen könnte. Ein paar Dinge wurden mir im Zuge meiner Recherchen ziemlich schnell klar. Erstens konnte ich keine Solo-Besteigung starten, sondern brauchte einen Bergführer. Zweitens würde solch eine geführte Tour recht teuer werden. Und drittens machten mir alle Bergsteigeragenturen deutlich, dass ich keinesfalls mit meinen leichten Halbschuhen den Gipfel erklimmen könnte. Ich musste mir also in einem Geschäft gebrauchte Bergsteiger-Stiefel und andere Ausrüstung mieten: Rucksack, Daunenjacke, dicker Schlafsack, Stirnlampe etc. Zu guter Letzt begriff ich auch noch das eigentliche Problem der Besteigung. Der Aufstieg zum höchsten Gipfel Afrikas ist vom Routenverlauf nicht sehr schwer. Das Problem ist auch nicht unbedingt die Höhe an sich. Das wirkliche Risiko besteht vielmehr in der Geschwindigkeit, mit der man dem Körper die Höhenanpassung zumutet – und da kommen dann wieder die Kosten ins Spiel. Jeden Tag, den man zur Akklimatisation in den Bergen verbringen möchte, muss man nämlich wegen immens hoher Nationalparkgebühren teuer bezahlen. Anders gesagt: Je kürzer die Tour, desto billiger, aber auch gefährlicher. Ich entschied, mir zur Akklimatisierung einen extra Tag zu gönnen. Außerdem engagierte ich ein komplettes Team nur für mich. Erstens wollte ich mein eigenes Tempo laufen, zweitens hatte ich Bedenken, europäische Möchtegern-Abenteurer ertragen zu müssen, wie sie mir seit Namibia in unterschiedlichster Ausprägung immer wieder begegnet waren. Der Aufstieg zum höchsten Gipfel Afrikas sollte für mich das Ende einer großartigen Reise werden und kein sozio-kulturelles „Re-Integrationsprogramm“. Diese Herausforderung hob ich mir für die Zeit nach meiner Rückkehr nach Deutschland auf.

„Mein Team" bestand aus fünf Männern. Der Chef war Jackson. Er war Mitte zwanzig, hatte ein stilles Gemüt und ein ähnlich herrlich breites Grinsen wie Joseph im Kongo. An seiner Seite hielt sich Faustin, der als Bergführer ausgebildet werden sollte und gerne Geschichten erzählte. Dazu kamen drei Träger, unter ihnen Najun, der auch fürs Kochen zuständig war und damit automatisch für das seelische Wohl unserer Truppe sorgte. Das Leben eines Trägers am Kilimanjaro ist hart. Die jungen Männer tragen für die Hobby-Bergsteiger Zelte, Essen und Ausrüstung auf Schultern und Kopf den Berg hinauf, einige schleppen dabei 40 bis 50 Kilogramm. Sie marschieren zwar nicht bis zum Gipfel, aber doch bis zum Basis-Camp auf über 4600 Meter Höhe. Dabei gehen sie nicht behutsam bergauf, sondern rennen fast, denn ihre Aufgabe ist es, morgens – sobald die Hobby-Bergsteiger von einem Übernachtungscamp losgewandert sind – die Zelte abzubrechen, die Wanderer

Träger am Kilimanjaro

unterwegs zu überholen und rechtzeitig vor deren Ankunft im nächsten Camp die Zelte wieder aufzubauen. Als ich einige Veranstalter fragte, was ein Träger in Anbetracht der körperlichen Anstrengungen und Gesundheits-Risiken verdient, wurde mutig gelächelt und gnadenlos geschwiegen. Auch Jackson, Faustin und die anderen in meinem Team verschwiegen mir ihr Honorar – vermutlich, weil ihre Agentur ihnen verboten hatte, über Geld zu sprechen. Bei einem Small-Talk mit anderen Trägern erfuhr ich jedoch, dass diese etwa fünf Euro pro Tag erhielten.

Die Machame-Route

Unsere Tour begann am 4. Juni. Wir brachen morgens bei strömendem Regen in Moshi auf. Schon die Tage zuvor war es fortwährend bedeckt gewesen und so hatte ich die drei Gipfel des Kilimanjaro noch nicht ein einziges Mal zu Gesicht bekommen. Meine Vorbehalte, bei schlechtem Wetter in die Berge zu steigen, wurden entkräftet; man erklärte mir, die Wolken hängten ziemlich tief und auf etwa 3500 Meter Höhe würden wir sie unter uns zurücklassen.

Es gab offiziell sechs verschiedene Wanderrouten zum höchsten Gipfel Afrikas. Ich hatte mich für die Machame-Route entschieden, weil man sie mir als eine der landschaftlich abwechslungsreichsten beschrieben hatte. So fuhren wir nun mit einem Geländewagen zum Ausgangspunkt der Wanderung, zum „Machame-Gate", erledigten ein paar Formalitäten am Checkpoint der Nationalpark-Verwaltung und marschierten los. Der Regen hatte inzwischen merklich nachgelassen und ich hoffte, er würde auch nicht wieder stärker werden, denn ich wollte so ziemlich alles, nur keine nassen Schuhe, nicht am ersten Tag der Wanderung. Ich trug meine Halbschuhe und hatte die Absicht, diese – wenn irgendwie möglich – erst am Gipfeltag gegen die geliehenen, nicht optimal passenden Bergsteigerstiefel einzutauschen. Das trübe Nieselwetter passte ausgezeichnet zur Vegetation an diesem ersten Wandertag. Wir liefen eingehüllt von Nebelschwaden in einem diffusen Licht durch einen feuchten, nasskalten Regenwald auf einem immer schmaler werdenden Bergpfad aufwärts. Links und rechts des Weges standen versteinerte Riesen, von graugrünen Flechten umschlungen. Lianen baumelten von den Ästen herab, und von den Blättern der Baumkronen fielen dicke Wassertropfen zu Boden. Es roch modrig, und immer wieder plätscherte zwischen großen Farnen ein kleiner Bergbach über moosbedecktes Gestein in die Tiefe. Gegen Nachmittag lichtete sich der dunkle Regenwald langsam hinter uns und wir kamen mehr und mehr in eine Art Heidelandschaft. Der Nebel blieb indes auch hier hartnäckig, so dass mir der Blick auf den höchsten Gipfel Afrikas weiterhin verwehrt blieb.

Am frühen Abend erreichten wir das erste Übernachtungscamp, das bereits auf knapp 3000 Meter Höhe lag. Als wir ankamen, wurde mir in Erinnerung gerufen, dass ich nicht der einzige war, der den Gipfel zu besteigen versuchte. Unterwegs hatte ich zwar nur eine Gruppe Wanderer getroffen, doch jetzt sah ich, dass im Camp an die 30 Zelte aufgebaut wurden. Da sich die Machame-Route in ihrem Verlauf mit fünf anderen Wanderrouten vereinigte, ahnte ich bereits, dass an den kommenden Abenden mit immer mehr Zelten und immer mehr Bergsteigern zu rechnen war.

Das Zelt, das man für mich aufgebaut hatte, war ausgesprochen komfortabel. Es besaß einen überdachten Vorraum, in dem ein kleiner Klapptisch und ein Hocker bereit standen. Überdies war es eigentlich für zwei Personen gedacht, so dass ich viel Platz hatte. Ich legte meine Isomatte und meinen Schlafsack aus, wechselte meine Klamotten und holte auch die dicke Daunenjacke hervor, die ich mir geliehen hatte. Abends auf 3000 Meter Höhe wird es ohnehin recht kühl, zudem war da noch immer dieser eisige Nebel, der mich allein beim Anblick frieren ließ. Eingemummelt in meine Daunenjacke trank ich einen heißen Tee. Zu Najuns Gute-Laune-Service gehörte es, immer eine Thermoskanne mit dampfendem Wasser parat zu haben. Sie stand nebst löslichem Kaffee und Teebeuteln sowie Plätzchen oder Popcorn zu jeder Zeit auf dem kleinen Tisch im Vorzelt für mich bereit. Nachdem ich zwei Tassen getrunken hatte, lief ich ein wenig aus dem Camp heraus und folgte einem kleinen Bergpfad durch die Heidelandschaft aufwärts, in der vergeblichen Hoffnung, den Nebel zu überlisten und einen Blick auf den Uhuru Peak zu erhaschen. Als ich zum Zelt zurückkam, tischte Najun das Abendmenü auf. Als Vorspeise gab es eine heiße, cremige Lauchsuppe, als Hauptgericht Rindfleisch in zarter Soße mit Kartoffeln und Gemüse, zum Nachtisch Schokolade und einen Apfel. Besser hätte es nicht sein können. Nach dem Essen war es bereits dunkel. Ich legte mich in den Schlafsack, las mit Hilfe einer Trekkinglampe noch ein paar Seiten aus der zerfledderten englischen Ausgabe des Romans „Die Päpstin", den ich mir aus zweiter Hand in Moshi besorgt hatte, löschte aber schon bald das Licht und schlief gut genährt und zufrieden ein.

Am nächsten Morgen war es weiterhin neblig, trüb und kalt. Zum Frühstück gab es ein Omelett, dazu Kaffee, Brötchen, Margarine und Marmelade. Gegen 9 Uhr brachen Jackson, Faustin und ich dann wieder auf, während sich die anderen um Zelte und Gepäck kümmern mussten. Nach etwa zweistündiger Wanderung

Im Hintergrund der Mount Meru

löste sich der Nebel zunehmend auf und wenig später ließen wir wie vorhergesagt die milchigen Schwaden unter uns zurück. Das Gefühl war so ähnlich als würde man mit dem Flugzeug nach dem Start durch die Wolkendecke stoßen. Plötzlich ist es hell, der Himmel blau, die Sonne brennt und die Wolken, die von unten grau und verdreckt aussehen, sind von oben weiß und rein. Zum ersten Mal sah ich nun den höchsten Berg Afrikas mit seinen imposanten Ausmaßen vor mir aufragen, und blickte ich zurück über das Tal, aus dem wir aufgestiegen waren, erkannte ich in der Ferne den 4566 Meter hohen Mount Meru, der sich wie eine kegelförmige Insel aus dem leuchtend weißen Wolkenmeer erhob. Aus der Ferne sah er fast noch majestätischer aus als der vor mir liegende Kibo, denn während der Vulkan des Mount Meru sehr ebenmäßig wirkte und spitz zuzulaufen schien, machte der Gipfelbereich des Kibo einen vergleichsweise klobigen und fast monströsen Eindruck. Sein Vulkankrater zog sich extrem in die Breite, die gesamte Kegelspitze schien darin zusammengestürzt zu sein. An den Bergflanken glitzerten einige Schnee- und Eisflächen, ansonsten dominierte ein furchteinflößendes dunkles Vulkangestein. Beim Anblick dieses wuchtigen und sehr ausladenden Gebirgsmassivs konnte ich mir beim besten Willen weder vorstellen, wo dort oben der eigentliche Gipfel sein sollte noch wo ein Aufstiegspfad entlangführen könnte.

Der dritte Wandertag war jener, den ich mir als zusätzlichen Tag zur Akklimatisation verordnet hatte. Dabei gingen Jackson und ich zum ersten Mal bis auf über 4600 Meter und legten auf einer felsigen Anhöhe bei strahlendem Sonnenschein eine Mittagspause ein. Wir saßen im Halbschatten eines mächtigen Felsens und packten unsere Lunch-Pakete aus. Jackson fragte, wie ich mit der Höhe klarkäme und ich antwortete: „Alles bestens!", denn ich hatte nicht die geringsten Probleme. Vom Rastplatz hatten wir einmal mehr einen freien Blick auf den Kibo. Nachdem wir ihm immer näher gekommen waren, sah er nun nicht mehr wie ein breit aufgerissener Vulkan, sondern eher wie eine gezackte Felswand aus, und obwohl es dank der Sonne warm war, fröstelte mir als ich den Wind an dieser Felswand entlangjaulen hörte.

Nach gut einstündiger Pause stiegen wir wieder in tiefere Lagen hinab und erreichten gegen Nachmittag das Barranco-Camp auf knapp 4000 Meter Höhe. In diesem Lager trafen vier Aufstiegsrouten zum Uhuru Peak zusammen und abends standen auf dem Hochgebirgsplateau so viele Zelte, dass ich erst gar nicht mehr versuchte, sie zu zählen.

Am nächsten Morgen machte sich eine lange Karawane aus vielleicht hundert Hobby-Bergsteigern und etwa 300 Trägern auf den Weg, eine steile Felswand zu erklimmen, die Barranco-Wall. Sie ist die letzte größere Herausforderung bevor man das eigentliche Basiscamp erreicht. Jackson und ich liefen im Vergleich zu den anderen recht spät los. Er meinte, wir seien bisher immer recht zügig unterwegs gewesen, da sollten wir uns an der Felswand nicht in den Stau begeben, sondern lieber noch etwas abwarten. Ich beobachtete eine Weile, wie die Menschen ameisengleich die dunkle Wand hinaufmarschierten, und schließlich gingen auch wir los. Der schmale Pfad, der die Barranco-Wall hinaufführte, war sehr steil und schlängelte sich an einigen Stellen direkt am tiefen Abgrund entlang. Hie und da musste ich meine Finger in Felsritzen klammern, um meinen Körper sicher an vorstehendem Gestein vorbei zu balancieren, doch im Großen und Ganzen kam ich gut vorwärts – und das, obwohl ich noch immer meine leichten Halbschuhe trug.

Um 14 Uhr erreichten wir das Basiscamp, das an Menschenmassen und Zeltaufkommen alles übertraf, was ich die Tage zuvor erlebt hatte. Ich versuchte, mich gedanklich so wenig wie möglich mit diesem Tourismus-Spektakel am Kilimanjaro auseinanderzusetzen – schließlich gehörte ich dazu. Trotzdem: Die Anwesenheit so vieler Menschen, ihre lauten Unterhaltungen und gelegentlichen Schreie von einem Zelt zum anderen, hatten angesichts der majestätischen Bergkulisse unvermeidlich etwas Anstößiges. Für die Chagga, die alteingesessenen Bergbewohner der Region, ist der Kilimanjaro ein ehrwürdiger Ort, ein Heiligtum. *Kilima-njaro* bedeutet in ihrer Sprache „das Haus Gottes", und kaum ein Chagga würde auf die Idee kommen, ungebeten und lauthals schreiend das Haus Gottes zu betreten.

Das Basislager, Barafu-Camp genannt, lag auf etwa 4650 Metern. Zum Gipfel fehlten demnach noch 1245 Höhenmeter. Bis zur Ankunft im Camp an diesem 7. Juni 2010 hatte es keinen einzigen Hinweis darauf gegeben, dass mir die zunehmende Höhe zu schaffen machen würde. Ich hatte zwar gelegentlich etwas Atemnot gehabt, aber das war völlig normal. Ansonsten war ich von sämtlichen Symptomen einer möglichen Höhenkrankheit verschont geblieben: Ich hatte kein einziges Mal Kopfschmerzen gehabt, hatte weder unter Übelkeit noch unter Schwindelgefühlen gelitten und selbst mein Appetit war tadellos geblieben. Auch am Abend vor dem „Gipfelsturm" hatte ich noch einen fast peinlichen Heißhunger. Najun brachte mir eine große Schüssel mit einem köstlich heißen Kartoffel-Eintopf und ich verschlang drei tiefe Teller, ehe ich mir allein aus Erwägungen der Vernunft Einhalt gebot. Nach dem Essen kam Jackson zu mir und fragte mich, wie ich mich fühlte. Ich sagte wie gewohnt: „Alles bestens, ich bin nur ein bisschen nervös!" Wir besprachen die letzten Einzelheiten über den bevorstehenden Aufstieg, der um kurz vor Mitternacht beginnen sollte. Jackson meinte: „Versuch etwas zu schlafen und mach dir keine Gedanken. Ich habe dich beobachtet. Du bist fit. Du wirst es schaffen!"

Auf dem höchsten Gipfel Afrikas

Es war eine schöne Nacht am Kilimanjaro und die ersten zwei Stunden der Wanderung hinauf zum Uhuru Peak verliefen ganz gut. Unser Tempo war hoch – jedenfalls so hoch, dass wir schon sehr bald zwei Bergsteigergruppen überholten, die vor uns losmarschiert waren. Die leichten Schwindelgefühle, die ich zu diesem Zeitpunkt hatte, führte ich darauf zurück, dass ich nur eine Stunde geschlafen hatte und dass ich mit Stirnlampe unterwegs war. Nachts mit Stirnlampe zu laufen, ist ziemlich gewöhnungsbedürftig. Der Kopf ist leicht nach unten geneigt, der Lichtkegel fällt unmittelbar vor die Füße und die Augen konzentrieren sich allein auf den halben Meter, der vor den Füßen ausgeleuchtet wird. Die Sinneswahrnehmung ist unter diesen Bedingungen begrenzt und nur einseitig belastet. Hob ich beispielsweise den Kopf zu ruckartig, um einen Blick in die dunkle Landschaft zu werfen, drohte ich das Gleichgewicht zu verlieren. Hinzu kam, dass wir über zahllose Felsstufen im Zick-Zack steil den Berg hinaufstiegen. Die Serpentinen waren kurz und die Kehren sehr spitz. Manchmal musste ich den gesamten Körper um eine Ecke wuchten, ging zwei oder drei Meter und schlug erneut einen Haken: links, rechts, links, rechts. Bei einem solchen Hin und Her, die Augen ständig auf den Boden ausgerichtet, schien es mir kein Wunder, auch ein wenig Schwindel zu empfinden. Ich hoffte, er würde aufhören, sobald ich ein wenig gelaufen war und mich an die Bedingungen dieser Nachtwanderung gewöhnt hatte. Nach spätestens zwei Stunden ahnte ich, dass sich diese Hoffnung nicht erfüllen würde. Die Schwindelgefühle hörten nicht auf, sondern wurden stärker. Nebenbei bekam ich immer stärkere Magenkrämpfe. Ich sagte mir, dass drei große Teller Kartoffel-Eintopf vielleicht doch ein bisschen zu viel gewesen sein könnten und redete mir ein, die Krämpfe würden durch die körperliche Betätigung wieder verschwinden, denn so kannte ich das vom Fahrradfahren. Ich war morgens oft mit leichten Krämpfen in den Sattel gestiegen, doch nach spätestens einer Stunde hatten sie sich in Luft aufgelöst. Warum sollte das jetzt anders sein?

Um 1.30 Uhr – nach den ersten zwei Stunden unserer Wanderung – schlug Jackson eine kurze Pause vor. Wir setzten uns auf einen Felsen und ich blickte zurück über den steilen Berghang, den wir hochgeklettert waren. In der Tiefe flackerten zahllose Stirnlampen, die wie eine Lichterkette den Hang hinaufschwankten. Um 2.30 Uhr legten wir eine weitere fünfminütige Pause ein. Dabei erklärte mir Jackson, dass wir schon mehr als die Hälfte des Anstiegs geschafft hätten. Kurz bevor wir wieder aufbrachen, fragte er mich wie gewohnt, ob mit mir alles in Ordnung sei, und ich antwortete wie gewohnt: „Alles bestens! No problem!" Die Antwort kam schnell, spontan und mit fester Stimme. Vielleicht kam sie aus Gewohnheit, aber sie war dennoch gelogen. In Wirklichkeit ging es mir von Minute zu Minute schlechter. Ich hatte nicht nur Schwindelgefühle und fortgesetzte Magenkrämpfe, mir war inzwischen auch noch schlecht, extrem schlecht. Alles, was sich die vergangenen vier Tage unserer Wanderung so gut angefühlt hatte, war verschwunden. Noch am Abend war ich trotz aller Nervosität zuversichtlich gewesen, den höchsten Gipfel Afrikas erreichen zu können. Jetzt war ich mir nicht mehr sicher. Ich sah in den wolkenlosen Himmel hinaus, die Sterne leuchteten und die rötlich schimmernde Sichel des Mondes lag auf dem Rücken. Hätte ich die Kraft besessen, hätte ich den Fotoapparat aus meinem Rucksack geholt, aber meine Kraft reichte gerade, um meinen kleinen Höhenmesser aus der Jackentasche zu ziehen: 5367 Meter über Null. Falls die Zahl stimmte, waren es noch über 500 Höhenmeter bis zum Gipfel.

„Alles bestens!" Welch eine Lüge! Ich hätte sie korrigieren können, doch ich schwieg. Ich schwieg, obwohl ich um die Gefahren wusste. Es gab zwar keine offiziellen Zahlen, aber es hieß, dass jährlich etwa 40 Möchtegern-Bergsteiger beim Aufstieg zum Uhuru Peak sterben. Ich war mir sicher, dass es Amateure wie ich sind, die draufgehen. Typen, die nicht einsehen wollen, dass sie nicht mehr können, die jedes Symptom der Höhenkrankheit ignorieren und sich selbst sowie andere anlügen, weil ihre Selbstüberschätzung größer ist als ihre Vernunft. Manch einer – so hörte ich immer wieder – fällt dann plötzlich einfach um: Lungen-Ödem, Hirn-Ödem, tot. Als wir nachmittags im Basis-Camp angekommen waren, hatte ich gesehen, wie gerade jemand auf einer Bahre hinabgetragen wurde. Ich hatte nicht nachgefragt, was geschehen war. Ich wollte es nicht wissen – und lief einfach weiter in die Nacht hinein.

Ja, es war eine schöne Nacht am Kilimanjaro, aber auch eine kalte Nacht, eine eiskalte Nacht. Schon beim Aufstehen hatte mein Thermometer minus vier Grad Celsius angezeigt, und das im Zelt. Draußen am Berg waren die Temperaturen dann auf mindestens minus zehn Grad gefallen, gefühlt minus 15, denn der Wind pfiff erbarmungslos um die Felsen. Meine Augen tränten, meine Nase lief und meine Hände waren unempfindliche Eisklumpen geworden. Meine Füße spürte ich dagegen noch. Aber das, was ich spürte, war nicht angenehm. Sie steckten zum ersten Mal in den geliehenen Bergsteigerstiefeln und dankten es mir mit Blasen: jeder Schritt ein Schmerz. Dass die Schuhe nicht richtig passten, war allerdings mein kleinstes Problem. Sehr viel größere Sorgen bereiteten mir Schwindel, Magenkrämpfe und Übelkeit, die sich immer weiter verstärkten. Manchmal blieb ich für einen Moment stehen, hob ganz langsam den Kopf und versuchte irgendwo über mir den ersehnten Gipfel zu entdecken. Doch ungeachtet sternenklarer Verhältnisse sah ich nichts weiter als eine schwarze Wand und die dunkle Silhouette eines riesigen Berg-Ungetüms vor mir aufragen. Ein Ungetüm, das nicht kleiner werden wollte und meinen Schwindel noch größer werden ließ. Wenn ich mich nach solchen Sekundenpausen wieder in Bewegung setzte, wurde mir jedes Mal speiübel. Ich hämmerte mir ein: „Du darfst dich nicht übergeben! Bloß nicht! Sonst werden deine Beine zu Pudding und dann ist Ende: Schluss, aus, vorbei!" Ich versuchte mir Mut und Zuversicht einzureden, bildete mir ein, dass ich allein mit Hilfe meines Willens Übelkeit und Schwindel überwinden könnte – und falls das nicht gelänge, würde ich sie eben unterdrücken oder einfach ertragen. Zwischenzeitlich hörte ich, dass auch Jackson schwer atmete, auch er schien zu kämpfen, und das beruhigte mich ein wenig.

Wir wurden immer langsamer und ich bemerkte, wie meine Beine zeitverzögert auf die Befehle aus dem Kopf reagierten. Wenn ich mein rechtes Bein aufforderte, sich auf eine Felsstufe zu heben, dauerte es jedes Mal noch eine ganze Weile, bis ich gleichsam unbeteiligt beobachten konnte, wie sich das Bein in Zeitlupe langsam hob. Die Verbindung zwischen Kopf und Körper schien unterbrochen, die Kontrolle in Gefahr, die Wahrnehmungsfähigkeit gestört. Ich starrte stumpf zu Boden, aber ich begriff nicht, was ich sah. Meine Beine schleppten meinen Körper aufwärts, aber sie wussten nicht warum. Die Blasen an den Füßen schmerzten, und jede Felsstufe wurde zu einem Kraftakt, aber ich ging über sie hinweg. Mir war schwindelig, aber ich ignorierte es. Magenkrämpfe und Übelkeit waren kaum noch zu unterdrücken, aber ich schluckte hinunter, was heraus wollte. Als ich den Geschmack von Magensäure im Mund bemerkte, kam ich für kurze Zeit wieder zu mir. Ich versuchte, meine Atmung und den Würgereiz zu beherrschen und war mir doch sicher, jeden Moment zu kollabieren oder beim nächsten Schwindelanfall das Gleichgewicht zu verlieren, nach hinten umzukippen und den Steilhang hinabzustürzen. Ich hielt es für völlig ausgeschlossen, dass ich den Gipfel noch erreichen würde, aber das war auch nicht mehr wichtig. Jemand rief mir zu: „Du musst kämpfen, weitergehen und kämpfen. Reiß dich zusammen. Konzentrier' dich auf den Lichtkegel vor deinen Füßen!" Und ich antwortete: „Lass mich in Ruhe, du Irrer. Ich habe keine Lust mehr. Ich bin müde, ich will kotzen und schlafen. Nie wieder Übelkeit, nie wieder Schwindel, nie wieder Aufwachen." Ich war mehr als angeschlagen, taumelte wie ein Boxer durch den Ring und wartete auf den Gong, der diesen Kampf beendete, denn mir war klar: „Noch ein Schlag und du stehst nicht wieder auf!" Blut tropfte aus meiner Nase.

Der Mond war inzwischen höher gestiegen und seine Sichel schimmerte nicht mehr rötlich, sondern weiß. Vor mir tauchte das Bild meiner Mutter auf. Sie stand am Ende eines dunklen Raumes in der offenen Tür, hinter ihr gleißendes Licht. Ich konnte sie aufgrund der Lichtverhältnisse kaum erkennen, aber ich wusste, noch ehe ich ihre Stimme hörte, dass sie es war. Sie sagte: „Da bist du ja!", so, als habe sie schon eine ganze Weile auf mich gewartet.

Nein! Noch nicht! Nicht in dieser Nacht am Kilimanjaro! Ich hatte ein Versprechen einzulösen. Ich hatte versprochen, auf mich aufzupassen. Ich hatte es meinem Vater versprochen, meinen Schwestern und meinen Freunden. Ich bat Jackson um eine Pause. Wir setzten uns still in die Dunkelheit, hockten nebeneinander auf einem schmalen Felsvorsprung und starrten zum Mond. Nach einer Weile fragte mich Jackson, was los sei. Ich hatte ihn in den gemeinsamen Tagen unserer Wanderung noch nie um eine Pause gebeten und hatte voller Energie jeden Anstieg genommen. Nun hörte ich mich sagen, ich sei müde. Jackson schwieg, während ich in Gedanken alle Informationen abrief, die ich über die Höhenkrankheit kannte, um sie mit meinem Zustand zu vergleichen.

Nachdem ich das Gefühl hatte, ewig nachgedacht zu haben, beschloss ich, Entwarnung zu geben. Übelkeit und Schwindel quälten mich seit über vier Stunden, aber ich hatte mich weder übergeben noch war ich in Ohnmacht gefallen. Außerdem hatte ich keine übermäßigen Kopfschmerzen, meine Atemnot war nicht schlimmer als die von Jackson und aus der Nase tropfte kein Blut mehr. Solange ich noch etwas Kraft in den Beinen spürte, solange ich Jackson um eine Pause bitten und meinen Höhenmesser aus der Tasche ziehen konnte, solange war ich noch bei Sinnen und würde weitergehen. Ich sah zu Jackson. Er stierte noch immer in die Nacht hinaus. Möglicherweise dachte er über meinen Zustand nach, vielleicht auch über seinen eigenen. Ich hatte gehört, dass auch Bergführer und Träger beim Aufstieg zum Uhuru Peak sterben, die Rede ist von bis zu 30 Toten pro Jahr. Als Jackson nun seinen Kopf zu mir drehte, entkrampfte ich meine vereisten Gesichtszüge, um ihn anzulächeln. Er grinste mit diesem herrlich breiten Joseph-Grinsen zurück und sagte: „Bis zum Stella-Point ist es nicht mehr weit, und von dort bis zum Gipfel sind es nur noch 45 Minuten!"

Wir standen langsam auf und schlürften dem Stella-Point entgegen. Die Füße hoben wir nur noch an, wenn es über eine Felsstufe ging. Ansonsten zogen wir sie schleifend über den Boden, über ein staubiges Geröll aus Vulkangestein, Schotter, Kies und Erde. Kein Schritt war größer als eine Schuhlänge, 30 bis 40 Zentimeter. Ich war in meinem ganzen Leben noch nie so langsam gelaufen. Meine Übelkeit und meine Schwindelgefühle waren zwar nicht verschwunden, aber die Magenkrämpfe waren plötzlich verflogen. Am Rand tauchten zwischen den Felsen und Gesteinsbrocken immer mehr Eisschollen auf. Sie gaben mir das Gefühl, höher zu kommen, immer höher, immer näher ans Ziel. Um kurz nach 5 Uhr erreichten wir den 5745 Meter hohen Stella-Point und legten noch einmal eine kleine Pause ein, dann ging es weiter. Ich trottete Jackson nach und geriet bereits in Hochstimmung. Auch wenn ich körperlich völlig erschöpft war, wusste ich jetzt, dass ich es schaffen würde. Der Weg führte im Vergleich zu den vorangegangenen Stunden nur noch sanft bergauf. Links und rechts glänzten Gletscher in der Dunkelheit. Jackson schien zwischenzeitlich die Orientierung verloren zu haben. So gingen wir noch einmal ein paar Schritte zurück, balancierten an einem Abgrund vorbei, liefen über eine Eisfläche und gelangten auf einen anderen Weg, links und rechts wieder Gletscher. Plötzlich kamen uns vier Bergsteiger entgegen. Sie hatten den Gipfel schon erreicht und befanden sich bereits auf dem Rückweg. Ich trat zur Seite, um sie auf dem schmalen Pfad vorbeizulassen. Wir sahen uns in die Augen, doch zum Grüßen fehlte uns allen die Kraft.

Es war 6 Uhr, noch immer dunkel, aber die Nacht ging zu Ende. Und dann, wie aus dem Nichts, stand mit einem Mal das lang ersehnte Schild vor mir. Drei schwarze Balken, gelbe Schrift: Congratulations. You are now at Uhuru Peak, Tanzania, 5.895 m. Africa's highest point. World's highest free-standing mountain. Jackson drehte sich zu mir um, reichte mir die Hand und sagte: „Welcome!" Ich griff nach seiner Hand und umarmte ihn. Vor Freude und Erschöpfung schossen mir ein paar Tränen in die Augen. Wir hatten sechseinhalb Stunden gebraucht, sechseinhalb

Stunden, um von 4650 m auf 5895 m zu kommen, sechseinhalb Stunden für nicht einmal fünf Kilometer. Unfassbar.

Ich kramte in meinem Rucksack nach dem Fotoapparat und drückte ihn Jackson in die Hand. Anschließend zog ich mir Kapuze und Mütze vom Kopf und stellte mich vor die drei schwarz-gelben Balken. Wir blieben höchstens fünf Minuten am Gipfel, denn es war eiskalt und der Wind drohte uns zu Eissäulen erstarren zu lassen. Es war noch immer dunkel, als wir den Gipfel verließen. Wir liefen zurück in Richtung Stella-Point, genau gen Osten, und von einer Sekunde auf die andere wurde es schlagartig hell. Direkt vor uns stieg die Sonne aus dem weißen Wolkenmeer empor. Eis und Gletscher leuchteten auf, erst glitzerten sie rötlich, wenig später weiß und kurz darauf war die Welt nur noch in gleißendes Licht getaucht. Vor mir lag ein neuer Tag, ein neuer Tag in Afrika, ein Tag am *kilima-njaro*. Ja, ich würde alle wiedersehen: meine Freunde, meine Schwestern, meinen Vater und eines Tages auch meine Mutter. Was für eine wunderbare Reise, das Leben!

NACHWORT

Juli 2010: Nach meinem Abstieg vom Kilimanjaro pflegte ich einige Tage meine Blessuren. Mein linkes Knie war geschwollen und außer den Blasen an den Füßen hatte ich mir wegen der zu kleinen Bergsteigerstiefel einen Bluterguss unter meinem rechten, großen Zehennagel eingehandelt. Als der Bluterguss ausgetrocknet war und der Nagel leicht wackelte, nahm ich eine Zange und zog ihn aus dem Nagelbett heraus. Zu diesem Zeitpunkt befand ich mich bereits auf dem Weg zur Urlaubsinsel Sansibar, wo ich die letzten zwei Wochen meiner Reise verbrachte. Ich fuhr die gesamte Insel mit dem Fahrrad ab und fühlte mich dabei schon fast als gewöhnlicher Tourist, denn es gab dort so viele Urlauber, dass ich selbst auf dem Fahrrad fahrend kaum noch auffiel. In einem Gartenrestaurant hörte ich eines Abends dem Gespräch eines deutschen Ehepaares zu. Die beiden waren offenbar gerade erst auf Sansibar eingetroffen und überlegten, ob sie Fisch und Salat bestellen sollten, hatten jedoch vor möglichen Verunreinigungen und Magenverstimmungen Angst. Ich drehte mich zu ihnen um und sagte: „Verzeihen Sie, ich verstehe Ihre Bedenken. An Straßenrestaurants würde ich vorsichtig sein, aber Sansibar ist eine Urlaubsinsel und dies hier ist ein gutes Restaurant. Sie können ohne weiteres sowohl Fisch als auch Salat essen!" Auch wenn ich es nur gut gemeint hatte, ich kam mir plötzlich wie einer dieser Besserwisser und selbsternannten Afrika-Kenner vor. Ja, es war Zeit, meine Reise zu beenden. Die beiden bestellten sich Pizza und ich flog einige Tage später mit einem deutschen Urlaubsflieger direkt nach Frankfurt am Main zurück.

August 2011: Ein Jahr ist seit meiner Rückkehr vergangen und manchmal habe ich Sehnsucht nach Afrika, Sehnsucht nach den roten Laterit-Pisten, nach den Garküchen und natürlich nach den Menschen. Mir fehlt ihre ansteckende Lebensfreude, ihre Begeisterung für Musik, ihr Tanz durchs Leben. Mir fehlt ihre Neugier, ihre Nachdenklichkeit, ihr Ernst. Trotzdem bin ich weit davon entfernt, das Leben der Menschen in Afrika zu verklären oder die Reise im

Nachhinein zu beschönigen. Ja, sie war fantastisch und aufregend, aber sie war auch extrem anstrengend und immer wieder nervenaufreibend, oft ernüchternd. Ich war unterwegs ständig hin- und hergerissen. Mal wollte ich den Rest meines Lebens in Afrika verbringen, im nächsten Moment wollte ich nur noch möglichst schnell wieder weg. Eben noch war ich voller Begeisterung und Bewunderung, im nächsten Augenblick voller Abscheu, Verzweiflung und Wut. Nie zuvor in meinem Leben hatte ich eine solche Achterbahnfahrt der Gefühle erlebt – und nie zuvor in meinem Leben bin ich so oft an meine Grenzen gestoßen. Am Ende meiner zweijährigen Reise war ich mental ausgebrannt, körperlich erschöpft und den Menschen gegenüber zunehmend verschlossen. Ich werde das genauso wenig vergessen, wie die vielen Höhepunkte. Und noch eines werde ich hoffentlich nie vergessen: Je länger ich in Afrika unterwegs war, desto rätselhafter wurde mir dieser Kontinent. Wann immer ich dachte, ich hätte irgendetwas verstanden, musste ich es wieder in Frage stellen. Sich zu irren, ist in Afrika das vielleicht einzig Normale – und etwas wunderbar Aufregendes.

Nach meiner Rückkehr wurde ich immer wieder gefragt, wo es denn am „schönsten“, oder „abenteuerlichsten“ gewesen war und ich habe mich lange vor einer Antwort gedrückt, weil jedes Land etwas Besonderes gehabt hatte. Dennoch gab es ohne Zweifel einige Länder, die mich mehr bewegt haben als andere: Die Menschen in Guinea-Conakry haben mein Herz auf immer und ewig erobert, meine Erfahrungen in Sierra Leone haben sich tief in mir eingegraben und die Fahrt durch den Kongo war trotz aller Anstrengungen ganz sicher das herausforderndste und außergewöhnlichste Erlebnis der gesamten Reise. Dazu kamen einige Träume, die ich mir erfüllen konnte, zum Beispiel die Bootsfahrt nach Kisangani oder das Wiedersehen mit Mukarindu. Ich wünsche jedem, dass er Afrika so kennenlernt wie ich es durfte.

Oktober 2011: Seit einigen Wochen arbeite ich wieder als Nachrichtenredakteur, diesmal in Köln. Der Job kam zur rechten Zeit. Erstens waren meine Ersparnisse nahezu aufgebraucht, zweitens ist meine Arbeit an diesem Buch jetzt fast fertig. Zum

Abschluss möchte ich mich bedanken: bei allen, die mit ihren Anregungen zu diesem Reisebericht beigetragen haben, und bei allen, die mir unterwegs geholfen haben. Es waren hunderte Afrikaner, die mir zu Seite standen und mich nie im Stich ließen. Aber es waren auch viele daheim in Deutschland, die mich mit E-Mails und in Gedanken unterstützten. Ich habe grob überschlagen, jetzt gerne an die 500 Namen auflisten zu wollen, und ich hoffe, dass mir niemand böse ist, wenn ich darauf verzichte. Das letzte Wort gebührt meinem Fahrrad. Molly war eine großartige und treue Partnerin: robust, zuverlässig und nachsichtig. Nur ein kleines Beispiel: Sie hatte auf 33.726 Kilometern lediglich 13 Plattfüße! Das ist meines Wissens Weltrekord, auf jeden Fall aber Afrika-Rekord!

Kleine Literatur-Auswahl

Conrad, Joseph: Herz der Finsternis, Frankfurt am Main 2007 (Novelle aus dem Jahr 1899).

Fall, Aminata Sow: Der Streik der Bettler, Frankfurt am Main 1991 (Roman).

Fiebig, Hartmut: Bike-Abenteuer Afrika, Markgröningen 1994 (Fahrradreise durch Afrika).

Greene, Graham: Ein ausgebrannter Fall, München 2000 (Roman).

Grill, Bartholomäus: Ach, Afrika. Berichte aus dem Inneren eines Kontinents, München 2005 (Journalistische Reportagen).

Hermann, Helmut: Afrika Tour, 10.000 km mit dem Fahrrad durch Wüste, Busch und Urwald, Markgröningen 1975, Reise Know-How (eine der ersten Afrikadurchquerungen mit dem Fahrrad bis Kapstadt).

Humphreys, Alastair: Moods of future joys, London 2007 (Fahrradreise durch Afrika).

Kapuściński, Ryszard: Afrikanisches Fieber. Erfahrungen aus vierzig Jahren, München 2001 (Journalistische Reportagen).

Naipaul, V. S.: An der Biegung des großen Flusses, München 2002 (Roman).

Obert, Michael: Regenzauber. Auf dem Niger ins Innere Afrikas, München 2005 (Reise-Reportage).

Scholl-Latour, Peter: Afrikanische Totenklage. Der Ausverkauf des Schwarzen Kontinents, München 2003 (Journalistische Reportagen).

Watson, Pamela: Der Traum von Afrika. Eine Frau, ein Fahrrad – die Freiheit, München 2006 (Fahrradreise durch Afrika).

Bestseller
4. Auflage

Peter Smolka

71.000 km mit dem Fahrrad um die Welt:

Rad ab!

Vier Jahre lang radelte der Erlanger Globetrotter Peter Smolka um den Erdball. Zunächst durchquert er den Nahen Osten und Afrika, wo er nur knapp den Angriff eines Elefanten überlebt. In Kapstadt heuert er auf einer Segelyacht an, die nach Brasilien bringt. Nach neun Monaten Südamerika sind die nächsten Stationen Neuseeland und Australien. Bereits seine Fahrt durch Saudi-Arabien hatte in der Reiseszene für Aufsehen gesorgt. In Südostasien erhält Peter Smolka nach zähen Verhandlungen auch die Genehmigung Mynamer (Ex-Birma) auf dem Landweg zu durchqueren. Vor der Rückreise nach Europa wagt er sich schließlich nach Afghanistan hinein … Spannend, detailliert, einfühlsam und humorvoll – ein Buch für jeden, der gern reist.

Hardcover mit Schutzumschlag, 360 Seiten, plus 16 Seiten Farbfototeil

REISE KNOW-HOW Verlag · ISBN 3-89662-383-4 · € 17,50

Bestseller
4. Auflage

Claude Marthaler

Sieben Jahre im Sattel:

Durchgedreht

Weltanschauung auf Rädern

Claude Marthaler verließ seine Heimatstadt Genf am 12. März 1994, Kurs Ostasien. Er radelte durch die südlichen Länder der ehemaligen Sowjetunion, durch Indien, Tibet, China und Südkorea. Über Japan erreichte er Alaska, von dort ging es durch Nord-, Mittel- und Südamerika, und beim Kilometerstand 87.750 wurde Ushuaia auf Feuerland erreicht. Von Buenos Aires gelang ihm der Sprung nach Südafrika, und danach rollte der »Yak«, wie Claude sein Fahrrad in Asien getauft hatte, weitere Zehn,tausende Kilometer über die staubigen Pisten Ost- und Westafrikas zurück nach Europa ... der Kreis einer beispiellosen Bike-Odysee hatte sich geschlossen - nach 7 Jahren, 60 Ländern und 122.000 Kilometern ...

Hardcover mit Schutzumschlag, 320 S., 16 Seiten Farbfototeil, über 50 Fotos und Illustrationen

REISE KNOW-HOW Verlag · ISBN 3-89662-305-2 · € 17,50

Frauke und Robert Kielstropp

Auf Motorrädern durch Europa, Asien und Afrika

Auf und davon

26 Länder, 3 Kontinente, 14 Monate, 47.000 Kilometer – frisch verheiratet und angetrieben von Abenteuerlust und Neugier auf die Fremde machen sich Frauke und Robert Kielstropp mit ihren Motorrädern auf und davon. Wortgewandt, lebendig und authentisch berichten die beiden Niederrheiner in einer Mischung aus Reportage und Tagebuch von ihrem Alltag im Nichtalltäglichen: : Von Gastfreundschaft im Iran und in Pakistan, beeindruckender Naturschönheit im Karakorum und Himalaya, buddhistischen Klöstern und Dschungelpassagen in Südostasien, Großwildbegegnungen im südlichen Afrika, Schotterpisten im äthiopischen Hochland und Wüstenetappen im Sudan. Vor allem aber sind es die Begegnungen mit den Menschen unterschiedlichster Kulturen, die den besonderen Reiz ihrer Reise ausmachen …

Hardcover mit Schutzumschlag, 350 Seiten, 16 S. Farbteil,
Reise Know-How Verlag · ISBN 978-3-89662-521-2 · € 19,50

Gudrun Ziermann

Panamericana Mexiko–Feuerland in zwei Jahren:

Völlig losgelöst

Über 100.000 Kilometer und zwei Jahre lang sind Gudrun Ziermann und Tobias Groenen mit einem expeditionstauglichen Landrover unterwegs. Ihr Weg führt durch knochentrockene Wüsten und tropische Regenwälder, über riesige Salzseen und verschneite Andenpässe, hinauf aufs Altiplano, hinein in die heiße Hölle des Chaco und immer wieder zu den kleinen Orten abseits der Hauptstraßen, wohin sich nur selten ein Fremder verirrt. Im Schritttempo fahren sie durch den nahezu weglosen Kupfercanyon in Mexiko. In Belize werden sie gebeten, einen Militärkonvoi anzuführen. In Kolumbien gelangen sie nur über Umwege zu einer Ausgrabungsstätte mitten im Guerilla-Gebiet. In Bolivien stecken sie mehrere Tage in Straßenblockaden fest. Auf einer Sandpiste durchqueren sie das Feuchtgebiet des Pantanal. Ob beim Schamanenritual in den Anden oder bei der Kaiman-Jagd im brasilianischen Dschungel - die Gastfreundschaft und Offenheit der Menschen erlaubt es Gudrun Ziermann immer wieder, hinter die Kulissen zu blicken. Das Ergebnis ist ein spannender Reisebericht mit außergewöhnlichen Einblicken in fremde Länder. Es sind die Begegnungen mit den Menschen, die einer Reise Leben einhauchen.

Hardcover mit Schutzumschlag, mehr als 100 Farb- und s/w-Fotos, 7 Karten
REISE KNOW-HOW Verlag ISBN 978-3-89662-365-2 · € 17,50